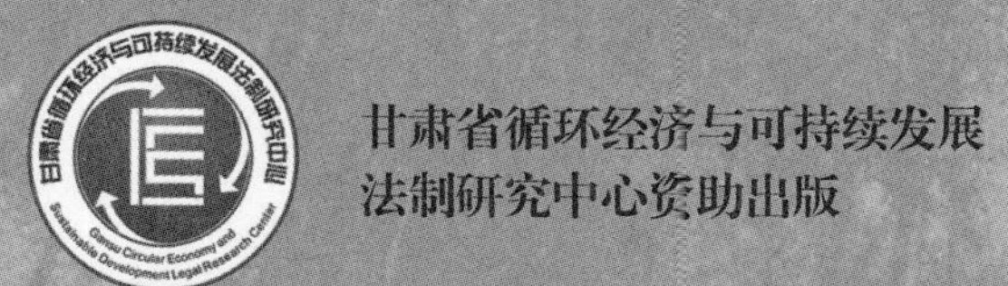

甘肃省循环经济与可持续发展
法制研究中心资助出版

中国循环经济政策与法制
发展报告
（2016-2017）

总主编　　李玉基
本卷主编　俞金香

中国社会科学出版社

图书在版编目(CIP)数据

中国循环经济政策与法制发展报告.2016—2017 / 李玉基主编；俞金香分册主编.—北京：中国社会科学出版社，2018.7

ISBN 978-7-5203-2336-9

Ⅰ.①中… Ⅱ.①李…②俞… Ⅲ.①自然资源—资源经济学—法律—研究报告—中国—2016-2017 Ⅳ.①D922.604

中国版本图书馆CIP数据核字(2018)第073293号

出 版 人　赵剑英
责任编辑　许　琳
责任校对　王佳玉
责任印制　李寡寡

出　　版　中国社会科学出版社
社　　址　北京鼓楼西大街甲158号
邮　　编　100720
网　　址　http://www.csspw.cn
发 行 部　010-84083685
门 市 部　010-84029450
经　　销　新华书店及其他书店

印刷装订　北京明恒达印务有限公司
版　　次　2018年7月第1版
印　　次　2018年7月第1次印刷

开　　本　710×1000　1/16
印　　张　24.75
插　　页　2
字　　数　385千字
定　　价　98.00元

目　录

导　言

循环经济是实现绿色发展的理论抓手和实践路径 ………… 李玉基(3)
依法治国 + 生态文明建设 = 绿色发展理念下的循环经济法课题 …………………………………………………… 俞金香(7)

第一部分　回顾篇

第一章　中国循环经济实践进展及评价 ……………………………… (21)
第一节　近五年中国循环经济发展的总体评价 ……………… (21)
第二节　近五年循环经济实践主要成效和存在的问题 ……… (31)
第二章　中国循环经济政策发展及评价(2015 年至今) ………… (51)
第一节　中国循环经济政策现状 ………………………………… (51)
第二节　中国循环经济政策的特点 ……………………………… (52)
第三章　中国循环经济法制现状及评价
——《以循环经济促进法》为核心 ……………………………… (55)
第一节　中国循环经济法制建设的现状及面临的困境 ……… (55)
第二节　《循环经济促进法》主要内容的评析 ………………… (59)
第三节　《循环经济促进法》主要制度评价 …………………… (64)
第四章　《循环经济促进法》的执法难点及对策 ………………… (69)
第一节　《循环经济促进法》的执法现状 ……………………… (69)

第二节 《循环经济促进法》的执法难点及其成因 …………… (72)
第三节 《循环经济促进法》执法难点的化解 …………………… (77)

第二部分 专论篇

——循环经济政策与法制深度探讨

过去十年国外循环经济主要进展及对我国深化发展
循环经济启示 ………………………………………………… 诸大建(89)
论循环经济法生态人模式的构建 ……………… 陈泉生 邹燕玲(111)
循环经济立法应“务实”
——《循环经济促进法》修订观 ……………………… 翟 勇(138)
《循环经济促进法》的困惑与出路
——七年实践的理性反思 ………………………………… 俞金香(148)
在生态文明建设背景下推进生产者责任延伸制度
研究 …………………………………… 齐建国 张 芳 陈新力(159)
循环经济立法的完善和地方循环经济立法研究 ………… 李玉基(192)
“社区赋权”与“个体补偿”
——我国生态型反贫困制度的基本架构 …… 刘晓霞 周 凯(211)
湖北省“城市矿产”绿色开发机制
研究 …………………………………… 尤明青 裴晨露 罗 念(223)
《甘肃省地质环境保护条例》立法后评估报告 …………… 俞金香(275)

第三部分 案例篇

“城市矿产”典型案例
——甘肃省兰州市经济技术开发区红古园区 ……………… (303)

附 录

附录一 中央出台的循环经济相关法律法规与政策 …………… (315)
附录二 典型地方立法 ……………………………………………… (321)

附录三　甘肃省循环经济与可持续发展法制研究中心
大事记(2014 年至今) …………………………………… (381)
甘肃省循环经济与可持续发展法制研究中心简介 ……………… (389)

导　言

循环经济是实现绿色发展的理论抓手和实践路径

李玉基

进入后工业化时代的我国，面临着资源约束趋紧、环境污染严重、生态系统退化的严峻挑战。以资源约束趋紧为例，表现为资源短缺、资源利用率不高、资源外流严重等。而严重的雾霾、沙尘暴等则是环境污染严重、生态系统退化的直接明证。目前，我国的生态破坏和环境污染已经严重跨越生态红线和环境有效负荷，生态环境红利已经消失殆尽。过去的生态利用方式和废弃物处理方式已经被证明是不可持续的，过去的环境污染防治措施和理念已经被证明是低效的，是“赢了无数场战役，却输掉了整个战争”。生态环境已经对我国的经济增长形成了硬约束，未来我国的经济增长必须在对过去形成的生态环境负债偿还的基础上进行，经济增长的生态环境成本必然大幅度上升，必然会降低经济增长能力。因此，可持续发展已经成为我国经济发展必须面对的关键性问题。

党的十六大提出了“新型工业化”，主张从生产内部来解决能源环境问题；党的十七大首次把建设生态文明写入党的报告，把“基本形成节约能源资源和保护生态环境的产业结构、增长方式、消费方式”作为全面建设小康社会的新要求之一；党的十八大提出了包含生态战略、海洋战略、能源战略、资源战略及污染控制战略在内的生态文明战略体系，将生态文明建设提升到了关乎民族未来和实现中华民族永续发展的高度。2015 年党的十八届五中全会提出的绿色发展理念则是对前一阶段生态文明建设经验的智慧总结和发展，把经济、环境、社会的发展集中在一个综合框架下，制定国家绿色发展战略，以有效地支持两个拐点[①]的实现，使中国的可持续发展能有效地支持具有中国特色社会主义的发展。

什么是绿色发展？绿色发展是一种生产方式，一种生活方式，也是一种价值取向。作为一种生产、生活方式，绿色发展是指以效率、和谐、持续为目标的经济增长和社会发展方式，具体包括以下几个要点：一是要将环境资源作为社会经济发展的内在要素；二是要把实现经济、社会和环境的可持续发展作为发展的目标；三是要把经济活动过程和结果的“绿色化”“生态化”作为发展的主要内容和途径。绿色发展与循环经济在“3R”，即节约资源、减少污染（Rduce），重复使用、多次利用（Reuse），循环再生（Recyle）等方面有着共通之处，在要求经济增长为环境保护做加法方面，循环经济与绿色发展的实质是统一的，追求是一致的，均有别于一般的环境保护。但绿色发展的内涵还包括了以人为本、以科技手段实现绿色流通和绿色分配的内容，即兼顾效率最大化和社会公正，并以科技手段实现资源替代，在动态中实现人与自然的平衡，虽然循环经济也强调“以人为本”，但是循环经济的“以人为本”是通过对资源和环境的关怀实现的，是通过人类生存环境的改善来实现的，它不具有绿色分配——保证最低收入的人群能够购买和消费绿色产品的内容。绿色发展在强调社会公平方面比循环经济要丰富得多。循环经济要求通过技术创新驱动与制度安排，用最小的资源消耗和环境代价创造出资源效率高、环境友好、社会包容与和谐的经济增长与最大发展效益，最终实现绿色增长，循环经济是实现绿色发展理念的理论抓手。

循环经济促使绿色发展从单纯的“理念”转向社会经济“实践”，循环经济是实现绿色发展的实践路径。我国开展循环经济的实践始于

① 刘易斯拐点，即劳动力过剩向短缺的转折点，是指在工业化过程中，随着农村富余劳动力向非农产业的逐步转移，农村富余劳动力逐渐减少，最终达到瓶颈状态；库兹涅茨曲线是指一国收入分配与经济增长之间的倒 U 形关系。环境经济学中有个著名的“库兹涅茨环境曲线”理论，其核心就是经济增长的不同阶段所对应的环境质量状况：在经济发展的初期，环境质量可能随着经济增长而不断下降和恶化，但到一定拐点时，环境质量又有可能随经济的进一步发展而逐步改善。

21世纪初，从2005年起，我国开始在重点行业、重点领域、产业园区及各省市开展较小区域范围内的循环经济试点工作，并于2007年12月启动了第二批试点单位工作。第二批涉及的重点行业有11个（42家企业），重点领域有4个（17家企业），新增加20个产业园区及4省13市，共计96个试点单位。很快，全国各地掀起了循环经济发展的浪潮。《中华人民共和国循环经济促进法》于2009年1月1日起开始正式实施。国家发改委于2010年12月发布了《循环经济发展规划编制指南》，指导全国各地科学编制循环经济发展规划，落实《中华人民共和国循环经济促进法》的规定。2016年1月，国家发改委和财政部将天津市静海区等61个地区确定为2015年国家循环经济示范城市（县）建设地区，要求各地把循环经济示范城市（县）建设纳入“十三五”循环经济发展总体规划，作为实现转型发展、建设生态文明的重要途径……目前，我国大部分地区已经出台地方性法规及政策直接规范循环经济生态园区建设、生态省（市）建设、绩效评估及统计考核等，循环经济各项标准也日趋规范和严肃；各个地区在积极认真编制符合本区域实际、凸显区域特色的循环经济发展规划的基础上①，设立了专门的循环经济主管机构，赋予其较高地位及权威，明确其职责，并采取一系列措施落实发展循环经济的资金来源、投入及使用；2013年8月起，国家发改委开始对2005年和2007年的循环经济试点单位开展验收工作，以全面了解循环经济试点工作的推进情况，总结发展循环经济的成功经验，探索发展循环经济的不同途径，找出发展循环经济的瓶颈难点并提出解决思路，总结凝练一批循环经济发展的典型模式……作为绿色发展理念的实践途径，循环经济在我国取得了重大进展。从中央到地方，循环经济建设力度加大，示范试点工作非常活跃，循环经济基础设施建设步伐明显加快，生态园区建设如雨后春笋、欣欣向荣；区域环境气候质量得到明显改善，节能减排效益大幅度提升；企业内部“小循环”成效突出，清洁生产得到大力实施，循环经济产业链跨区、跨市、跨省协调、合作、交流趋于频繁，循环经济实践平台拓展、区域化成效初

① 据笔者收集到的资料，苏州、鹤壁、贵阳、青岛、深圳、泰州、上海、兰州等城市的循环经济规划最具有代表性。

现……循环经济是“内涵式”经济发展模式，是追求经济发展与物质消耗脱钩的经济发展模式，是追求经济活动“绿色化”的经济发展模式，是“绿色发展”理念的实践模式。在绿色发展理念的引领下，我国循环经济发展的内在动力会进一步增强，循环经济发展的外在实践会进一步丰富。

应该说，从来没有一个时代像我们所处的这个时代一样，如此清醒地认识到我们所面临的环境资源危机：生活里最多的是塑料袋，歌词里写的是“为什么天空失去了颜色……”，手里看的书是《寂静的春天》，公众议论最多的是北京的“霾”，跑到国外为的是那一口“（空）气”，为了保护森林，熊大熊二替我们人类在与“光头强”勇敢地作战……传统发展模式的反可持续性已经被公认，新的发展方式——循环经济——正在显示其优越性。资源依赖性产业逐渐被废弃或者转化，资源效益型产业成为香饽饽。产业结构不断调整，产业机构不断优化，新的产业格局正在呈现。资源产出率、能源产出率正在成为“明星词”。从发展理念角度看，循环经济发展理念得到了初步确立。在新常态下建设生态文明，实现绿色发展，解决经济增长与资源环境之间的矛盾，强化发展循环经济，使循环经济成为资源利用和环境保护的普适模式成为大势所趋。

依法治国＋生态文明建设＝绿色发展理念下的循环经济法课题

俞金香

党的十八届四中全会决定全面推进依法治国，建设中国特色社会主义法治体系，建设社会主义法治国家。全会提出，全面推进依法治国，总目标是建设中国特色社会主义法治体系，建设社会主义法治国家。这就是，在中国共产党领导下，坚持中国特色社会主义制度，贯彻中国特色社会主义法治理论，形成完备的法律规范体系、高效的法治实施体系、严密的法治监督体系、有力的法治保障体系，形成完善的党内法规体系，坚持依法治国、依法执政、依法行政共同推进，坚持法治国家、法治政府、法治社会一体建设，实现科学立法、严格执法、公正司法、全民守法，促进国家治理体系和治理能力现代化。

党的十八届三中全会决定紧紧围绕建设美丽中国、深化生态文明体制改革，加快建设生态文明制度，健全国土空间开发、资源节约利用、生态环境保护的体制机制，推动形成人与自然和谐发展现代化建设新格局。

2015 年 3 月 24 日，中共中央政治局审议通过《关于加快推进生态文明建设的意见》，提出生态文明建设事关实现“两个一百年”奋斗目标，事关中华民族永续发展，是建设美丽中国的必然要求，对于满足人民群众对良好生态环境新期待、形成人与自然和谐发展现代化建设新格局，具有十分重要的意义。当前和今后一个时期，要按照党中央决策部署，把生态文明建设融入经济、政治、文化、社会建设各方面和全过程，协同推进新型工业化、城镇化、信息化、农业现代化和绿色化，牢固树立“绿水青山就是金山银山”的理念，坚持把节约优先、保护优先、自然恢复作为基本方针，把绿色发展、循环发展、低碳发展作为基本途径，把深化改革和创新驱动作为基本动力，把培育生态文化作为重要支撑，把重点突破和整体推进作为工作方式，切实把生态文明建设工作抓紧抓好。

法律是调整社会关系的重要制度力量，生态文明建设的开展必须在法制的轨道内进行。贯彻中国特色社会主义法治理论，形成完备的生态文明法律规范体系、高效的生态文明法治实施体系、严密的生态文明法治监督体系、有力的生态文明法治保障体系，是依法治国的重要内容。实现生态文明领域的科学立法、严格执法、公正司法、全民守法，是全面促进国家治理体系和治理能力现代化的必然要求。

我国2009年《循环经济促进法》正式实施后，电视、广播、互联网、微信平台等成为循环经济理念、法制政策传播的主要手段，各级各类专题宣讲活动、培训活动进行得如火如荼，各级领导干部学循环经济、用循环经济理论的政策水平普遍得到增强，企业、学校、社区、政府部门循环经济法制意识普遍得到提高，广大市民对循环经济的理解、认知水平和参与能力得到有效提升，全社会已经基本形成了发展循环经济的新思维与新风尚。发展循环经济是建设生态文明的应有之义，循环经济法是生态文明法治建设大家庭中的一分子。循环经济法制的研究已经广泛开展，循环经济法的理论建构在学术界也备受关注，循环经济法的理论建构对我们提出了许多新的研究课题。

(一)《循环经济促进法》修法及相关

在发展循环经济的求索路上，我国出台了许多的支持政策，做了很多努力，但法律体系的建设步伐并没有及时跟上，循环经济法制建设始终处于“态度很积极，效果很一般，立法不算晚，质量不很高”的状态。党的十八届五中全会将“绿色发展”提升到了关乎中华民族永续发展的高度。循环经济发展实践对于法制层面的需求只会增加不会减少，从此意义而言，检讨过去循环经济立法的不足并提出因应之策，是循环经济法制研究面临的基本研究课题。

2009年1月1日起《中华人民共和国循环经济促进法》(以下简称《循环经济促进法》)正式实施，一方面体现了中央政府率先探索推进生产方式转变，对于与科学发展观契合度极高的循环经济发展模式的法律肯定；另一方面是从法律层面为我国循环经济的发展提供基本依据，是我国循环经济发展过程中的标志性事件。该法在颁布前，争议一直较多。主要争议是：如果我们要为循环经济立一部法律，其定性应该为实体法（硬）还是促进法（软）？我们需要的是一部《循环经济促进法》还是一部《资源再生综合利用法》？循环经济法应该是自立门户的支柱法还是环境法律体系中的一个小兄弟？《循环经济促进法》的作用到底能有多大？等等。这些争议，即使在《循环经济促进法》正式出台后，依然存在，且从未停止过，有些争议观点甚至直接来自中央的立法专家①。这些争议或多或少对于《循环经济促进法》的实施会产生一定影响。笔者认为，对于这部法律的基本“立论”会对法律执行者的理念发生影响，对一些争议观点有认真思考和考察的必要。但更加重要的应该还是从大局和整体上对该法的积极作用予以肯定，对于争议的思考更多地要体现在对该法的进一步完善和修订中去。目前，《循环经济促进法》正在修订过程中，笔者认为，对于现行《循环经济促进法》的实施现状进行调研、分析、思考、总结、审视，检讨我国《循环经济促进法》实施中的瓶颈问题并提出有价值的理论启示及政策借鉴，是循环经济法研究面对的基本课题。

同时，循环经济理念是否需要入宪？新颁布的《民法总则》中关于绿色发展和环境保护的条款如何在循环经济法领域中体现？《大气（水）污染防治法》《固体废弃物污染防治法》《土壤污染防治法》等法律是否体现了人与自然之间关系的观照？《环境保护税法》作为我国第一部“绿色税法”，2008年1月1日起正式实施后对于发展循环经济的贡献率会有多大？2015年8月，《资源税法》被补充进第十二届全国人大常委会立法规划，作为与循环经济相关性最密切的税法，其征税范围、税率、计税方法、征收方法等相关理论问题值得探讨。《清洁生产促进法》的修订、《节约能源法》的不足等，上述课题是近期循环经济法研究领域的重要关注点。

---

① 《翟勇谈〈中华人民共和国《循环经济促进法》〉》修订，http：//huanbao. bjx. com. cn/news/20150910/662080 shtml。

另外，从循环经济本身是一个可持续的发展命题来看，其健康发展、规范建设、快速推动与可持续必须要依靠制度的保驾护航才能实现。但循环经济发展实践中值得注意的一个现象是，在政府的强力推动下，我国循环经济的发展目前更多的是靠政策而不是靠法律去规范的，许多地方甚至将政策视为唯一的循环经济发展依据，导致实践中一些政府决策上的随意性，“误诊”现象频出，这是不正常的。循环经济的发展究竟应该依靠政策还是法制？应然性与实然性之间的差异是什么原因导致的？循环经济政策与循环经济法制的关系为何，各自的生存空间是什么？二者是否可以厘清？循环经济政策在何种条件下可以转化为循环经济法律？……相关问题，亦是循环经济法理层面研究的新课题。

当然，还有设区的市的循环经济地方立法行为，区域循环经济立法的研究等也正在逐步展开。

（二）生态文明建设中的“软法”现象及相关

《循环经济促进法》从颁布至今已逾八年，无论是媒体，还是专业学者，几乎都一边倒地认为该法是“软法”，而且认为正因为它的性质是“软法”，才导致该法的实施效果不佳，主张将其“硬化”。所以有很多学者建议该法在修改时，应该去掉标题中的“促进”二字[①]。山东省在进行地方性法规制定时，就直接命名为《山东省循环经济条例》，这是我国第一个去掉“促进”二字的循环经济立法形式，大概也是因为该地方性法规的制定时间为 2016 年 9 月，此时国家层面已经启动了《循环经济促进法》的修改工作，舆论上的“硬化观点”被其立法者认可并直接吸收了。

近年来，软法的概念在我国均有越来越流行的趋势，不仅见诸舆论媒体，也见诸一些法律学者的论文、论著，见诸若干政治学、社会学学者的学术报告和著述之中[②]。软法研究者认为，法作为一种社会关系的调节器，应当区分各种社会关系秩序化的难易程度选择强弱有别的规范去调整，滥用国家强制不但会浪费法治资源，还会损及法律之治的正当

---

① 这样的观点在百度上输入“循环经济促进法是软法”，一搜就是一系列。

② 罗豪才、宋功德：《公域之治的转型》，《中国法学》2005 年第 5 期。

性。建设法治国家，特别是法治社会，要倚重软法之治，现代法治应当寻求更多协商、可以运用更少强制、能够实现更高自由。这些研究者主张，伴随着公共治理的崛起，软法与硬法正在发展成为现代法的两种基本表现形式，法正在从传统的单一的硬法结构朝着软硬并重、刚柔相济的混合法模式转变。也有学者在参与制定《中华人民共和国清洁生产促进法》的过程中，对“促进型立法”大量出现的现象进行了思考，指出促进型立法具有许多新的特征，首先，它是国家干预经济和社会发展新的手段；其次，在现阶段，它将成为管理型立法的重要补充；再次，它倡导政府主导下的社会参与；最后，促进型立法对法律责任的规定也有特殊性。因此，该学者认为，促进型立法是人类立法史上一个全新的现象，在某种意义上，它是人类寻求新型法律规范途径的结果①。笔者发现，该学者总结“促进型立法趋势”的时期几乎与“软法”概念的提出同步，但对于“促进型立法”和“软法”之间的关联，其文并未展开论述。根据《循环经济促进法》的表征，其显然属于“促进型”立法家族中的一员，但《循环经济促进法》是不是因此就一定是软法呢？或者说是不是以“促进法”命名的法律必定是“软法”？生态文明领域内软法的兴起是必然还是偶然？《循环经济促进法》是形式意义上的软法，还是实质意义上的软法？《循环经济促进法》如果是软法，是否有其“硬主张”？《循环经济促进法》的“软”有没有被治愈的可能？……这些问题（本人认为）目前在学术界仍然没有解释清楚，困惑依然存在。而这些问题的解答，必然关系到什么是软法，软法究竟是不是法，软法的外延是什么，软法有什么价值等方面的深入研究。

生态文明是一种新型的文明，软法促进生态文明建设的意义何在？软法建设生态文明的具体体现何在？我们研究软法，不能不同时研究作为“软法”的《循环经济促进法》，我们研究《循环经济促进法》，不能不同时研究同样作为生态文明建设制度工具的“软法”。以《循环经济促进法》的研究为点，呼应法学界“软法”研究的面，对于软法研究者而言，具有实证研究的意义，对于《循环经济促进法》的修改方向、循环经济法理论问题的探讨具有理论指导的价值本人认为这也是循

---

① 李艳芳：《促进型立法研究》，《法学评论》2005 年第 3 期。

环经济法学界有必要研究的一个新课题。

(三) 循环经济法对法体系的影响

传统的法律体系是以“法律部门”为基本构成单元，而“法律部门”的划分以法律规范所调整的社会关系的特定性为标准。事实上，社会关系是不可能被人为分割为若干社会关系的集合，换言之，所谓独立的法律部门的调整对象并非是绝对完全独立的关系，这在社会生活日益复杂、社会关系的调整手段日益多元化的今天，尤其如此。循环经济是新生事物，循环经济的发展证明传统法学已经受到社会发展所带来的制度更新和观念更新的挑战。从调整循环经济活动的循环经济立法的角度看，不仅近代法律中的私法自治原则、概念法学以及法律部门划分的理论无法适用，而且一些现代法律思想如环境保护优位、污染控制为主、资源保护与开发利用分别立法等也受到了质疑。循环经济立法法虽然与传统的法律部门关系密切，但它并不是对传统法秩序的一种补充或点缀①。

从循环经济运行的过程看，包括“资源—产品—消费品—再生资源”的各个环节；从循环的范围看，包括“企业内部循环—区域循环—社会循环”各个领域；从循环经济的主体看，应包括“政府—个人—企业—社会”各类主体；从循环经济涉及的法益看，包括“个人私益—社会性私益—社会性公益”各种权益。当前，在所有国家制定可持续发展政策和促进可持续发展的同时，均特别强调将环境资源问题纳入经济和社会发展进程，循环经济是“生态合理性与经济有效性统一的发展模式”，将是社会发展的普适模式。循环经济的内容包括但不限于环境保护、污染防治，而是涉及经济发展、资源和环境保护以及社会发展的各个方面。循环经济立法的性质跳脱于传统的环境法和经济法法律部门之外，是全新的经济发展模式对于传统法律体系观的挑战。循环经济立法是最宽泛意义上的“经济法”性质的立法，跨界环境法、民法、行政法与经济法等主要法律部门，是网络化法律系统下能够调和各种不同利益集团的利益诉求，体现着私益与公益、权力与权利、国家

---

① 吕忠梅:《循环经济立法的定位》,《法商研究》2007 年第 1 期。

与社会、政府与个人的多元利益的妥协和多元价值的沟通与对话，可以说，循环经济全面深刻地影响了传统法体系。

（四）循环经济法对法治观的发展

所谓法治观是指人们对法律的性质、地位、作用等问题的认识和看法，也就是依靠法律管理国家、管理经济和治理社会的观念。理解法治观，首先要理解什么是法律？法律首先是制度的化身。“制度是拴狗的绳子”，法律是最重要的制度表达，制度经济学体现着法律与经济的交叉，学习法律需要学习制度经济学；法律是法治的载体，是法治的方法。高等法学教育的目的是教给学生法律思维，是方法的传授，教育法学院的学生像一个法律人那样去思考；法律更是一种理念，这就是法治。法律有善恶之分，区别恰恰在于是否有法治理念。

在笔者看来，法治观至少包括价值观、权利观、利益观和治理观四个基本方面。在这几个方面，循环经济法都是有新发展的：从价值观角度观察，循环经济立法不再纠结于个体主义的立场，转向生态整体主义。生态整体主义的核心思想是：把生态系统的整体利益作为最高价值而不是把人类的利益作为最高价值，把是否有利于维持和保护生态系统的完整、和谐、稳定、平衡和持续存在作为衡量一切事物的根本尺度，作为评判人类生活方式、科技进步、经济增长和社会发展的终极标准。生态整体主义并不否定人类的生存权和不逾越生态承受能力、不危及整个生态系统的发展权，甚至并不完全否定人类对自然的控制和改造。生态整体主义强调的是把人类的物质欲望、经济的增长、对自然的改造和扰乱限制在能为生态系统所承受、吸收、降解和恢复的范围内。这种限制为的是生态系统的整体利益，而生态系统的整体利益与人类的长远利益和根本利益是一致的。从权利观角度观察，循环经济立法从观照个体权利转向观照集体权利。传统环境法着眼于个体生态环境权益的确立与维护，并以此为出发点构筑环境资源法法律体系。循环经济立法则超越单纯个体生态环境权益的维护，站在整体人类的立场上，反思传统生产方式的不可持续性，并提出整体性的应对策略，其所确立并维护的法益是以人类或者社会整体为主体代表，反馈于个体相关权益的实现，也因此，从利益观角度观察，循环经济立法实现了对个体利益的维护到公共利益维护的转变。而从治理观角度观察，循环经济立法则倡导多元共治的理念和手段，有别于传统经济与环境发展冲突博弈基础上的个别授权的治理模式。按照埃莉诺·奥斯特罗姆的公共池塘资源理论①，多元共治模式有极大的适用价值。我国《循环经济促进法》中明确规定循环经济发展的主体包括政府、公众、个人与企业，也是立法上对于多元主体共同治理模式的一个基本肯认。综上观之，循环经济立法对于法治观有发展也有挑战，值得关注。

（五）循环经济法的研究如何接地气

我国自从 2004 年起，循环经济实践如星星之火渐成燎原之势。2005 年 11 月起国家启动首批循环经济试点工作，只涉及 42 家企业②，至今已经一共有 192 个试点企业，在政府政策规范和指引下，积极参与了如火如荼的循环经济发展建设工作③。为了进一步推动循环经济发展，自 2011 年起的五年内，我国进一步实施了循环经济建设的“十百千”行动，即建设循环经济十大工程，创建 100 个循环经济示范城市和乡镇，培育 1000 家循环经济示范企业，标志着循环经济开始从试点走向示范④。2013 年，国务院通过批准“国家循环经济发展战略和近期行动计划”，提出发展循环经济是我国现阶段、也是很长一段时间内一项重大的战略任务，是落实党的十八大推进生态文明建设战略部署的重大举措，是加快转变经济发展方式，建设资源节约型、环境友好型社会，实现可持续发展的必然选择⑤。到现阶段，我国的循环经济发展已经进入全面推进的新阶段，十大循环经济示范工程、百家循环经济示范市县建设已经启动。同时，伴随着政府、企业和民众生态文明意识的觉

---

① 1990 年，埃莉诺·奥斯特罗姆提出了公共池塘资源概念。她用案例实证分析和博弈论的模型证明，传统“利维坦”式的政府干预模式和公共资源彻底私有化模式，都不是解决公共池塘资源使用与保护两难困境。相形之下，通过资源使用者自主制定规则、互相监督和共同受益，公共池塘资源却往往可以得到合理、公平、可持续的开发，这一治理方式被称作“自筹资金的合约实施博弈”。

② http：//www. gov. cn/gzdt/2005—11/01/content_ 88658. htm.

③ 源自中国社会科学院中国循环经济研究所所长齐建国先生讲座讲稿。

④ http：//news. xinhuanet. com/fortune/2011—08/09/c_ 121836608. htm.

⑤ http：//wenku. baidu. com/view/d7da3156804d2b160b4ec0f9. html.

醒，循环经济将逐渐成为自觉性选择，循环经济开始向普适模式转变。

倘使我们承认我国当前这种快速度的以井喷态势持续升温的“循环经济热”，不是偶然的，则一方面，说明循环经济发展是应“运”而生的，这个“运”是指循环经济的出现正当其时，具有极强的现实“满足”性，说明我国目前发展循环经济的必要性和紧迫性；另一方面，说明我国发展循环经济的时机已经成熟，现实性和可行性都是具备的，循环经济模式应该成为一种普适的经济发展模式在中国展开。可是，这样一个对于发展中的我国具有特别重要意义的经济发展模式，要把它做得很好，是非常不容易的，社会是基础，我国发展循环经济的社会基础条件是否满足？企业是主力，我国的企业是否能够遵循规则、释放潜能？政府是主导，我国的政府是否做到了积极的统筹谋划和协调行动？最重要的是学术界的反应，学术界是智库，学术界是否进行了深入的研究？学术界是否能够做到积极献策？事实上，“循环经济法的研究如何接地气”这个问题里面暗含三个方面的问题：其一，对于循环经济法制问题是否有足够的学术关注？其二，已有循环经济法制的研究是否做到了接地气？其三，将要有的循环经济法制的研究如何接地气？

对于第一个方面，笔者的答案是对于循环经济法制问题的研究缺乏足够的学术关注，以主题“循环经济法律”、搜索区间“2009 年 1 月 1 日—2015 年 2 月 25 日”在中国知网（CNLI）进行精确检索（考虑到研究需要，文献检索最早起于 2009 年 1 月 1 日，因为《循环经济促进法》于该日正式实施），统计结果共 194 篇文献。近五年来年均文献发表仅有 38. 8 篇，数量偏少。以主题“循环经济法”进行搜索，得到的结果是总数 181 篇，年均 36 篇。以主题“循环经济法制”进行搜索，得到的结果是总数 84 篇，年均 16. 8 篇。而在《循环经济促进法》颁布之前，相应的数据分别是 7. 1 篇、75. 3 篇和 5. 1 篇。同期，以循环经济法制（治）为研究对象的学术专著有 7 部；题名直接含有“循环经济”的硕士论文共有 135 篇，其中直接以“循环经济法制（法律）”为研究对象的硕士论文 13 篇，相关文献近 30 篇。通过文献比对与分析，反映我国《循环经济促进法》颁布实施（2009 年 1 月 1 日）之后近五年我国循环经济法律方面的研究文献数量不多，整体呈现微弱上涨之势，对于循环经济法律的研究，尤其是系统性研究，在我国还是比较薄弱的，并没有大范围的学者对此展开研究，这里可能有两个方面的原因：其一，循环经济法律问题的核心是《循环经济促进法》的问题，该法本身的强制约束力很弱，具有政策法性质，法律条款不多，可操作性差，许多学者没有发现研究兴趣点，不愿为；其二，循环经济在经济学领域立身未稳，循环经济法在法学学科中定位不明，循环经济的发展是新生事物，貌似没有太多的问题需要研究，无可为；其三，循环经济本身是个复杂的命题，弄清循环经济本身已经很不容易，从法律角度对其进行研究费时耗力，不一定得出特别清晰的结论，不可为；其四，循环经济法律问题对于传统法学理论提出了挑战，而对它进行完美的解释似乎是力所不能及的，不能为。不愿、无可、不可、不能，这“四不”是造成循环经济法律研究文献数量较少，且在我国《循环经济促进法》颁布后研究状况没有明显改观的主要原因。学术界是循环经济发展的智库，法学研究是循环经济发展的主要制度的理论来源，法学界研究上的不足与中央政府令出必行、地方政府摩拳擦掌，我国循环经济发展如火如荼的现实形成了鲜明对比，可见相关法律研究并未与实践发展相适应，循环经济法学研究“供”小于“求”问题突出。

对于第二个方面，笔者的回答是，已有循环经济法制方面的研究是不接地气的。倘若我们承认循环经济立法的特殊性，承认部门法意义上的循环经济法的生成有其应然性，承认循环经济法的生成正在发生，则循环经济法的研究如何接地气，就是一个必须直面的问题。坦率地讲，循环经济法的研究在中国是一个冷门，循环经济法的代表性存在就是我国的《循环经济促进法》，尽管笔者认为循环经济法虽不敢说是救世主，但其是回应于“向绿水青山要金山银山”的制度反应，在宏观层面已经具有重大的理论意义。但显然，学术界对于循环经济法的研究是冷漠的，无论是从学术论文的数量，还是质量方面，均可以得到印证。循环经济的经济性使得循环经济法的研究范式明显有别于传统部门法的研究范式。循环经济法的研究因此必须首先是接地气的：要研究循环经济法，必须首先研究循环经济，研究废弃物资源化的基本原理，了解产业园区的工作机理，要进行实地调研，观察、发现、评估循环经济发展的可行性、实施效果及改进措施，有针对性地解决循环经济发展过程中的制度性难点与障碍，这样的循环经济法的研究才是接地气的，有价值的。已有研究过分重视理论层面的构建，忽视对于循环经济实践层面的积极回应，造成了理论研究和实践问题两张皮现象，需要改进。

对于第三个方面，笔者的回答是，循环经济法研究的接地气首先取决于对于循环经济法的正确认识。循环经济法所具有追求经济—社会—环境和谐发展的立法宗旨也决定了它不仅仅具有单一的法律功能：一方面经济的发展、社会的稳定、环境的可持续发展是关联的、平衡的、开放的，它要求与循环经济有关的法律必须按照系统的思想设立，必须克服各子系统之间在目的、功能、相互联系和协作运行方面的分歧和混乱，这就要求各种与循环经济有关的法律重新按照系统的规律进行组合；另一方面，循环经济发展的技术性、社会性、经济性、文化差异性以及政治性特征又要求除法律系统外的各种规范系统密切配合，使法律规范与技术规范、道德和习俗等社会规范系统相互作用，并保证各自功能的协调与配合以形成整体效应。循环经济法同时是特别体现经济性的法律学科。因此，对于循环经济法的研究必须站在最广阔的社会实践认知的基础上开展，既要有微观方面的研究，也要有宏观理论层面的研究，以前者为最重。循环经济法的研究范围不能仅仅局限于清洁生产、固体废弃物污染防治、节约能源这样几个方面，而必须渗入市场经济活动的每一个领域、政府决策的每一个部门、社会生产和消费的每一个环节，否则，循环经济法的宗旨是不可能实现的。

绿色发展理念的提出对于循环经济法的研究提出了许多全新的课题，吸引了法学、经济学、管理学、教育学、地质学、哲学等多学科研究者的关注，近几年的研究成果具有明显的多样性特征。按照前文所述方式进行文献搜索，发现其中行政法及地方法制学科关注循环经济为最多，这与我国循环经济发展的促进是在政府强力推动下实施不无关联。同时，经济法背景的学者对此关注列居第二的原因也是一样的，因为建设现代化的政府治理模式，循环经济的政府调制是其中的应有之义。我国政府正在和将要采用怎样精致有效的策略进行循环经济治理，这是我国循环经济发展的要点，是经济法学者不能不关注的。行政法要求政府高效的组织、规划、筹谋循环经济的合法化运行，经济法要求政府按照经济规律依法调控循环经济的合规则运行，行政法学界和经济法学界的研究者比较多是顺理成章的。更何况，CNKI 的统计是将环境和资源保护法学科纳入经济法学科去统计计算的，而研究循环经济法律问题的学者中，环境和资源保护法学背景的人是最多的。从法理、法史角度出发的研究文献五年只有8篇，平均一年不到2篇，可见循环经济的法理研究很是欠缺，已有的研究也大多浅尝辄止，停留在表面，这也印证了上文所说的“不能为”。民商经济法背景的研究只有3篇，说明民商法学界对于循环经济法律问题的研究是漠不关心的，循环经济发展涉及产权的明确、碳交易市场的创新、生态补偿与生态契约等问题，民法学界对于循环经济研究的不关注也许与民法学与环境法学（经济法学）长期缺乏互动对话的历史是有关的。相对于法学界的相对“冷”，其他学科背景的人对“循环经济法律问题”反而显示了较多的研究热情，例如，宏观经济和可持续发展背景的文献有74篇，林业、旅游、金融、国际政治经济等领域皆有文献涉足循环经济法律问题的研究，表明有相当多的非法学人士，尤其是经济学界的许多研究者，对于循环经济法律问题进行了或深或浅的研究，这似乎也值得法学界的人深思。这样的研究现状同样也表明，恰当地描述循环经济法律问题的任务似乎已经超出了法学界，除了法学家，需要有更多社会学、经济学、政治科学、系统学、人类学、心理学、生态学及其他学科的观点。综上，在我国，循环经济法的研究仍然属于亟待开发的领域。

第一部分　回顾篇

第一章　中国循环经济实践进展及评价

第一节　近五年中国循环经济发展的总体评价

2012年12月12日，国务院总理温家宝主持召开国务院常务会议，研究部署发展循环经济。会议讨论通过《“十二五”循环经济发展规划》。会议指出，发展循环经济是我国经济社会发展的重大战略任务，是推进生态文明建设、实现可持续发展的重要途径和基本方式。今后一个时期，要围绕提高资源产出率，健全激励约束机制，积极构建循环型产业体系，推动再生资源利用产业化，推行绿色消费，加快形成覆盖全社会的资源循环利用体系。可以说，“十二五”是我国循环经济发展的一个非常重要的时期，在此期间，循环经济理念逐渐深入人心，区域循环经济成效初现，循环经济政策体系初步形成，循环经济创新体系日益完善，循环经济取得了长足发展，为“十二五”资源环境目标的实现、和谐社会的发展做出了重要贡献。

一　近五年循环经济发展的背景

改革开放30多年来，中国的经济发展模式取得了举世瞩目的成绩，从“发展中国家+转型国家+社会主义国家”三重属性兼具这一基点出发，立足中国的特殊国情，以建设一个富强民主文明和谐的现代化国家为目标，中国在实践中逐步形成了“中国特色”的发展模式：一是以增进世界第一人口大国公民的福祉为核心。中国是全世界人口最多的国家，增进公民福祉是中国发展的核心。中国的发展以13亿人的价值和潜力的发挥为中心，旨在满足13亿人的基本需要，并促进每位成员的自由而全面的发展，这是举世无双的。二是充分挖掘社会主义基本制度和现代市场经济体制相结合的巨大潜力。中国实行的社会主义基本制度有若干质的规定性，在所有制、调节机制等方面又有着自己的特色，其中最显著的就是社会主义基本制度与现代市场经济体制的内在结合。三是努力发挥劳动力丰富、市场广阔和后发国家三大优势。四是着力实行有中国特色的“四轮推动”。即有中国特色的工业化、城镇化、市场化和国际化，这是中国经济发展模式的四大支撑。五是在更大范围内推进有中国特色的“五位一体”建设。“五位一体”建设是指有中国特色的经济、政治、文化、社会和生态文明建设。推进“五位一体”建设，基本宗旨是为人类文明发展做出中国自己的贡献。

中国经济发展模式创造了奇迹，经济高速增长，综合国力大幅提高，但是现有的发展方式也面临着压力。要完成2020年国家经济社会发展目标，关键在于“发展方式的转变”。发展方式的“转变”有三重含义：其一是窄方式：实现“经济增长方式的转变”。简言之，由“粗放型”转向“集约型”。其二是中方式：实现“经济发展方式的转变”。关涉经济增长问题、经济结构问题、经济体制问题等经济可持续发展中的问题。其三是宽方式：实现“总体发展方式的转变”。即由单一经济发展，向“四位一体”的发展拓展，核心是由“物”转变为“人”，提高中国的“人类发展指数”，这是一个更大范围和更高层次的发展方式转变问题。

目前，“窄方式”的经济增长方式转变还没有完成，新的“中方式”的经济发展方式和更大范围“宽方式”的总体发展方式转换又被提出；不发达经济阶段的问题（如几千万贫困人口等）没有解决，发达阶段的问题（如老龄化等）又来临；中国的特殊问题（如人口问题、二元经济结构等）尚未解决，人类共同面临的问题（如环境可持续、人权保障、“人类发展指数”等）又涌现出来。中国未来面临来自上述多方面的转换压力。立足于社会主义初级阶段这个实际，应把握中国发展面临的上述新课题、新矛盾。这里的关键，在于如何在经济全球化背景下，扎扎实实地推进有中国特色的新型工业化、信息化、城镇化、市场化、国际化进程。

第一，推进有中国特色的新型工业化。工业化，是中国实现现代化最重要的支点。经过多年积累，中国已基本建立起较为完备的工业体系，在经济全球化加速发展的背景下，中国工业规模迅速扩大。但中国特殊的国情，以及拒绝复制前工业化国家“危机转嫁”等传统模式，使中国的工业化必须探索“有中国特色的新型工业化”道路：提高科技含量与充分发挥人力资源优势紧密结合。中国推进新型工业化，着力把工业化建立在科技创新的基础上，重在提高技术进步对工业经济增长的贡献率，这是区别于以要素（主要是资本）大规模投入为特征的旧型工业化的标志之一。同时，努力寻求提高科技含量与充分利用劳动力资源优势的最佳结合点，提高工业的国际竞争力；发展城市工业与发展乡镇工业紧密结合。中国有600多个大中小城市，这是工业的重要增长极。近年来，乡镇工业的技术、装备水平迅速升级，新式武装的乡镇工业已成为工业化的一支重要生力军；推进工业化进程与资源节约利用和环境保护紧密结合。在实践中，我们越来越深切地认识到，传统的以资源过度消耗和环境生态破坏为代价的工业化发展道路，不符合中国国情。因此，必须强调节约资源、保护环境，走可持续发展之路，工业结构转型须与经济体制转型紧密结合。中国正是利用全球化和“后发优势”，才能在较短的时间内创造了发达国家用很长时间才造就的工业化格局。同时，中国颇为注重在推进工业化的进程中保持自己的独立自主地位。尤其是在存在投资、技术、贸易、环境等壁垒的情况下，中国在坚持对外开放的大格局中，寻求利用外资与独立自主的最佳结合点。

第二，以信息化带动工业化，以工业化促进信息化。在当今世界新技术革命，特别是信息革命迅猛发展的条件下，推进有中国特色的新型工业化面临与信息化的关系问题，这是当今世界各国推进工业化共同面临的新挑战。中国紧紧抓住工业社会向信息社会转化的历史机遇，将工业化和信息化结合起来：一方面以信息化带动工业化，特别是注重发挥信息化在工业发展中产生的倍增效应和催化效应；另一方面以工业化促进信息化，为信息基础设施的建设和信息技术的研究开发提供产业支撑，着力将信息化与工业化融为一体，从而推动整个社会的现代化。目前，我国的信息化水平显著提高。已经有89%的机械企业建立了电子财务管理系统，超过90%的钢铁企业应用了电子采购、财务、销售等系统，EPR、SCM、CRM等信息系统在石化、建材、轻工等行业应用不断深化①。2014 年我国全社会电子商务交易额达 16. 39 万亿元，同比增长 59. 4%②。截至 2015 年年底，全国电话用户总数达到 153673 万户，其中移动电话用户 130574 万户，普及率为 95. 5 部/百人③。截至 2015 年 12 月，中国网民规模达 6. 88 亿人，全年共计新增网民 3951 万人，网民数量居全球首位④。

第三，继续推进有中国特色的城镇化。国际上一般称“城市化”，中国城市化实质走的是一条“城镇化”道路。长期以来，中国的城镇化进程是落后于工业化进程的。改革开放以来，城镇化率迅速提高。未来几年，城镇化率将可能以每年提高 1. 3 个百分点左右的速度来推进。这就意味着，到 2020 年前后，中国的城镇化水平将达到 60% 左右。2014 年年末，中国大陆总人口（包括 31 个省、自治区、直辖市和中国人民解放军现役军人，不包括香港、澳门特别行政区和台湾省以及海外华侨人数）136782 万人，城镇常住人口 74916 万人，乡村常住人口 61866 万人，城镇人口占总人口比重为 54. 77%⑤。中国城镇化呈现“立体网络型”的协调发展态势。所谓“立体网络型”，即以大城市为中心、中等城市为骨干、小城市及小城镇为基础，大中小城市和城镇协调发展以容纳农村剩余劳动力的立体网络。中国城镇化采取的是区域布局“差别化”推进方略。中国的东部重点是丰富城镇内涵、提高城镇化质量，形成有生命力的城镇带、都市圈、大城市连绵区；中部重点是大力发展中等城市和大城市，结合能源基地、物流中心建设，扶持区域性中心城市，形成大中小城市和小城镇协调发展的城镇体系；西部则控制小城镇无序发展，优先发展大城市，有重点发展中等城市，将超出环境承载容量的人口向区内大中城市和东部沿海迁移。中国城镇化与体制转型紧密结合，将为中国提供新的经济增长动力和源泉。数以亿计的农民进入城市或城镇，这是一个相当巨大的社会变迁，它相应地提出体制

① 依据《2015 年电子信息产业统计公报》相关数据计算，工信部网站，2015 年 2 月 11 日。

② 中国经济网、国家统计局：《2014 年我国电子商务交易额突破 16 万亿》。

③ 国务院发展改革研究中心：《发展权：中国的理念、实践与贡献（白皮书）》。

④ 中国互联网络信息中心（CNNIC）2017 年 1 月 22 日发布《第 37 次中国互联网络发展状况统计报告》。

⑤ 国家统计局：《2016 年中国城镇化率达到 57. 35%》，中国经济网。

转型的要求。中国为实现城镇化目标，着力促使城镇化从政府推动型向市场引导型转化，以打破城乡分割的格局。

第四，推进中国全方位的市场化进程。中国曾经是一个计划经济体制根深蒂固的国家，故紧紧抓住由计划经济向市场经济体制转型这一链条，由外围到核心，逐步“攻坚”。从国内看，现在绝大部分消费品的产销已经市场化，市场调节在社会商品零售总额中已达到95.6%，生产资料也达到91.9%，农副产品收购更达97.7%，从国际看，中国市场已成为世界市场的重要组成部分，更是世界竞争激烈的特大市场。中国已成为全球最大的新兴市场化国家。

第五，以全球思维推进国际化，并以独立自主的大国姿态参与全球化。自20世纪90年代开始，全球化成为世界经济发展潮流，经济全球化步伐加快。中国30年来的对外开放，值得肯定。特别是2001年中国正式成为世界贸易组织的成员，标志着中国开始融入经济全球化发展，使中国经济和世界经济在更高层次上深度融合。以此为契机，中国对外开放水平进一步提高，成为世界经济的重要组成部分，世界制造业基地的地位基本确立，“中国制造”受到普遍关注。我们认为，对外开放的意义，并不局限于近25亿美元（2014）的出口规模，对外开放的更深层意义，在于开放所带来的竞争效应，在于其对国内改革形成的倒逼机制。事实上，近年来取得较大进展的金融改革，正是开放倒逼改革的典型例证。

二　中国发展进入经济新常态

2014年5月，“新常态”一词首次出现在习近平总书记在河南考察时的报道中。同年7月29日，习近平总书记在党外人士座谈会上又一次提出，要正确认识中国经济发展的阶段性特征，进一步增强信心，适应新常态。目前，“经济新常态”已经成为中国经济计划和调控政策的基础，成为中国政府制定“十三五”经济社会发展规划和政策的出发点。

（一）“经济新常态”的前世今生

“新常态”并非中国首创。早在1997年亚洲金融危机时期，“新常态”一词就已经出现。但随着东南亚国家的政策、体制的有效改革，东南亚经济逐渐恢复，进入了新的发展阶段，“新常态”的说法逐渐消失。然而，随着美国互联网泡沫的破裂，“新常态”再次被广泛提及。美国人罗杰·麦克纳米在2004年出版了一本书，题为《新常态——大风险时代的无限可能》。麦克纳米认为，今天是一个无法预知的时代，即使经济恢复了，也无法再回到过去的辉煌。他把这种状况称为“新常态”。由此可见，国外原创意义上的“新常态”，本意是让人们对危机后的经济恢复不要抱过高期望，主基调可用“悲观”“无奈”来概括。随着美国经济在格林斯潘低利率政策的刺激下进入快车道，“新常态”再次被打入冷宫。除全球最大的债券基金——美国太平洋投资管理公司（PIMCO）的两位首席投资官——比尔·格罗斯和穆罕默德·埃尔埃利安在2009年年初使用“新常态”一词归纳2008年金融危机之后世界经济特别是发达国家所发生的变化外，新常态一词很少有人提及。澳大利亚媒体曾做过一项调查，2002年5月，“New Normal”一词使用频率仅50次，到了2011年5月，其使用频率高达700多次。ABC新闻、BBC新闻、纽约时报等媒体都曾多次使用“New Normal”来形容一国或全球经济增速放缓和调整时期的经济状态。

2014年5月习近平主席指出，中国发展仍处于重要战略机遇期，我们要增强信心，从当前中国经济发展的阶段性特征出发，适应新常态，保持战略上的平常心态。2014年11月，习近平主席在亚太经合组织（APEC）工商领导人峰会上对新常态做了系统分析：其一，经济增速虽然放缓，实际增量依然可观；其二，经济增长更趋平稳，增长动力更为多元；其三，经济结构优化升级，发展前景更加稳定；其四，政府大力简政放权，市场活力进一步释放。2014年中央经济工作会议从消费、投资、出口和国际收支、生产能力和产业组织方式、生产要素、市场竞争、资源环境、经济风险等八个方面全面阐释了中国经济的新特征，对“新常态”做了迄今为止最全面、最权威的分析与定义，提出我国经济未来发展方向将向形态更高级、分工更复杂、结构更合理的阶段演化，经济高速增长转向中高速增长，经济发展方式从规模速度型粗放增长转向质量效率型集约增长，经济结构从增量扩能为主转向调整存量、做优增量并存的深度调整，经济发展动力从传统增长点转向新的增长点。显然，与前述国外对于“新常态”的理解不同，我国是从积极方面理解"新常态"的。或者可以说，发达国家的新常态是经济年龄更年期后的常态，中国经济新常态是经济年龄即将进入更年期的调整状态，调整过程存在不确定性，但仍然属于市场经济常态。

（二）中国的经济新常态

按照中国社会科学院齐建国先生的理解，中国进入"经济新常态"的主要原因可以归结为中国近30年经济发展阶段转型导致的八大经济增长红利消失或缩水。

其一，人口红利的逐渐缩水。"研究模型显示：人口抚养比每下降一个百分点，人均GDP的增长率就增加0.115个百分点。中国在改革开放进程中，人均GDP的增长速度有27%的贡献来自于人口抚养比的下降，可以把它看作是人口红利对中国经济增长的贡献。"（蔡昉，2010）中国的人口红利缩水始于2004年第一次出现民工荒，而2012年，则是中国人口红利的一个转折点。目前中国劳动力人口正呈现出缩减趋势，15—59岁人口从2011—2012年缩水66万人为9.45亿人，而劳动年龄人口的数量到2014年已从2011年顶点下降了560万人。劳动力人口下降，就会影响劳动力供给，劳动力供给不足，用工成本就会上升。以东莞为例，据2014年10月份的统计数据，东莞大型工厂破产的有十多家，其中多为代工企业，人口红利的逐渐缩水首先对制造业造成了危机。

其二，工业化结构红利逐渐消失。当工业化进入一个更高的阶段时，很多传统产业部门特别是重化工业会出现严重的需求问题。例如，产能过剩的问题。回顾过去30多年，从短缺经济到消费品行业的大规模发展，再到2000年以后重工业的加速发展，以至于钢铁、水泥等重化工和原材料工业部门的产能过剩问题变成当前经济发展中一个难解的问题，背后的基本逻辑就是供给结构的调整严重滞后于需求的变化。很多行业的需求峰值已经或即将到来，而由于多方面原因供给的调整并不反映市场规律。从现实影响看，因为产能过剩，这些行业的固定资产投资也会越来越下降，势必会影响"三驾马车"中的"投资"，而投资下降或者保持低速度的增长就会影响经济产出的增长。消费和出口也有一些相似或不同的原因。所以，产业结构的深度变革和调整，既是中国经济进入新常态的重要原因，也是经济进入新常态的主要表现。新兴产业作为新的经济增长动力，对创新的依赖性大，可复制性差，难以接替传统重化工产业支撑经济高速增长。

其三，生产率红利逐渐消失。根据中国社会科学院数量技术经济研究所课题组用传统的测算方法对2000—2012年技术进步对经济增长贡献进行测算的结果，全要素生产率增长对经济增长的贡献率呈现明显的下降趋势。2000—2007年科技进步对经济增长的贡献为43.89%，金融危机后的2008—2012年降低到20.15%。从历史的长周期分析来看，基于原始创新的发达经济体的经济增长速度都依赖于技术创新的速度。在宏观经济层面，技术前沿国家的技术创新并没有引发生产要素生产率的加速提升，因而也就没有导致经济增长的加速度。发达国家的经济增长速度始终呈现周期性波动状态，没有持续的加速度存在。我们可以把这种现象看成是内部研究开发为主导的创新模式引发的经济增长变化规律。因此，即使是我们不断加大R&D投入占GDP的比重，也不可能抑制住经济增长速度下行。因为，生产率增长率下降的原因很复杂，与管理创新、技术引进、技术进步等诸多因素紧密相关。

其四，改革红利丧失。改革的实质是制度变迁或制度创新，改革红利是指由制度变迁或制度创新带来的收益。改革是一个由制度均衡到制度不均衡再到制度均衡的过程。当存在制度不均衡时，新制度安排的“获利”机会就会出现。如果制度变迁的预期收益大于预期成本，就存在以制度变迁实现帕累托改进的可能。此时，一项新制度的出现就会将潜在的收益转化为现实的收益，从而形成改革红利。随着改革的深入和利益格局的多元化，普惠式的改革潜力已经基本释放殆尽。深化改革必然触及既得利益集团或阶层的利益，改革难度加大：一方面，改革促使地方政府冲动型驱动经济增长的动力下降。过去地方政府为了制造经济增长业绩透支财政支出，导致债台高筑，为了获得财政收入和招商引资而过度开发和出卖土地，导致产能严重过剩，房地产严重超前开发，生态环境的过度透支，等等。这些现象导致过去30多年的经济超高速增长在财政资源上透支未来，下一步改革将会是这种业绩性增长冲动失去动力。即过去的改革导致地方政府具有增长冲动，新的改革将会抑制地方政府的自发冲动。另一方面，强调社会发展和公平的改革会抑制社会精英的增长激情。改革开放初期，让一部分人先富起来是主旋律。“猫文化”实质上是增长文化，各路社会精英发财致富的激情被激发。强调社会公平的改革，将会对他们的既得利益形成一定的影响。财富向国外转移等不利于国内经济增长。

其五，生态环境红利消失形成经济增长硬约束。2013年初始，雾霾、沙尘、地下水污染等一系列问题，让GDP至上的发展观念，受到了新一轮的口诛笔伐。改革开放三十多年来，粗放型的发展方式带来的高投入、高消耗、高排放，使我国资源环境变得十分脆弱，由此引发的能源短缺和环境污染等各种问题日益突出，成为严重制约经济社会可持续发展的“瓶颈”。目前中国的生态破坏和环境污染已经严重跨越生态红线和环境有效负荷，生态环境红利已经消失殆尽。继续过去的生态利用方式和废弃物处理方式，将会使得我们赖以生存的生态环境发生崩溃。也就是说，生态环境已经对经济增长形成了硬约束。未来经济增长必须在对过去形成的生态环境负债进行偿还的基础上进行，经济增长的生态环境成本必然大幅度上升，必然会降低经济增长能力。

其六，资源红利的消失。首先表现为资源外流严重——近三十多年来，中国各地乱砍滥伐，不计成本地向世界各国低价推销自己的资源，如稀土、煤炭、有色金属、石油等，只要能换外汇的，我们都采都伐。造成了这些资源廉价出售，以及开采后留下一堆难以治理的环境破坏，有些资源不得不从国外高价再买回来。其次表现为资源约束趋紧——在资源总量方面，我国现已查明石油储量仅占世界的1.8%，天然气占0.7%，铁矿石不足9%，铜矿不足5%，铝土矿不足2%。在人均资源量方面，我国人均矿产资源约为世界平均水平的二分之一，人均耕地、草地资源约为三分之一，人均水资源约为四分之一，人均森林资源约为五分之一，人均能源约为七分之一，其中人均石油占有量仅为十分之一。再次表现为资源利用效率极差——在资源利用效率方面，钢铁、电力、水泥等高耗能行业单位产品能耗比国外先进水平平均高20%左右；工业用水重复利用率比国外先进水平低15%—25%左右；水资源严重短缺；矿产资源总回收率为30%，比国外先进水平低20%；木材综合利用率为60%，比国外先进水平低20%；归根结底：没有真正实现资源综合利用。虽然 2013 年以来国际石油和大宗矿产品价格持续走低，但随着印度等发展中国家经济的崛起和世界经济的复苏，未来的资源价格还会上升，中国未来经济增长的资源成本将会持续提高。依靠低价国内资源，特别是土地、煤炭和水资源低价格红利的高经济增长将会因为资源红利的消失而难以为继。

其七，城市化红利缩水。随着城市人口基数增大，以及农村自身发展和相对收入的改善，以城市人口增长速度为标志的城市化速度将呈现放慢状态。这既对生产率增长率有影响，也对房地产和基础设施需求增长有影响。

表 1－1　　1996—2014 年中国城镇化率变化情况

年份	年均新增城市人口（万人）	年均城镇化率提高百分点
1996—2000	1720	1. 15
2001—2005	2016	1. 35
2006—2010	2153	1. 39
2011	2101	1. 32
2012	2103	1. 30
2013	1929	1. 16
2014	1805	1. 04

其八，净出口红利缩水。处于后更年期的发达国家经济增长乏力，对中国产品需求能力增长放缓；我国人口红利消失导致劳动力成本上升，中低端出口产品价格竞争力下降；外汇储备量过大的压力日益上升等因素，导致净出口增长对经济增长的贡献下降，甚至是负贡献率。

可以说，主要是由于这八大红利的消失或缩水，导致中国经济增长进入了下降通道。要应对“新常态”带来的困难，就必须适应经济发展阶段转型的客观要求，挖掘仍然具有潜力的增长红利，创造新的增长红利弥补消失的增长红利，以便使国民经济继续保持持续稳定的快速增长，为解决发展中存在的各种经济社会问题提供物质基础和制度条件。应对新常态要全面实施和落实全面深化改革战略、人才强国战略、创新驱动发展战略、循环经济促进战略、新城市化战略、制造业升级战略、服务贸易崛起战略等七大战略①。中国共产党第十八届中央委员会第五次全体会议强调，实现“十三五”时期发展目标，破解发展难题，厚植发展优势，必须牢固树立并切实贯彻创新、协调、绿色、开放、共享的发展理念。绿色发展理念首次被提到国家重大战略的高度，是“十三五”发展目标是否能够实现，我国经济是否可持续发展的重要方针。循环经济是绿色发展的重要体现，是衡量绿色发展的具体方面。贯彻落实绿色发展理念，推进生态文明建设，要重视循环利用，发展循环经济，推动经济社会健康可持续发展。

第二节　近五年循环经济实践主要成效和存在的问题

2012 年 12 月 12 日，国务院总理温家宝主持召开国务院常务会议，研究部署发展循环经济。会议讨论通过《“十二五”循环经济发展规划》。会议指出，发展循环经济是我国经济社会发展的重大战略任务，是推进生态文明建设、实现可持续发展的重要途径和基本方式。今后一个时期，要围绕提高资源产出率，健全激励约束机制，积极构建循环型产业体系，推动再生资源利用产业化，推行绿色消费，加快形成覆盖全社会的资源循环利用体系。“十三五”开局两年，循环经济理念更是深入人心，从中央到地方，循环经济实践活动蓬勃展开。

一　近五年循环经济发展的主要实效

（一）循环经济理念更加深入，循环经济实践活动普遍化

循环经济是个新事物、新理念，本身具有传导上的时间性和积淀性。加上循环经济理念倡导人们的生活“由奢入俭，由复杂趋向简单”，与人们已经适应的铺张浪费的消费与生活模式、价值与观念相反而行，与人们已经适应的传统管理方式不同，也无疑增加了人们对其接受的难度。自从循环经济作为我国的国家战略以来，相关部门和新闻媒

① 以上关于经济新常态的阐述，根据中国社会科学院研究员齐建国先生《中国经济新常态的深度解析》演讲整理而得。

体围绕循环经济主题，做了很多的宣传教育工作。《循环经济促进法》颁布后，以《循环经济促进法》宣传教育工作的开展为先锋，营造了良好的循环经济发展氛围，树立了正确的循环经济发展理念与思维：既有重点和专项宣传，也有常态化宣传，既借助传统的宣传阵地，如绿色出行、低碳活动、绿色发展论坛、节能宣传周活动等，又创新了新的宣传方式，如循环经济或者《循环经济促进法》知识竞赛、电视大赛，循环经济进社区、进校园活动，电子废弃物回收进超市活动，循环经济法制工作简报的刊行，等等。循环经济的理念逐渐深入人心。

与循环经济的理念宣传力度相适应，循环经济实践活动开始普遍化。各地政府着力逐渐构建了循环经济发展平台，出台了相关的配套政策，逐步建立了对于执法人员的循环经济考核体系。例如各省市基本上都建立了专门的循环经济发展领导工作小组，并下设具体的办公室，落实具体工作、划拨经费和分配工作任务，编制专门的循环经济试点实施方案或规划。出台一系列支持循环经济发展的科技、财政、金融等政策，及时颁布加快循环经济发展的实施意见等。强化循环经济执法人员工作责任目标的落实，把循环经济发展作为干部科学发展观政绩考核的一项基本指标，重视循环经济发展绩效的评价。各省市地区、区域园区及各企业发展循环经济的规划、政策措施、科技支撑体系和推进机制等基本已经建立，相关产业发展循环经济的效益正在初步显现。各地政府近几年来努力抓重点项目实施，夯实本地循环经济发展产业基础，狠抓节能减排，致力于绿色减贫，为循环经济腾出进一步发展空间，关注示范试点成效及推广的可行性，探索循环经济发展新途径。

（二）涌现出一批典型的企业（园区）和模式

在政府的强力推动下，循环经济在我国的发展已逾十年。循环经济发展的这十年，正逢我国生态文明建设战略地位确立，又遇绿色发展理念的铿锵提出，循环经济的发展遇到了最好的时机。这十年间，涌现出了不少有中国特色的高效率的循环经济发展模式和一批典型的循环经济企业（园区），对我国的循环经济发展做了示范先导作用。例如，山东省新汶矿业集团近年来按照“资源循环式利用、企业循环式生产、产业循环式组合”的模式，大力发展以煤炭产业为基础、以“煤、电、化、建”为主体产业的矿区产业集群，从而走出了一条发展循环经济的新路子，取得显著效果。甘肃金昌市作为资源型城市，在做大做强镍钴等支柱产业的基础上，依靠技术创新，纵向延伸，横向拓展，形成了产业链间物质平衡、伴生资源充分利用、废弃物循环利用的循环经济发展格局，实现了由单一产业向多产业集群转变，由单一资源依赖型向多元经济优势互补型转变。在纵向延伸方面，形成了“硫化铜镍矿开采—镍铜钴冶炼—镍铜钴压延及新材料产业”产业链；在横向拓展方面，形成了“二氧化硫—硫酸—硫化工，硫酸—磷酸—磷化工，烧碱—氯气—PVC—电石渣—水泥”等产业链。广西贵糖（集团）股份有限公司是国家制糖生态工业示范园区核心企业和全国首批循环经济试点企业，也是广西第一个国家级生态工业园区。近年来，该公司通过不断的技术改造和创新，已经形成了一个比较完整的蔗田系统、酒精系统、造纸系统、热电联产系统和环境综合处理系统等生态工业网络。在六大系统的开端——蔗田系统，贵港市建立了现代化的甘蔗园，为企业提供了稳定的甘蔗原料。而糖厂在生产中产生的废糖蜜、蔗渣、蔗髓则分别进入酒精、造纸和热电联产系统，对中间产品和废弃物进行交换，使资源得到最佳配置，废弃物得到有效利用。其他的如宝钢、济钢为代表的长流程钢铁行业循环经济模式，以浙江台州再生金属园区、湖南汨罗、甘肃兰州红古经济技术开发区为代表的再生资源或者“城市矿产基地”等，都是各重点行业和重点领域发展循环经济的典型。

（三）取得了显著的资源效益和环境效益

为了进一步完善工业固体废物综合利用产业链，“十二五”期间构建了以大宗工业固体废物综合利用为关键节点、以高效利用为核心、具有区域特色的循环经济产业新模式，通过机制创新，建设大宗工业固体废物综合利用产业化示范基地，形成产业集聚效应，以大宗工业固体废物综合利用产业及其关联产业立体化链接为纽带，构建循环经济产业链，培育和扶持大宗工业固体废物综合利用专业化、现代化企业和资源综合利用企业集群。到2015年，大宗工业固体废物年综合利用量达到16亿吨，年产值5000亿元，综合利用率达到50%。“十二五”期间，工业资源综合利用产业规模稳步壮大，5年利用大宗工业固废约70亿吨、再生资源12亿吨，取得了显著的资源效益。

重点行业主要产品单位能耗均有较大幅度下降。“十二五”期间，通过淘汰落后产能、优化布局、工业节能、清洁生产、资源综合利用等措施，产业结构和产业布局进一步优化，工业节能减排成效显著，绿色制造产业快速发展。“十二五”期间，六大高耗能行业增加值占全部规模以上工业的比重为27.8%，较2010年下降2.5个百分点；工业能效和水效大幅提升，规模以上工业单位增加值能耗累计下降28%，实现节能量6.9亿吨标煤，单位工业增加值用水量累计下降36.7%。

工业清洁生产开创新局面。先进适用的清洁生产技术工艺大范围示范推广，实现化学需氧量、氨氮、二氧化硫、氮氧化物排放总量在“十二五”期间分别累计下降32.5%、20.3%、16.5%、19.4%。2015年，高新技术产业相对于其他工业行业呈现出快速发展态势，占全部工业比重达到15%左右；绿色制造业快速崛起，环保装备总产值实现5600亿元，年均增长19.5%；节能与新能源汽车产量达到37.95万辆，同比增长4倍；2016年1—11月新能源汽车产量为40.3万辆，同比增长44.3%；光伏、风电新能源装备生产能力稳居世界第一。

（四）工信部节能司的重要工作

工业是国民经济的主体，是贯穿绿色发展理念，加强生态文明建设的重要组成部分与主战场。2015年国务院发布了《中国制造2025》，作为我国实施制造强国战略的行动纲领，把绿色发展确定为基本方针之一，把全面实施绿色制造作为建设制造强国的战略任务，为工业未来的发展指明了方向、明确了目标。同时也就我国工业发展提出了新的更高的要求，特别是在当前经济下行压力较大，工业的困难和问题较多的情形下。工业是推动供给侧结构性改革的重点，工业的绿色发展是实现“三去一降一补”的重要途径之一。

2015年我国能源消费总量达到43亿吨标煤，其中工业能耗占到70%左右，大宗资源消耗量占到全社会90%以上，水资源消耗占到三分之一左右。同时工业也是二氧化碳、温室气体，以及氮氧化物污染物主要排放领域，应该说在全球绿色经济变革当中，要实现经济的绿色循环、低碳发展，实现可持续发展，工业是重中之重。工信部的工作，是我国循环经济的主体工作。工信部节能司一直高度重视工业绿色发展，把推进资源的高效循环利用、构建循环型工作体系，作为工作的重要组成部分，主要开展了以下几项工作。

第一，大力推动工业固废综合利用，以高质化、规模化、集约化利用为重点，围绕煤炭、煤矸石等大宗工业废物，加强规范和政策引导，提高综合运用工业生产的指导意见等政策文件。积极推广应用先进的适用技术装备，发布了工业固体废物综合利用、煤矿综合利用等先进适用基础目录。组织开展了煤矿综合利用、京津冀地区资源综合利用协同发展等示范工程。加快提升重点领域、重点区域的技术工艺水平，推进河北承德、山西等资源综合利用基地建设，在全国范围内建设了 12 个工业固废综合利用工业基地，合理布局突出特色，推进产业的集聚发展。

第二，加强再生资源行业规范管理，制定发布了废旧轮胎、废钢铁、废金属、废旧动力蓄电池、废塑料等再生资源回收利用行业规范条件，并定期发布符合要求的规范企业名单，培育再生企业行业骨干企业，促进行业秩序规范。发布了两批再生资源综合利用先进适用基础目录，组织开展了国家资源再生利用重大示范工程、回收利用示范建设，大力推进先进技术的产业化推广应用，在废弃电子电器产品等行业，开展生产者责任延伸试点，引导企业落实生产者责任、探索建立生产者延伸新模式。

第三，全面推行循环生产方式，拓展建材行业废弃物处理消纳及再资源化行业功能，因地制宜推进水泥窑协同处置废物。2015 年会同住建、发改、财政、环保等部门开展了水泥窑协同处置生活垃圾试点，科学推进水泥窑协同组织生活垃圾工作。2015 年 6 月会同财政部在贵州省开展了水泥窑协同处置示范工作，支持贵州省建立健全水泥窑协同组织固体废弃物处理长效机制，总结经验在全国范围内逐步推开。

根据《中国制造 2025》总体部署，工信部会同有关部门发布了绿色制造工程实施指南，2016 年 7 月又制定了工业绿色发展“十三五”规划，提出了 2025 年工业绿色发展的工作目标。包括工业绿色发展理念成为工业全领域、全过程的普遍要求。工业绿色发展推进机制基本形成，工业绿色制造产业成为经济增长的新引擎，工业绿色发展的整体水平显著提升。同时，也提出了一些具体的量化目标，包括到 2020 年工业固体废物综合利用率达到 73%，主要再生资源的回收利用量达到 3. 5 吨。绿色制造产业产值达到 10 万亿。为了实现规划目标，全面提升工业资源综合利用水平，工业部将重点开展持续以下几个方面的工作。

第一，持续推进资源的综合利用。加快建立循环型工业体系，促进企业、园区、行业、区域间的链接共生和协同利用，强化工业固废综合利用，继续开展资源综合示范基地建设，推进京津冀等重点地区的资源综合利用产业生态协同发展。严格废钢铁、废旧动力电池、建立废弃物等行业的规范管理，引导再生资源行业规模化、集约化发展。继续落实生产者责任延伸制度，在电子电器汽车等领域，开展生产者责任延伸的试点示范。

第二，大力提升产业技术水平。在动力电池回收处理以及固废的甄选、拆解利用等领域，加大研发投入。形成一批具有自主知识产权的工艺技术和装备，逐步完善企业为主体，市场为导向、政产学研用相结合的创新体系，推进建设一批企业绿色技术中心、产业绿色创新联盟创新品牌，提升绿色创新服务能力、工业绿色发展标准化水平，鼓励制定满足创新需要的企业标准、团体标准和行业标准，协同推进提标升级。

第三，全面推进绿色制造体系建设。以促进全产业链和产品全生命周期绿色发展为目标，以企业为建设主体，以公开透明的第三方评价体系为基础、以先进的绿色评价体系为引领，以绿色工厂、绿色产品、绿色园区、绿色供应链为组成内容，在重点行业出台一批绿色评价标准，建设百家绿色园区、千家绿色工厂，开展万种绿色产品，创建主要产业的绿色供应链，全面推进高效、清洁、低碳、循环的绿色指导体系建设。

（五）科技支撑体系初步形成

先进的科学技术是循环经济的核心竞争力。如果没有先进技术的输入，循环经济所追求的经济和环境多目标将难以从根本上实现。循环经济的支撑技术体系由五类构成：替代技术、减量技术、再利用技术、资源化技术、系统化技术。其中，替代技术是指通过开发和使用新资源、新材料、新产品、新工艺，替代原来所用的资源、材料、产品和工艺，以提高资源利用效率，减轻生产和消费过程对环境的压力。减量技术是指用较少的物质和能源消耗来达到既定的生产目的，在源头节约资源和减少污染的技术。再利用技术是指延长原料或产品的使用周期，通过多次反复使用，来减少资源消耗的技术。资源化技术是指将生产或消费过程产生的废弃物再次变成有用的资源或产品的技术。系统化技术是指从系统工程的角度考虑，通过构建合理的产品组合、产业组合、技术组合，实现物质、能量、资金、技术优化使用的技术，如多产品联产和产业共生技术。多产品联产通过多种产品的联合生产提高资源利用效率，对生产过程中消耗的原材料和能源进行科学的分配来生产不同产品，或者对资源进行深加工，对副产品进行充分开发利用，都可实现多产品联产。产业共生将不同的产业、行业耦合在一起共同生产来提高资源利用效率。某一个行业生产过程的产品或废弃物，可能正好是另一个行业生产过程所需的原料。在空间上将具有耦合效应的产业配置在一起，可大幅度地提高生产效率，减少废弃物的生成以及不必要的资源消耗。

《国家中长期科学和技术发展规划纲要（2006—2020）》对循环经济技术的研究与开发进行了专门描述，科技部在“国家科技支撑计划”和“863”计划均把循环经济作为专项领域，重点支持了20多项重点攻关项目。国家发改委联合相关行业协会，组织编印了10多个行业的循环经济支撑技术，对提升循环经济发展水平，推动行业技术进步发挥了重要作用。循环经济发展的科技支撑体系初步形成。

二　近五年循环经济发展存在的主要问题

（一）对循环经济的定位仍不明确

最近几年，“循环经济”“绿色经济”“知识经济”“低碳经济”“生态经济”“循环型社会”等名词单独或共同频频出现在各种场合，甚至很多文献、调研报告用上述其他名词与循环经济互指或互相代替，如称循环经济就是生态经济或绿色经济，①“循环经济就是节能减排”，“循环经济就是环境保护”，甚至认为循环经济就是“植树造林”等。循环经济似乎是个筐，什么都可以往里装。循环经济的发展在中国正方兴未艾，对于国内外学术界来说，循环经济及其研究都是一个新兴领域，因此，对存在分歧、认知错误的“循环经济”概念，确有进一步厘清的必要。理论指导实践，如果在理论上我们都不能准确把握循环经济相关概念的内涵，则必然有害于循环经济发展实践。

---

① “绿色经济就是生态经济，它包含了循环经济和低碳经济”。此论断参见《新经济概念的实质》，《中国环境报》2010年6月3日。

循环经济的理论研究尚处于起步阶段，学者对循环经济的概念有着不同的见解，还没有形成关于循环经济的权威性定义。较为普遍的观点是：循环经济是一种以物质、能量梯级和闭路循环使用为特点，在资源环境上表现为高效利用资源，排放污染低，甚至是污染“零排放”的经济发展模式，“资源—产品—再生资源—再生产品”的物质反馈过程是循环经济的实质。发展循环经济就是要在生产实践中，从源头上控制污染物的排放，减少消耗，从而实现废弃物的减量化、资源化和无害化，抑制废弃物的产生、最大限度地节约资源、最大限度地减少污染物的排放、最大化地实现经济发展和资源消耗之间的平衡。“循环经济”与“绿色经济”“知识经济”“低碳经济”“生态经济”“循环型社会”等概念之间的关系需要进一步梳理和明确。

循环经济可以大大降低环境风险，解决生态资源稀缺问题，同时改善人类福祉和社会公平，是向“没有增长的繁荣”转型。若要实现这个目标，就必须改变经济和社会结构，使没有增长的经济并不等同于没有发展或者不稳定的经济。循环经济转型不仅要开发新技术，也要社会、政治和文化的变革。自然资源的大量开采，导致了棕色经济的产生。在20世纪，矿石和矿物质的开采增长了惊人的27倍，超过了经济增长的速度。过去很容易开采利用的沉积矿石现在很大程度上已经被消耗殆尽。开矿对于环境的影响注定会恶化。与一个世纪前相比，为了提取相同数量的铁矿石，需要移除表面大约超过三倍的岩石和其他物质。一个快速消费型的经济意味着开矿过程中废物排放持续增加。在世界范围内，2010年，人们总共汇总处理了大约110亿吨的固体废物（实际的产生量更大，但具体未知）①。循环经济有吸引人的愿景：惠及所有人的可持续的繁荣。这一愿景是可持续发展的结果。循环经济要求抑制过度消费，减少对于资源的需求，提供生态资源，让贫困人口摆脱消费不足的枷锁。

（二）循环经济缺乏足够的经济学理论支撑

以芝加哥学派的产权理论为经济学根基的“庇古税”曾经对于环

① Extraction data from UNEP, Recycling Rates of Metals: A Status Report; waste collected from UNEP, op. cit. note6.

境治理起到了很积极的作用。但是“庇古税”理论下的“先污染，后治理”“付费即可排污”的末端处理方式日渐为外界所批判。自然资源与环境的突出特点是其代际性、国际性，而我们现在仅仅以服务于当代人为目标而制定的产权制度显然不公平、不合理。依据科斯定理，如果市场交易费用为零，只要产权是确定的，则在发生外部效应时，以谈判方式协调，相关利害人会考虑到自己的行为对他人带来的影响，此种情形下的资源配置仍有可能是有效的。但实际上，不管交易费用是否为零，相关利害人能否协商一致，对环境资源拥有产权的同时实际上就是拥有了污染环境的权利，在这种产权制度安排下，当代人当然有权利对环境“先污染，后治理”。结果是，即使事后采取了积极的治理与惩罚措施（“庇古税”），也根本无法界定污染给当代社会与代际、国际社会所带来的损害，因为环境资源毕竟不是灯塔，并不是一个那么容易估量的、简单的物权。可以说，现代产权理论对于环境资源的产权归属问题的解释与安排是无力的，一种新的、能够体现自然资源的代际性与国际性特点，能够与循环经济模式相契合的产权理论尚有待于建立与完善。目前对于循环经济学理论基础的完整论证还很缺乏，这是循环经济理论研究与实践发展中的一个致命缺陷。若循环经济缺乏坚实、系统、自成体系的经济学理论支撑，则循环经济研究只会徘徊在对现状的简单描述及对未来的空泛预期上。更为甚者，这将使循环经济理论研究无法找到相应的经济学出发点和立足点，导致“循环经济怀疑论”或者“循环经济否定论”的产生，最终导致循环经济只是一种理念，无法成为实现经济、社会与生态三维整合的最佳选择方案。

（三）循环经济理念尚待普及，政府管理机关观念滞后

循环经济是真正的模式变革，是根本性的变革，是可持续发展和生态文明建设要求的内在回应，是必需的变革。地方政府对于这样一种变革在态度上是肯定的，在决策上是有考虑的。循环经济这个词开始高频度出现在党的喉舌媒体上，开始出现在广大民众的视野里，出现在各种公开的场合上，循环经济发展已经成为我国经济社会发展及政治生活中不可或缺的一部分。但是，根据我们的调研结果发现，循环经济理念的内涵尚需厘清，循环经济基本范畴尚需界定，循环经济理念的普及任重而道远。相对而言，城市公众循环经济意识较强，农村公众循环经济意

识较弱；专业人士循环经济意识较强，非专业人士循环经济理解上存在误读和偏差；年轻人循环经济意识较强，中老年人对于循环经济的关注度不高。尽管我们可以用不到一秒的时间瞬间就可以搜到上亿个“循环经济”的搜索结果，但也只能说明循环经济的出现频次，不能也无法说明循环经济理念的普及度。再进一步追问：循环经济法、循环经济立法之异同为何？环境立法与循环经济立法之异同为何？循环经济立法与清洁生产立法之异同为何？循环经济法制的实施条件为何？……可以说，这些问题，即使我们的专家，也未必搞得清楚。所以，只有“循环经济”的说法是不够的，深入宣传贯彻循环经济理念才是有意义的；浅层次地宣传循环经济是不够的，对于循环经济的认真解读才是有意义的。由于循环经济理念的理解不到位，政府官员的循环经济执法行为必然存在理念不足指导下的行动不足、管理失范及滞后。政府实施循环经济的行为仍然会陷入格局不够、眼光狭隘、理解偏颇的恶圈；也会出现“上有政策、下有对策”抑或“阳奉阴违”的执行痼疾中；更会出现自以为是，以环境保护替代循环经济发展的错误认识及行动。与时俱进，统一思想和认识，提高循环经济理念和思维，是建设绿色发展政府的首要任务。

（四）循环经济发展缺乏有效的激励机制

1. 企业内在动力缺失，缺乏对发展循环经济的认同感和责任感

企业是消耗资源及排放废弃物最重要的主体。据统计，我国国民经济诸行业单位产值污染物排放位于前八位的行业均为工业部门，约70%的废弃物来自企业的排放。因此，发展区域循环经济首先必须激活企业的积极性。但是，我国目前的状况恰恰是企业内在动力缺失，缺乏对发展循环经济的认同感和责任感。主要原因在于：

首先，我国自然资源长期以来定价偏低，资源价值在产品和生产成本中得不到正确和充分的体现。此处所说的自然资源既包括矿石、林木等原材料型的自然资源，也包括水与大气等传统上被视为公共物品的自然资源。由于长期受政府管制，我国自然资源价格一直偏低，导致原材料与最终产品之间比价偏高，间接鼓励了生产过程中对自然资源的滥用与浪费，“资源零价格、原料低价格、产品高价格”的现象普遍存在。换言之，采用现有原材料和技术，企业的获利空间还很大；相反，企业

若利用可再生资源与新技术进行生产，反而会面临成本高、产品价格高、市场风险大的不利局面。以贵州省开阳县双流乡镇企业开发公司综合利用黄磷尾气年产 2 万吨甲酸高技术产业化示范工程为例，该工程 2004 年经国家发改委列入高技术产业化西部专项项目第一批名录，据该公司总经理罗波介绍，经过循环利用和清洁生产，该公司的黄磷尾气作为资源的再循环利用率完全可以达到 100%，但是，其生产出的产品因为高技术含量的原因，成本价太高，市场推广有很大困难。有些国际性下游企业还可能对该公司产品有兴趣，国内下游企业则因为价格因素对其产品少有兴趣。① 同样的道理，利用电厂的脱硫石膏，在著名的丹麦卡伦堡生态工业园中是经济的，但在我国情况则截然不同。由于买天然石膏矿成本较低，而脱硫石膏要用设备进行预处理，就不够经济。这样我们就可以理解，为什么在我国大量中西部火电厂，尽管其生产和环保设备极为陈旧，粉煤灰与煤渣污染大量产生，每年交纳排污费、设备维修费等多达数千万元，但企业仍拼死不愿放弃“拼资源”的生产模式，其根本原因就在于煤电经济的“热”发展使得利用廉价资源的火电厂仍可以获得可观的盈利，企业投入资金搞技改的可能性被短期内的巨大盈利化为乌有，直接导致了企业对实施节能减排、清洁生产与发展循环经济的漠视。自然资源价格的趋零化，决定了人们对待自然资源的态度和方式必然是随意而用、肆意挥霍而不加珍惜。②

其次，环境容量定价过低。狭义上，环境容量价格的形成是因为残余物流对环境系统施加负荷，造成环境容量之稀缺性，进而使容量资源成为经济物品，具备价格。我国目前对环境容量定价普遍偏低，排放成本界定很不合理，排污费定价极低，企业免费或者低成本排放环境负荷物的可能性极大，形成外部不经济。实施清洁生产、循环利用对技术、

① 以上内容来自 2004 年 3 月笔者赴贵阳市进行循环经济发展实践调研的访谈记录。

② 笔者将此类现象称为自然资源“（趋）零成本”现象，“零成本”易引发循环经济链条断裂。“零成本”产品对自然资源的获取方式在现实中主要表现为合法外衣下的非法掠夺式滥用、特权式享用、非法利用职权的遮阳式利用、扶持或照顾式占用、地缘式挪用、盗抢式贪用，等等。同时，与“零成本”相关的“低消费”也成为刺激生产、一次使用和贻害回收等循环经济问题“并发症”的中心“溃疡点”。自然资源“（趋）零成本”会产生“扳机效应”，它会一触即发地让循环经济诸多问题如“多米诺骨牌”效应般连环出现。

工艺、人员、设备等方面均有较高要求，当面临实施循环经济的成本高于其能够节约的原材料成本时，又由于排放的免费性或低廉性，企业基于逐利的本能自然会选择对废物的终端处理、付费排放，而不可能自觉自愿地从生产源头上就着力于控制废料的产生与污染物的排放。可见，排放成本在相当大程度上决定着循环经济发展的可行性，而我国偏低的环境容量定价实质上大大降低了排污成本，使企业缺乏控制排污、发展循环经济的压力与动力。何况，我国目前仅对企业在生产过程末端所产生的废弃物征收较低的排污费，而在企业生产的产品进入消费领域报废后的回收处理上，无论企业还是消费者都几乎没有或极少为此付过费。结果是，一方面难以激励企业及个人从源头预防污染、减少废弃物的产生和排放；另一方面也使经营废弃物处理的企业因无利可图而难以为继。

2. 相关经济措施弊端凸显

我国以排污费的低价征收制度为代表的一些现行经济制度安排制约了对于环境资源的有效利用与保护，并实际上阻碍了企业发展循环经济的步伐，这里仅以有关环境资源的税收、财政补贴现行制度措施为例对此进行说明。

首先，我国缺乏专门的环境税收政策。20 世纪 90 年代中期以来，绿色财政、绿色税收政策成为实施可持续发展战略的国际性措施。在大部分西方国家，环境税已成为环境政策实施的主要手段，并已经和不断在为污染物的排放削减、环境质量的改善、技术革新与竞争力的提高、财政收入和环保基金的增加等做出贡献。但截至目前，我国的环境税收政策仍然一片空白。我国当前对煤、盐、天然气和石油等征收的资源税及城镇土地使用税，征税对象是主体使用自然资源获取的收益，其立税目的是调整主体间级差收入、促进公平竞争，在促进环境资源的合理利用及其保护上可以说收效甚微。因此，我国尚无真正意义上的环境税。再以增值税为例，构成我国现行主要税收来源之一的增值税实际上抑制了企业节约与循环利用资源。因为增值税是按增值的比例缴纳税收，循环利用资源的企业，其成本中增值部分所占的比例较高，因此，按产值计算，越是循环利用资源越是需要缴纳更高比例的税。另外，当前在煤炭等矿产资源开采方面，我们依据开采量征收资源税，有些企业在开采过程中便采取“吃菜心”的方式，即只开采易开采的部分而遗弃不易开采的部分，这就不仅造成了资源的破坏，也带来了严重的环境问题。如果我国现行税制不与时俱进进行相应改变和完善，对企业发展循环经济积极性的抑制作用将会更为明显。

其次，相关财政补贴政策副作用日益凸显。我国实行的财政补贴政策一度曾对保护资源和环境起到了积极的作用，时至今日，其负面效应却日益显现，特别是进一步助长了能源价格的偏低。价格低，财政补。由于管理上的诸多缺陷，资源补偿费大多由国有大中型矿山、冶金企业等获得，那些浪费严重的乡镇和私营企业无法获得。另外，当前从事有关污染防治、清洁生产、环境无害工艺技术的企业及拟从事循环经济生产的企业，甚至已经列入国家循环经济高新技术企业名录的企业，都不能普遍或者实质上适用贴息贷款等财政信贷激励政策。区域循环经济项目、清洁生产项目及相关环保项目不仅投融资渠道单一，且由于各区域行政主管部门对循环经济的认识不统一、不明确，导致大量的循环经济建设项目仍被当成一般的工业项目对待，在相关政策与信贷资金审批方面并未得到有力支持。①

（五）技术创新支撑能力有待进一步加强

目前，我国将循环经济技术列入国家中长期科技发展规划，支持了一批关键性技术研发。实施了一批循环经济技术产业化示范项目，推广应用了一大批先进适用的循环经济技术。汽车零部件再制造技术已达到国际领先水平，废旧家电和报废汽车回收拆解、废电池资源化利用、共伴生矿和尾矿资源回收利用等一大批技术和装备取得突破。但在许多领域还存在着技术瓶颈，使得循环利用资源成本过高，制约着循环经济的进一步发展。例如，在废旧电子产品循环利用、废旧电池循环利用、利用尾矿进行矿井回填、工业废水中回收有价元素、有毒有害的有色金属矿渣再生利用等领域，都存在着技术瓶颈制约经济效益问题。资源节约和环境保护重大技术的研发还比较薄弱，资源高

① 前文提及的贵州省开阳县双流乡镇企业开发公司综合利用黄磷尾气年产2万吨甲酸高技术产业化示范工程，虽然在高新技术作用下，其黄磷尾气再利用率可以达到100%，但基于成本原因，该公司的循环经济产品市场风险很大。据笔者调查访问，该示范工程在当地只是被当作一般工业工程对待，未享受按照《中华人民共和国循环经济促进法》所规定的财政补贴、金融信贷等方面的优惠。

效利用和循环利用的关键技术有待突破，运用生态设计理念对材料的组成、生产流程、产品的重复使用、再生利用途径、开展全面的新型设计理念方面，缺乏科技创新思维、企业技术创新能力较弱，对循环经济的节点性关键技术和重点技术的研究与开发投入不足。循环经济发展市场化的交易平台正在建设中，技术的社会化和市场化机制尚未形成，先进技术的全面推广困难。

（六）废物回收利用体系尚未建立

2015 年 6 月 14 日，中国发展研究基金会公布的一份资源综合利用报告显示，近年来，我国资源综合利用的确取得了巨大的经济、社会和环境效益，对缓解资源短缺起了积极作用，但资源综合利用水平总体上还很低，表现在：我国矿产资源总回收率约为 30%，比国外先进水平低 20 个百分点；木材综合利用率约为 60%，发达国家一般在 80% 以上；工业固体废弃物综合利用率不到 60%，累计堆存量已达几十亿吨，占用了大量土地。再生资源回收利用率很低：钢铁工业年废钢利用量为 5800 多万吨，占粗钢产量的比例为 26%，世界平均水平为 43%；再生铜产量 93 万吨，占铜产量的 22%，世界平均水平为 37%；再生铝产量 145 万吨，占铝产量的 21%，世界平均水平为 40%；轮胎翻新量仅占新胎产量的 4%（其中轿车轮胎基本不翻新），而发达国家一般为 10%（欧盟翻新率达 18.8%），每年有超过千亿元的财富从垃圾中消失①。一方面是宝贵的资源无法得到充分利用，另一方面是废弃物的堆积与排放已成为极其严重的污染源。从我国废弃物的回收利用体系来看，目前主要存在两个问题：

1. 从源头对垃圾进行分类迄今未能全面展开。由于对垃圾分类的宣传教育及必要的设施相对缺乏，大部分居民对垃圾随意丢弃的危害性认识不足，也并未充分意识到垃圾分类给自己带来的益处。例如废电池在家中长时间存放会对人体产生危害，将其混杂在生活垃圾中扔掉时，电池中的有毒物质会慢慢渗入土壤和水源，再通过农作物进入食物链，仍然威胁人类的健康。而对废电池的分类回收则相当于我们回收了镉、

① http：//www. most. gov. cn/gnwkjdt/200506/t20050617_ 22531. htm，中华人民共和国科技部网站。2013 年 1 月 5 日浏览。

镍、锰、锌等宝贵的重金属。

2. 废弃物的回收与利用仍存在脱节现象。目前，我国生产、生活废物的回收主要由单打独斗的个体人员经营，回收市场混乱，废弃物的回收利用率和再资源化率偏低——能够收集废弃物的人员没有处理能力，而有处理能力的企业又苦于废弃物回收不上来，企业生产原料无法达到规模化，无法实现经济效益。资源回收与利用之间尚缺乏有效的沟通渠道，顺畅的城市废弃物供需链条还远远没有形成。

2011 年，国务院办公厅下发《关于建立完整的先进的废旧商品回收体系的意见》，要求到 2015 年，我国应初步建立起网络完善、技术先进、分拣处理良好、管理规范的现代化废旧商品回收体系，各主要品种的废旧商品回收率应达到 70%。[①] 为贯彻落实 49 号文，商务部已会同相关部门制定中长期废旧商品回收体系建设全国性规划，逐步完善废旧商品回收行业的政策环境、统计制度与标准体系，开始积极推动公共机构率先形成废旧商品回收体系，形成面上示范效应，并积极组织面向全社会的宣传教育，以促进完整、先进的我国废旧商品回收体系的早日建立。[②] 2015 年 8 月 16 日，商务部、国务院机关事务管理局在石家庄举行了包括河北、辽宁、吉林、安徽、江西、山东、湖北、重庆等 8 个省市在内的部分省市公共机构废旧商品回收体系建设签约仪式。在签约仪式上，这些省市分别与本地废旧商品回收企业签署了合作协议，约定双方将在当地合作进行公共机构废旧商品回收体系建设工作，积极开展废塑料、废纸、危险废弃物及废弃电器、电子类资产等废旧商品的分类收集与科学处理。上述举措，都表明我国政府已经开始注意到了废旧物品回收处理的专业化、规模化、产业化是发展循环经济的关键点，各项有效举措正在逐步展开。

（七）循环经济约束机制发挥作用的前提不足

循环经济发展涉及的资源与环境在很大程度上属于公共物品，有极强的“外部效应”，其私人成本（收益）与社会成本（收益）很不一

---

① 2012 年 7 月 31 日，商务部循环经济研究基地挂牌仪式在武汉举行，为推动这一目标实现采取的具体措施创造了条件。

② 《商务部循环经济研究基地挂牌仪式在武汉举行》，商务部网站，2012 年 12 月 5 日。

致，需要政府通过管制与经济手段加以约束。但从目前情况看，约束机制发挥作用的前提还很不足。

1. 法律法规体系不健全及执法不严使管制手段效率降低

近几年来我国陆续颁布了一些有利于循环经济发展的法律法规，如《中华人民共和国循环经济促进法》、《中华人民共和国清洁生产促进法》、《大气污染防治法》、《水土保持法》、《固体废弃物污染环境防治法》、《矿产资源法》、《防沙治沙法》、《水污染防治法》、《节约能源法》、《环境影响评价法》与《排污费征收管理办法》、《关于开展资源综合利用若干问题的暂行规定》、《关于进一步开展资源综合利用的意见》等。但已有法律规定存在原则性强，可操作性不够的缺点；相关法律之间存在着不够协调、有关的配套措施不到位、缺乏必要的强制性标准等问题，使法律管制效率低下。此外，执法不严进一步加剧了此种状况，交费排污似乎成为行业惯例，惩罚措施流于形式见怪不怪。有些地区的环保部门，甚至将收取企业排污费作为重要的创收来源之一。还有一些政府官员，采取地方保护主义，对能给地方带来经济效益的排污企业“明管暗护”，为环保部门正常的监督与管理设置障碍。执法力度的不严，制裁手段的软化，其实质是公权层面对于经济指标增长的盲目崇拜与对发展循环经济重要性、紧迫性的无知与漠视。

2. 产权交易市场不完善、交易费用过高限制了经济手段的效力发挥

我国现有自然资源交易权制度只赋予土地和矿产资源有条件的交易权，其他自然资源交易权安排尚付阙如。禁止牟利性交易是对土地、矿产资源交易权附加的条件，实质是“交易”必须服从政府行政安排或分配。可以说，真正意义上的自然资源交易产权是不存在的，因此导致自然资源浪费使用现象日趋严重。此外，先进国家治污采取的庇古手段（征税、补贴、押金—退款）与科斯手段（自愿协商、排污权交易）在我国发挥作用的空间实在有限。庇古手段发挥作用的前提是对私人成本与社会成本拥有充分信息，方可能确定合理的税费数量。但实际上如何确定经济主体废弃物排放造成的边际外部成本，是非常困难的：市场经济自身缺乏使企业自愿向政府汇报其真实私人成本（收益）的激励机

制，这使政府难以通过计算私人成本与社会成本之间的差额来准确确定排污收费量。科斯手段发挥作用的前提有经济运行高度市场化、产权明晰、交易费用为零或至少较低等条件，这些条件我国目前均不具备。何况，在我国当前仍在进行的市场化改革进程中，政府的权力依然过大，我国距真正意义上的市场经济尚有较大差距。另外，法制不够健全、信用普遍缺失等都会导致巨大的交易费用。所以，在我国一些城市污染治理过程中开展的污染权有偿使用和交易试点效果一直不理想，作为一种常态制度进行推进更是困难重重。①

（八）循环经济政府推动机制混乱

在我国，循环经济发展初期，完全有赖于政府自上而下强有力的推动，循环经济之火才逐渐呈现燎原之势。但是，即使在政府层面，不同区域、不同层级的政府基于其利益主体的身份，表现出来的立场有所不同，以如何对待发展循环经济，实现经济社会自然和谐稳定发展这个大战略的态度为例，我们可以看到，中央政府的态度是积极的、明确的，相对而言，地方政府的态度是比较暧昧，甚至可以说是比较消极的；各级环保部门整体上比较积极、比较努力，而各级经济部门则相对比较消极、比较松懈，有些部门甚至认为“事不关己，高高挂起”；从地区差异上来看，中南部区域政府对于循环经济发展表现积极，循环经济发展情况可圈可点，西部地区沿袭传统经济标准，区域循环经济发展规划不科学、不合理，应景式发展、大而空发展现象比较严重……所以，尽管我国政府高度重视发展循环经济，但从现状看来，成效着实有限，循环经济发展仍然是我国国民经济中的一个非常薄弱的环节。

（九）企业实施循环经济技术力量弱，缺乏强有力技术支撑

循环经济的开展离不开先进适用技术的坚实支撑，没有生态化技术的创新及其产业化发展，循环经济就失去了发展的技术基础。目前，我国企业生态化技术的创新能力及其采用率很低，大部分尚处于自发或被迫应对状态，即使少数采用生态技术的企业，由于条件限制，通常也仍

① 《我国发展排污权交易困难重重，各类试点效果并不理想》，http：//www. cec. org. cn/xinwenpingxi/2011—11—08/73955. html。

然只是惯性化采用末端治理技术。主要原因在于:

1. 资金缺乏。资金缺乏是企业进行生态化技术创新的重要制约因素之一，我国目前生态化技术创新投资仅占 GNP 的 0.8%左右，远低于发达国家相关水平。而我国的环境资源问题要得到解决，这一比例至少应达到 1.6%。近年来，虽然我国环保治污资金投入陆续不断增多，但资金短缺仍然严重不足，成为我国生态化技术创新及其产业化的重要制约因素之一。

2. 技术力量薄弱。我国科技发展水平不均衡特点突出，有些技术虽然处于世界领先水平，但与西方发达国家相比，总体仍位于落后状态，这突出表现为我国企业生产中的单位产值能耗、物耗等高于发达国家几倍乃至几十倍，单位产值的污染物排放量达到发达国家几倍乃至几十倍。技术水平的滞后使实施循环经济的成本效益得不到体现，将废弃物资源化的成本甚至高于购买新原材料的价格，企业自然无法燃起对废弃物再生利用的热情。

3. 技术市场发育不成熟，企业的经济实力很薄弱。我国绝大多数企业，特别是中小企业的生态化技术创新能力很薄弱，其所需的技术主要来源于市场。但我国尚处于社会主义市场经济发展初期，市场体系初步建立，技术市场化程度不足，企业无法及时获得生态化技术创新的全面信息，也难以把握循环经济相关技术领域的最新发展动态和发展趋势等。这样势必影响企业生态化技术成果的先进性及生态化技术引进的质量与水平，造成不必要的浪费，得不到理想的效果。

（十）循环经济社会参与机制尚未形成

循环经济在小、中、大不同层面上的实现，均有赖于社会公众的积极参与。公众参与有助于实现人们的环境资源权，从而激发公众参与循环经济发展的责任感和积极性，壮大推动循环经济发展的社会力量；公众参与循环经济发展可以对政府行为进行监督，制止政府从“自身利益最大化”出发而做出短期决策行为；公众参与有助于解决循环经济执法部门主观能力的缺陷和客观条件的不足，有助于促使执法相对人形成认同循环经济执法行为的心理基础。

但是，目前我国公众参与循环经济发展仍然举步维艰，原因如下：其一，由于信息机制不畅通，我国一般社会公众获得循环经济的信息资源渠道有限，或者获得的信息资源是不完全、不充分的，这就很容易造成一般社会成员对发展循环经济的重要性认识不足，缺乏循环消费观念与环境保护意识，社会参与意识薄弱。其二，我国目前群众性环保组织甚是缺乏，造成中间沟通环节的缺失，仅仅依靠政府的推动在某些情况下很难取得预期的效果。目前，我们对公众参与循环经济发展的认识一般仅局限于“个人”的参与，公众参与在具体做法上主要通过环境保护、绿色消费、节约节俭、民意调查等方式。西方国家的经验表明，真正富有成效的公众参与，不完全是个人层次上的参与，而主要是非营利机构、企业、社区等非政府组织的参与。

长期以来，政府层面的宣传、教科书的宣传都告诉我们：中国疆域辽阔、地大物博、自然资源丰富。这样的宣传从某一个角度看，给公众、企业等传递的信号是我们的资源多着呢，不怕浪费！这是企业、公众循环经济参与意识不强的主要原因之一；另外，还有如下几个主要因素的影响：（1）企业、公众生态信仰意识、资源有限意识缺失。我国企业、公众生存的土壤、生长的历史过程和现实环境，与西方是截然不同的。企业、公众普遍生态信仰缺失和对大自然的敬畏缺失使得循环经济发展更多地被看作是一个理想化的东西而不是一个需要具体推进的策略。（2）循环经济执法效果上的不明朗、宣传不到位，主体参与功效的不突出，难以有效引导新一轮的循环经济参与行动。企业、公众参与了吗？怎么参与的？参与的效果是什么？没有系统地梳理也没有数据给予说明，没有循环经济参与示范样本的呈现，阻碍企业公众的参与热情。（3）公众与企业错误地理解为发展循环经济只是政府的责任，和自身关系不大。和普通的环保不同，循环经济因为冠名为“经济”，在不知其究竟的情况下，一般企业和公众想当然认为发展经济是政府的责任，发展循环经济也只是政府的责任。仅从这一点而言，推行循环经济发展就要比普通的环保公众教育和推动企业参与要困难得多。认识上的局限导致行动上的迟滞，加上理性经济人的“自利”本能，在我国，循环经济更多地停留在表面而非实质。仅以以旧换新为例，据统计，只有“不到30%的人完全将损坏的物品进行修补继续使用，70%的人则选择换新的，72%的人更喜欢购买包装精美的物品，而28%的人能够购买简单包装过的物品”[①]。企业作为最基本的经济主体，对于循环经济的认识是不到位的，公众作为最应该的身体力行者认识同样是不到位的，在循环经济意识塑造和宣传方面，仅有数量的呈现而无质量上的突破（宣传手段的创新、宣传内容的设计、宣传效果的评估等），是远远不够的。

① 王永康:《基于循环经济的逆向物流模式研究》,《物流研究》2010 年第 27 期。

第二章　中国循环经济政策发展及评价(2015年至今)

第一节　中国循环经济政策现状

循环经济政策是循环经济从理念倡导转化为实践操作的传导工具和必要途径。作为一种新的经济发展模式，循环经济的发展离不开完善的政策支撑体系。为了推动循环经济的发展，我国开始了大规模的产业政策调整，对钢铁、有色金属、煤炭、化工、电力等这些高耗能、高污染的领域进行了积极的宏观调控。同时，针对资源综合利用、清洁生产和循环经济还出台了专门的政策，这些政策在调控产业结构和产品结构、促进产业升级方面，发挥了重要作用，有利于节能减排和环境保护。首先，在规范行业发展、促进产业升级方面，《国务院关于发布实施〈促进产业结构调整暂行规定〉的决定》明确指出对有利于节约资源、保护环境的关键技术、装备及产品予以鼓励和支持，对严重浪费资源能源、污染环境的落后工艺技术、装备及产品予以淘汰。其次，在鼓励节约资源和资源综合利用方面，2007年，国家发改委发布了《"十一五"资源综合利用指导意见》、《钢铁工业"十二五发展规划"》，将转底炉处理含铁粉尘技术、冶金渣综合利用列为"十二五"期间节能技术应用重点项目，《绿色制造科技发展"十二五"专项规划》中鼓励绿色设计技术、节能减排技术、绿色资源回收与再制造、绿色制造技术标准等关键共性技术。再次，在清洁生产方面，国家开展了一系列示范试点工作，相继发布了重点行业清洁生产技术导向目录〔第一批（2000）、第二批（2003）、第三批（2006）〕，并给予了政策性鼓励。2007年6月，国家发改委会同国家环保总局、国家统计局等有关部门编制出台了《循环经济评价指标体系》，以衡量我国循环经济的发展状况。财税政策方面，首先是设立了清洁生产专项基金和节能技术改造财政奖励资金。其次是实行矿产资源有偿使用制度。再次是对企业开展资源综合利用实行税收优惠。资源性产品价格改革政策主要包括天然气价格政策、石油价格政策、煤炭价格政策、水价政策、电价政策以及环保收税政策。进出口政策方面，进出口方面，近年来加强对出口高耗能、高污染、资源性产品的管理和监督；规定对列入 2005 年《国家产业结构调整指导目录》中的鼓励项目在规定范围内免征进口设备的关税和进口环节的增值税。消费政策方面，与循环经济相关的针对个人的消费政策较少，仅在少数法规政策中有一些原则性规定。针对政府采购节能产品已出台了部分政策。2004 年财政部和国家发改委制定了《节能产品政府采购实施意见》和《节能产品政府采购清单》，并于 2005 年与 2006 年进行了修改和完善。2007 年，国务院办公厅颁布了《关于建设政府强制采购节能产品制度的通知》。在技术政策上，出台了《国家中长期科学和技术发展规划纲要（2006—2020）》、《中国节水技术政策大纲》、《节能技术大纲》、《国家鼓励和发展的资源节约利用和环境保护技术目录》、《国家重点行业清洁生产技术导向目录》等重要的技术性政策。其中，在《国家中长期科学和技术发展规划纲要（2006—2020）》中，对于循环经济理念给予了特别重视，在重要基础性资源领域，比如能源、土地、水、矿产资源等领域有明显体现，在节能、节水、综合治污等方面更是进行了强调。

第二节　中国循环经济政策的特点

由于各国在经济发展水平、政治制度、文化等方面的背景差异，我国循环经济在理念内涵与实践模式上与发达国家有所不同，这就决定了我国发展循环经济的政策具备以下三个方面的特点。

第一，循环经济政策目标不断提升。在我国循环经济政策的酝酿起步阶段，循环经济政策的目标在于提高资源利用效率和减轻环境污染，集中体现了循环经济在技术层面的特征。而后，随着我国循环经济理论研究和政策实践的不断深入，我国的循环经济政策进入了系统强化阶段，循环经济政策设计的思路由零散转向系统化，以清洁生产政策为主要内容的相关政策得以逐步制度化和规范化，很多政策也上升为法律，具有更高的强制性与约束力。

第二，循环经济政策作用的范围逐渐拓展。不同于发达国家从解决消费领域的废弃物问题入手，向生产领域延伸的循环经济实践模式，我国最初发展循环经济的直接目的在于提高资源利用效率，应对传统经济增长方式带来的资源急速消耗和环境高度污染，其循环经济的实践起点是工业领域。这就决定了我国循环经济政策作用的范围最初集中在企业层面的清洁生产。此后，我国相继通过试点示范、规划指导等政策措施，全面推动企业、园区和城市的循环经济建设。由此，我国循环经济政策的作用领域由循环经济实践初期的微观层面的企业清洁生产，延伸至中观层面的生态工业园区，再逐步拓展到宏观层面的社会生活领域①。

第三，循环经济政策工具的选择逐渐多元化。在我国循环经济政策发展的初期，政府所采用的政策工具主要体现为规制性政策，即通过法律以及行政管理政策规范和约束企业行为，促使其节能降耗，实施清洁生产。自20 世纪 90 年代以来，我国先后出台了一系列调整废旧资源综合利用等领域的经济政策。例如我国从 90 年代末期开始实行的垃圾和污水处理收费制度，是资源综合利用及相关环保产业被全面纳入市场的重要标志。国家还陆续通过颁布配套规范性文件对相关税收优惠政策进行巩固和强化，确保了经济政策的延续性。其中，《循环经济促进法》特别将对循环经济进行引导与鼓励作为法律规范的主要内容，立法的侧重点由直接行政控制和制裁转向政策引导与激励，表明我国循环经济政策工具的选择由单一的规制性政策，逐渐转向法律、行政、经济工具的结合使用。

“十一五”到“十三五”期间，大量政策法规与指引性文件的颁布，促进了循环经济的发展。如对试点企业给予适当补贴、调整再生资

---

① 郗永勤：《赵宏伟中国循环经济政策的动因、演进、特点与评价》，《中国行政管理》2010 年第 10 期。

源增值税、调整节能型汽车消费税、降低企业进入循环经济领域的障碍等。但从整体看，缺乏循环经济发展的长效机制和政策体系。从国务院层面看，提供的财政税收政策等未成系统，难以起到持续性、完全的调节作用。例如，以废旧物资为主要原料生产的最终产品与以原生资源生产的产品使用统一税率计算进项数额，就税负而言，前者高于后者；资源价格也没有理顺，一些原生资源与再生资源比价关系存在严重的扭曲现象；部分矿产资源、木材、电力、天然气、石灰石等原材料价格偏低，企业没有任何科技含量的粗放式利用挖掘开发就可以有较大的发展空间，影响企业发展循环经济的内在动力；在三废排放环节，我国并没有设置恰当的税种，排污费收取水平低，且很多地方存在博弈空间，企业的排污费负担较轻，未能够真正形成严格的环境末端倒逼机制①。多数现行的财税、价格、信贷、产业政策出台时并没有以循环经济理念为指导。有的政策制定较早，已不适应当前形势的需要；有的政策甚至与循环经济的理念背道而驰，对于循环经济的发展起反向激励作用；有的政策缺失成为宏观调控的漏洞。具体表现在以下几个方面：（1）促进循环经济发展的法律法规体系尚未健全。（2）财税政策对促进资源节约和循环利用、抑制资源浪费的力度有限。（3）资源价格和环保收费偏低，价格形成机制不健全。（4）有利于循环经济发展的产业政策不完善，市场准入制度尚未建立。（5）对循环经济发展的资金支持不足，融资渠道有限，绿色信贷机制还未建立。（6）进出口政策需要进一步调整。（7）引导和鼓励公众参与的政策较少。（8）无强制回收目录，生产者延伸制度难以实施。

虽然我国已将循环经济提升至国家发展战略目标的高度，并相继出台了一系列政策以推进循环经济的各项工作，但现有政策的实施效果并不理想，未能有效发挥出对于循环经济发展的支撑作用。主要表现在发展循环经济的相关政策仍然游离于主体经济政策体系之外，循环经济的生态价值和理念并没有在实践中得以体现。

---

① 宋铁兰:《绿色税收助推循环经济》,《理论研究》2009 年第 1 期。

第三章　中国循环经济法制现状及评价

——《以循环经济促进法》为核心

我国循环经济发展到今天，主要的制度性工具是政策和法律。源自政治系统的循环经济政策和源自法制系统的循环经济法律的关系扑朔迷离，不仅在理论上未有清晰可辨的答案，在实践运行中更是搅扰多多。法律政策化，政策法律化，方向何在，路径为何，循环经济法治化进程中如何处理好二者之间的关系，特别是要实现二者相互间的功能互补，必须在尊重二者独立价值和功能的基础上，对循环经济政策的法制化与循环经济法律的政策化议题进行深入细致的研究。限于本调研报告的重点是进行法制表达，所以本部分着力于勾勒我国循环经济法制发展的过程及得失。

第一节　中国循环经济法制建设的现状及面临的困境

我国发展循环经济至今不过短短十几年时间。对于这样一个迅猛发展的新生事物，中央高层给予了极大的重视。循环经济发展模式既契合了科学发展观的要旨，又与可持续发展、生态文明建设的主旨不谋而合，因此受到重视也绝非偶然。制度是“拴狗的绳子”，那法律就是结实的“拴狗绳子”，我国循环经济很幸运地从发展初期就有人为其立法鼓与呼，并很快形成了错落有致的层次性立法。这些法律法规涉及综合性法律法规、资源、能源、资源综合利用和环境保护五大类，为依法推进循环经济的发展奠定了基础（见表3－1）。

表 3－1　　我国循环经济法律体系国家层面的立法

类别	名称	立法目的
基本法	《循环经济促进法》	宏观规范循环经济
单行法	《清洁生产促进法》	规范生产环节的循环经济活动
	《节约能源法》	节约能源，提高能源利用效率
	《可再生能源法》	替代利用清洁能源
	《固体废物污染环境防治法》	规定固废的减量化、再利用和资源化
	其他法律。如水法、森林法、草原法等	
配套法规	《节约用水条例》	促进水资源节约利用
	《公共机构节能条例》	推动公共机构节能
	《民用建筑节能条例》	加强民用建筑节能管理
	《废旧家电及电子产品回收处理管理条例》	规范废弃家电及电子电器产品的回收处理活动
	《垃圾处理条例》	促进垃圾减量化、再利用和资源化
	《国务院办公厅关于限制生产销售使用塑料购物袋的通知》	限塑令控制白色污染
	其他配套法规	
配套规章	《容器与包装物分类回收与利用法》	促进容器与包装物的循环利用
	《再生资源回收管理办法》	规范废物回收、交易活动
	《报废汽车回收管理办法》	促进报废汽车的循环利用
	其他配套规章	

循环经济的发展在我国宪法中尚无明确条款，相关的条款主要有环境保护必须坚持的基本原则（见《宪法》第 9、10、22、26 条），简单规定了“使用者必须合理利用自然资源和土地资源以及保护和改善历史古迹、文化遗迹和生态环境”。国家层面涉及循环经济发展的法律法规主要包括综合性法律法规、资源、能源、资源综合利用和环境保护五

大类，应该说，这些法律法规基本实现了我国循环经济发展初期的有法可依。其他立法形式则如上表所示，重点有以下两个层面的内容。

一　国家层面的立法

（一）《循环经济促进法》

以“减量化、再利用、资源化”为立法思路，我国《循环经济促进法》全文共七章61条，分别是总则、基本管理制度、关于减量化的规定、关于再利用和资源化的规定，以及激励措施、法律责任和附则。该法的施行，标志着我国循环经济发展进入了法制化的轨道。

与《循环经济促进法》最为密切的法律是《清洁生产促进法》（2003年制定）。在《循环经济促进法》颁布实施之前，该法是循环经济领域的龙头法，是我国循环经济法制化的开端。《清洁生产促进法》核心在于污染预防和资源利用，专门规范企业主体的生产行为。该法较系统地对生产领域节约资源、提高资源利用率、资源综合利用、减少有毒有害原料的使用，以及合理包装等进行了规范。但《清洁生产促进法》只包括循环经济在生产领域的有关内容，难以对发展循环经济过程中的其他社会关系进行有效的调整与规范。“十一五”期间，全国人大常委会将《清洁生产促进法》的修改列入立法计划，在广泛调研、充分论证、多方探讨的基础上提出《清洁生产促进法》修改稿，于2012年7月1日正式实施。修改后的《清洁生产促进法》更能够体现循环经济法理念，弥补了旧法可操作性不足、调整范围有限、追究法律责任不力等主要缺陷，成为我国调控循环经济发展的重要性仅次于《循环经济促进法》的法律。

（二）《水法》等对《循环经济促进法》的有效补充

《水法》于2016年7月修订，该法规定水资源属于国家所有，确立了水权许可制度和水资源有偿使用制度，并把节约用水放在突出位置，提出了相应的管理制度和措施。《矿产资源法》的主要内容包括探矿权、采矿权有偿使用制度、矿产资源税和资源补偿制度、采矿许可证制度等，是从矿产资源的保护、开发、利用角度体现循环经济理念的。其他的法律如《草原法》、《森林法》、《土地管理法》等，只有少量的关于资源开发利用的条款与循环经济相关，但关系不是很密切。

（三）能源领域的法律法规对《循环经济促进法》的有效补充

发展可再生能源，减少煤炭、石油、天然气等一次性资源的消耗，是发展循环经济的重要内容。我国在能源领域的立法相对较多，主要包括《电力法》、《节约能源法》、《可再生能源法》、《煤炭法》、《矿山安全法》等，它们构成了对《循环经济促进法》的有效补充。上述法律中，《节约能源法》和《可再生能源法》与循环经济关系最为直接。2008 年我国正式施行《节约能源法》，从节约资源作为基本国策的规定，到节约与开发并举、节约优先的能源发展战略，再到节能目标责任制和节能考核评价制度，节约能源的激励政策，等等，条文的可操作性较强。2006 年我国首部《可再生能源法》正式实施，一方面是为弥补接下来（2020）这个时间段发展所需的能源不足，更主要的是，我们要开始考虑 2020 年之后中国的能源可持续供应以及减少对外依赖、维护国家安全的问题，可再生能源的资源调查和发展规划、产业指导和技术支持、推广与应用、价格管理与费用分摊、经济激励与监督措施等。

（四）资源综合利用方面的法律在我国目前尚属空白

资源综合利用相关的政策主要有《关于开展资源综合利用若干问题的暂行规定》(国发〔1985〕117 号)、《国务院批转国家经贸委等部门关于进一步开展资源综合利用的意见的通知》（国发〔1996〕36 号)、《资源综合利用目录》(2003 修订)、《国家鼓励的资源综合认定管理办法》(发改环资〔2006〕1864 号)、《报废汽车回收管理办法》(国务院，2001)、《再生资源管理办法》(商务部等六部委，2006)。此外《废旧家电回收处理管理条例》《废旧轮胎回收利用管理条例》已列入 2007 年国务院立法计划。

循环经济相关的环境保护法律还有《环境影响评价法》、《水污染防治法》、《大气污染防治法》、《固体废弃物污染防治法》、《环境保护法》等。这些法律，从预防环境污染和破坏的角度，对采用清洁生产工艺、提高资源能源利用率、减少废物的排放作出了相应的规定。

二　地方层面的立法

地方性法规、规章与专项法和基本法的构架模式满足了循环经济发展的基本要求。或者说，主要依靠众多的循环经济地方性法规与规章，我国的循环经济发展才开局良好。比较典型的有《贵阳市建立循环经济生态城市条例》、《深圳经济特区循环经济促进条例》、《厦门市人民代表大会常务委员会关于发展循环经济的决定》，等等。其中，受益于贵阳得天独厚的生态氛围与绿色发展先导性，贵阳市率先颁布了我国首部《建立循环经济生态城市条例》，并且施行效果非常好，促进了贵阳市循环经济的健康快速发展。深圳经济特区的《循环经济促进条例》则因其为我国第一部副省级城市循环经济地方性法规而出名。这些法规条例均对循环经济发展的制度与措施、循环经济示范推广、发展过程中的激励与处罚等方面作了规定，将“不以 GDP 论英雄”的发展理念融入法规中。以上地方层面法规的出台或先于或晚于国家层面的立法，对国家层面的立法有积极的借鉴意义。

第二节　《循环经济促进法》主要内容的评析

2008 年 8 月 29 日第十一届全国人民代表大会第四次会议通过了《中华人民共和国循环经济促进法》，并于2009 年 1 月 1 日起正式实施。该法以“减量化、再利用、资源化”为主线，进行制度安排，成为我国循环经济发展史上的大事。因此，在对我国循环经济基本法律制度进行设计和规划时，必须首先对该法进行理性审视并作为研究的主要样本。

一　《循环经济促进法》的立法宗旨

一个客观合理确定了的《循环经济促进法》的宗旨对于《循环经济促进法》的立法和法律实施，具有重要的指导意义。《循环经济促进法》第一条明确指出：“为了促进循环经济发展，提高资源利用率，保护和改善环境，实现可持续发展，制定本法。”这是对于《循环经济促进法》宗旨的表述。《循环经济促进法》的宗旨涉及发展循环经济的几个重要方面：“提高资源利用效率”是循环经济的主要功能，是发展循环经济的基本要求，也是从源头上解决经济发展中不可持续的主要方式与方法；“保护和改善环境”是发展循环经济的另一目的，也是循环经济所产生的一个重要结果，是实现人与自然和谐发展的终极愿景；“实现可持续发展”是人类社会对发展的一个新的认识，也是人类的永久追求。我国《循环经济促进法》所设定的这三大宗旨体现了人类对发展问题的新认识，代表了经济社会发展的新方向，体现了人类发展的新目标和新理念以及发展循环经济的最高目标。这个三位一体的立法宗旨说明我国循环经济法追求的是一种以社会为本位的整体社会效益。

二 《循环经济促进法》的主要内容

《循环经济促进法》以“减量化、再利用、资源化”为主线，围绕发展循环经济的主要方面做了较为全面的规定。首先对“循环经济”及概念作了明确定义：“本法所称循环经济，是指生产、流通和消费过程中进行的减量化、再利用、资源化活动的总称。”① 其次对循环经济三原则做了立法解释：“减量化是指在生产、流通和消费过程中减少资源消耗和废物产生”②；《循环经济促进法》对于减量化的规范体现在：“农业领域的节水、节肥、节药的先进种植、养殖和灌溉技术的应用，推动农业机械节能，优先发展生态农业等方面；国家机关使用节能、节水、节地、节材和有利于环境的产品；要求服务业采用节能、节水、节材和有助于环境保护的产品；其他领域防止过度包装、节水、节油和合理开采矿产资源、建筑节能等方面”③。再利用是指将废物直接作为产品或经修复、翻新、再制造后继续作为产品使用，或者将废物的全部或者部分作为其他产品的部件予以适用；资源化是指将废弃物直接作为原料进行利用或者对废弃物进行再生利用④。“在废弃物和资源化的过程中，应该保障生产安全，保证产品质量符合国家规定的标准，并防止产生再次污染”⑤。《循环经济促进法》的主要内容体现在下列制度之中。

（一）发展目标规划制度

资源是人类赖以生存的基础和依托，可以说，没有资源就没有经济。循环经济发展的最直接目的就是资源的有效、最大化利用。我国长

---

① 《中华人民共和国循环经济促进法》第二条。

② 同上。

③ 《中华人民共和国循环经济促进法》第二十条到二十四条。

④ 《中华人民共和国循环经济促进法》第二条。

⑤ 《中华人民共和国循环经济促进法》第四条。

期以来的工业布局和产业结构不能和发展循环经济的基本要求相符合，导致资源环境问题突出。但是，我国地域辽阔，区域经济发展很不平衡，各地区资源禀赋及资源发展部署均有不同，如果国家层面上要实现对于全国循环经济发展的指引，规划的制定是必需的。规划是行动的纲领，循环经济规划实质是全面和长远的发展计划。规划的内容是分情况和分步骤地引导产业进行结构调整，具体的实施手段是经济政策的分解。循环经济规划是政府宏观调控经济职能的体现，是政府公共服务职能的体现，是综合性全局性协调。循环经济规划是国家对循环经济发展目标、适用范围、主要内容、重点任务和保障措施等进行的安排和部署，是预设循环经济发展格局的一个重要依据。

（二）总量控制制度

人类要发展，就必须消耗资源，资源的消耗与供给是否能够达到平衡，我们无法计算。但是我们可以直观感受到经济运行中对于资源的浪费、不合理利用、过度开发等现象，我们也必须承认自然对于人类经济活动的承受力是有限的。人类如果要可持续发展，对于资源的需求便是可持续的，保障资源的可持续便成为人类发展中必须考虑的。不消耗资源、不发展是反人类的理论，要发展、要节约、有效利用资源是正确的选择。因此，基于资源和环境在一定区域内对社会活动的承载力是很有限的，发展循环经济便将资源的减量化确定为第一原则，是有道理的。总量控制制度直接针对减量化目标，是指根据本地的资源和环境承载能力，实施主要资源控制制度，安排产业结构和经济规模的制度。

（三）评价指标和考核制度

发展循环经济要有科学性思维，发展好不好，有没有效益，发展的进度如何要有一定的量化标准。循环经济评价和考核制度是指上级人民政府根据循环经济主要评价指标，对下级人民政府发展循环经济的状况定期进行考核，并将主要指标完成情况作为对地方人民政府及其负责人考核评价的内容。循环经济评价指标和考核制度的建立对于我国长期存在“GDP 为主”的政府追求是一个大的冲击。在当前中国背景下，政府是发展循环经济的主要推动力，政府对自己应该有要求，这种要求的体现就是循环经济评价指标与考核制度的建立，政府应该给民众以实际表率，这种表率的最直接体现就是以循环经济指标对自己进行考核，对自己进行监督，推动解决单纯以 GDP 指标来衡量各地的经济发展水平的弊端。

（四）责任延伸制度

传统民法从合同责任到侵权责任再到二者的竞合以实现经营者的产品责任，保护消费者利益，平衡厂商与消费者之间的利益。随着社会分工的进一步深化和社会关系的进一步复杂化，传统民法对于产品风险的防控开始力不从心。循环经济的发展对于经营者有了更高更新的要求。沿着产品的环节涉及生产者责任的节点，从产品设计、生产，到产品的使用、回收及处置，生产者的责任延伸且扩大了。当然，生产者延伸责任的实质是生产者通过对产品的关怀，实现产品风险的控制和预防，最终落脚到对于消费者的关怀。《循环经济促进法》规定："生产列入强制回收名录的产品或者包装物的企业，必须对废弃的产品或者包装物负责回收；对其中可以利用的，由各该生产企业负责利用；对于不具备技术经济条件而不适合利用的，由各该生产企业负责无害化处置。"①

（五）重点监管制度

循环经济发展目标不可能一蹴而就。循环经济主要解决的是资源问题，我国正处于工业化加速发展的阶段，主要的资源阵地是钢铁、有色金属等行业。这些主要阵地"吃资源""耗资源"的胃口极大，资源再生与利用、控制污染物排放的技术手段与能力却还有极大的提升空间。在循环经济初步发展的今天，选择这样的一些主要行业与企业进行重点监控，实有必要。《循环经济促进法》因此规定："国家对钢铁、有色金属、煤炭、电力、石油加工、化工、建材、建筑、造纸、印染等行业年综合能源消耗量、用水量超过国家规定总量的重点企业，实施能耗、水耗的重点监督管理"②。这种重点监管的制度安排对于我国节能减排各项规划目标的实现必然会取得事半功倍的效果。

（六）产业引导与激励制度

北京大学著名经济学家张维迎曾经有过一个经典的比喻：赛跑时要让一个人跑得第一，可以让老虎在后面追，可以让他知道有巨大的金山

① 《中华人民共和国循环经济促进法》第十五条。

② 《中华人民共和国循环经济促进法》第十六条。

在终点，也可以有其他的荣誉奖励第一名。第一种方式是惩罚，第二、第三种方式则可以归属为激励机制了。循环经济作为新生事物，作为经济主体的企业对于它的出现远非热情，而是充满疑虑、观望和举步不前。循环经济的发展，归根结底要靠市场机制，而非仅仅依靠政府强力推进。政府创设市场型激励制度，以调动主体的积极性，使其乐于参与到循环经济发展的大潮中来，应当成为循环经济发展造血机制的常态。《循环经济促进法》中规定的激励政策主要包括专项资金激励、税收优惠激励、投资计划激励、信贷激励、价格激励、政府采购激励以及其他激励措施。

三　《循环经济促进法》的实施主体

《循环经济促进法》规定："发展循环经济是国家经济社会的一项重大战略，应当遵循统筹规划、合理布局、因地制宜、注重实效，政府推动、市场引导，企业实施、公众参与的方针"①。据此，循环经济的实施主体主要包括政府、企业和公众。

具体来说，国务院循环经济发展综合管理部门负责组织协调、监督管理全国循环经济发展工作；国务院环境保护有关主管部门按照各自的职责负责有关循环经济的监督管理工作；县级以上人民政府循环经济发展综合管理部门负责组织协调、监督管理本行政区域的循环经济发展工作；县级以上地方人民政府环境保护等有关主管部门按照各自的职责负责有关循环经济的监督管理工作；县级以上人民政府编制国民经济和社会发展规划及年度计划，县级以上人民政府有关部门编制环境保护、科学技术等规划，应当包括发展循环经济的内容；县级以上人民政府应当建立发展循环经济的目标责任制，采取规划、财政、投资、政府采购等措施，促进循环经济发展；企事业单位应当建立健全管理制度，采取措施，降低资源消耗，减少废物的产生量和排放量，提高废物的再利用和资源化水平；公民应当增加节约资源和保护环境意识，合理消费，节约资源；国家鼓励和支持中介机构、学会和其他社会组织开展循环经济宣传、技术推广和咨询服务，促进循环经济的发展；国家鼓励和支持行业

① 《中华人民共和国循环经济促进法》第三条。

协会在循环经济发展中发挥技术指导和服务作用；县级以上人民政府可以委托有条件的行业协会等社会组织开展循环经济发展的公共服务[①]。

四　法律责任

《循环经济促进法》对生产者、消费者、设计者、使用者、进口者、承运人、主管部门，电力、石油加工、化工、钢铁、有色金属和建材等企业，矿山企业，生产、销售、使用黏土砖的单位和个人，电网企业，销售没有再利用产品标识的再利用电器电子产品和销售没有再制造或者翻新产品标识的再制造或者翻新产品的单位和个人因违法行为所应承担的法律责任做出了具体明确的规定。该法主要就上述所应承担的行政责任和民事责任做了较为详尽的规定。规定的行政制裁形式主要有：责令改正，对直接负责的主管人员和其他直接责任人员依法给予处分，责令停止使用，没收违法使用的设备、材料，处以罚款，责令停业或者关闭，责令退运，吊销营业执照，责令拆除该燃油发电机组或者燃油锅炉，吊销采矿许可证，没收违法所得。该法规定的民事制裁形式主要有：承担有关处置费用，依法承担赔偿责任等。

第三节　《循环经济促进法》主要制度评价

我国《循环经济促进法》的出台，对于循环经济发展的有法可依起到了积极的作用，对于循环经济理念的宣传，更是功不可没。我们可以看到，近几年通过学习《循环经济促进法》的热潮，促使各级政府部门、社会公众、执法部门从对于循环经济的茫然不知、一知半解到深刻了解循环经济，再到掌握循环经济法律制度，循环经济已经成为研究者学术视野和公众生活中的一个热词，仅就这一点而言，《循环经济促进法》的颁布就是有意义的。但是，由于各种原因，《循环经济促进法》的具体制度设计还是存在一定问题，突出表现在以下几个方面。

① 以下内容见《中华人民共和国循环经济促进法》。

一　制度设计中的行政色彩偏厚

"制度是一系列被制定出来的规则、守法程序和行为的道德伦理规范的总称。它旨在约束追求主体福利或效用最大化利益的个人行为"①。制度可以有多种表现形式、由多重规则组成。法律是最重要的制度性力量，其优越性是显而易见的：首先，国家意志是法律得以实施的最坚强的保障；其次，法律是利益均衡的结果，具有一定公共选择性；再次，"法律既是从整个社会的结构和习惯自下而上发展而来，又是从社会中的统治者们的政策和价值中自上而下移动。法律有助于对这两者的结合。"② 因此，法律制度有不同于其他制度性力量的独特品性。循环经济发展离不开法律的保驾护航，《循环经济促进法》设计的法律制度得宜与妥帖，将会极大促进我国循环经济的健康良性发展。不过，考察我国的《循环经济促进法》发现，制度设计中的行政色彩偏厚，直接表现就是《循环经济促进法》以"基本管理制度"为一章标题，显示了极强的行政性色彩。何为管理？管理意味着权威，具体为计划、组织、领导和控制等，直接涉及上下级关系，这是管理的本质之所在。法律的核心在于平等，在法律的视野内，无上下尊卑之分，无财产多寡、地位高低、教育程度深浅及社会声望高低之区别。在法律后果的承担上，相同情形下，法律是一视同仁的。循环经济在发展本质上、最终是要符合市场经济规律的，"管理"一词不应该出现在《循环经济促进法》的制度设计中，否则等同于将上下级关系或者将行政关系引入了法律条文中，是极为不妥的。将行政色彩的内容引入《循环经济促进法》中，必定会引入相关的行政人概念。这样在法律的判断上，必定会有非专业人士人为因素的影响，而非完全是专业法律人士的判断，这对于法律结果的公正性有了一定的负面影响，与我国崇尚法治的治国理念相违背，是欠妥的。

---

① ［美］道格拉斯·C. 诺思：《经济史中的结构与变迁》，陈郁、罗华平译，上海三联书店、上海人民出版社 1991 年版，第 256 页。

② 同上。

二　制度设计过于抽象，可操作性不足

我国《循环经济促进法》制定过程中本就争议不断，歧见纷扰。到底需要制定一部软法性质的促进法，还是需要制定一部刚性的循环经济实体法？孰优孰劣？根据最后的结果看，是“软法”派占了上风。也正是由于以“促进法”命名，《循环经济促进法》的制度规定原则性、抽象性十足，可操作性欠缺。如该法第十五条第二款规定“对前款规定……受托方应当依照有关法律、行政法规的规定和合同的约定负责回收或者利用、处置”①。本条中提及的相关法律、行政法规的规定具体是什么？是哪一部或者几部法律文件？这就等于虚晃一枪，不知所云，最后无法实施或是难以实施。又如第十六条第三款规定“重点用水单位的监督管理办法，由国务院循环经济发展综合管理部门会同国务院有关部门规定”，还有第十七条第二款和第三款“国务院标准化主管部门会同国务院循环经济发展综合管理和环境保护等有关主管部门建立健全循环经济标准体系，制定和完善节能、节水、节材和废物再利用、资源化等标准。国家建立健全能源效率标识等产品资源消耗标识制度”，都存在着同样的配套法律法规尚不知在何处，导致法律制度实际上不可操作施行的问题。我国多年的立法进程中，新法配套法规不完善的情形层出不穷，也确实饱受诟病。这样的立法顽疾也传染给了《循环经济促进法》，使该法的法律制度规定很容易被搁置起来，成为泥菩萨，保障循环经济发展的力度大大减弱。再来考察循环经济激励法律制度规定，主要通过政府奖励措施、税收优惠措施、政府优先采购措施、价格优惠措施等进行激励，与其他发达国家的循环经济发展激励手段相似。不同的或许是，我们的激励制度停留在表面，实质性内容缺乏。以税收优惠为例，再生资源加工利用企业、污染控制型设备的企业是否可以减税？能够减多少？所得税有无优惠？是否可以获得低息、减息贷款？有无特别退税规定？清洁生产企业投资是否可以折扣？等等，国外

---

① 《中华人民共和国循环经济促进法》第十五条：“对前款规定的废弃产品或者包装物，生产者委托销售者或者其他组织进行回收的，或委托废物利用或者处置企业进行利月或者处置的，受托方应当依照有关法律、行政法规的规定和合同的约定负责回收或者利用、处置。”

的激励制度一般细致到位，易于操作，相比而言我们的规定就貌似全面，但太过原则和抽象，对于谁来实施，如何实施，实施后果等重要内容一带而过，规定显得比较空，最终必然影响该法的实施效果和其立法价值的实现。

三　制度规定表达含糊，强制性不够

循环经济是一个可持续发展的命题，循环经济事业利在当代，功在千秋。企业出于其自利本能，并不总是和政府的谋划站在一条线上。企业和政府常常处于决策博弈的关系中。在循环经济发展初期，仅仅依靠引导性之手的运作推动企业积极投身循环经济发展是不够的，还需要一定的强制力，至少需要一定过硬的“法律责任”规定，使得民众和企业都要有担当，不能和政府发展循环经济的大势相悖。但也正是由于《循环经济促进法》的软法性质，使得其法律责任部分的规定尤显苍白乏力，加上立法表达得含糊不清，使得该法的实施效果大打折扣。例如《循环经济促进法》第三十三条规定“企业应当按照国家规定，对生产过程中产生的粉煤灰、煤矸石、尾矿、废石、废料、废气等工业废物进行综合利用”。该条中的“应当”该如何理解？在立法中，通常我们认为“应当”就是必须，如果是“必须”，则相应地就必须有法律后果的规定：如果没有这么去做，承担的法律责任是什么？如能如此明确规定，警示性效果就会马上出现。遗憾的是，我们在该法中没有找到这些规定。如果不能理解为“必须”，则仅仅具有倡导综合利用的功能，能有多大的倡导作用就不得而知了。另外，“综合利用”有无最低比率要求？若无规定，则大大增加了执法的弹性空间，有无本条规定都无所谓了。可见，表达得明确与否，规定得完善与否，词语的运用不同，会产生不同的执法效果。任何法律，最基本的要求便是“赏罚分明”，立法语言上应该力求表达清晰，便于理解适用，否则就会造成钻法律空子的现象，发生逃避法律责任的现象，进而引起法律信仰缺失的现象。

四　个人责任的忽略

从发展循环经济到循环型社会的建构，其中有一个庞大的群体不能被忽视，那就是公众。公众是设计循环经济法律制度时必须考虑的重要

内容。发展循环经济，公众有所为有所不为，循环经济法制需要对公众行为进行规范、约束、激励及引导。公众同时是家庭的基本组成，家庭是社会的基本组成，我国有近13亿居民，从自身的利益出发，根据市场信号和政策参数“内生地”积极主动地节能降耗，注重低碳化生活，方能群策群力实现循环经济，从此意义而言，公众行为的法律规范断不可缺。考察《循环经济促进法》的制度条款，公众的具体职责规定阙如，有关公众节约、利用资源的基本制度也没有表达。

然而，国外立法有关公众在循环经济发展中的责任规定非常明确具体，以日本大阪的地方性立法为例，从两个方面对于公众参与循环经济的责任进行了规定：其一，必须尽可能减少废弃物的产生，具体到限制过度包装、包装废弃物，要求市民尽量少排放垃圾，饮食节俭不浪费；其二，强化反复利用意识，即要求市民和单位应该反复、多次使用购买的一次性易耗品，对生活耐用品自己不用了可以送他人使用，不要随意丢弃[①]，等等。

现实生活中，民众发展循环经济存在“两大悖反”心态，必须依靠法律制度约束的长效机制进行解决。一方面，公众对于雾霾打击、资源浪费、环境恶化等的感受日益趋向“民怨沸腾”；另一方面，一提到电价提升、生态税等“加负担”改革，立刻反对声一片，很不认同触及自身利益的经济调节方式。上述这种认识上的“两大悖反”心态，使得循环经济、可持续发展迟迟难以落地，显然，必须依靠设想周全的法律制度来破解，以严苛的法律制度对公众提出要求，从而真正贯彻绿色发展战略，实现循环经济普适化。

① 李玉基：《生态文明：〈循环经济法〉的基本理念》，《甘肃政法学院学报》2008年第3期。

第四章 《循环经济促进法》的执法难点及对策

“法律的生命在于实施”，因此，执法一直被视为法律运行中的核心内容。事实上，《循环经济促进法》的实施主体，主要是政府，而不是法院。因而《循环经济促进法》的实施，更侧重于积极的执法，而不是消极的执法。政府是最主要的执法主体，因此，政府在《循环经济促进法》的实施过程中扮演着极为重要的角色。可以说，如果没有政府从事的基础性行为，就不可能有高层次的循环经济规制行为，不可能有真正意义上的《循环经济促进法》的运行，或者说，《循环经济促进法》的运行只能停留在立法阶段，不可能真正地进入实施阶段。所以，借助政府执法天然的执行力和执行效率规范和约束居民、企业及政府行为，在推进循环经济企业发展、循环经济园区和循环型城市建设中具有特别重要的作用。但执法在我国一直是很薄弱的环节，在《循环经济促进法》领域更是如此。循环经济执法水平的好坏关乎循环经济法是否通过具体的实施实现其立法目的、立法宗旨和立法价值，是循环经济法从静态法到动态法，从纸面上的法到实践中的法的过程中最为重要的一环。本部分从我国循环经济执法的现状入手分析，了解循环经济执法现状同社会对于执法需求的落差，从而提出相应对策。

第一节 《循环经济促进法》的执法现状

我们必须清醒地看到，我国环境与经济协调发展的美好愿望没有因为已有环境立法的健全和完善很快实现，也不会因为循环经济立法的出现立刻成为现实，我国的环境与经济社会发展不协调的矛盾依然十分突出。虽然我国的《循环经济促进法》已经颁布有数年，相关的配套法规也出台了不少，但整体上我国循环经济立法本身仍然仅仅处于起步阶段，相应的配套法律法规还很不完备，严格意义上的循环经济执法历程还是比较短的。以2009年《循环经济促进法》的出台为标志，真正意义上的循环经济执法工作逐渐在我国展开。下文的阐述均以此阶段的循环经济执法为对象。

一　循环经济执法活动数量增长明显

《循环经济促进法》颁布几年后，常有《循环经济促进法》执行大检查活动。通常的做法是由省人大常委会做工作要点安排，与省人大环资委、省人大财经委等部门联合组成执法检查组，接受省政府、省发改委、省经委、省财政厅、省国土资源厅、省环保厅与省科技厅等有关部门对于贯彻实施《循环经济促进法》的情况的工作汇报。同时，由联合执法检查组深入企业、园区及有关部门进行调研，与政府相关负责人、基层循环经济执法人员、企业管理人员及社会公众代表等进行座谈或者电话访谈，了解《循环经济促进法》的真实执行情况。青海省、山西省、甘肃省、上海市、湖北省、贵州省、北京市等地区关于《循环经济促进法》执法督查活动的详细内容均可在政府官网上进行查询，相关内容也经常见诸网络与媒体报道。

浏览各地区的执法督查结果发现，《循环经济促进法》颁布后，循环经济专项执法活动数量大大增加了。首先，以各执法主体《循环经济促进法》的宣传教育工作的开展为先锋，营造了良好的循环经济发展氛围，树立了正确的循环经济发展理念与思维：既有重点和专项宣传，也有常态化宣传，既借助传统的宣传阵地，如绿色出行、低碳活动、绿色发展论坛、节能宣传周活动等，又创新了新的宣传方式，如《循环经济促进法》知识竞赛、电视大赛，循环经济进社区、进校园活动，电子废弃物回收进超市活动，循环经济法制工作简报的刊行等。其次，各地方政府着力逐渐构建了循环经济发展平台，出台相关配套政策，逐步建立了对于执法人员的循环经济考核体系。例如各省市基本上都建立了专门的循环经济发展领导工作小组，并下设具体的办公室，落实具体工作、划拨经费和分配工作任务，编制专门的循环经济试点实施方案或规划。出台一系列支持循环经济发展的科技、财政、金融等政策，颁布加快循环经济发展的实施意见等。强化循环经济执法人员工作责任目标的落实，把循环经济发展作为干部科学发展观政绩考核的一项基本指标，重视循环经济发展绩效的评价。各省市地区、区域园区及各企业发展循环经济的规划、政策措施、科技支撑体系和推进机制等基本已经建立，相关产业发展循环经济的效益正在初步显现。再次，各地方政府近几年来努力抓重点项目实施，夯实本地循环经济发展产业基础，狠抓节能减排，致力于绿色减贫，为循环经济腾出进一步发展空间，关注示范试点成效及推广的可行性，探索循环经济发展新途径。

二　循环经济执法效果逐渐提升

2009 年《循环经济促进法》实施以来，我国的循环经济执法力度不断加大，执法效果较为明显。体现在：首先，经济质效得到稳步提升。通过循环经济项目实施力度的加强，区域循环经济模式的构建和初步建设，使得经济运行的质量和效益见长。根据 2012 年的数据，从工业经济的发展看，工业增加值率达到 28.7%，比“十一五”末提高 6.1 个百分点。其中，企业的贡献非常大，企业采用循环经济发展模式后，积极采用清洁生产技术，引进先进的循环经济设备，使得废水、废气、废渣“三废”的重复利用率显著上升，相应地，二氧化硫和烟尘等废物的排放率显著下降，达到了节电、节水、节资的目标，且市场竞争力逐渐增长。高新技术被广泛引入循环经济发展企业，企业高新技术产值增加；从环境执法的效果看，根据 2012 年的数据，我国环境影响评价制度执行率、限期治理项目合格率、“三同时”项目执行合格率均在 90% 以上，城市环境治理质量提升，烟尘控制区数目、环境噪声达标区面积均大幅度提高；从对于生态环境的改善看，发展循环经济强调社区参与，强调爱我身边的家，强调本土企业的参与，强调慢生活慢节奏，抵制向自然索取过多，要求企业限期治理，投资企业限期治理，关停并转不达标企业，积极进行城市环境治理，积极建设生态省市建设，鼓励绿化模范城市建设，提升区域空气质量……生态环境的改善受益于循环经济发展的努力是每个人都能感知得到的；从发展方式角度看，需要改变，必须改变，从理念转为了实际行动。应该说，从来没有任何一个时代像我们所处的这个时代，如此清醒地认识到了我们所面临的环境资源危机：生活里最多的是塑料袋，歌词里写的是“为什么天空失去了颜色……”，手里看的书是《寂静的春天》，公众议论最多的是北京的“霾”，跑到国外为的是那一口“（空）气”，为了保护森林，熊大熊二在与“光头强”勇敢地作战……传统发展模式的反可持续性已经被公认，新的发展方式——循环经济——正在显示其优越性。资源依赖型产业逐渐被废弃或者转化，资源效益型产业成为香饽饽。产业结构不断调整，产业机构不断优化，新的产业格局正在呈现。资源产出率、能源产出率正在成为“明星词”；从发展理念角度看，循环经济发展理念得到了初步确立。《循环经济促进法》颁布后，电视、广播、互联网、微信平台等成为循环经济理念、法制政策传播的主要手段，各级各类专题宣讲活动、培训活动进行得如火如荼，各级领导干部学循环经济、用循环经济理论的政策水平普遍得到增强，企业、学校、社区、政府部门循环经济法制意识普遍得到提高，广大市民对循环经济的理解、认知水平和参与能力得到有效提升，全社会已经基本形成发展循环经济的新思维与新风尚。

三　循环经济执法观念逐步转变

长期以来，我国环境立法秉承的是“末端治理”的理念，导致循环经济执法的旧有观念也是强调“末端治理”。《循环经济促进法》制定并实施后，在其执法过程中，“全程控制”的观念代替了“末端治理”并相应提升，循环经济执法中执法人员开始关注企业生产源头的污染管制，除了传统环境污染项目的排查，对资源浪费的治理有了进一步的举措和关注。执法机关理念更新，正在通过颁布大量各类循环经济标准、更新旧的环境保护标准与废弃物排放标准、进一步改良执法设备与执法手段，多管齐下，采用污染监测、辅助治理、限期治理、罚款等措施，以期达到节约资源、减少污染的目标。

第二节　《循环经济促进法》的执法难点及其成因

除了上文所述，循环经济执法中存在诸多难点问题需要尽快解决。

一　循环经济法律体系存在缺陷，执法依据不足

《循环经济促进法》、《清洁生产促进法》等法律的相继出台，为循环经济执法提供了法律依据。但这些法律基本上都以“促进法”为其性质，政策法的味道很浓，对于政府或者企业都缺乏明显的约束力和威慑力，法律责任虚置，施行操作性较差。因此，在《循环经济促进法》于2009年实施后，相当多的反映和评价是执法不畅。同时，相应的实施细则迄今仍然没有制定，各地区也缺乏相应的配套措施。而且，还有众多领域存在法律空白，以及一些循环经济法律、法规、政策、规定之间存在不协调和冲突，增加了循环经济执法困难度。

二　循环经济执法主体不明，导致多头、低效执法

我国《循环经济促进法》中明确提出“国务院经济综合宏观调控部门负责组织协调、监督管理全国循环经济发展工作；国务院环境保护等有关部门按照职责负责有关循环经济的管理工作”①。“国务院经济综合宏观调控部门”是指谁？如果是发改委，则应该予以明确。同样，“国务院环境保护等有关部门”又是指谁或哪些部门？这些部门又拥有哪些监督权？貌似环保局、改革委、经济、监察、司法、工商、安监等部门都拥有一定的权力，这样多元化的执法主体势必出现对事件的交叉处理和缺乏统一监管，即“政出多门”。该法同时规定了中央到地方经济综合宏观调控部门组织、协调、管理、监督循环经济发展工作的职责。可以看出，循环经济从规划到管理再到监督，主要都是经济综合管理部门负责，这个所谓的“经济综合管理部门”究竟是哪个部门？管理者又怎么能够同时是监督者？这个所谓的“经济综合管理部门”的权力和职责究竟是什么？另外，环保部门发展循环经济的职责又具体是什么？“执法主体规定不明确”是我国《循环经济促进法》的硬伤，直接影响其执法效果。

① 《中华人民共和国循环经济促进法》第六条。

三　循环经济执法系统化缺失，碎片化现象严重

碎片化是相对于“整体性”的一个概念，也与系统性、全面性及综合性等词相对。我国循环经济法的实施主要依靠的是政府部门。我国循环经济执法存在严重的层级碎片化和功能碎片化，从近几年的政府表现来看，循环经济执法碎片化现象严重：（1）循环经济执法目标存在层级碎片化现象。高级别政府站得高，关注的往往是循环经济的整体推进和宏观发展，执法形式主要为政策的输出；低级别政府的着眼点往往具体而微小，注重“点”利益的最大化，执法形式主要为政策的落实，上下级别政府存在一定的利益博弈关系，表现为循环经济执法目标上的碎片化差异。（2）循环经济执法信息源失真导致的决策碎片化现象严重。循环经济执法对象主要为产业园区和企业，执法表现为各级各类政策的出台。关于执法对象的信息来源目前主要是各种调研活动。一旦调研活动不充分、不务实，就会影响到地方政府决策与实际相脱节的情况，常有决策碎片化情况，且循环经济执法信息常常不能得到及时有效的发布。（3）循环经济执法主体设置随意导致政府治理碎片化现象。从现状看，我国从中央到地方循环经济执法主体的机构设置与职责划分非常随意。比如节能管理部门，国家层面是发改委，地方层面则有省经委负责的，也有发改委负责的，基层管理部门更是五花八门，名称各异；主管循环经济发展的部门在中央是“综合管理部门”，在地方上则有工信委负主要职责的，也有发改委负主要职责的，等等 。碎片化的部门对应的便是碎片化的决策，浪费了财政资源和执法资源，对于执法造成很大困扰就是必然。（4）循环经济执法效果碎片化。循环经济执法效果评价的是各类执法主体是否通过多种手段达成了总体目标上的基本一致，据课题组调研发现，循环经济执法部门职责不清，交流不畅，信息沟通不及时，执法效果碎片化。以循环经济园区建设为例，各种循环经济园区在《循环经济促进法》颁布之后如百花开放，层出不穷。建设中“同质化”现象严重，脱离实际情况严重，盲目“构圈建链”严重，短视现象严重，产业布局根本没有体现出依托比较优势、因地制宜、差异互补、物尽其用的有序竞争格局。（5）循环经济执法依据碎片化现象严重。当前，一个不容否认的事实是，我们还缺少有效充分的

循环经济法律供给，循环经济执法依据更多地表现为不同的行政法规及部门规章，由不同级别和不同性质的政府部门颁布，不同的部门规章又代表不同的部门利益，重叠、冲突现象常见，循环经济执法依据不可避免地出现碎片化现象，给具体的执法工作带来极大困难。比如，法定的循环经济发展专项资金制度具体由什么部门负责落实，如何落实，法律没有进一步规定。实践中，有些地区由科技部门拨给企业循环经济专项资金，有些地区由环保部门完成此项工作，还有财政部门或者工信委拨付循环经济发展资金的，上述部门选择支持对象的标准不一，导致有些没有循环经济效益的项目可能重复获得资金支持，有些循环经济效益前景好的项目却得不到及时的资金扶助……（6）执法部门的分割带来的信息不对称突出。循环经济发展基本数据和信息被分散掌握在不同的执法部门手中，表现为不同的部门账册，信息和数据碎片化现象严重，使得执法部门的功能实现也呈现碎片化现象，增加了循环经济发展的阻力。（7）执法部门与私主体合力推进循环经济发展方式存在碎片化现象。循环经济发展是一项群策群力、合力推进的事业，要求公私主体优势互补、齐心协力、互信沟通从而达到节约成本，提高合作效率的目标。实践中，政府天然垄断状态的存在导致政府职能的错位，不能有效引入市场竞争机制解决循环经济发展中的资源节约与利用问题，不能有效实现资源的优化配置；由于不能找到公私合力的基点和共同利益所在，公私合作治理往往面临囚徒困境……上述问题亟待解决。

四 循环经济执法队伍建设不足，导致执法不严

随着相关法律法规的陆续出台，循环经济执法工作的重要性逐渐凸显。有效的循环经济执法取决于建设良好的执法队伍，但由于循环经济执法部门的五花八门，执法队伍的建设一直处于混乱之中，直接影响循环经济执法的顺利开展：一是循环经济执法队伍力量薄弱。循环经济执法部门在各地政府部门序列中都属于新设部门，人员大部分是由原先的环保部门抽调而来，人员数量少，难以应付具有新要求的执法工作。二是执法队伍的理论素质有待提高，执法效果微弱。执法队伍的组成更多地体现为形式意义上的，执法人员的循环经济及法制知识非常薄弱，需要通过专门的培训进行提高，在这样一个转为“循环经济执法”的过

渡过程中，循环经济执法的效果几乎被淹没了，或者说是被忽略了，鲜有人提及，研究者也不加关注。三是以前环保执法的痼疾仍然存在。比如执法经费少、执法设施不健全、执法对象太强势、执法刚性不足，等等，为实现循环经济发展目标的执法活动造成了困扰。四是循环经济执法人员专业知识能力不足。循环经济执法人员缺乏基本的资源危机意识、环境保护意识及相关的法制意识，在比较落后的西部地区，更加如此。对于促进经济与环境协调发展、解决资源危机的循环经济模式知之甚少，对于相关法律学习得少，理解得不够，执法中敷衍了事、应付躲避现象严重。五是领导干部循环经济意识跟不上。领导干部的循环经济意识对于整个执法队伍的循环经济意识培养意义重大，但受传统“经济挂帅”思想的影响，很多领导干部的思想觉悟还没有与时俱进地发生转化，仍然停留在 GDP 第一的传统经济发展模式阶段，将保障循环经济发展放在政府发展任务的末位，或只是作为应景的一项任务，以怀疑、观望的态度敷衍执法，影响循环经济执法队伍的执法风格与面貌，进而影响循环经济法的执法效果。六是循环经济执法人员的能力有限，循环经济执法回报水平不能体现地区资源禀赋差异。

五　循环经济公众参与法律意识不高，执法基础不牢

公众包含各类群体，力量大，分布广。公众参与有助于解决循环经济执法部门主观能力的缺陷和客观条件的不足等问题。公众参与在循环经济执法顺利进行中是基础和前提。伴随着科学发展观的提出和宣教，伴随着人们认识的深入，作为科学发展政绩的循环经济执法观念应该会进一步提高，但是目前来看还是比较淡薄。从整个社会层面看，群众接受循环经济宣教的机会并不多，或者说至少宣教不那么有效，导致群众遵守循环经济法律规范的意识还非常薄弱，执法工作也就很难展开。因为没有广大的公众参与，循环经济执法面临的一个大的障碍就是执法相对人对于执法行为是否有认同？认同多少？执法的示范效应多大？因为，如果是对于相对人的“不利处分”，一般会产生抵触心理，如果是“受益处分”，则存在着受益多少的争议。如果要获得对于执法行为的认同心理，增加行为的示范效应，以下因素必须考虑：其一，执法行为的“前告知”义务，即执法相对人是否已经获得了充分的意见表达机

会？其二，执法行为的“合理”因素，即执法行为作出时，是否合理、充分、客观、全面地考虑了相对人的意见与解释？其三，执法行为“知情权”保障义务，是否已经使得执法行为发生后，相对人知晓了与其自身的利害相关信息，是否知晓了执法的事实依据和法律依据……公众参与循环经济执法越深入，其对于执法后果的接受度和满意度会越高，执法行为的说服力越强，何况，公众参与便是循环经济执法最根本的信息来源和执法基础，必须重视。因为，相对执法部门来说，公众对循环经济相关信息掌握得更直接、更迅速，并可以通过举报方式协助执法部门收集各污染企业的活动情况，提供污染者的违法材料，减轻执法部门的执法负担，降低循环经济执法成本。

第三节 《循环经济促进法》执法难点的化解

一 《循环经济促进法》的执法需求分析

循环经济执法是循环经济管理的重要手段，是维护公民环境权益的重要途径，是实现经济效益、环境效益、资源效益和社会效益的重要保障，是循环经济法制建设的重要组成部分，有助于推进循环经济立法过程和相关法律法规的完善。我国的循环经济执法目前尚处于起步阶段，还未进入发展阶段，更未到达完善阶段。要解决现实中存在的循环经济执法难点问题，首先要了解政府的执法需求在哪里？是否能够满足政府循环经济执法的基本需求，是循环经济执法效果能否实现的基本前提。政府的循环经济执法需求主要体现在以下三个方面：执法依据——相关循环经济法律法规；执法权力——作为执法者强制执行的权利；公众参与——公众的广泛参与。

（一）执法依据需求——完善循环经济法律法规体系

《循环经济促进法》的性质是政策法，是循环经济法律体系的基本法。从实施现状看，对其比较负面的评价主要集中在操作性方面。但是，对一个以“促进法”为基本性质的法律期望其具有很强的操作性，本来就是期望有误，何况该法颁布实施也不过仅仅八年而已。在《循环经济促进法》没有修改成为实在法之前（不管赋名为“循环经济法”还是直接改为“资源再生利用法”），目前需要的应该是尽快硬化《循环经济促进法》，增强其可操作性。立法机关需要根据我国循环经济发展的具体情况和《循环经济促进法》的授权条款（例如第5、6、12、13、14、15、16、17、18、19、24、25、28条）修订完善相关配套法律法规，修订一系列地方及部门配套法规，巩固《循环经济促进法》及相关专项立法实施的阶段性成果。在循环经济专项立法中，增加刚性条款，设置规范的法律责任和处罚条款。存在于循环经济立法中的空白要尽快填补，需要制定相应的实施细则以确保循环经济的各项执法工作有法可依。坚持法随时转，强化循环经济法律法规的时代性、操作性和先进性。

（二）执法机制需求——体制与职责的完善

循环经济法律法规是一个复杂的综合体，其内容大致可以分为“本法和他法”两部分，本法是指从比较纯粹的意义上具有典型循环经济法特质的法律法规，比如作为基本法的《中华人民共和国循环经济促进法》和单行法代表《中华人民共和国节约能源法》、《中华人民共和国清洁生产法》以及以《贵阳市建设循环经济生态城市条例》为表率的大量地方性法规；他法是指循环经济法体系中包含的已有环境法体系中牵涉的资源性法律法规，比如《中华人民共和国水法》、《中华人民共和国海洋环境保护法》、《中华人民共和国固体废物防治法》、《中华人民共和国自然保护区条例》、《中华人民共和国排污费征收管理条例》等。其中，本法是主干，他法是枝叶，共同构成以资源保护和利用为核心的循环经济法的有机体系。应该说，《循环经济促进法》的颁布在我国开启了新的循环经济发展时代，这是值得肯定的。但是，从我国《循环经济促进法》实施八年的情况看，实质意义上的循环经济发展并不理想，《循环经济促进法》的实施也并未取得多么大的效果，我国的资源和环境形势依然十分严峻，经济社会发展与资源环境不相协调的矛盾仍然相当突出。其原因是多方面的，但是，《循环经济促进法》执法不到位不能不说是其中的重要原因之一。

（三）执法主体需求——联合执法机制的建立

在我国现行体制下，谁才能切实有效地贯彻执行循环经济法规？有必要首先否定如下一种观点：循环经济法规的执行主要还是由环境保护部门承担，因为循环经济主要是注重经济发展过程之中的环境保护因素。这是一种很普遍、很常见的观点，但笔者认为它其实是一种对循环经济的狭隘理解，如果它被广泛接受，则会导致循环经济的建立和发展只能停留在口头上而毫无成效可言。循环经济与环境保护实质上是有区别的，循环经济的建设并非是环保措施之一，也不是与环保并行的一个举措。准确地讲，环境保护是循环经济的基本要求之一，但循环经济的内涵一定是高于单纯的环境保护的，建设循环经济的目的是协调经济发展与环境保护、资源利用的关系，这是中央提出发展循环经济的初衷。因此，在上述基本认识基础上，可知循环经济的执法绝不仅仅是简单的环境保护执法，而是一个综合性工程，是需要各种社会力量共同作用的。作为政府经济工作的一个重点，它的贯彻执行是由整个政府部门来统一规划、协调安排，各个部门的相互配合、联合执法，才有可能确保贯彻执行循环经济法规，实现可持续发展。

（四）执法基础需求——构建广泛的公众参与机制

循环经济执法，是保护循环经济健康发展的方式，对贯彻实施循环经济法律法规、对限制破坏循环经济的行为以及对制约循环经济违法者都起着不可或缺的作用。因此，执法中的公众参与也显得非常重要。本文认为循环经济执法中的公众参与是指：社会公众依法通过直接或者间接的渠道来监督与配合循环经济执法、限制循环经济破坏者行为、实现双重目的，即循环经济法治和循环经济发展的一种社会行为，在其中，公众参与和循环经济执法紧密相关。作为一种管理方式，公众参与能使循环经济执法部门、生产者与公众有机地结合起来，建立一种非常紧密的配合关系。公众参与将对循环经济执法起到不可或缺的作用，当执法部门违法行政时，公众可以通过电话、网络监督等渠道督促执法部门，使其依法行政；当生产者生产高污染、高消耗、高投入的产品时，公众可以通过监督、举报等方式协助执法部门，也可以通过选购“3R”企业产品、选购绿色产品的方式等来优化循环经济执法环境，迫使生产者能够自觉守法。

二 《循环经济促进法》执法难点的克服

我国循环经济执法难以达到约束和激励的目的，与其需求差距较大。要缩小差距或者达到循环经济发展需求，必须解决目前循环经济执法中的难点问题。

（一）首先要做到思想到位，重视循环经济发展

1. 思想认识到位，优先发展循环经济

法律能否实施与人们是否“坚信法律之中蕴藏着人的最高价值，坚信法是走向真善美的桥梁，坚信法能够（至少是部分地）决定社会的前途和人类的命运，坚信法律之于人有如生命一般重要[①]”是紧密相关的。我国目前循环经济理念与经济发展的指导思想落差很大，一些地方、有关部门和行业仍存在片面追求经济增长的情况，对于如何转变经济增长方式、提高资源利用效率，缺乏实际的行动。我们应该充分认识到无论是过去、现在还是很远的将来，是所谓的“西方资本主义国家”，还是我们的“社会主义国家”，人类都应该感到悲观和羞愧，我们对于我们的利益是如此精明，对待自然的态度是如此的专横和野蛮，我们剥削、我们掠夺，我们从来没有顾忌过自然的感受，如果我们能够调整好人类和自然的关系，发展经济和生态保护的关系，我们对大自然的恩赐饱含感恩之情，我们只会受益而不是相反。中国应该避免走西方已经付出过代价的弯路，但是，很遗憾，我们重复了，仍然重复了发达国家已经走过的“先污染，再治理”的老路，而污染后肯不肯治理，能不能治理，也还是个问题。中国目前面临的生态环境问题，也许更加严重和过分，生活在城市里的我们不只是接触不到鸟语花香，我们的正常生存，现在都是个问题。在战略方面实现循环经济思维方式的根本转变，对于中国势在必行：（1）从资源消耗型经济模式向资源循环型经济模式转变。逐渐脱离“高污染、高排放、资源高消耗”的泥淖，转向清洁、污染少、资源可持续为特征的生态经济发展模式。（2）逐渐脱离生态伤害型经济模式，转向注重生态效益型经济，建立低投入、低消耗、低污染、高收益的经济发展模式。（3）从非环境友好型经济模式转变为环境友好型经济模式。注重以开发知识资源的知识经济，通过鼓励和支持中小微企业发展，大众创新、万众创业，实现经济活动的知识化、绿色化转向和经济活动的生态环保化，建立美丽企业，美丽中国。

---

① 胡旭晟：《论法的理想》，《比较法研究》1995 年第 4 期。

2. 强化循环经济宣传教育力度

循环经济概念在中国远未普及，可以说，循环经济目前仍然只是专家、学者有较多关注，普通民众对其知之甚少。如果认为我国国民的环保意识尚处于初级阶段的话，则我国国民的循环经济意识普及度仍然处于萌芽阶段。主流思想体系远未形成赞成循环经济的价值观；经济、社会、生态三大系统的和谐仍非主流理念；自然资本和生态系统服务的价值从未被正确评估且未被计入经济成本；利润至上、生态次之的理念充斥在整个社会层面；消费理念扭曲，消费价值观受经济发展速度的左右，消费逐渐脱离人之所需，生态化消费仅仅停留在纸面上，未有实质意义上的全面行动……这些都是一种“久在低谷不自知——习以为常”的表现。必须说明，现在的体制是浮士德式的交易——以长远悲剧的代价来换取近期利益。有理由相信，这种近期利益确实是非常短暂的。我们从根本上继承的是一个法律与漏洞并存、执行与拖延同在、政策失灵现象频出的体制。这一切都表明，我国全面进入经济循环化的态势任重而道远。努力提高亿万普通中国人的循环经济意识，是当前一个最重要的任务。我们深信，只有当多数中国人懂得了发展循环经济的重要意义时，中国才有可能期盼一个有希望的明天。就我国而言，地方层面的政府应该在循环经济宣传教育方面承担重任。因为，无论是在历史遗迹保护、废弃物管理、土地使用、海岸带规划，还是在交通运输、空气和水污染治理等方面，具有透明度、包容性和负责任性的地方政府总是享有充分的信息，从而可以传递这些信息给公众。地方政府有义务将涉及循环经济发展方方面面的信息通过各种方式与民众分享，比如，主动提供关于土地使用、环境保护、废弃物处置、定期的环境质量监测数据等信息，增强公众的循环经济敏感度；比如，提高执法人员执行循环经济法的执法权威和能力，创建公众维护循环经济利益的地位和环保法规的机制；再比如，健全当地的循环经济政策和法规，协助国家环境政策的实施，等等。我们的想法是，宣传循环经济理念，不应该单纯停留在简单地通过媒体进行循环经济知识的死板硬套的强行灌输（虽然也有一定灌耳音的作用），或是搞几次循环经济（法规）知识竞赛，这样的宣传方式最大的弊端就是短期性、表面性。直指人心的宣传教育应该是直接和人的行为联系在一起的。在我们看来，没有什么比直接让人们动起来更加让受众印象深刻了。所以，循环经济理念的宣传教育的落实，应该直接和地方的民主建设挂钩，和地方的循环经济治理策略挂钩，和公众的知情权、公众参与及司法救济等直接相关，具体而明确的行动远远胜过浮光掠影式的“唱演”。

（二）明确执法部门权限，改革执法体制

循环经济发展工作是一项具有综合性、系统性的工作，也是一项挑战性极强的工作。在现有中国体制下，没有一个部门能够单独担任“循环经济执法”的重任，循环经济执法确实因其特殊性需要相关各部门的协调配合才能完成。但我国传统行政领域“多头执法”的痼疾在循环经济执法领域不能再重复上演了，那么，循环经济执法部门的权限该如何明确？具体执法又当如何操作？按照我国《循环经济促进法》的规定，似乎认为循环经济的贯彻执行需要联合执法。那么联合执法又应当如何具体操作呢？需要联合哪些部门？如何联合？本报告认为，这些问题的回答取决于执法实践中的具体需要。

循环经济的发展有许多工作需要做，譬如资源的减量化、废物的管理利用等。但其中最重要的首先还应该是资源的减量化。因为我国现阶段正处于工业化社会中的重化工业阶段，一方面是企业技术水平普遍落后，生产过程资源利用率低，资源浪费严重，另一方面是我国资源总量逐渐呈现出的绝对不足状况。减量化不单纯就指数量的减少利用，其实质在于提高资源的生产率和能源利用效率。减量化的主要执行对象应当是企业，特别是工业企业。也就是说，循环经济的执法重点应当是在于企业层面。循环经济联合执法部门首先应该考虑包括各级企业主管部门，负责改造企业生产结构和生产模式，使企业走向高效绿色循环发展的道路；然后作为企业的市场准入管理机构，工商管理部门也应该被列入，通过环保部门提供的企业相关信息，运用行政手段奖优罚劣，致使企业向合理高效方向发展；环保部门列入联合执法部门当无异议，负责实时提供企业生产的循环经济状况和环保信息，把好监督这一关，及时进行公开通报。必须强调的是，这种部门联合执法不同于时下盛行的运动式执法，它必须存在相当长一段时期，所以它应当成为一个常设机构。考虑到如果在目前状况之下把这三个部门职能和机构合二为一，势必要打破现有行政建制，这就涉及政府机构改革问题，显然不太现实。

目前可行的方式是以一个部门联合协调小组的形式为妥。由该小组定期召开部门负责人联席会议，商讨循环经济联合执法方案、联合执法遇到的问题、相应的处理对策、执法的绩效评估等。中央可设立专门一个办公室统一协调，地方则由企业所在的当地政府负责联合协调。当然，改善执法环境，做好循环经济执法工作，前提是统一党政机关各部门间的思想认识工作，争取党委、政府和有关部门的支持。加强与相关管理部门之间的衔接协调，强化责任分工，明确各自责任，真正贯彻循环经济落到实处和积极营造良好的循环经济执法环境。

（三）建设和充实人才队伍，为循环经济执法提供组织保障

在执法的众多因素中，执法者的专业水平和职业素养有着重要作用，一部好的法律，若是没有与之相匹配的专业人员去执行，也很难实现立法的初衷。在实践中，许多循环经济执法中存在执法人员滥用职权、执法犯法、业务不精、衔接沟通不畅等。因此，根据循环经济执法要求，严格执法人员准入机制，配套建立严格的录用、考核、奖惩、培训制度，建设和充实循环经济执法人才队伍。具体而言，就是要做到：

1. 提高循环经济执法人员的思想素质

（1）提高循环经济执法工作的认识。由于我国循环经济法律规范颁布的时间并不长，很多执法部门和人员认识不到位、观念没跟进，很多执法者并没有认识到循环经济是关系着国家前途的重要事业，缺乏指导循环经济法律规范的自觉性和积极性。

（2）提高循环经济执法队伍的思想素质，在行政执法中，无论设计如何精密的外部控制制度，都是很难排除具体执法者的个人内心因素的。因此，强化思想认知教育，定期开展思想指导培训，加强自身自律，营造良好的执法氛围显得格外重要。另外，增强队伍的观念和意识，尤其要以领导干部开始做起，层层带动，面面抓起。

2. 提高循环经济执法人员的业务素质

循环经济执法工作有其不同于一般环境执法的特点，对于循环经济执法工作者而言，这是个挑战。循环经济执法要与循环经济管理工作日趋专业化和复杂化相匹配，意味着相应执法工作的精准、高效。从此意义而言，执法者仅仅具有较高的思想素质是远远不够的，还要加强队伍的执法水平。但长期以来，我国的环保执法工作存在着执法队伍建设方

面不足的问题，现在“准环境执法”性质的循环经济执法要求更高，急需相应素质的执法队伍建设。循环经济执法人员应该是既熟悉循环经济法律法规，能够将经济法律规范与实际案例联系对接起来的专业人士，又是有一定的循环经济知识储备和实际执法经验的实践者，这样的执法者能够清楚循环经济执法的特殊性、复杂性和循环经济执法的目的所在，能够提高实际执法效率和质量。实质上，我国循环经济执法队伍面临严重不足，一方面，专业、高素质的执法人员少，一些执法机构为了扩充自身执法队伍，只顾数量不顾质量，一定程度上降低了循环经济执法人员的准入标准，使得队伍的业务水平参差不齐、实际执法效率和质量更是可见一斑。另一方面，对现有的执法队伍，培训力度不够、不深，培训的形式单一有限，要实实在在加强循环经济理论知识储备和实际执法办案的操作培训，灵活培训形式，创新工作方法，建立长效的培训强化机制，不断加强和提高队伍的业务水平。

3. 严格奖惩和考核制度，激励执法人员认真履行职责

循环经济执法要有效率，就必须将执法业绩纳入考核，直接与执法人员的工资挂钩，对于在执法过程中业绩突出、思想积极进取的要给以奖励和提拔重用，这样有助于保持执法工作的高效性和积极性，对于执法过程中消极怠慢、玩忽职守的要进行严厉问责追究，这样能够防范和杜绝此类事件的发生。严格奖惩制度的前提在于明确细化奖惩细则，让其深入到执法人的内心深处，时时刻刻保持谨慎积极，用好自己的职权，履行好自己的职责。有关机关在执行这一奖惩制度时都要认真调查核实情况，收集确实有力的资料，充分听取民意，合理公正公平公开提出意见，奖励不能搞平均主义和个人主义，坚决摒弃个人独断奖惩，严格奖惩程序，公开透明执行。建立领导干部循环经济实绩主体考核制度，力求责任到单位、到个人。同时，建立起领导干部循环经济实绩考核管理制度，管理内容涵盖领导干部在循环经济机构建设、数据库建设、财政投入、人员编制等方面的作为状况，纳入领导的人事档案，作为政绩评价、年度考核、奖惩和晋升提拔的依据之一。在地方党政机关和党政领导干部的政绩评价体系中，经济社会发展指标与环境影响评价指标同等重要，它们同样既有质的标准，也有量的核算。在这方面，我们不能继续增加了数量失了质量，不搞形式和形象工程，对那些为了眼

前经济利益而忽视生态环境利益的干部要严厉惩戒，绝不姑息。

（四）增强决策部署，提升机构管理能力

目前各级循环经济执法机构的力量，相对于需要执行的循环经济法律和政策而言，是微不足道的，让循环经济政策法律真正落到实处，还需加强执法队伍建设，增强他们的决策部署和管理能力水平，使决策科学合理。循环经济法对于执法的现实需求与行政机关现实执行能力之间的失衡是客观存在的，如何制定合理的措施来解决这种失衡，让现实执行能力不断增强提高，推进执法办案力度向前、向深，对于执法者的决策部署能力是一个考验。一方面要根据我国循环经济发展及时制定出合理的循环经济政策和法规，另一方面要不断提高各级执法队伍的实际执法能力（包括这些机构动员和管理社会组织的能力）。一切有利于实现这一目标的手段都是值得研究的，例如各级循环经济人员的培训，对设备和执法条件进行投资等。同时，我国区域之间的发展水平差异很大，在循环经济政策法规中应该明确地体现加强经济欠发达地区循环经济管理机构能力建设的安排。

（五）有效调控国家财政收入分配，提高循环经济执法回报水平

地方保护壁垒存在于地方行政决策层并具有强劲的政策推动优势，它给地方政府和社会群众的直接误导就是：资源依赖和环境破坏能带动地方经济的迅速增长和人民生活的迅速改善。因而，“地方利益高于一切”“群众利益否定一切”“先破坏后保护”的错误观念甚嚣尘上，严重阻碍着国家循环经济利益的实现，循环经济执法工作因而处处受阻而不为人们所理解。这在资源优势型的欠发达地区表现得极为突出。为此，国家在实行自然资源经济核算制度的同时，应该依据“循环经济创造价值”的发展观，有效调控国家财政收入的区际分配，让资源消耗型、环境破坏型经济地区付出更大的生产成本，同时让资源限制型、循环经济型经济地区获取更多的利益回报，则必然有利于切实消除地方保护壁垒存在的经济驱动效应，充分保障循环经济执法的财政支持和干部的工作后劲，切实保障国家经济与资源、环境可持续发展战略目标的顺利实施。

（六）推动社会公众参与，促成社会化合力

进入新世纪，由于全社会乃至全球环境保护形势的日益严峻，国家

适时提出了建设社会主义法治国家和和谐社会的现实目标，循环经济也越来越被广大民众所了解和关切。当前，各种形式的民间环保社团组织纷纷成立，并主动担负起绿色环保的社会责任；各级人大代表、政协委员越来越关注循环经济，有关循环经济的建议、提案呈逐年增加之势；社会公众的循环经济意识比以往得以普遍增强，他们在循环经济法制传播、循环经济监督环节等方面发挥着越来越重要的推动作用，通过大众监督举报、民意的反映，有效制约和监督执法者及生产企业的行为，有力维护他们自身乃至整个社会群体的切身利益。所有这些，无可争辩地表明：社会公众的广泛参与，对于循环经济行政执法质量提升的贡献已有共识，社会公众的广泛参与会有力地制约地方保护壁垒“重经济增长、轻绿色发展”的错误行径，极大地改善我们循环经济行政执法的外部条件。

第二部分　专论篇

——循环经济政策与法制深度探讨

过去十年国外循环经济主要进展及对我国深化发展循环经济启示

诸大建*

2016年看起来应该是循环经济发展的版本提升年月。一方面，中国循环经济发展，从2006年作为国家行动纳入"十一五"规划进行体制化推进，到现在已经有了十年的经历和成就，进入"十三五"规划需要思考如何在生态文明大背景下更上一个台阶。另一方面，2016年也是国际上对循环经济有重要意义的年份，Boulding提出宇宙飞船经济50年，Stahel提出功能服务概念40年，2016年3月*Nature*杂志为此重磅刊发一组循环经济专题文章。许多事实证明，过去十年是国内外循环经济发展的重要年月。本报告从理论研究、政府政策、企业模式等方面概括过去10年国外循环经济取得的进展和主要成果，在此基础上对中国循环经济在新的发展高度上提出一些建议。

一 循环经济发展正在进入第三波

国际上，循环经济新模式从1966年有朦胧的思想到现在的体制推进和理论整合，其发生发展可以粗略分为三个阶段。当下正在进入第三波，被世界经济论坛等国际组织认为是世界创新长波和新工业革命的重要内容。

（一）1966年到1992年循环经济的思想萌芽和初步探索阶段

1966年美国经济学家Boulding发表了一篇畅想性的短文，认为地

* 诸大建：同济大学经济与管理学院教授，博士生导师，主要研究循环经济方向。

球作为封闭的物质系统是有物理极限的，传统的强调经济增长无极限的，牛仔经济不可能持续下去，需要转向新的在地球极限内追求繁荣的宇宙飞船经济，而实现宇宙飞船经济的思路就是通过闭环的物质流创造增长的价值流。1976 年瑞士有经济思维的建筑师 Stahel 提出了功能服务经济的概念，强调通过延长产品寿命和产品服务系统走向循环经济的思想。而循环经济的英文 circular economy 则是由英国经济学家 Pearce 于 1990 年首先提出，以区别于垃圾经济的 recycling，虽然他没有对循环经济与垃圾经济的区别进行细化表述。

（二）1992 年到 2010 年循环经济的理论模型发散式研究和表述阶段

理论背景是联合国在巴西城市里约热内卢通过可持续发展战略，人们认识到经济增长存在物理极限是客观的现实而不是虚幻的想法，关键问题是经济增长模式的转变。倡导者开始从操作性的意义上思考如何走出新古典经济学推崇的牛仔经济或线性经济模式，提出了具有各种替代意义的循环经济新模式。其中代表性的理论和模式有：Stahel 的绩效经济与湖泊经济（2006），Braungart 和 McDonough 的从摇篮到摇篮经济（2002），Pauli 的蓝色经济（2011），以及稍微早一些的产业生态学等。这些循环经济新模式的倡导者最近几年已经频繁来到中国推介思想，寻找理论运用的机会。

（三）2010 年以来循环经济发展出现了新的动向正进入第三阶段

主要的动力来自英国的 Ellen McArthur 基金会，他们聚集研究循环经济的主要理论家、科学家和有志于循环经济的创新型企业家，做了两方面的推进工作。一方面要把到现在为止的各种循环经济思想、学派和模型整合成为系统的理论，提升循环经济的理论成果和科学含量；另一方面要通过循环经济企业 100 强活动，使循环经济在微观的企业层面成为现实和潮流。2014 年，在 EMF 和麦肯锡、埃森哲等联手推动下，达沃斯世界经济论坛成立了高等级的循环经济全球议程理事会，决定把循环经济作为第四次工业革命的重要内容通过世界经济论坛向世界各国推进。

值得指出的是，在欧美有关循环经济的研究停留在学者思考和概念模型的第二阶段中，中国学者和中国政府为循环经济走向深入和推广起了关键性的推动作用。一方面，1998 年以来包括笔者在内的一些中国学者，对欧美发散的循环经济思想进行理论整合和推介，写了大量有关循环经济的文章，引起了政府、企业和学术界的注意。2016 年 Lieder 等基于文献研究的论文 Towards circular economy implementation：a comprehensive review in the context of manufacturing industry，证明在 1990 年到 2013 年的循环经济文献中，中国的研究文章在世界范围起了引导性作用，欧美有关循环经济的理论研究主要是在 2013 年以后兴盛起来的。另一方面，决策者发现循环经济超越传统的末端污染治理，具有从经济源头实现绿色发展的意义，可以成为深化生态文明的重要环节。中国迅速成为世界上第一个用体制力量大规模推动循环经济发展的国家，标志性的工作是 2006 年把循环经济纳入中国“十一五”计划，分类型推动循环经济各种试点，以及 2008 年通过国家级的《循环经济促进法》并于 2009 年实行。可以说正是中国的循环经济运动影响了欧美国家对循环经济的兴趣与深化，影响了循环经济运动在全球新一波的展开。

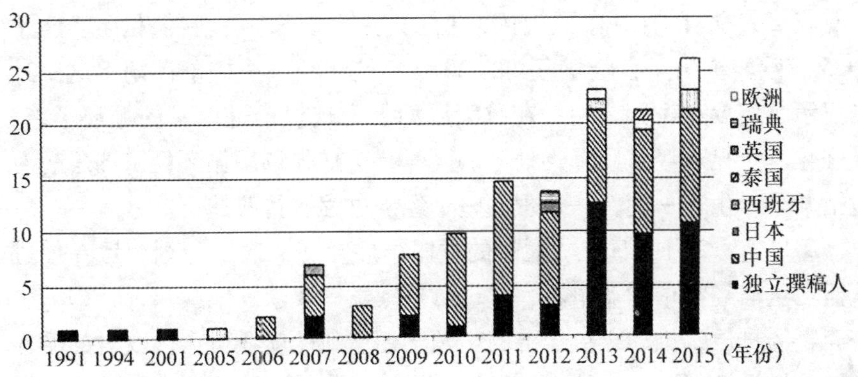

图 1　中国论文在最近 20 年循环经济英文文献中占了半壁江山

资料来源：M. Lieder，A. Rashid/Journal of Cleaner Production 115（2016）36 – 51。

二 推动循环经济的主要力量

在欧美国家，研究作为新经济模式的循环经济，如果说以前是学者的学术性研究和理论性研究为主导，那么过去十年来政府、企业和非政府组织的政策性和操作性研究已经发挥越来越多的作用。从2005年到2015年的十年，欧美方面可以说有三股力量在推进循环经济的理论、政策与实践。

（一）政府层面的循环经济战略与政策

20世纪90年代政府出面推动循环经济发展的重大事件，一是德国1994年通过1996年实施的《循环经济与废弃物处理法》（1998年修订），二是日本2000年通过的《促进循环型社会基本法》以及配套的一系列专门法，虽然这两个国家已经强调了从物质流的整个寿命周期控制废弃物产生，但是政策重点仍然是作为物质流下游和末端的固体废弃物的再循环，例如日本把循环型社会翻译成为Recycling Society。21世纪初以来，中国政府把传统的“3R”原则用到了更广泛的生产消费领域，政策视野超出了简单的废弃物再循环，成为国际循环经济运动的最大亮点。过去十年中除了中国政府的力推之外，最新的政府事件是2015年欧盟推出了有全新意义的2030年循环经济一揽子计划。这个计划显示欧盟要继中国之后，在政策层面上大规模推进广义的循环经济，在强化基于循环经济废弃物处理的同时，更加强调用循环经济的思想对包括开采—生产—消费—处理的整个经济过程进行改造。

2015年12月2日正式通过的欧盟循环经济一揽子计划，旨在促进欧盟在全球经济中的竞争力，实现可持续发展要求的三赢目标，即减少废弃物的排放，推动绿色经济的增长，创造新的就业机会。欧盟的循环经济一揽子计划覆盖了从产品的生态设计、制造、消费、废物处理到二级原料的全生命周期过程，同时公布了新的循环经济相关的废弃物管理法的修改建议，以使这些立法和新的循环经济一揽子计划与时俱进。

欧盟的循环经济提出了一系列具体的循环经济指标和愿景设定，包括：根据原材料消耗在国内生产总值中所占比例来计算资源生产率，到

2030年将资源生产率提高30%，城市垃圾回收率达到65%，包装废弃物回收率达到75%（对于部分回收体系尚不完善的国家，例如罗马尼亚等东欧国家，此项指标考虑为65%—70%）；相应的废弃物填埋目标2030年填埋量最大至10%；禁止在垃圾填埋场填埋可回收的废弃物（包括塑料、纸张、金属、玻璃和可生物降解的废物）等。

欧盟的循环经济新提案强调了从整个经济过程发展循环经济的具体措施，包括：鼓励企业生产经久耐用的产品，提高产品使用寿命；提倡使用替换材料，减少使用危险或难以回收的材料；通过制定标准和政府采购的方式鼓励发展再生材料市场；鼓励生态设计，开发易于维修、更新升级和回收再制造的产品；鼓励消费者减少废弃物并正确分类废弃物；资助建立废弃物分类和回收系统，最大限度地减少废弃物回收和再利用的费用；加强研究与创新来支持循环经济发展，加大对循环经济领域的投资，让企业发挥更大的作用，并鼓励消费者参与进来。最大限度回收利用废弃物，以使欧盟人均废弃物总量呈下降趋势，最终淘汰填埋废弃物，焚烧仅限于不可回收材料。

（二）专业组织对循环经济的研究和推进

过去10年中值得注意的是一些NGO和有影响的企业开始系统地参与循环经济的研究与实践，甚至把推进循环经济作为组织活动的主要目的。企业组织中有麦肯锡、埃森哲这样的全球著名咨询公司，非营利组织中有世界经济论坛、世界资源论坛等。

其中，2010年成立的英国Ellen-McArthur基金会（EMF）是世界上第一个以研究和传播循环经济、开展循环经济政策咨询为己任的组织。成立5年来，这个组织在欧美新一波循环经济运动中起到了领导性的作用。理论上，他们把各路循环经济流派的思想整合成为新的整体性框架，与麦肯锡合作连续出版了三本有创意的循环经济报告；实践上，他们发起循环经济企业100强活动，举办由世界12所名校为主的循环经济暑期学校（同济大学是中国大学的参与者）。特别是2013年开始，由EMF等发起在世界经济论坛内成立了高等级的循环经济全球议程委员会，在冬季达沃斯和夏季达沃斯论坛上发起了大规模的企业循环经济推进活动。

（三）循环经济的主要研究者及其最新著作

过去10年是循环经济学术研究繁荣和学者表现活跃的年代。在循环经济的研究者方面，除了早期的学者如Stahel、Braungart、McDonald等更加活跃之外，又有一批新的学者加入循环经济的研究行列，出版了一批对循环经济的理论与实践有重要推进作用的著作。其中，代表性的著作有：Walter Stahel 的 *Performance Economy*（2010），McDonough 和 Braungart 的 *The Upcycle*（2013），Ken Webster 的 *The Circular Economy—A Wealth of Flows*（2015），Conny Bakker 的 *Products that Last*：*Product Design for Circular Business Models*（2014），Peter Lacy 的 *Waste to Wealth*：*Creating Advantage in a Circular Economy*（2015，已有中译本）。

过去10年在严格的同行评议学术杂志上看到了循环经济研究文献的急剧增长。2015年和2016年，Journal of Cleaner Production 杂志发表了2篇有影响的长篇评论。*A review on circular economy*：*The expected transition to a balanced interplay of environmental and economic system*，对过去10年中循环经济的理论、政策与实践做了全景式的扫描和总结。该文检索了2004—2014年 Web of Science 和 Science Direct 两大数据库的1031篇论文，整理出了与循环经济研究相关的关键词，其中循环经济758篇，循环经济与清洁生产64篇，循环经济与生态产业园区85篇，循环经济与零废物26篇，循环经济与脱钩发展11篇，循环经济与反弹效应2篇，循环经济与可持续发展85篇。在此基础上进一步研究论文摘要，选出155篇最有代表性的论文进行分析，发现循环经济的研究主要在五个方面展开。一是循环经济的思想起源，二是循环经济的原理与模式如3R原理等，三是循环经济的三个尺度，即微观的清洁生产（生态设计）、中观的产业生态园区、宏观的合作消费、零废物社会，四是循环经济的指标，五是循环经济与发展脱钩。

Towards circular economy implementation：*a comprehensive review in the context of manufacturing industry*，对过去10年的循环经济英文文献做了分析，指出循环经济的未来发展需要注意两方面的问题。一是理论分析需要从资源环境扩展到经济效益，建立起更加综合性的资源输入—经济效益—废物排放的三维分析模型。二是政策实践需要强调自上而下的政

府推进与自下而上的企业创新相结合，政策推进包括提高社会意识、加强法律的系统性、制定有利于循环经济的税收政策等；企业创新包括制造业的循环经济转型、利益可行性、循环型企业的竞争力等。

三　循环经济理论与实践的主要成果

过去10年的理论与实践，再次强调要对传统的开采—制造—消费—扔弃的线性经济进行变革，形成材料—制造—消费—回用的循环经济，强调了覆盖物质流全过程的循环经济不同于传统下游治理的垃圾经济。概括过去10年中包括学者、机构、政府的循环经济研究成果，可以认为最有新意的进展有四个方面。

（一）在宏观经济的整体意义上，强调循环经济不是传统回收利用废弃物的垃圾经济，而是覆盖材料输入—生产—消费—废物回收整个物质流的新经济。目标是实现一个低废弃物的社会，而不是保留现有经济模式不变继续大量产生废弃物然后去循环利用。

1. EMF对循环经济研究的理论整合。21世纪初理论家提出了多种循环经济假设，但是缺乏整合。在阿布扎比参加世界经济论坛全球议程理事会，董事长Ellen亲口对笔者说，EMF于2010年成立的目的就是要进行整合。EMF的理论创新与麦肯锡的数量分析和WEF的传播能力整合起来，2012—2014年的三份报告建立了循环经济的整合模型，内容覆盖了摇篮经济的两种循环物、Stahel的服务经济和存量管理的思想。

EMF的循环经济模型是从自然与经济的交界面进行分析的。在经济过程进口侧，强调减少物质流的进入，特别强调要用可再生资源替代不可再生资源；在中间过程的生产与消费中，强调通过多循环提高物质存量的资源生产率，所谓从流量增加到存量管理，其中多循环包括闭环的服务循环、产品循环、废弃物循环；在经济过程的出口侧，强调减少废弃物的排放，提高开环废弃物的再利用，降低焚烧与填埋的比重，例如欧洲国家再循环可以达到50%以上，基本上已经没有填埋。从中导出的操作性方法是ReSOlVE方法，即regenerate，share，optimize，loop，virtualize，exchange。

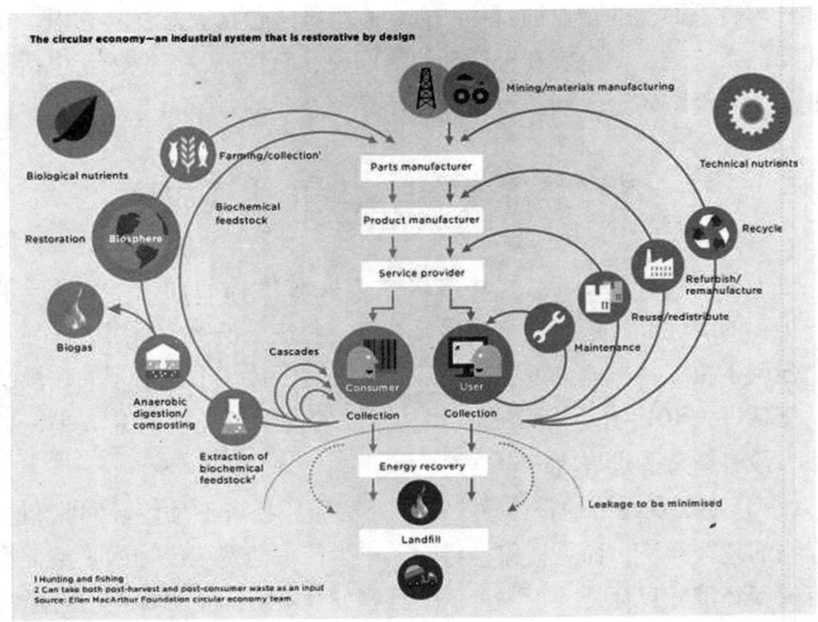

图2　英国EMF对循环经济各种流派思想的整合（EMF，2012）

EMF强调循环经济的研究要基于物质流的分析与表达。按照物质的类型讨论物质流，这种分析可以用到产业、园区、城市、国家等维度。2015年EMF发布基于循环经济的新塑料经济的报告。提出塑料产品从1964年的15MT到2014年的311MT增加了20倍，估计到2030年还要翻一番成为40倍。对过去塑料包装物的物质流分析表明，每年78百万吨塑料包装物只有14%被收集回用，其中只有2%真正作为二次材料回到经济流程，产生5%的价值损失了95%的价值（800亿—1200亿美元）。排放的86%的塑料废弃物中，14%焚烧，40%填埋，有32%泄漏到了自然界。按照循环经济重新设计，第一步是大幅度提高废塑料包装物再利用，用二次资源替代原生资源即减少化石燃料的开采；第二步是大幅度减少废塑料向自然界的泄漏；第三步是加强塑料包装物存量的多循环，提高资源生产率。

2. 发展循环经济的目标是实现经济增长与资源消耗和废物排放脱钩，这是研究循环经济不可忘却的初心。循环经济作为新经济模式的意

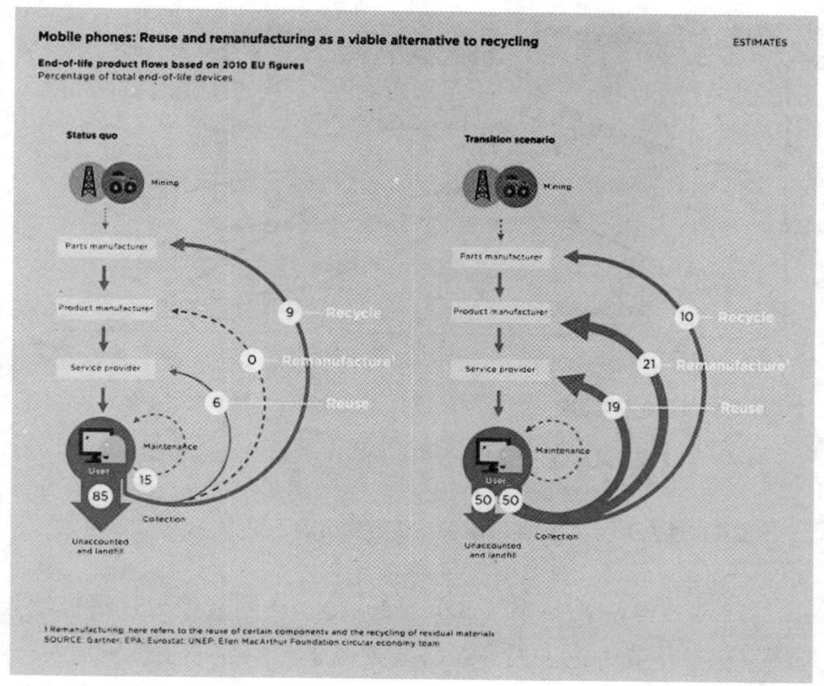

图 3　EMF 对循环经济的物质流分析（EMF，2015）

义，是要把废弃物从生产和消费流程中淘汰出去，从根本上避免废弃物。对照起来，当前国内搞了许多循环经济示范项目，但是资源消耗和废弃物排放仍然居高不下，某种程度上是传统线性经济加上末端垃圾处理的表现。可以设想三种经济增长与废弃物处理的情景。情景一是保持线性经济的大量开采、大量生产、大量消费不变，由此产生的大量废弃物通过末端的焚烧和填埋来处理，这显然不是循环经济的目标。情景二是保持线性经济的物质流不变，废弃物仍然大量产生，但是增加末端处理的再生利用，这是循环经济的一部分但不是全部。情景三是改变线性经济的模式为循环经济模式，使得资源消耗和废弃物产生有规模地减少，实现经济增长与资源消耗和废弃物产生脱钩，同时在末端处理环节加大回收利用以替代焚烧和填埋。情景三表达的内容才是循环经济作为新经济模式的真正意义。

3. 在整个经济流程中实现循环经济的减物质化和去废物化的发展。

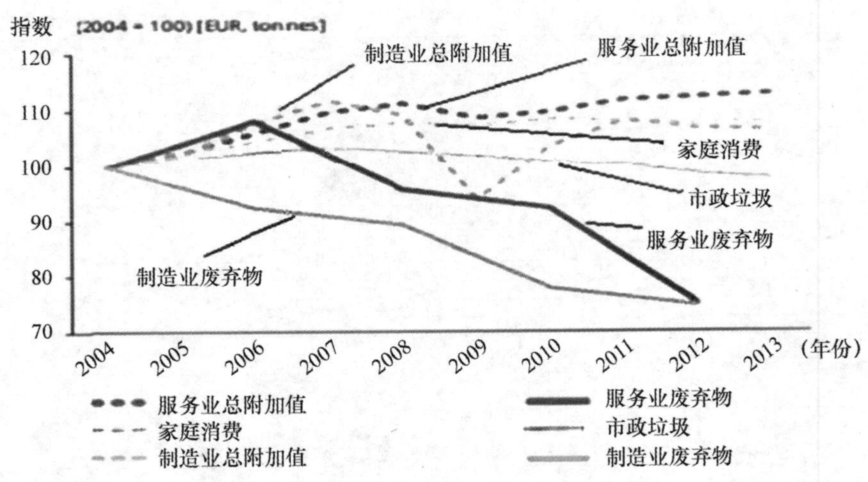

图4　过去10年欧洲经济增长与废弃物出现了脱钩（EU，2015）

Stahel的《绩效经济》一书（2006，2011），从制造绩效、销售绩效、管理绩效三个环节讨论了循环经济。类似于自然界的生产—消费—降解，循环经济的经济流程也可以分为这样三个环节，宏观意义上的循环经济要求有三个同时进行的循环，而不是只有物质流下游的废弃物循环。一是服务的循环，强调制造业要更多地转向产品服务即不卖产品卖服务，崛起中的产品分享经济属于循环经济的这类表现；二是产品的循环，强调通过再制造等方式延长产品和部件的寿命周期；三是废物的循环，不同于传统的废弃物回收再利用，强调基于生产者回收的上向式或闭环式循环而不是生产之外回收的下降性或开环式循环，例如用废料制造物质材料质量更高的衣服，而不是变成质量递减的再生资源。总的来说，宏观意义上的循环经济就是要通过生产+消费+转化三个阶段的完整循环，最终达到废弃物产生量的负增长。

4. 在上述循环经济整个流程中3R原则的运用与表现。对照以上宏观意义的循环经济模式，可以有新意地理解3R原则在其中的作用：一是生产阶段的reduce，要求制造者从物质增量管理走向物质存量管理，不卖产品卖服务，于是有Stahel强调的服务导向的创新或者绩效经济创新的S-创新，包括制造业服务化的租赁、出租等方式；二是消费阶段的reuse，要求消费者从追求物质拥有转型为追求服务使用，不求拥有

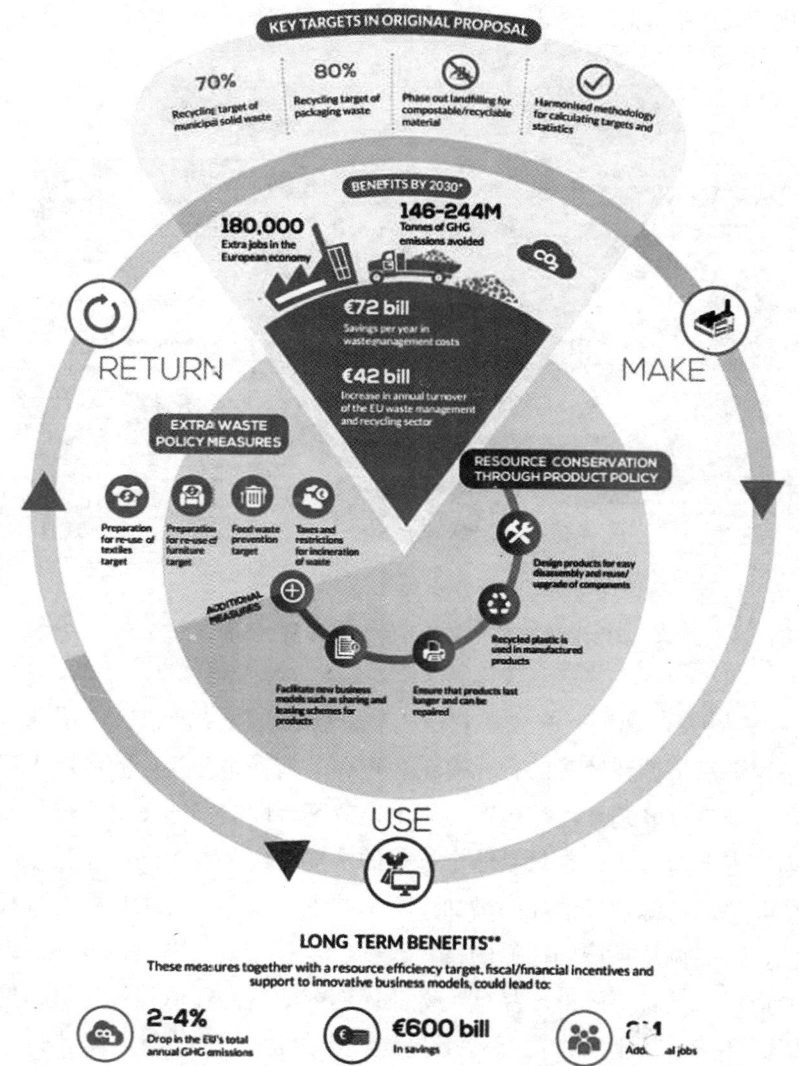

图5　基于生产—消费—返回过程的欧盟循环经济一揽子计划（EU，2015）

但求使用，于是有产品和部件的 R – 创新，即 reuse，repair，remanufacture 等；三是转化阶段的 recycle，要求管理者特别是政府和企业从废物增量管理走向废物减少管理，把废弃物转化为有用的资源，于是有 D –

创新，要求 dematerial，decomponent，decouple 等。

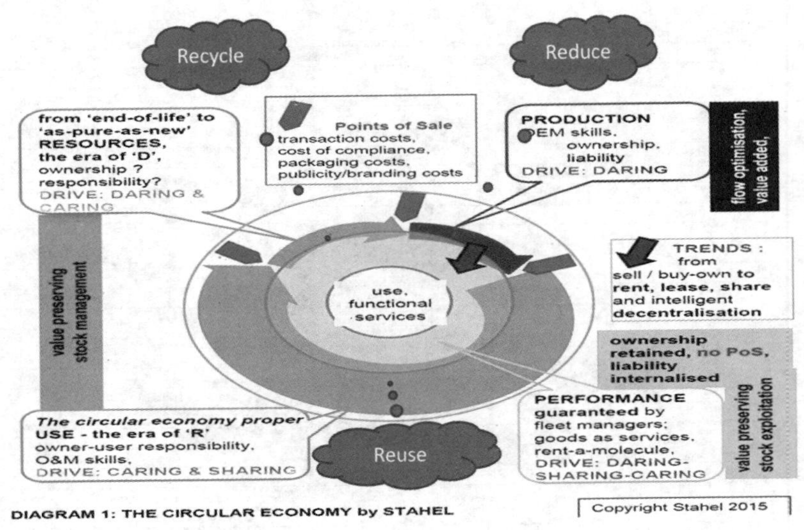

图 6　3R 原则与宏观意义上的循环经济（Stahel，2015）

（二）在微观生产的意义上，从物质输入、生产制造、使用消费的全过程识别出循环经济的企业模式。重要的前提是对企业的清洁生产与循环经济进行区别。清洁生产传统上是效率导向的，即使生产过程和产品本身走向清洁化，也只是非全过程的从摇篮到坟墓，同时反弹效应导致企业整体资源环境消耗的增加而不是减少。循环经济则是要全过程的绿色化，强调从摇篮到摇篮的过程，不仅是降低单位物质强度和污染强度的消耗，而且要降低产品整个寿命周期内的资源环境消耗总量，追求在资源环境质量不增加的条件下提高经济价值（不一定是产品物质数量而是服务的数量和质量）。清洁生产可以作为企业循环经济的一部分，但不是企业循环经济的全部。

1. 企业循环经济的全过程考虑。衡量循环经济企业的基本原则是，自然资本的替代和提高资源生产率，分为三个环节。一是在进口侧，用可再生资源替代不可再生资源，替代的规模越大，循环经济的发展趋势越明显，因此提供可再生资源的农业在循环经济企业发展中具有重要的意义；二是在中间侧，加强生物性营养物和技术性营养物的多循环使用，特别是对于技术性营养物，要通过 repair，reuse，remanufacture 等实现经济价值的最大化；三是在出口侧，不是生产出废弃物然后进行处理，而是通过设计排除掉废弃物，最终建设成为零废物的企业。

2. 传统上，处理废弃物再循环的产业即静脉产业，曾经被认为是循环经济的主要内容，但是真正的循环经济商业模式大大超过这样的理解。按照物质流在微观企业中的表现，可以有多种循环经济的企业表现形式：一是材料循环型企业，包括一开始就选用可再生资源和资源回收利用两种类型；二是产品循环型企业，主要是发展产品再制造的企业；三是服务循环型企业，主要是发展产品服务系统以及基于互联网的分享经济。如果说 Harken 的《商业生态学》（1992）较早提出循环型企业的概念，那么埃森哲的 Peter Lacy 在 2015 年出版的《化废为宝》是过去十年中有关企业循环经济最新的理论总结，书中概括了五个具体的循环型企业模式：一是循环供应链模式，即一开始就用可再生的材料进行生产；二是回收和再利用模式，将废弃物作为产品的原材料；三是延长产品使用寿命经营模式，即强调经久耐用；四是共享平台经营模式，最大化利用闲置资产；五是产品即服务经营模式，即性能优于所有权，不卖产品卖服务。

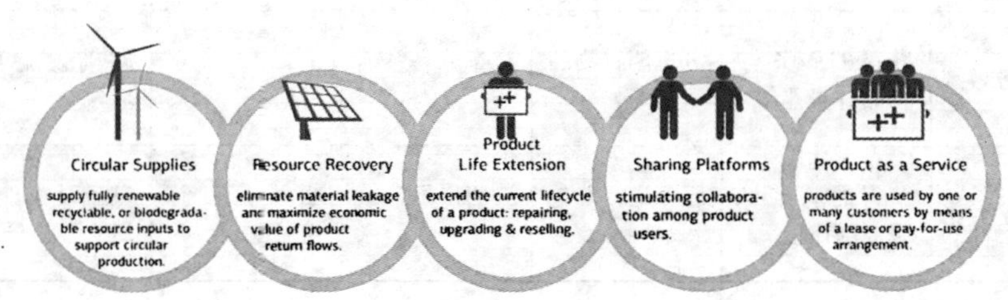

图 7　埃森哲提出的循环经济五种商业模式（Lacy，2015）

3. 把分享经济纳入循环经济，是过去十年循环经济研究的重要成果。被归入循环经济的分享经济可以有三种类型：一是二次物品的再使用。二次物品的再使用，包括企业对企业、个人对个人，拥有权和使用权同时进行变化，涉及一定的交易成本。传统的方式是物对物的直接交换，例如传统的旧货店以及美国式的后院拍卖；现代的方式是基于互联网的旧物交换，例如中国的淘宝等。二是产品服务系统。产品服务系统是生产者对消费者的不卖产品卖服务，有使用权的转移但是没有拥有权的转移，所谓制造业服务化。代表性的东西如伊莱克斯洗衣机、Interface 的地毯，以及汽车分享系统如 Zipcar、Car2go 等类型。三是协作性消费或协同式生活。分享经济是私人对私人、企业对企业的协作性消费，这是消费者和提供者的关系互换，不涉及拥有权转移但是涉及使用权出租。典型的事例如 Airban、Uber、Wework 等。这是典型意义上的分享经济，可以实现从物质增量发展向物质存量发展的提升和转型。

（三）在微观的消费意义上，从循环经济角度谈老百姓的绿色消费和消费模式改变，主要是从 3R 原则即再生消费、耐用消费、服务消费的角度谈问题。一般来说，物质流从自然到产品的过程包括开采、制造、维护、使用、满足等五个环节，可以识别三种不同的效率，其中的维护效率、服务效率、满足效率可以深化绿色消费的理论思考。

表 1　　**绿色消费的效率改进**

	比值关系	基本原则	耐用品消费	消耗品消费	服务消费
维护效率	维护性物质与物品存量比值	延长物品寿命	延长汽车寿命		延长基础设施寿命
服务效率	获得的服务与物品存量比值	分享闲置物品	汽车分享系统		基础设施互联网
满足效率	获得的满足与服务的比值	服务进行外包	叫出租车	叫外卖和上馆子吃饭	基础设施 PPP

1. 维护效率与延长产品时间。维护效率是维护物质流量与物品存量的比值，例如每年对汽车的物理维修，可以表达为物品用于其原初功能的时间。显然，延长产品寿命对于耐用品消费和服务消费有意义，前者如延长私人耐用品的寿命，后者如延长基础设施的寿命。例如，就开汽车而言，输入的资本除了劳动力之外，还有汽车、汽油、道路。其中汽车是私人耐用品、汽油是消耗品、道路是基础设施，延长汽车的寿命和延长道路的使用寿命就是提高维护效率，即单位产品的维护性物质消

耗降低了，或者用较少的物质流量获得了更长的产品使用。

2. 服务效率与分享闲置物品。服务效率是获得的服务与物品存量的比值。对于耐用品和基础设施，均可以通过分享物品来提高效率。例如，私人买的汽车每天只用1小时是低效率的，拿出去被人家分享就可以提高效率。同样道理，家里买了许多耐用品是低效率的，只买少数高质量的耐用品经常使用就是高效率的。同样道理，一个不被分享的基础设施常常是低效率的，这就是为什么大城市比小城市具有更高服务效率的利用，大城市的基础设施具有更高的使用量。对于消耗品而言，供给者的技术决定了他的服务效率，例如将化石能源转化为电，不同的供给者有不同的服务效率，上海外高桥第三发电厂用较少的煤就是高的服务效率。有研究表明，用更好的技术至少可以提高终端用电的一倍效率。

3. 满足效率与专业化服务外包。满足效率是获得的满足与服务的比值。满足效率可以用于所有三种消费，其常常与节约时间有关，即减少工作时间（基于市场有收入的活动）增加闲暇时间（基于非市场的无收入的时间），美国经济学家加尔布雷斯说“只有一个人对自己的工作周和工作年的长度有了选择机会，对不拿钱去过长假有了选择，他才对收入和闲暇有了有效的选择”。满足效率问题实际上是财务自由问题，因为有钱了就可以选择不干工作，日常中的一个关键问题是谁来提供服务或自己服务还是出钱买服务。对于耐用品来说，你可以增加开车提供服务，也可以叫出租车满足服务，后者的时间具有更多的满足感；对于消耗品来说，你可以自己做饭实现满足，也可以到饭店吃饭实现满足，后者的时间具有更多的满足感。同样道理，对于基础设施和公共服务，可以政府自己出钱自己建设与经营，也可以政府出钱私人租住建设与经营，这样可以获得更多的满足感。

（四）在理论支撑上，把有关循环经济的经济学解释与可持续发展的稳态经济学联系起来。循环经济在实践上有关怎么做的推进和深化，导致了理论上为什么的解释问题。对于经济增长与资源环境的关系，以往习惯于用基于新古典经济学的资源经济学和环境经济学进行解释，重点是讨论效率问题。最近十多年，有学者已经更多地用可持续发展经济学的规模、分配、效率等概念解释循环经济等绿色经济的深层次问题。

1. 循环经济的理论背景是经济增长存在自然资本的约束。对循环经济的理论解释存在着新古典经济学和稳态经济学的差异，区别在于是否承认存在自然极限。基于生态经济学的解释认为地球自然资本存在物理极限，这是需要循环经济的基本理由，要通过循环经济用可再生资源替代不可再生资源，而有限的不可再生资源要作为技术性营养物为物质存量进行循环利用，目标是实现经济增长与资源环境消耗绝对脱钩，达到规模控制下的生态效益和社会繁荣。基于新古典经济学的解释不认为自然存在极限，与线性经济有藕断丝连的联系，特别强调物质拥有而不是共享，强调循环经济只是提高废弃物的资源生产率。后者无法解释技术改进导致的物质消耗反弹效应问题，也不认为反弹效应有多重要，把循环经济简单地理解为是更聪明的增长或流量增加或相对脱钩。过去十年中，人们越来越多地将循环经济与绝对脱钩和稳态经济学关联起来。

2. 循环经济的作用主要发生在物质存量走向稳态和优化的阶段。循环经济的发生发展与一个国家一个地区的物质积累以及转化有关，Odum 曾经用有弹性的脉动增长理论（2001，2006）解释物质系统从流量增长到优化存量的过程。在一个完整的发展波段中资源输入和物质资产的关系可以分为四个阶段，第一阶段是资源输入下的流量增长，这个时候产出是增加的，但是资源生产率是低的，即环境影响是大的，这是物质系统的要素输入阶段；第二阶段是稳态阶段，即物质系统达到一定的资产存量之后转向减少资源输入，这个时候产出是小的，但是效率是较高的；第三阶段是减少增长，这个时候没有资产的净增加，主要发挥物质存量的服务功能，资源生产率达到了最大值；第四阶段是无增长的资源积累阶段，准备下一次新的物质存量增长。从中可见，一个国家一个城市的发展总是要经历先物质资本积累然后靠物质存量发挥作用的阶段，循环经济对于优化物质存量的生产和服务具有非常重要的意义。

3. 循环经济的经济政策需要系统地考虑规模、公平、效率三个密切相关的问题。从理论上研究循环经济、低碳经济等绿色经济的政策问题，发现有关自然资本使用的制度建设有“确定规模、分配产权、市场交易”三个环节，它们对于优化经济增长与生态环境的关系具有内在的逻辑关系和操作顺序。首先是“划分生态红线”制度，对关键自然资本要确定可以接受的生态消耗规模，将原来产权不明晰的自然物品分为可使用和不可使用两个部分，对于生态红线内不可使用的自然资本要按照公共物品的原则，严格实行政府管制，对可以使用的自然物品有可以接受的总量限制；随后是确定资源环境产权制度和用途管制制度，明确自然资本的所有者或经营者，其中将可使用的部分用拍卖或者免费的方式进行初始分配，使原来的非市场物品转化成为可交易的市场物品；最后是基于产权的市场交易制度，即资源有偿使用和生态补偿制度等，旨在提高自然资本的使用效率。由于生态规模和公平分配是在市场之外由政治机制和管理机制决定的，因此这是一个将政府机制、市场机制、社会机制整合起来的合作治理过程。

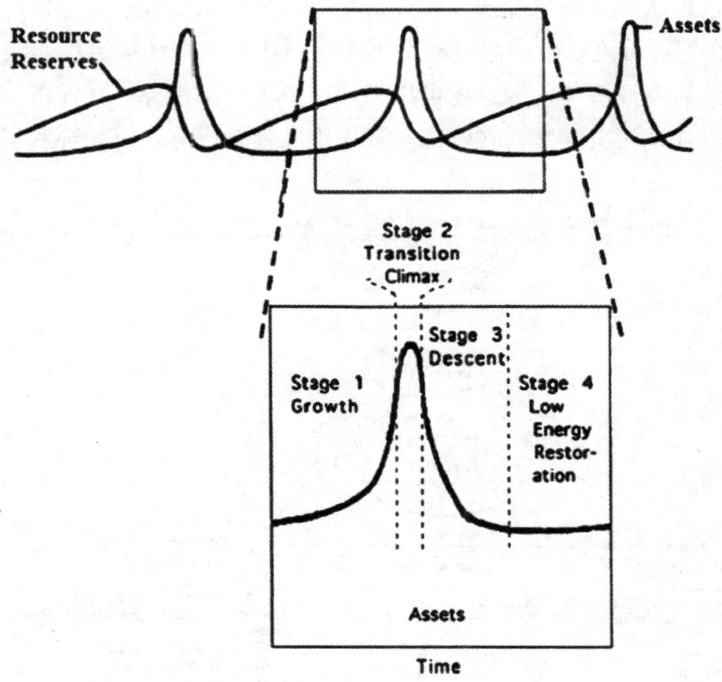

图 8 循环经济对于物质存量优化具有重要意义（JCP，2015）

四 对中国深化循环经济的启示与思考

以 2005 年循环经济纳入五年规划为标志，中国作为国家战略的循环经济已经有了十年的发展和成就。进入“十三五”规划，需要总结国内外的理论与实践，再上一个大的台阶。了解国外近年来有关循环经济的重要进展，可以促进中国循环经济版本升级，在世界性的循环经济潮流中继续发挥引领作用。对此提出以下五方面的思考和建议。

（一）总体层面，要从现在对循环经济分散化的认识进入建立基于对象—过程—主体三个维度的有整合性的分析模型（诸大建，2008）。

从对象上，循环经济的分析模型应该包括资源消耗—经济收益—环境影响三个维度的效益。过去十多年的研究主要偏重资源维度和环境维度，未来需要加强循环经济作为绿色经济的发展意义。从循环经济的对象维度进行研究，可以加强循环经济指标研究的系统性：在经济维度是GDP，在资源维度是资源总量和可再生能源比重，在环境维度是废弃物总量；然后在经济与资源维度可以强调资源生产率指标，在经济与环境维度可以强调污染强度，在资源与环境维度强调废弃物再循环利用率。

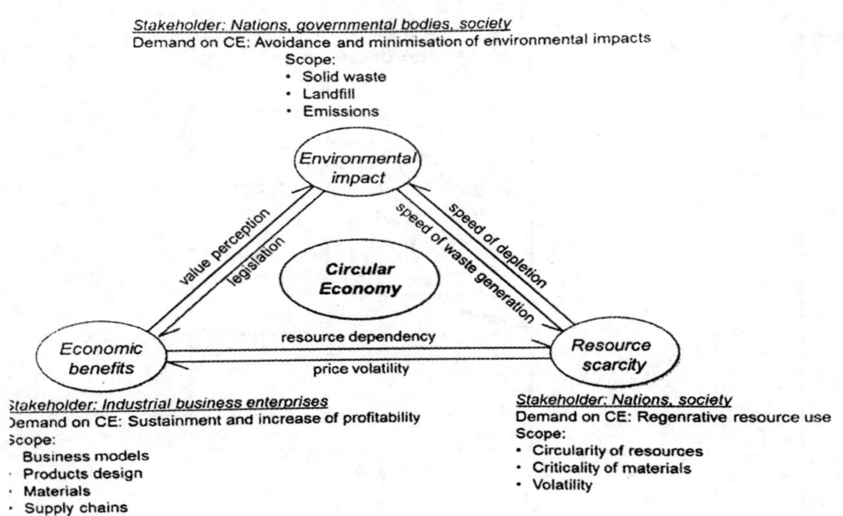

图9　循环经济对象分析需要考虑资源消耗、经济收益、环境影响三个维度（Lieder等，2016）

从过程上，循环经济是从材料—制造—消费的物质流全过程，不同于单纯的下游废弃物的再循环，作为经济现实的循环经济覆盖所有环节，强调三个意义的循环，即进口材料循环包括可再生资源和废弃物循环，制造端的产品循环包括再制造，消费侧的产品服务系统、分享经济与二次物品回用。过去多年来我们的循环经济实践在废弃物循环上做了不少工作，未来要进一步用循环经济的全过程功能键解读3R，而不是从下游废弃物再利用的角度解读3R，实现中国循环经济从传统的下游思考到全过程思考的转换。

从主体上，中国过去十年发展循环经济主要是自上而下的过程，欧洲近年来值得关注的进步是在自下而上方面。就带有某种社会效益而言，循环经济的发展实际上需要自上而下和自下而上的整合，形成政府—企业—消费者的三元循环和合作治理。其中，政府代表自上而下的推动，包括政策、规划、法规、指标等；企业与消费者代表自下而上的行动，包括盈利可行性、微观竞争力、制造业服务化等方面。中国未来发展越来越需要后者力量的介入。

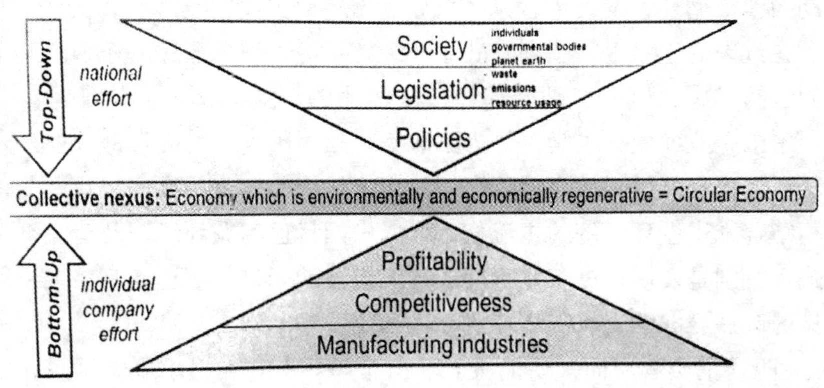

图10 循环经济实施推进需要整合自上而下和自下而上的力量（Lieder 等，2016）

（二）政府层面，要从提高物质流的资源生产率提升到通过循环经济实现资源消耗和废弃物排放的总量控制。

循环经济与低碳经济是中国发展绿色经济的两个支柱，两者差异表现在，循环经济主要研究物质流及其相关环境影响，低碳经济主要研究能源流及二氧化碳导致的环境影响，循环经济不直接研究二氧化碳问题，但是物质流的减少与能源流和碳排放有正相关性，因此提高循环经济的水平可以间接地减少化石能源消耗和二氧化碳排放。与低碳经济发展有明确的总量目标相比，推动循环经济的目标是要提出中国发展的资源消耗控制和垃圾产生零增长目标。“十一五”规划以来，中国主要是用资源产出率或资源生产率作为循环经济的绩效指标，但是效率改进常常受到生产与消费反弹效应的影响，不能达到从总量上减少资源消耗和废弃物排放的要求。从“十三五”规划开始，中国需要把循环经济发展与资源红线和环境红线的概念相结合，提出资源消耗、经济收益、环境影响有整合性的目标。要开展物质流的分析和定量研究，在中间过程提升资源生产率的同时，在输入端强调控制原生资源消耗总量和加强可再生资源对不可再生资源的替代，在输出端强调城市生活垃圾的总量控制以及提高废弃物的循环利用率，真正提高循环经济的发展绩效。

（三）企业层面，要从发展末端废物处理产业拓展到加强产品寿命周期的整个循环，发展生态设计引导的循环型企业。

在过去的十年中，中国发展循环经济推进了一批静脉产业和产业生态园区的发展，但是讲到循环经济主流化的企业案例，多数是跨国公司，中国企业即使有也是模仿为主或者只是跨国公司的配套部分。未来要从更加根本的材料输入—生产—消费—回用一体化角度，与新工业革命相结合推进循环经济的主流化，形成中国特色的循环经济制造业本土模式。特别是发展上海与北京街头最近出现的摩拜单车这样有本土原创意义的产品服务系统或制造业服务化产业。

（四）消费者层面，要把从追求物品拥有提升到追求服务满足，把功能消费和分享经济作为提高生活质量的目标。

从循环经济覆盖生产—消费—回用的整个过程而言，过去十年来中国循环经济的理论与实践主要关注中国制造，未来的研究与政策行动需要更多地关注中国消费，因为消费在 GDP 中的比重将持续增大，同时中产阶级的人数也在持续扩展。将循环经济的原理用于绿色消费，需要强调提高消费活动的维护效率、服务效率、满足效率，2013 年分享经济的活跃可以带动中国循环经济进入消费侧。

（五）研究层面，要探索循环经济的经济学基础和理论依据，开展中国特色的循环经济理论研究，向世界讲好中国的循环经济发展故事。

中国循环经济的崛起，是从理论向政策再向实践推进的；但是在中国循环经济的实践和政策力度增大以后，理论研究特别是对一些基础性问题的思考已经显得明显不够。一方面，有关循环经济和3R原理的运用存在着生态效率和生态效果的区别、减少负功能和增加正功能的区别，要使循环经济成为绿色经济的积极驱动，需要在生态效果和增加正功能方面加强研究，与国家政策强调生态红线等概念相一致，更有效果地引导实践和政策发展。另一方面，循环经济的变革性没有在经济学理上得到合理的支撑，在理论解释上存在着弱可持续性和强可持续性、极限内发展和无极限增长的区别，用新古典经济学的资源环境经济学解释循环经济存在内生性的矛盾。未来的循环经济研究需要更多地用可持续发展的经济学进行解释提供依据，使得中国循环经济在实践和理论上能相互匹配、互相支撑。

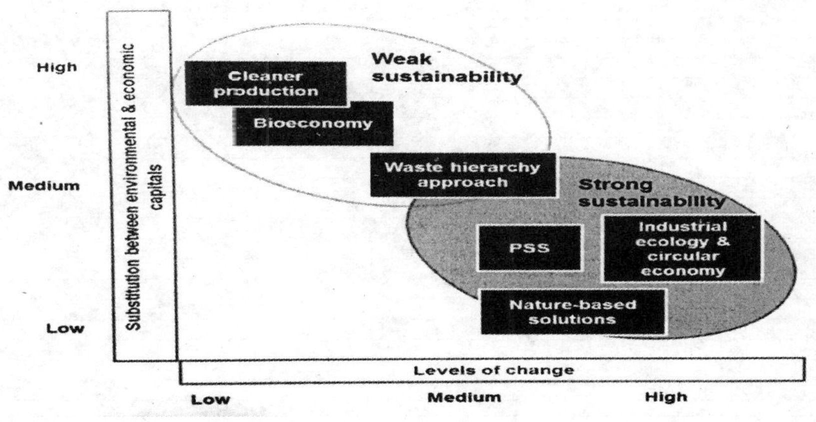

图11　循环经济的理论基础是强可持续性（*Loiseau* 2015）

参考文献

EMF and Mckinsey, Growth within: A Circular Economy Vision for a Competitive Europe. EMF, 2015

Ellen Macarthur Foundation, Towards the Circular Economy. EMF, 2012－2014

EC, Circular Economy Package. EC, 2015

Ghisellini, P. etal., A Review on Circular Economy: the Expected Transition to a Balanced Interplay of Environment and Economic System. Journal of Cleaner Production,

2015：1－22

Lieder，M. etal.，Towards circular economy implementation：a comprehensive review in context of manufacturing industry. Journal of Cleaner Production，2016，115：36－51

Loiseau，E. etal.，Green economy and related concepts：An overview. Journal of Cleaner Production，2016，139：361－371

Murray，M. etal.，The Circular Economy：An Interdisciplinary Exploration of the Concept and Application in a Global Context. Journal of Business Ethics，2015

Peter Lacy，变废为宝——创造循环经济优势．上海交通大学出版社，2015

Walter Stahel，The Circular Economy. Nature，23 March，2016

Walter Stahel，Critical Analysis and Comments of the EC's CE Package. 2016

Wenting Jiao etal.，Policy durability of Circular Economy in China：A process analysis of policy translation. Resource，Conservation and Recycling，2015

Zhu，Dajian，Background，pattern and policy of China for developing circular economy. China Journal of Popul Resour Environ. 2008，6：3－8

论循环经济法生态人模式的构建*

陈泉生　邹燕玲**

摘　要　文章在对已有关于生态人模式研究进行评述的基础上，结合构建法学人模式的基本原则，从人的理性水平、人性要素、目的要素以及环境要素四个方面对生态人模式的内涵进行了剖析，而后厘清了生态人模式的伦理基础，否定了非人类中心主义以及强化的人类中心主义，指出应以弱化的人类中心主义作为生态人模式的伦理基础，最后文章结合我国循环经济促进法，从生态人模式而后厘清生态人模式的伦理基础式的四个内涵出发论证循环经济促进法所预设的“人”与笔者所构建的生态人模式是相契合的。

关键词　循环经济法　生态人模式　构建

一　已有的生态人模式研究之评述

近代工业革命以来，由于飞速发展的科学技术，人类揭开了自然的神秘面纱，祛除了对自然的崇拜、恐惧心理。随着人对自然界的祛魅，人类开始奉行人统治自然的哲学，以主宰者的身份强势地介入自然，把自然完全当作掠夺的对象，人与自然关系逐步异化。这种生存方式虽然为人类带来了巨大的利益，进一步推动了人类的发展，然而却又给人类的发展设下了另一重障碍——导致生态环境问题日益突出，愈演愈烈，

*　本文系福建省社会科学基金重点项目《循环经济法探究》（编号：2007A015）阶段性成果。

**　陈泉生，福州大学法学院教授，环境法博士生导师，联系电话：13003836958，电子邮件：springcqs@163.com；邹燕玲，福州大学法学院2006级环境法硕士研究生。

并威胁到人类的生存。这一障碍促使人类对当前的生存方式进行反思，正是这种反思产生了生态意识和环境意识，生态人模式正是在生态意识和环境意识凸显的当下在法学上提出的新的人性预设①。目前在法学界，已有不少学者从不同的视角对生态人模式进行了探讨。下面笔者将简要介绍他们的核心观点并进行评述。

徐嵩龄先生认为，在当今时代，为了实现可持续发展，人类不仅要求成为熟悉市场经济的理性经济人，而且要求成为具有生态意识的“理性生态人”。这种理性生态人同样具备两个特征：第一，他以生态学原则作为衡量与评价一切与环境问题有关的事物的标准；第二，他有足够的智慧制定既合法又符合生态学原理的策略以求得解决环境问题的最大环境—经济—社会综合效益。理性经济人在国际层次上可以指国家，在国家层次上可以指政府、企业、团体及个人②。他还指出，“生态人”行为的原则是：实行人地和谐的自然观；坚持生态安全的原则，把生态安全置于首位；坚持综合效益原则，追求经济效益、社会效益和环境效益的统一；坚持公平与正义的原则，主张权利、责任和义务的统一；主张人与自然“双赢”的竞争方式；坚持整体主义的方法论，以整体主义方法考虑当事者，包括人与自然、当代与未来。③

蔡守秋教授认为，当代环境资源法中的法律关系主体或行为主体是“生态社会国家”“生态城市”“生态社区”“生态人”，或者说，当代环境资源法的根本出发点是将法律主体定位为“生态人”，“生态人”是具有环境意识和环境法治观念，会计算环境利益，寻求经济效益、社会效益和环境效益最佳化、最大化的人；或者说，生态人是在不违反环境资源法律“游戏规则”的前提下追求“三种效益”（经济效益、社会效益和环境效益）和“三化”（一体化、最佳化、最大化），追求当代人利益和后代人利益、人的利益和环境的利益“三化”的人，是按照环境资源法的游戏规则从事经济、社会和环境活动的人。生态人的效率观追求可持续发展的高效率、高效益，强调综合效益（经济、社会和

① 林龙宗：《论法学上生态人模式的建构》，福州大学硕士学位论文，2006年。

② 徐嵩龄：《生态意识生态伦理学·理性生态人》，《森林与人类》1997年第2期。

③ 蔡守秋：《调整论——对主流法理学的反思与补充》，高等教育出版社2003年版，第313页。

环境效益的统一）、总体效益（间接和直接效益、局部效益和整体效益、眼前和长远效益、当代和后代效益的统一）和最佳效益（速度和效益、数量和质量、先进性和可行性）的统一。[①]

郑少华先生认为，生态人是指以追求生态利益为唯一目的的人，他具有如下特征：首先，生态人是理性人，是那种面对生态危机参悟到人与自然共存的人；其次，生态人是以生态利益为目的的理性人，他追求生态利益，其行为规范以保护生态与维护自然平衡为己任；最后，生态人是以追求生态利益为唯一目的的，这是为了便于深入探讨生态法诸现象以及生态法律规范的设计。同时，他还提出了生态法人的概念，认为生态法人是指那种持生态主义主张的环保社团。这种环保社团不同于作为社会人的环保社团，具有如下特征：首先，它是生态法人，即在生态法上具有法人人格；其次，不同于以往的财团法人与社团法人是人与财产聚合的特点，生态法人是生态人与自然、财产的聚合，因为主张生态主义者，必然是以承认自然的权利为前提的，因此，生态法人中的自然人是作为自然（含动物，非人类生命）的受托人而存在的。生态法人中的财产亦是以实现生态利益为目的的[②]。

吕忠梅教授则是反对单纯的生态人模式，认为必须实现生态人与经济人的统一，整合二者的有利特性，将“生态理性”纳入经济人的理性之中，从而提出了生态理性经济人的人性预设。这一人性预设的标准既高于经济人，但又没有完全脱离经济人的基本属性，是将人的社会属性与生物属性共同考虑、将环境资源的经济价值与自然价值统一协调的新型人性标准。这个新的经济人在生产时会自觉地选择生态型生产方式，遵循生态理性的原则，在追求社会效益和维护生态安全的前提下实现自己的最大利益，必要的时候能自觉作出自我牺牲；在消费方面会自觉选择绿色消费，运用生态伦理学原则倡导消费者追求绿色生活方式——人与自然、社会的和谐，并且这一人性标准是“生态人类中心主义”价值取向的结果，吕忠梅教授认为，在法律思维的范围内，“生

---

① 蔡守秋：《调整论——对主流法理学的反思与补充》，高等教育出版社 2003 年版，第 313 页。

② 郑少华：《生态主义法哲学》，法律出版社 2002 年版，第 81—84 页。

态中心主义”至少在目前还不能成为实在法的价值取向。①

此外，还有许多观点，如秦鹏、胡军、蔡学英均认为生态人是针对经济人提出的一个对等的观念，它是以生态意识、生态良心、生态理性为内涵的一种人性假设，它要求人类首先应该具有一种善待自然、善待环境、对生态危机觉醒的生态意识；其次要具有自发地产生尊重与保护自然的观念及对其行为的生态道德进行反思和评价的生态良心；最后还要具有对生态环境抱有一种科学认知能力的生态理性。秦鹏博士更认为生态人是走出人类中心主义价值观，并在此基础上以增进生态整体利益和价值作为行为出发点的人。②

仔细分析，不难发现，上述观点固然各有其合理之处，譬如他们均认为生态人是在生态意识凸显的当下提出的一种人性预设，是以生态意识、生态理性和生态良心为内涵的，这是较为符合现实的；徐嵩龄先生与蔡守秋教授认为生态人追求的是经济效益、社会效益和环境效益协调发展的综合效益，这也是较为中肯的，毕竟，单纯只追求环境效益而忽视经济效益与社会效益“零发展”的观念是偏离人类趋利避害的本性的，在现实中必然不可能普遍被人类所接受，因而也违背了对象普遍性这一原则；而若只追求经济效益、社会效益，完全忽视环境效益，过往的实践已经证明了这是不可行的，这样看来较为合适的出路自然是追求三者相统一的综合效益了。

但是上述学者的观点也存在偏颇之处。徐嵩龄先生、蔡守秋教授的观点较为相似，但均过于理想化，均偏离了人类生态意识的总体现状，不同程度地违背了人的模式构造的基本原则。例如徐嵩龄先生认为“理性生态人能以生态学原则作为衡量与评价一切与环境问题有关的事物的标准”，蔡守秋教授认为“生态人是会计算环境利益，寻求经济效益、社会效益和环境效益最佳化、最大化的人”等观点实际上都突破了人的有限理性、不完全信息等现实，明显脱离了当前人类对生态、环

① 吕忠梅：《沟通与协调之途——论公民环境权的民法保护》，中国人民大学出版社 2005 年版，第 140—156 页。

② 秦鹏：《生态消费法研究》，法律出版社 2007 年版，第 136 页；胡军、蔡学英：《“经济人”与“生态人”的统一》，《湘潭大学社会科学学报》2002 年 5 月第 26 卷，第 70—72 页。

境的普遍态度，具有较为浓厚的理想化色彩，与其说他们是对目前人类生态意识水平的描述，莫如说是一种展望和追求，也就是违背了人的模式构建的“对象普遍性”原则。

郑少华先生的观点与二位先生的观点相比更显理想化，他认为生态人是以生态利益为唯一目的的，事实上，在资源日益稀缺，欲望与资源紧张度日益加强的当下，我们必然不可能完全排除人性中利己的一面，而且，只追求生态利益罔顾经济利益、社会利益这种“零发展”的观点事实上是不可能被大多数人接受的，在现实中持这种观点的人可说是凤毛麟角，而且，这也违背了对象普遍性原则；至于将生态人定位为生态法人的观点，则更是与人的模式构造相去甚远，因为严格来讲它事实上并不是一种人的模式，它不是由研究者结合研究旨趣从现实的人中择取一些特性构造而成的，而是对具有生态保护功能团体的概念化，是一种具体的“人”，不应成为理论预设意义上的人的模式。

吕忠梅教授的观点较为接近现实，她是从生态化的民法角度提出的人性预设，是对传统经济人的一种改进，扩大了经济人的内涵，使得经济人除了经济理性之外还包含了生态理性。然而正如其所言，她所提的生态理性经济人归根结底还是一种经济人，适用于绿化的民法领域是十分贴切的，但却无法适用于兼具行政法、经济法、环境法性质的循环经济法之中。值得一提的是，吕忠梅教授认为在法律思维的范围内“生态中心主义”至少在目前还不能成为实在法的价值取向这一观点颇值得我们思考。

与此相反，秦鹏博士则认为生态人是走出人类中心主义价值观，并在此基础上以增进生态整体利益和价值作为行为出发点的人，由此可见，他是持生态中心主义立场的。那么，究竟生态人的伦理基础是人类中心主义还是生态中心主义呢？这个问题笔者将在下文——生态人模式伦理基础上详细论述。

二　生态人模式内涵之剖析

生态人模式是在生态意识凸显的当下于法学上提出的理论预设，因此，生态人模式的内涵必然也要以生态意识为核心。而从法学上人的模式构造原理来看，对生态人的生态意识内涵的把握和界定，一方面必须全面体现人的环境意识的不同部分，另一方面则要求从环境意识各部分中确立一特定层次或水平作为对人的普遍环境意识水平的反应[①]，因而生态人的生态意识水平可以依此分为生态伦理水平和生态理性水平两个部分。而欲构建循环经济法领域的生态人模式，就必须准确解读现实中的人，进而对在该领域中活动的人的人性要素、目的要素、环境要素、生态伦理水平和生态理性水平做出一个合理的界定。

（一）人性要素

传统法学中人的模式事实上都无法摆脱人追求利益的本能，区别只在于经济人追求的是私人的利益，社会人追求的是公共的利益，而且其最终目的还是为了通过处理好人与人的社会关系实现个人的利益。那么，生态人模式作为一个新型的人性预设，是否也无法脱离人追求利益的本能呢？生态利益是否也属于人所追求的利益之一？生态利益是否包含在其追求的利益之中或者说是他追求的唯一利益？这些都是我们必须解决的问题。

关于生态人是否无法摆脱人追求利益本能的问题。笔者认为答案必然是肯定的，生态人同样必须把人的本能欲望列为要素之一。墨迪曾经指出，物种的存在，以其自身为目的。它们完全为了其他物种的利益，就不能存在。从生物性的意义上说，物种的目的就是持续再生。鲍德也说过，一切成功的生物有机体，都为了它自己或它们的种类的生存而有目的地活动[②]。如果没有对于自身利益的追求，人类是不可能生存下来的，这是最基本的常识。因而，生态人模式必然是不可能脱离人追求利益的本能，否则就违背了符合对象普遍性以及忠实于人的本性这两个基本原则了。

关于生态利益是否也属于人所追求的利益之一的问题。这里我们不妨从马斯洛的需求层次理论入手来论证。马斯洛将人的需求分为五个层

---

① 林龙宗：《论法学上生态人模式的建构》，福州大学硕士学位论文，2006 年。

② W. H. Murdy, *Anthropocentrism: A Modern Version*, *Science*, 1975, pp. 1168 – 1175，转载自叶平《回归自然——新世纪的生态伦理》，福建人民出版社 2004 年版，第 159 页。

次，分别是：生理的需求、安全的需求、相属关系和爱的需求（或称社交需求）、自尊或心理的需求以及自我实现的需求，这五个方面的需求是层层递进的，即在低一级的需求满足之后会进而产生高一级的需求。虽然马斯洛的需求层次理论并没有明确提出人的生态需求，但实际上，人类对生态与可持续发展的需求是贯穿于各个层次的需求中的。正如罗丽燕所论证的，第一个层次的生理需求一般认为包括衣、食、性三种基本需求，这是人类生存与繁衍的基本需要，也是所有物种为保持种群延续所表现出的具有共性的生物本能，是生命最原始意义上的需求，隐含着可持续发展的思想；第二个层次的安全需求首先是生命安全的需要，包括对清新的空气、清洁的饮用水、无过量紫外线的阳光等基本生存环境的需要，也包括对就业、医疗等生活、健康保障的需要；第三、四、五个层次的需求实际上是人类不断追求更高的生活质量所产生的需求，适当的休闲、观光旅游，回归自然，享受生物多样性的美妙，从大自然中寻找灵感进行文学艺术创作，接受大自然的启示从事科学研究等都构成人类的生态需求。不论是基本的生态需求，还是更高层次的生态需求，都是人类生存的永恒需求。[①] 因而，人的生态需求实际上是贯穿于这五个层次的需求之中，生态利益也是人所追求的利益之一。

关于生态利益是否包含在其所追求的利益之中或者说是它所追求的唯一利益的问题。事实上，在现在这样一个温饱问题已基本解决，但环境急剧恶化并已危及人类的生存时，人的求生本能便表现为以下两个方面：一方面是人类会尽其所能地保护、改善环境，追求生态利益，使得环境适宜于人类居住，不再威胁人类的生存；另一方面，正如徐国栋先生所说，相较于以往，现代人人均占有的资源在减少，资源更为稀缺，欲望与资源的紧张度在加强，在这种前提下，我们必然不可能完全排除人性利己的一面。再者循环经济法本身兼具环境法和经济法的特色，要求人们在发展经济的时候必须遵循生态规律，循环经济法中人的行为除了有追求生态利益的一面之外，也有追求经济利益的一面。因而，生态利益必然是生态人所追求的利益，但并不见得是其追求的唯一利益。人的欲望复杂多样，生态人模式作为对现实中的人的一种抽象，

---

① 罗丽燕：《“生态人”假设——生态经济学的逻辑起点》，《生态经济》2003 年第 10 期。

自然不必将人的所有欲望一一列明，但也不必一厢情愿地认为生态人只追求生态利益，否则生态人模式将成为空中楼阁了。笔者所理解的生态人是这样一种人：他不只追求生态利益，也追求其他利益，但在生态利益与其他利益发生冲突时须以生态利益为先；他不仅受益于经济系统，又受益于生态系统，更受益于二者的协调。“他们不仅珍视个体的生命，而且还关心种群的延续；对于他们来讲，货币是价值，生态环境也是价值；当代人的福利要保障，后代人的福利也不可忽视。因此他们在做出一项选择或决策时，会权衡各子系统的收益与损失，以整个生态经济系统长期效益最大化为追求目标”。①

（二）目的要素

循环经济法是以实现人类社会的可持续发展为目标的，因而在构造循环经济法领域的人的模式时一定要择取可持续发展这一目的要素。目前比较流行又普遍被国际社会所接受的可持续发展的概念是由布伦特兰夫人在《我们共同的未来》一书中提出的，她指出，可持续发展是既满足当代人的需要，又不对后代人满足其需要的能力构成危害的发展②。笔者认为，可持续发展实际上包含着两层含义，从横向上看，可持续发展强调人类应当追求经济效益、环境效益和社会效益的协调统一，强调人类追求健康而赋有生产成果的生活权利应当是坚持与自然相和谐方式的统一；从纵向上看，可持续发展强调当代人在追求自身发展的同时应承认并努力做到使自己的机会与后代人平等，应给后代人留下发展的空间，亦即在强调代内公平的同时兼顾代际公平。

因此，以可持续发展为目标的循环经济法所构造的生态人，应当是能够处理好经济发展、环境保护、社会发展之间关系，追求经济效益、环境效益和社会效益相统一的综合效益的人；是能够协调人与自然之间的关系，维持人类和其他生命形式以及与其环境之间和谐、有序状态，使人与自然和谐相处，生态环境和自然资源处于良好的或不受不可恢复

---

① 罗丽燕：《“生态人”假设——生态经济学的逻辑起点》，《生态经济》2003 年第 10 期。

② 世界环境与发展委员会：《我们共同的未来》，王之佳、柯金良等译，吉林人民出版社 1997 年版，第 52 页。

破坏状态的人；是既关注当代人之间环境资源利益分配的代内公平，又强调当代人与子孙后代之间环境资源利益分配的代际公平，能够衡平代际人类的权利及其利益，以实现人类社会世世代代永续发展的人。

（三）环境要素

当今时代是一个环境危机的时代，资源匮乏，环境严重污染，生态遭到几乎是不可逆转的破坏，这样的一个生态环境已难以支撑人类的发展。循环经济法正是以此为背景发展起来的，因此要探讨循环经济法领域的人的模式，便不可避免地要结合这样一个特定的背景。循环经济法以可持续发展为其目的，而可持续发展的要义之一便是要协调好人与自然的关系，使人与自然和谐相处，为了达到这样的目的，循环经济法必然要求在其领域中活动的人即便不努力去治理已经遭受污染的环境，也需采取措施防止环境进一步恶化，而这就需要人类摆正人与自然的关系。因此，在循环经济法领域内准确把握人的自然属性，摆正人与自然的关系，也是关乎生态人模式合理性的前提条件之一。

近代环境危机的形成实际上正是人与自然关系异化的后果，人类视自身为自然的主宰者、征服者，割裂了人与自然的关系，将人与自然放在对峙的两端，恣意掠夺自然资源，导致环境问题终于浮出水面并愈演愈烈。为了纠正这样的错误，生态人模式必然要求返回人与自然关系的本真。笔者认为，人与自然的关系包括如下两个方面：

首先，自然环境是人类赖以生存和发展的必要条件。人类不过是自然界的一员，是生态系统中的一环，人的最基本的需求如衣、食等无不来源于自然界，人类是依赖于自然界的，离开了自然人便无法存活。因此，马克思就曾经典地指出，人是自然存在物，金瑞林教授也曾指出人类是环境的产物。

其次，自然环境又是人的实践活动的对象，或者说人是环境的改造者。人虽然是“自然存在物”，但却是一类特殊的存在物，他具有一定的认识力、改造力和创新力，因此，他从来就不是消极被动地适应自然界的，而是根据自身生存和发展的需要，选择、调节、控制、改变、影响自然，使之成为丰富多彩的人化自然。因此，人与自然的另一层关系其实是一种实践关系，即人不甘心仅仅作为自然存在物，它还将自然作为客体对象纳入实践范围，对之进行充分的认识、利用和改造[①]。

也有人将这两层关系分别表述为人与自然间的自然生态关系和人与自然间的开发利用关系。由此看来，近代的人与自然的关系实际上只是人对自然的实践关系或者说人与自然的开发利用关系，却忽略了人与自然间的自然生态关系。然而，只看到这点也是不够的。我们还应该看到，人与自然之间的开发利用关系与自然生态关系是相矛盾的，然而，两者的关系却又不是完全矛盾的，也有存在同质的一面。如果人对自然的开发利用是遵循生态规律的，且不曾突破生态的阈限，那么两者之间就不存在矛盾，甚至还会相互促进；反之，如果人对自然的开发利用不遵循生态规律，那么两者之间就是矛盾的，甚至会是相互之间的障碍。所以，人与自然的关系实际上是一种和谐共生的关系，不仅有矛盾、抗争的一面，也有同质的一面，是两者的和谐统一。因此，笔者理解的生态人，是能够把握好人与人之间的关系，人与自然之间的开发利用关系和人与自然之间的自然生态关系这三方面的关系，并对其进行综合考量的“人”[②]，是身处生态环境之中，时刻受生态影响，同时又以其行为极大地影响生态系统，能够与自然和谐共生的人。

（四）人的理性水平

理性是指人类所具有的自觉的、有目的、有意识的主观心理活动，以及人类认识事物本质和规律的逻辑思维能力[③]。它与非理性是一对相对应的范畴。而法学中的人必然是具有理性的。这是因为，法律调整人的行为，必须以人和法的互动为基础，除了明文规定的外在法律规范，必须要有人对法律进行适用和遵守，而对法律的适用和遵守，都离不开人类理性的指引。因此，生态人必然也是具有理性的人。然而，理性又可分为生态理性、经济理性、道德理性等多种理性，那么生态人具备的

① 胡军、蔡学英：《“经济人”与“生态人”的统一》，《湘潭大学社会科学学报》2002年，第70—72页。

② 在循环经济法领域，我们尤其要注意的是人与自然之间的自然生态关系，在遵循经济规律行事的同时也要遵循生态规律，在开发利用关系与自然生态关系相冲突的时候以自然生态关系为主。

③ 张海云：《论生态文明与理性生态人的塑造》，南京林业大学硕士学位论文，2006年。

是何种理性呢？笔者以为，由于生态人模式是对现实中的人的抽象，自不必将所有理性一一列明，但也不必以生态理性为唯一具有的理性，只是需要注意的是，在其他理性如经济理性与生态理性相冲突时，必须遵从于生态理性。所谓的生态理性，是指人类对生态环境的科学认知能力，它的关键作用就在于辨识生态环境是否处于生态安全状态，并根据现实情况作出正确决策，及时调整个人行为①。而生态安全的内涵则一般认为包括以下两个方面：一是与人类生存休戚相关的生态环境和自然资源处于良好的或不受不可恢复的破坏的状态，二是保障一切自然事物处于一种相对稳定的状态，不受外来力量的突发性破坏②，判别生态系统是否处于生态安全状态的标准则是生态系统的各参数是否处于稳定状态。

此外，还有一个需要辨明的问题是：生态人具备的理性是有限的还是无限的。西蒙基于经济决策者本身信息的不完全性和计算能力的有限性提出了“有限理性”的假定，他指出，理性的限度是从这样一个事实看出来的，即人脑不可能考虑一项决策的价值、知识及有关行为的所有方面……人类理性是在心理环境的限度之内起作用的③。笔者认为，生态人的理性必然是一种有限的理性。人的头脑、知识是有限的，不可能认识、了解这个世界所有的现象，清楚所有的学科知识，掌握所有的信息，这就决定人必然不可能完全估算出何种行为、怎么行为对人是有利的或者是不利的。若将生态人预设为具备无限理性事实上是背离了现实的人类理性状况，违背了人的模式构造的对象普遍性原则。

三　生态人模式的伦理基础

正如秦鹏博士所言，生态人假设是一种更高境界的人性假设，但这种假设实质上并没有否定人类趋利避害的本性，因此它并不是一个理想

① 胡军、蔡学英：《“经济人”与“生态人”的统一》，《湘潭大学社会科学学报》2002年，第70—72页。

② 陈泉生等：《环境法学基本理论》，中国环境科学出版社2004年版，第210页。

③ 徐国栋：《人性论与市民法》，法律出版社2006年版，第55页。

的乌托邦或空中楼阁，而有其存在的现实理论基础，[①] 这个理论基础就是生态伦理，也有学者称之为环境伦理。它包括两个方面的内容，一是人与自然之间的伦理关系，二是受人与自然关系影响的人与人之间的伦理关系。由于对这两个问题的不同回答，形成了生态伦理学领域内的形形色色的，从保守到激进，从观点相近但又区别到激烈对抗的学派[②]。这些学派基本上可以归为两大类：一为人类中心主义，其中又分为强人类中心主义与弱人类中心主义；二为非人类中心主义，其中又分为三个学派：由辛格的动物解放论和雷根的动物权利论构成的动物解放权利论学派；由史怀泽的敬畏生命理念和泰勒的尊重大自然理念表述的生物平等主义学派；由莱奥波尔德的大地伦理学、内斯的深层生态学、罗尔斯顿的自然价值论阐发的生态整体主义学派。然而，对于生态人模式究竟应以何种伦理作为其理论基础这个问题，学者们各有看法，莫衷一是，譬如前文中的吕忠梅教授与秦鹏博士。因此，笔者拟在本文中厘清这个问题。

（一）非人类中心主义伦理观之否定

非人类中心主义是与人类中心主义相对立的环境伦理观，它是基于对人类面临环境危机的忧思和对人类中心主义以及近代以来征服自然的理性意识的合理怀疑。照非人类中心主义的说法，所谓“非人类中心主义的伦理学，就是把人与人之间的生态伦理道德与人与自然的生态道德关系并列起来，并把价值的焦点定位于自然实体和过程的一种现代生存的伦理学”[③]，它强调应把人类道德关怀和权利主体范围扩展至整个生态系统，承认自然具有内在价值，反对物种歧视，倡导生物平等主义，要求人类摒弃旧的价值理念，确立新的生态伦理观，告别人们现行的生活方式、行为模式，以及政治、经济、文化机制等[④]。前文已提

---

① 秦鹏：《生态消费法研究》，法律出版社 2007 年版，第 133 页。

② 徐嵩龄：《环境伦理观的选择——可持续发展伦理观》，《生态经济》2003 年第 3 期，第 38—40 页。

③ 叶平：《生态伦理学》，东北林业大学出版社 1994 年版，第 68 页，转引自李明华、李可、陈立琴等《可持续发展与环境法学方法论》，吉林人民出版社 2005 年版，第 241 页。

④ 李明华、李可、陈立琴等：《可持续发展与环境法学方法论》，吉林人民出版社 2005 年版，第 233 页。

及，非人类中心可以大致分为三个学派，下面笔者将简要介绍各学派的观点。

动物解放权利论学派又可细分为动物解放论与动物权利论。前者主张把自由、平等和博爱的伟大原则扩展应用到其他动物的生活中去，把动物奴隶和人的奴隶都埋葬在历史的坟墓中；[①] 后者认为动物与人类一样具有天赋价值，这种价值赋予它们不遭受挨饿受冻、非人道待遇等痛苦的道德权利。正是这种道德权利决定了人类不能仅仅把它们当作一种能促进其福利的工具来对待，而必须以一种尊重它们身上的天赋价值的方式来对待[②]。生物平等主义学派又称生命平等主义学派，其代表人物为法国学者史怀泽以及美国学者泰勒。他们认为动物解放权利论的道德视野还不够宽阔，对动物之外的生命还缺乏必要的道德关心，因而他们决心将道德关怀的范围扩展到所有生命。生态整体主义学派又称为生态中心主义学派，其下又细分为大地伦理学、深层生态学和自然价值论三个学派，代表人物分别为莱奥波尔德、内斯和罗尔斯顿。他们认为一种恰当的环境伦理学必须从道德上关心无生命的生态系统、自然过程以及其他自然存在物。环境伦理学必须是整体主义的，即它不仅要承认存在于自然客体之间的关系，而且要把物种和生态系统这类生态“整体”视为拥有直接道德地位的道德顾客。由此看来，生态整体主义的道德关怀范围在扩大，从生命物扩展到无机物，从生命个体扩展到生物共同体或整个生态系统。[③]

由以上简介不难看出，上述学说的道德关怀范围是逐渐扩大的，由动物扩展至所有生命再进一步扩展至无机物、无生命的生态系统。但上述学说也存有如下的共同点，一是都不同程度地反对人类中心主义，即不再认为人是更高贵的物种，不再从人出发思考生态环境问题，而是力图从公允的、没有物种偏好的立场来建构自己的环境伦理；二是均将道

① 李明华、李可、陈立琴等：《可持续发展与环境法学方法论》，吉林人民出版社 2005 年版，第 242 页。

② 杨通进：《整合与超越：走向非人类中心主义的环境伦理学》，载《环境伦理学》，社会科学文献出版社 1999 年版，第 27 页，转引自李明华、李可、陈立琴等《可持续发展与环境法学方法论》，吉林人民出版社 2005 年版，第 243 页。

③ 李明华、李可、陈立琴等：《可持续发展与环境法学方法论》，吉林人民出版社 2005 年版，第 244 页。

德关怀的范围由人向外扩张，认为人不仅对人负有直接的道德义务，对自然物也负有直接的道德义务。[①]

在了解非人类中心主义的主要观点之后，接下来要解决的问题便是非人类中心主义作为生态人模式的伦理基础是否是适当的。我们应当承认，非人类中心主义首次把社会伦理道德的范围扩展至人与自然的领域，具有一定的进步意义：首先，它看到了人类片面发展下不堪重负的自然环境、愈演愈烈的生态危机，意识到保护环境、维持生态平衡的紧迫性和重要性，“皮之不存，毛将焉附”，若人类再不抓紧行动，生存都将成为巨大的问题，何谈发展？其次，它突出了自然的有机整体性，有助于人类重新反思与自然的关系。人类也是生态系统中的一员，来自自然，依赖自然，人与自然不仅存在抗争的一面，也存在同质的一面，正如日本学者尾关周二所说：“不是只强调人与自然的同质性，也不是只强调人与自然的敌对性和异质性，而是承认在人与自然的同质性中二者仍存在本质上的差异性，并包含着相互干涉和抗争。”[②] 最后，非人类中心主义的观点有助于提升人的道德境界。它反对将自然片面地视为仅对人有工具价值、经济价值的功利主义，主张自然还存在美学价值、生态价值、情感价值，这对今天只看到自然经济价值的“单向度”经济人而言，具有极大的启发意义。它赋予自然以“内在价值”，主张善待生命、尊重自然，这有助于提升人的道德境界，完善人的人格，有利于人的全面发展。[③] 所以，应该说非人类中心主义的存在有一定的合理性，其观点也有一定的价值。

然而，激进程度并不是判断非人类中心主义作为生态人伦理基础适当与否的标准。在现实生活中，生态伦理的主张都有各自的应用空间。这是因为它们的应用最终是由一个地方的经济社会发展水平、生态环境状况，以及对当地生态关系的认识程度决定的。其中，经济社会发展水

---

① 韩东屏：《非人类中心主义环境伦理是否可行》，《浙江社会科学》2001 年第 1 期，第 100 页。

② ［日］尾关周二：《共生的理想》，卞崇道等译，中央编译出版社 1996 年版，第 148 页，转引自林龙宗《论法学上生态人模式的建构》，福州大学硕士学位论文，2006 年。

③ 李明华、李可、陈立琴等：《可持续发展与环境法学方法论》，吉林人民出版社 2005 年版，第 246 页。

平决定了生态伦理的现实可能性，对当地生态关系的认识程度决定了生态伦理的科学合理性。这样看来，激进的生态伦理学立场未必是最优选择，而只有既具有现实可能性又具有科学合理性的选择才可能是最优化的。非人类中心主义虽然极力扩大人类道德关怀的范围，力求实现人与自然的平等、生态利益的优先，然而以其作为生态人模式的伦理基础却是不可行的，原因主要有以下三点。

其一，非人类中心主义伦理观在纠正人类中心主义伦理观的“反自然”倾向时矫枉过正，在认识论上无视人的主体性，主张取消单纯地以人为中心（主体），确认自然的主体地位，这陷入了“纯自然主义”的泥沼之中，是难以成立的。因为自然毫无意志和主观意识，即便是有，人也无法准确感知，“子非鱼，焉知鱼之乐?”只有人才是认识的主体、实践的主体。人与自然的关系本质上是人对自然的实践关系，这种关系是人通过有意识地改造利用自然实践活动建立的。在这种关系上，人始终是能动、积极和主导的方面。而自然存在物之所以是自然存在物，根本就在于它不是有意识的“理性存在物”和“社会存在物”，它在与人的关系中始终是本能对应和被动的方面。实际上并不存在着自然物对人的实践关系。严格说来，人与自然的实践关系只是人对自然存在物的实践关系，即人对自然存在物的主客体关系。因此并不存在人与自然存在物之间双向互动、平等对应的主客体关系。①

其二，非人类中心主义过于重视人与自然的平等，生态利益的优先，却忽视了生态伦理学另一重要内容即受人与自然关系影响的人与人之间的伦理关系，从而导致忽视了当今现实社会存在的人与人之间的严重不平等，掩盖了人与人之间的现实关系，导致了理想与社会现实差距太远，这使得非人类中心主义在理论上遭遇了排斥，在实践中遭遇了尴尬。因此，从实践角度看，宽容地说，非人类中心主义表现为一种天真，严苛地说则表现为一种虚伪。

其三，事实上非人类中心主义的生态伦理并不能完全跳出人类中心主义的立场。正如陈立琴先生所言，非人类中心主义环境伦理用在其他

① 曹明德：《生态法原理》，人民出版社2002年版，第22页；李明华、李可、陈立琴等：《可持续发展与环境法学方法论》，吉林人民出版社2005年版，第251—252页。

存在物上的如福利、权利、解放、平等、尊重、同情等理念或价值原则，都是从人的需要、苦乐、喜好而由己及他，由人及物推出来的，隐含着人的价值取向。而且，非人类中心主义提出的人与其他存在物之间的伦理关系准则，都是由人单方面制定的，同时也要由人来全权实施、处理。再者，非人类中心主义的环境伦理往往最终流露出人类中心主义的价值取向，人类尊重其他生物的存在，维护生态系统的完整，实际上就是尊重自身存在，关注自身存在的利益和幸福，使人类和子孙后代可以诗意地生活在这个地球上。① 而且，若从传统的人类中心主义伦理学出发也完全可以通达环保的立场，非人类中心主义的环境伦理学“与其说是积累性，毋宁说是创造性的；与其说是总结性的，毋宁说是展望性的。它们的主要功能是激发伦理语言的活力，是扩展我们的思维空间，是点燃道德想象力的火把；是提出问题，而非解决问题”②，自然是不适合作为生态人模式的伦理基础。

（二）强人类中心主义伦理观之否定以及弱人类中心主义伦理观之肯定

目前在环境法学界，很多学者都极为简单地将环境问题归结于人类中心主义伦理观，认为人类中心主义伦理观强调人是万物的尺度，是自然的主宰，片面强调主客二分，强调人与自然的对立，无视自然界其他生命的存在价值，一切均以人为中心，把人类的发展建立在对自然资源的掠夺性开发和利用基础上，例如曹明德教授就是持这种观点。然而，笔者以为，这种观点的出现在于他们未对人类中心主义伦理观进行仔细的分析与理解就简单地下了定论，直接将人类中心主义等同于人类统治主义、人类沙文主义等，这未免过于草率。笔者认为，从价值观上看，把人类生存和发展需要作为人类社会实践的终极价值尺度的人类中心主义，作为人类的一种实践态度和人类生存的永恒支点，是不可超越的，也是不可全盘否定的。人当然是以人为出发点或以人为中心，人作为有

① 李明华、李可、陈立琴等：《可持续发展与环境法学方法论》，吉林人民出版社 2005 年版，第 249—250 页。

② 杨通进：《整合与超越：走向非人类中心主义的环境伦理学》，载《环境伦理学》，社会科学文献出版社 1999 年版，第 57 页。

意识的认识主体，在对自然关系中的一切认识和行为，都是立足于人类自身的生存发展需要。它是人的一切科学活动和实践活动的必要条件和支撑点。没有这一支撑点，人就不是一个主体。人只能站在人的立场而不能站在任何动物或植物的立场来考虑利害得失。如果我们完全否定了人类中心论，那就把人类从主体退化为一般动物。① 因此，笔者以为人类中心主义作为生态人的伦理基础是否适当的关键在于如何正确理解人类中心主义。

美国学者巴耶·G. 诺顿在他的《人类中心主义的现代表达：环境伦理学和弱人类中心主义》和《为什么要保护自然的变动性》著作中区分了人类中心主义伦理观的两种形态，即弱化的人类中心主义和强化的人类中心主义。诺顿定义了两类人类需要的心理意向，即感性的意愿和理性的意愿。所谓感性意愿是指个人的希望或需要，至少能暂时地通过列举一些个人的经历表达出来的心理定向活动，如处于饥饿中的人，会表达对食物的想望和需要。这种感性的意愿，关注的是单一的、直线式的需要——供给的对应关系，不考虑伴生的后果，不顾任何评论和反对，它是以人们的直接需要作为价值的导向。所谓理性意愿是指个人的希望或需要应该经过小心的审议后表达出来的心理活动，包括判断这种希望或需要与理智地采用的世界观的一致性。② 例如，渔业捕捞对于渔区的人而言，其合理的一面在于渔区人民要依靠这些渔业资源维持生存和致富，因此，仅从感性意愿出发就会得出，无论怎样捕捞都是合理的；然而基于理性的意愿，就要对这种感性意愿进行重新审视，不仅要考虑到渔区人民利用渔业资源的合理性一面，正视渔区社会生活和发展对渔业的直接需要，还要考虑到生态规律和经济规律的相互关系，对盲目捕捞的感性意愿活动加以必要的限制。诺顿把仅从感性的意愿出发，满足人的现实利益和需要的价值理论称为强化的人类中心主义；把从某些感性意愿出发，但经过理性评判满足人的利益和需要的价值理论称为弱化的人类中心主义。

---

① 李明华、李可、陈立琴等：《可持续发展与环境法学方法论》，吉林人民出版社 2005 年版，第 236 页。

② 叶平：《回归自然——新世纪的生态伦理》，福建人民出版社 2004 年版，第 159 页。

强化的人类中心主义事实上正是当今环境法学者所极力批评的传统人类中心主义，在人与自然的关系上，它强调人类是自然的主宰者、征服者，人类与自然相比具有绝对优越性，道德范畴只能在人类才能运用，反对把道德推广到自然界的领域[①]，认为人永远是主体性存在，自然只能是臣服者、被支配者，不具备任何内在价值，而只具有工具价值，康德甚至提出“人是自然界的最高立法者”，这事实上与著名思想家普罗泰戈拉提出的“人是万物的尺度，是存在事物存在的尺度，也是不存在事物不存在的尺度”极为相似。在这种价值观念的主导下，人类对待和处理自然的实践活动导致自然生态破坏和环境危机的出现是必然的。循环经济法领域的生态人模式自是不可能以其作为伦理基础的。

诺顿推崇弱化的人类中心主义，认为其价值的确定取决于理性的意愿的活动结果。理性的意愿有两个要素：一是感性的意愿，二是对感性的意愿过滤的评价体系。这种对感性意愿的评价有两个伦理根据：一是选择某种世界观或某种哲学观念创造一种相应的价值判例，并依此作为评价的基础；二是人类的经验是建构价值的基础[②]。应该说诺顿的这一观点为现代人类中心主义生态伦理学提供了合理性的基础，但是诺顿拒绝把内在价值赋予自然，只承认自然的工具价值，这不得不说是一种遗憾。这也是许多学者认为弱化的人类中心主义仍然不足以成为生态人的伦理基础的原因。但是，在诺顿之后，弱人类中心主义另一代表人物美国学者墨迪修正了这一观点，他特意着笔对自然作为人类工具的特殊性进行了描述，并赋予自然事物以内在价值，承认自然生物有维持自身生存的价值。但区别于非人类中心主义伦理，墨迪认为，认识其他生物的内在价值，并不表示人类只保存、保护它们而不食用它们。显然，似乎在不破坏生态平衡的情况下，人食用有内在价值的动植物是无可非议的。如此看来，自然事物的内在价值已不再成为弱人类中心主义伦理观的缺陷了。总的来讲，弱人类中心主义伦理观的内涵大致如下：

① 孙君恒：《论人类中心主义的两种类型》，《韶关学院学报》（社会科学版）2006 年第 7 期，第 87—90 页。

② 叶平：《回归自然——新世纪的生态伦理》，福建人民出版社 2004 年版，第 160—161 页。

首先，如前所述，它承认自然具有内在价值。正如墨迪所言，物种的存在，以其自身为目的。他们完全为了其他物种的利益，就不能存在①。自然有其特有的运动规律，它并不以人的主观意志为转移。

其次，在人与自然的关系上，正如日本学者尾关周二所言，不仅存在抗争的关系，也存在同质的关系，但是只有人才是主导的一方，自然则完全是被动的。人与自然的矛盾和冲突都是由人类引起的，因而它们的解决、两者的沟通和协调，也只有靠人类去进行。所以人与自然的作用虽然是相互的，但不是同等的。在人与自然的关系上，人因其特有的能动性和创造性而居主导地位，担当起自然界管理者的重任，以维护和发展自然，使之朝着有利于人类利益的方面演进②。

再次，弱人类中心主义认为，人类保护自然其实最终目的还是为了保护自己。因为生态危机证明人对自然做了些什么，也就是对自己做了些什么。生态危机是人对自然的失范行为所造成的破坏性后果，最终又返回到人自身，危害自身的生存和发展利益，即人—（破坏）自然—（危害）人。同样，保护自然也是这样的过程，即人—（保护）自然—（保护）人。所以，自然界仅仅是人们实践的中介，在自然生态背后蕴含着人的利益。人类的整体利益和长远利益才是人们保护自然生态的真正出发点和归宿。③

最后，弱人类中心主义既强调必须以人的利益为动机和目的，又主张尊重自然规律和自然的内在价值；既看到人与自然的密切关系，又突出了人的主导性、能动性和创造性。因此，以其作为生态人的伦理基础是较为适当的。

四　循环经济促进法与生态人模式之契合

本文至此都是试图从理论上论证循环经济法所需的人的模式乃是生

---

① W. H. Murdy：Anthropocentrism：A Modern Version，*Science*，1975，pp. 1168 – 1175，转引自叶平《回归自然——新世纪的生态伦理》，福建人民出版社 2004 年版，第 159 页。

② 李明华、李可、陈立琴等：《可持续发展与环境法学方法论》，吉林人民出版社 2005 年版，第 238 页。

③ 同上书，第 238—239 页。

态人模式，而以下所要阐述的是立法实践中的生态人模式。2008 年 8 月 29 日第十一届全国人民代表大会常务委员会第四次会议业已通过《中华人民共和国循环经济促进法》，笔者将结合该法论证我国循环经济促进法所构造的人的模式即是生态人模式，并指出生态人模式在循环经济促进法中的具体体现。

笔者以为我国循环经济促进法与生态人模式是相契合的，以下将结合生态人模式的人性要素、目的要素、环境要素、人的理性水平四个方面的内涵指出两者的契合之处，以论证我国循环经济促进法构造的人的模式即是生态人模式。

（一）人性要素之契合

从人性要素方面来讲，前文中已指出生态人模式仍旧无法脱离人追求利益的本能，它无须将所有的人性要素一一列明，但也不必将生态利益列为唯一的利益追求，只是在其他利益如经济利益与生态利益相冲突时需将生态利益摆在首位。通观我国刚刚出台的循环经济促进法，我们不难发现该法中随处可见这样的闪光点。

首先，关于人追求利益的本能。在该法的许多规定中我们都可以发现在该领域中活动的人仍旧是无法脱离人追求利益的本能的。例如，该法第八条规定："县级以上人民政府应当建立发展循环经济的目标责任制，采取规划、财政、投资、政府采购等措施，推进循环经济发展。"该法第九条规定，"企业事业单位应当建立健全管理制度，采取措施，降低资源消耗，减少废物的产生量和排放量，提高废物的再利用和资源化水平。"该法第十条第一款规定："公民应当增强资源节约和环境保护意识，合理消费，节约资源。"该条第二款规定："国家鼓励和引导公民使用节能、节水、节材和有利于保护环境的产品及再生产品，减少废物的产生量和排放量。"该法第十一条第一款规定："国家鼓励和支持行业协会在循环经济发展中发挥技术指导和服务作用。县级以上人民政府可以委托有条件的行业协会等社会组织开展促进循环经济发展的公共服务。"该条第二款规定："国家鼓励和支持中介机构、学会和其他社会组织开展循环经济宣传、技术推广和咨询服务，促进循环经济发展。"

在循环经济领域中活动的人无外乎政府、企业、公民以及行业协会、中介机构、学会、其他社会组织等主体，上述法条正是分别从这些主体出发对其行为的目的与手段等所作的规定，从这些法条不难看出无论是政府、公民，还是企业、行业协会，或者是中介机构、学会、其他社会组织，他们都在竭尽全力推进循环经济的发展，以实现可持续发展。而这些归根结底都是为了实现或延续人类的生存，都是人类追求自身利益的体现。

其次，关于我国循环经济促进法中的“人”所追求的利益以及利益冲突时如何衡量的问题。笔者以为，该法所预设的“人”在这方面与生态人是一致的。关于这一点我们通过对该法法条的分析可以看出。例如，该法第一条规定：“为促进循环经济发展，提高资源利用效率，保护和改善环境，实现可持续发展，制定本法。”该法第四条第一款规定：“发展循环经济应当在技术可行、经济合理和有利于节约资源、保护环境的前提下，按照减量化优先的原则实施。”该条第二款规定：“在废物再利用和资源化过程中，应当保障生产安全，保证产品质量符合国家规定的标准，并防止产生再次污染。”该法第十三条第二款规定：“新建、改建、扩建项目，必须符合本行政区域主要污染物排放、建设用地和用水总量控制指标的要求。”从前两条规定中不难发现循环经济促进法中的人既追求经济利益，也追求生态利益，并不是以生态利益为唯一目的的，但是从第十三条第二款的规定中我们又可以清楚地看到，无论是建设什么项目发展什么经济都必须符合该行政区域的环境总量控制指标，这实际上就是在经济利益与生态利益冲突时经济利益让位于生态利益的表现。因此，我们可以看到，该法所预设的“人”在人性要素方面与生态人模式是契合的。

（二）目的要素之契合

从目的要素方面来讲，前文中已指出生态人模式应是以可持续发展为目的的人，从横向看，它能够协调好经济发展与环境保护之间的关系，协调好人与自然的关系，使人与自然和谐相处；从纵向看，它既重视代内公平又兼顾代际公平，能衡平代际人类的权利及其利益，以实现人类社会世世代代的永续发展。在我国循环经济促进法中我们也可以看到这样的闪光点的存在。例如，该法第一条就已经直接指出循环经济法的目的是实现可持续发展，前述的第十三条的第二款实际上也是政府作为生态人对经济发展与环境保护关系的协调，在经济发展不至于对环境造成不可恢复的破坏时发展经济，反之则保护环境，这也是对人与自然关系协调的体现。事实上该法中关于减量化的规定大都是各种主体协调人与自然关系的表现，因为减量化是指在生产、流通和消费等过程中减少资源消耗和废物产生，这是为了减少人类活动对自然环境的压力，从这一意义上来说就已经是各种主体协调人与自然关系的表现了。而该法中关于再利用和资源化的规定则大都是各主体衡平代际人类的权利及利益的表现。再利用，是指将废物直接作为产品或者经修复、翻新、再制造后继续作为产品使用，或者将废物的全部或者部分作为其他产品的部件予以使用；资源化，是指将废物直接作为原料进行利用或者对废物进行再生利用。从其定义不难发现再利用和资源化实际上是为了尽量提高资源利用率，减少对资源的利用量，这一方面是对人与自然关系的协调，另一方面也是为了给子孙后代留下足够支撑其发展的资源。由此，该法所预设的“人”是从横向上看能够协调经济发展与环境保护、人与自然的关系，从纵向上看能够兼顾代际公平，平衡代际人类的权利及其利益，这与生态人模式目的要素的内涵是相契合的。

（三）环境要素之契合

从环境要素方面来讲，前文中已指出生态人是能够把握好人与人的关系、人与自然之间的开发利用关系以及人与自然之间的自然生态关系这三方面关系并对其进行综合考量的人，是人与自然和谐共生的人。而我国循环经济促进法中无论是对减量化的规定还是对再利用和资源化的规定都无不体现了在循环经济法领域活动的人的这一闪光点。因为无论是为了少排或不排污染物减量化的规定还是为了提高资源利用率，减少资源利用量的再利用、资源化的规定，都是为了使自然环境处于良好的或不受不可恢复的破坏的状态。

例如，该法第二十一条第一款规定：“国家鼓励和支持企业使用高效节油产品。”该条第二款规定：“电力、石油加工、化工、钢铁、有色金属和建材等企业，必须在国家规定的范围和期限内，以洁净煤、石油焦、天然气等清洁能源替代燃料油，停止使用不符合国家规定的燃油发电机组和燃油锅炉。”该条第三款规定：“内燃机和机动车制造企业应当按照国家规定的内燃机和机动车燃油经济性标准，采用节油技术，减少石油产品消耗量。”该法第二十六条第一款规定：“餐饮、娱乐、宾馆等服务性企业，应当采用节能、节水、节材和有利于保护环境的产品，减少使用或者不使用浪费资源、污染环境的产品。”该条第二款规定：“本法施行后新建的餐饮、娱乐、宾馆等服务性企业，应当采用节能、节水、节材和有利于保护环境的技术、设备和设施。”这两条分别是关于生产过程中的减量化以及消费、流通过程中的减量化规定。

前者指出企业在生产中应当使用节油技术、较为清洁的能源以减少石油消耗量，少向环境排放污染物，以减少企业的生产活动对环境造成的压力。该条文只是关于生产过程中节油的规定，除此之外，该法中还有许多其他的规定，例如第二十条关于节水的规定等。后者是关于服务性行业应尽量使用节能产品、节能技术的规定，以降低资源的消耗量，这是关于服务性行业在流通、消费过程中的减量化规定，此外该法中还有许多其他的规定，例如第二十五条就分别是关于公共机构在流通、消费过程中如何尽量做到减量化的规定。这些规定都是为了使人类在生产、流通、消费过程中尽量降低资源消耗量，少向环境排放污染物，以减少环境的压力。

再如，该法第三十一条第一款规定：“企业应当发展串联用水系统和循环用水系统，提高水的重复利用率。”该条第二款规定：“企业应当采用先进技术、工艺和设备，对生产过程中产生的废水进行再生利用。”第三十七条第一款规定：“国家鼓励和推进废物回收体系建设。”该条第二款规定：“地方人民政府应当按照城乡规划，合理布局废物回收网点和交易市场，支持废物回收企业和其他组织开展废物的收集、储存、运输及信息交流。”这两条则分别是关于生产过程以及流通、消费过程中的再利用和资源化的规定，其目的都是要进行废物的回收、综合利用，使得在生产、流通、消费过程中产生的“废物”不再成为废物，而成为有用的资源，从而降低污染物的排放量，提高资源的利用率，减少资源消耗量。这正应对了循环经济的至理名言：只有放错了地方的资源，而没有真正的废弃物。从这些规定中可以看到，我国循环经济促进法所预设的“人”在其行为中是以尽量降低对环境的压力，努力保护和改善环境，使环境保护与经济发展协调一致为原则的，他们已经不再是自然的征服者、主宰者，而是开始正视人与自然的关系，意识到人类虽然是自然的改造者，但人类的生存与发展离不开自然，依赖于自然，从这一方面来讲人可谓是自然界的产物。在这里，人与自然的关系已经不再是单纯的开发利用关系，不再是征服者与被征服者的关系，而已经是开发利用关系与自然生态关系的统一，是一种和谐共生的关系。而这与生态人模式的环境要素内涵恰恰是相一致的。

（四）人的理性水平之契合

从人的理性水平方面看，前文中已指出生态人模式所预设的人是具备理性的人，只不过这种理性是一种有限的理性。而针对于现实中人所具有的多种理性而言，笔者以为，正如人性要素一般，生态人不必将人所具备的理性一一列明，但也不必以生态理性为其唯一的理性，只需在其他理性如经济理性与生态理性相冲突时让位于生态理性便可。这一内涵，笔者以为从我国新出台的循环经济促进法中也可窥见一斑。

首先是关于该法所预设的“人”具备理性但仅为有限理性的问题。正如前文所言，法律对人的行为的调整，必须以人和法的互动为基础，除了明文规定的外在法律规范，必须要有人对法律进行适用和遵守，而对法律的适用和遵守，都离不开人类理性的指引，因此我国循环经济促进法必然是以人具备理性为基础的。故而在此需要考虑的是有限理性与无限理性的问题。笔者以为，与其他法律相似，我国循环经济促进法所预设的“人”所具有的理性仅仅是有限的理性。这从该法关于激励措施与法律责任的规定中就可以看出。

例如，该法第四十四条第一款规定：“国家对促进循环经济发展的产业活动给予税收优惠，并运用税收等措施鼓励进口先进的节能、节水、节材等技术、设备和产品，限制在生产过程中耗能高、污染重的产品的出口。具体办法由国务院财政、税务主管部门制定。”该条第二款规定：“企业使用或者生产列入国家清洁生产、资源综合利用等鼓励名录的技术、工艺、设备或者产品的，按照国家有关规定享受税收优惠。”这是国家对企业践行循环经济的生产活动进行激励的相关规定，之所以要进行激励则正是因为企业具备了有限理性，他所掌握的知识有限，信息不够完全，不可能完全估算出何种行为怎样的行为才是最有利的，因而极有可能在进行经济利益与生态利益的衡量与抉择过程中估算错误，或一时陷入非理性之中而选择了经济利益，忽视生态利益，毕竟生态利益是较为长远，难以在一时之间见到成果的利益，而经济利益则是较为现实，立马可以看到成果的利益，因此，仅具备有限理性的人们是极有可能放弃相对遥远的利益而选择较为现实的利益的。故而，我国循环经济促进法中才有许多激励措施以带给企业些许较为现实的优惠政策或利益来促使其践行循环经济。

再如，该法第五十条第一款规定，"生产、销售列入淘汰名录的产品、设备的，依照《中华人民共和国产品质量法》的规定处罚。"该条第二款规定，"使用列入淘汰名录的技术、工艺、设备、材料的，由县级以上地方人民政府循环经济发展综合管理部门责令停止使用，没收违法使用的设备、材料，并处五万元以上二十万元以下的罚款；情节严重的，由县级以上人民政府循环经济发展综合管理部门提出意见，报请本级人民政府按照国务院规定的权限责令停业或者关闭。"该条第三款规定，"违反本法规定，进口列入淘汰名录的设备、材料或者产品的，由海关责令退运，可以处十万元以上一百万元以下的罚款。进口者不明的，由承运人承担退运责任，或者承担有关处置费用。"这是关于法律责任的规定，其来由正是因为该法所预设的"人"仅具备有限理性，他无法做到无论何时何地都能最为合理地处理自身与自然的关系，而很有可能在其行为已严重威胁到环境、突破生态承载力之时却仍错误地以为其行为不会对环境造成危害，毕竟不是任何一个人都是环境专家，而且即便是专家也有可能犯错；当然也有可能行为人已经预见到了这样的危险，但是却无法摆脱经济利益的诱惑，仍执意进行会严重危害环境的行为，这时其错误的行为就必须受到法律的制裁，或承担民事责任，或承担行政责任甚至是刑事责任。再者若所有人都具有无限理性，都可以最合理地处理好人与人、人与自然之间的关系，则法律便没有存在的必要了。

其次是关于具备何种理性的问题。我国循环经济促进法所预设的"人"是否只具备生态理性，或者其他理性也兼而有之，在生态理性与其他理性相冲突时如何处理?这个问题其实与人性要素内涵中人所追求的利益种类是类似的,其论证也可适用于此。因此,在这里笔者就不再赘述了。

综上所述,我国循环经济促进法所预设的“人”在理性水平方面与生态人模式其实也是相契合的。

从以上的论述不难看到,生态人模式与在循环经济促进法中预设的“人”在人性要素、目的要素、环境要素以及人的理性水平方面是相互契合的。在这个意义上,我们可以说,我国循环经济促进法预设的人的模式实际上就是生态人模式。

参考文献

林龙宗:《论法学上生态人模式的建构》,福州大学硕士学位论文,2006 年。

徐嵩龄:《生态意识生态伦理学·理性生态人》,《森林与人类》1997 年第 2 期。

蔡守秋:《调整论——对主流法理学的反思与补充》,高等教育出版社 2003 年版。

郑少华:《生态主义法哲学》,法律出版社 2002 年版。

吕忠梅:《沟通与协调之途——论公民环境权的民法保护》,中国人民大学出版社 2005 年版。

秦鹏:《生态消费法研究》,法律出版社 2007 年版。

W. H. Murdy: Anthropocentrism: A Modern Version, Science, 1975, pp. 1168 - 1175, 转引自叶平《回归自然——新世纪的生态伦理》,福建人民出版社 2004 年版。

罗丽燕:《“生态人”假设——生态经济学的逻辑起点》,《生态经济》2003 年。

世界环境与发展委员会:《我们共同的未来》,王之佳、柯金良等译,吉林人民出版社 1997 年版。

胡军、蔡学英:《“经济人”与“生态人”的统一》,《湘潭大学社会科学学报》2002 年。

张海云:《论生态文明与理性生态人的塑造》,南京林业大学硕士学位论文,2006 年。

陈泉生等:《环境法学基本理论》,中国环境科学出版社 2004 年版。

徐国栋:《人性论与市民法》,法律出版社 2006 年版。

徐嵩龄:《环境伦理观的选择——可持续发展伦理观》,《生态经济》2003 年第 3 期。

叶平:《生态伦理学》,东北林业大学出版社 1994 年版。

李明华、李可、陈立琴等:《可持续发展与环境法学方法论》,吉林人民出版社

2005 年版。
韩东屏：《非人类中心主义环境伦理是否可行》，《浙江社会科学》2001 年第 1 期。
[日] 尾关周二：《共生的理想》，卞崇道等译，中央编译出版社 1996 年版。
曹明德：《生态法原理》，人民出版社 2002 年版。
叶平：《回归自然——新世纪的生态伦理》，福建人民出版社 2004 年版。
孙君恒：《论人类中心主义的两种类型》，《韶关学院学报》（社会科学版）2006 年第 7 期。

循环经济立法应“务实”

——《循环经济促进法》修订观

翟　勇*

自2009年1月1日《中华人民共和国循环经济促进法》（以下简称《循环经济促进法》）颁布以后，经过近八年的运行，中国经济以及环境资源状况都发生了巨大的变化，在这样的变化实践中，2009版《循环经济促进法》已经不能很好地适应中国经济社会发展的需要，对其修改势在必行，并已启动相关程序。

一 《循环经济促进法》的修法背景及存在的问题

（一）《循环经济促进法》的修法背景

1. 经过30多年的高速发展，中国的环境问题与经济发展之间的矛盾已越来越突出，走一条社会、经济与环境相协调的可持续发展道路势在必然，以期在保护与恢复自然生态功能的前提下推进经济发展与社会进步。

2. 循环经济是一种将经济体系与环境资源紧密结合的生态经济模式，表现为低开发、高利用、低排放的特征，有效促进了社会经济的可持续发展，许多国家均把发展循环经济、建立循环型社会视为实施可持续发展战略的重要途径及实现方式。

3. 目前中国经济增长与资源环境的矛盾凸显，环境资源约束趋紧。

* 翟勇，全国人大环资委法案室主任，甘肃省循环经济与可持续发展法制研究中心客座教授。

其根源主要是资源利用的不合理：一方面导致资源浪费，另一方面对环境造成了污染——不合理利用导致资源短缺；而获取资源的过程，无论是购买还是采矿，都会不同程度地导致经济的付出与环境的破坏。

（二）2009版《循环经济促进法》存在的问题

1. 过度关注产业园区而对园区以外的问题重视不足。

当今中国面临的诸多问题，恰恰在园区外、而不是园区内。由于过度关注园区建设，忽视了园区外更为广阔的资源利用及其导致的环境污染问题。循环经济促进法没有完整规范资源利用行为，而仅仅在模式和理念上寻求建立循环经济体系，不符合党的十八大报告关于尊重自然、顺应自然的基本思想。循环经济实践的结果是园区企业较少涉及诸多不适合集约化生产的领域，没有关注再生资源的民间回收体系建设等与园区生产关联性较弱，但却迫切需要予以关注和解决的问题，这些问题确实没有得到应有的重视。《循环经济促进法》偏离了客观物质世界本源而人为地主观构建一些试图去实现，但却不符合客观规律的东西。《循环经济促进法》修改的目标和方向，是贯彻十八大调整产业结构、转变发展方式的要求，适应保障国家资源战略实施的需要，并作为重要的抓手。资源利用不合理的关键问题，是资源利用方式的偏差，应当对其予以调整。《循环经济促进法》没有以资源战略为核心和基础，而是以所谓新兴产业模式和理念为主构建了法律结构和内容，这些人为构建的内容在客观上喧宾夺主，使政府大量的人力、物力、资金和优惠政策都用在了构建这些模式上而没有真正用于保障资源高效、合理利用的法律制度建设上。

2. 过多引入了新概念，有华而不实之嫌，而且有些新概念直接导致了在资源利用观念上的混淆，使执行者感到困惑。

例如，“循环经济”这个基本概念，法律的界定相当模糊和不科学。其他一些基本概念，例如废品与废物、处理与处置、再利用与再生利用等互相混淆，使得执法者无所适从。再如《循环经济促进法》引入了“废物再利用”概念，而在2004年制定的《中华人民共和国固体废物污染环境防治法》及传统认知中，可回收利用的再生资源被称为废品——这里废品与废物的概念被混为一谈：废品中包含有可再生资源，产品废了，物质没废、资源没废。废品要处理，对经过处理回收的资源要再生利用；而废物只能处置，如填埋、焚烧。如此不仅混淆了概念，在实践中也引起了不必要的困扰与混乱——既往曾经出现过借口“废物资源化”而拒不处置那些不可再生的工业垃圾的案例。而且由于引进一些全新的概念，使传统概念受到了冲击，部分内容甚至与其他相关法律相冲突。《循环经济促进法》太多引进，甚至人为构建的许多“新概念”，不仅晦涩难懂，而且有华而不实、哗众取宠之嫌：“诸如动脉产业、静脉产业之类的提法，缺乏实在性的实施基础，仅仅是一种难以实施的说法——因为概念本身就含混不清。”

3. 偏离“资源的高效利用”这个循环经济的核心命题。

循环经济的核心是资源的高效利用，但我们从《循环经济促进法》的体系安排看，重心并没有放到资源的利用方式上，而是以各种模式和3R原则、园区、产业链、动脉产业、静脉产业等理念为主体，主观上去构建一个生产模式或者说产业模式，结果是使模式本身成为主导、淡化了本应为核心内容的如何高效合理利用资源这个根本问题，偏离了以资源利用为核心的立法本意。资源问题以及资源利用的方式问题，是当前中国经济领域最为基础、也最为重要的关键性问题：从这个角度解读《循环经济促进法》，我们认为是有不足的。

因此，与国外成熟的相关立法相比较，中国的循环经济立法条款虽然所涉及范围较宽，但却过于笼统，有的甚至含糊其辞，不利于在现实中实施。循环经济促进法的实施效果也充分地证明了这一点，确实并未达到预期目标——现实的环境问题折射出其有效性的不足。

二　德国和日本的经验

事实上，发达国家更加注重全面和全过程地预防和治理环境问题，尤其因国土面积不大、资源短缺且遭受过举世瞩目严重环境污染的德国和日本的资源循环法制建设最为完备，目前已经取得了明显成就。

（一）德国的经验

德国于20世纪90年代中期率先出现了以垃圾经济为主的实践性循

环经济概念，之后一些含义类似的概念也开始在其他国家相继出现，如美国提出的产业生态学、日本提出的循环型社会等。尽管一些专家认为中国的循环经济法来自德国的立法理念，但与德国的"物质闭路循环与废物处置法"相比，二者无论在概念上还是在内容上均有很大差异：从最基本的循环对象看，德国人认为循环的是物质，而且一定是要闭合的；对于废物来说，是用来处置的，而不是要再利用，因为废物是不能再利用的，能够再利用的不应当是废物。此外，德国在循环经济立法方面也走在世界前列，现有约 8000 部联邦和各州的环境法律、法规，加上欧盟的 400 个环境法规，已经形成了庞大的循环经济法律法规体系，而中国现行环境资源法律仅约 30 部。

按德国的政治体制，其循环经济法律法规体系法律责任分为上下两个层次：第一层是德国联邦政府。其职责是制定核心的原则、规章、标准、工作程序和落实欧盟法规等，并按照立法程序交议会通过、颁布和实施。第二层是州及主管单位的责任。《德国循环经济法》第六十三章规定，各州政府为本州负责实施本法的主管机关，实行辖区管理办法。主管机关的主要职责有：编制辖区内循环经济发展规划、依法审批废物回收、再利用和处理设施；对废物回收、利用、处理资质进行审核、批准，对从业人员的专业素质、设备设施、技术路线、管理等方面进行审核；监督检查废物减量化、回收、再利用和处理全过程，确保遵守循环经济法；建立数据库，发布有关信息，进行宣传教育等。

同时，政府作为消费主体负有更重要的责任，如《德国循环经济与废物管理法》规定，政府、公共机构在制定规章、政府采购、发包工程、签订合同等活动中，优先考虑采用或购买符合循环经济要求的经久耐用、易于修理、可重复使用、可再生利用、少污染的产品或者用再生材料制造的产品。要求政府制定清除的规章、计划，批准废物清除设备的建立和运营，且废物的利用和处置要处于主管部门的监测之下，公共清除人承担最终清除责任。

（二）日本的经验

日本也是世界上循环经济立法较为完善的国家，相关法律法规体系可以分成三个层面：首先是基本法，即《循环型社会形成推进基本法》；其次是综合性的法律，即《废弃物处理法》和《资源有效利用促进法》，这些循环经济立法基本涵盖了生产、生活各个领域；最后是针对某类物品循环利用的单项法，如《促进容器与包装分类回收法》《家用电器回收法》《建筑材料再生利用法》《绿色采购法》《报废汽车再生利用法》《食品资源再生利用促进法》《多氯联苯废弃物妥善处置特别措施法》等。其中在《环境基本法》基础上形成的《循环型社会形成推进基本法》，奠定了日本在世界循环经济立法方面的先进地位。

日本政府责任主要是从宏观层面制定循环经济的政策法规，规定环境保护必须遵循的基本原则，利用财政支付转移、循环经济发展、环境产业化、建设生态文明和发展环境科学等提供环保产品和服务，另一方面也加强了行政管理机制。2001 年日本环境厅在机构改革中升格为环境省，将原来多部门执掌的废弃物管理职能统一划归环境省。还设置了“环之国”会议机制，其基本理念是谋求建立以可持续发展为基本理念的简洁、高质量的循环型社会，以及以清洁生产、资源综合利用、生态设计和可持续消费等为指导思想，运用生态学规律来指导人类社会经济活动的循环经济发展模式。

此外，日本还建立了有效的政策机制，政府制定了一系列资金投入政策，在预算制度、融资制度上都对发展循环经济给予支持。

三　修法思路及具体建议

（一）循环经济需要法制保障

党的十八届三中全会提出在资源配置中市场要起决定性作用，以市场经济来配置资源，但需要强调的是经济效益要与环境效益并重；党的十八届四中全会再次提出要完善制度建设、法制建设。修改《循环经济促进法》，要按照党的十八届三中、四中全会的要求，将资源问题作为核心内容，要首先弄清：哪些资源可以循环，哪些资源不能够循环，哪些资源可以循环但没有经济效益，哪些资源循环可以带来效益，这些都需要综合考虑。环境效益和经济效益要并重，不能只循环不经济，要实现既循环又经济。党的十八大提出尊重自然、顺应自然——在资源再生领域，就是要回归资源利用的本源，尊重资源利用的规律。

循环经济不仅是一种经济模式，也是一种生活理念，它的建设需要一个良好的社会氛围，要使循环经济成为社会公众的集体意识，确立公众绿色的消费理念和模式。法律因其固有的规范性、引导和强制功能等特性，构筑社会的规则和秩序，并作为社会行为的评价准则和实施准则。修改循环经济促进法，就是要使其成为引导和强制人们合理利用资源的行为准则和评价准则。

（二）修法战略目标

要解决环境污染问题，就必须找到其根源所在。所谓环境污染的实质是资源或者废物的污染，由于不合理地利用资源和不能有效地处置废物，导致资源和废物进入环境要素中，最终就导致了资源和废物对于环境的污染。因此，问题的关键是要通过合理地利用资源和有效地处置废物，从根本上来解决环境污染问题。

此次修改循环经济促进法的战略目标，是为适应国家资源战略需要做重要支撑，将资源利用方式通过法律予以明确，以减少污染物产生量、提高资源利用效率这样简单易懂的思想作为立法的核心目的。

（三）修正立法宗旨

此次修改要着重明确法律的宗旨——本法是干什么的，诸如立法的宗旨、适用范围等根本问题。此外，还要明确循环经济的根本在于资源的综合利用，重点是减少污染物的产生量和提高资源的利用效率。当前中国已将环境资源优化提升为国家战略，循环经济所要解决的根本问题不是经济的发展模式，而是资源的利用方式。因为合理的资源利用方式，可以保障资源的高效利用，降低环境的污染程度，实现经济和环境的共赢，这应该是《循环经济促进法》的立法宗旨。

（四）明确关键概念

《循环经济促进法》的修改将对一批行业相关名词、术语等进行规范，最大限度地减少因概念的模糊带来对法律认知和实施的困扰，用最朴实的语言、最大众化的概念转换为法律语言：法律是面向普通大众，而不仅仅是面向“行业精英”的。作为法律，对所涉及的每一个条文、概念以及行为指向都要明晰、准确。诸如废物、废品，物质、副产物、再利用、再生利用、处理、处置等类似在实践中容易带来困扰与混乱的名词将被予以明确定义，对于每个环节所涉及的流程进行法律规范化；对于哪些行为可行或不可行，都将以法律的形式予以明确，使法律具备较强的可执行性。不能想当然地随意创造概念，而当这种随意化的概念被以法律的形式确定下来，所引发的将不仅仅是理论界和法律界的灾难。成功不是因为概念，而是由于其符合客观规律。

如果要发展循环经济，首先要客观了解循环经济的内涵和外延：要以资源利用的轨迹、流程来确定资源的利用方式，而不是人为强行构造一些所谓的资源利用模式。但无论表现为什么模式，都一定要实现经济效益和环境效益这两个目标。《循环经济促进法》的修改要立足解决实际问题、求真务实，坚决反对华而不实，不搞浮夸和哗众取宠，不搞故弄玄虚和似是而非，不提新概念，要脚踏实地、尊重科学，充分听取和综合基层、科研及有关部门等各方面意见。此次修改将根据现实经济和社会发展情况，携手相关部门制定出一部保障资源合理利用、高效利用，实现环境和经济效益共赢的法律，明确立法目的、规范重点、实施程序，能够让执法机关准确理解并执行法律规定，避免因对法律条款理解上的分歧而影响法律的实施效果。

（五）明确政府职责

根据国内外发展方式转变的经验，政府在保障资源的高效利月和合理利用中居于主导地位，因此必须明确政府在其中的职责，完善政府的法律责任，克服政府在经济调控中的弊端，从社会的各个方面推动经济社会的发展。而政府责任是政府职责发挥的有效保障。事实上，现行《循环经济促进法》中对政府责任也进行了规定，但是与《环境保护法》《清洁生产促进法》《固体废物污染环境防治法》《安全生产法》《产品质量法》等法律之间存在交叉、重合甚至冲突的问题，政府的职权不清，而且政府在实际调控中还出现了诸多不足：政府调控作用有待加强。制约和规范循环经济主体行为的相关法律法规的运作机制不健全，引导和推进循环经济主体行为的行政执法运作机制不完善；政府调控方式失灵。一些循环经济政策仍未细化，与财政、金融和产业等政策不尽协调，尚未形成有效的投融资机制，缺少持续的资金供应链，无法按调控要求完善相应的基础设施和能力建设；政府调控偏重形式，不注重经济实效。被政府树立的典型企业，往往到后期因成本增加而拖累，各种工业园存在对批准的环保项目落实不积极；政府调控监管不力，出现权力寻租现象。一些部门监管工作机制不健全，责任落实不到位，监管职能缺位与“权力寻租”直接挂钩。如环保部门与当地企业“关系密切”，对已经曝光的污染事件处理不力。

《循环经济促进法》主要规定了三方面的责任主体：政府责任、企业责任和消费者个人责任，但对政府设定的权力过多、规定的义务过少，对政府违法行使职权或不履行环境职责的问责缺失；反之对企业要求的义务众多，如违反相关法律义务则要承担全面的法律责任。政府环境责任不完善是包括《循环经济促进法》在内的环境立法存在的一个根本性问题，这一存在直接影响了法律的有效实施：作为主要实施主体的政府，在政府环境责任不完善的情况下，公共职能常常出现不完整履行的情况。作为社会的管理者和市场的监管者，政府应当积极发挥自身监督管理的责任。如相关部门应监督列入强制回收名录的产品或包装物的生产企业履行其生产责任延伸制度，对废弃的产品或者包装物负责回收，对其中可以利用的负责利用，对因不具备技术、经济条件而不适合利用的负责无害化处置。与此同时，作为使用者和受益者的消费者，也应将列入国家强制回收名录的废弃产品、包装物交给生产企业或其委托回收的销售者或其他第三方组织，而不应擅自丢弃。

（六）二次资源的再利用

《循环经济促进法》的修改，要厘清概念并体现实干精神、解决实际问题，给再生资源回收利用带来发展新契机，通过立法建立回收体系，减少污染产生，促进二次资源的再利用，并循序渐进地促进再生资源的物质流、行为流、立法流的形成。二次资源的再利用过程首先要解决回收体系问题，回收体系解决以后要建立二手市场、实现再利用，然后解决处理问题：对废品进行拆解，将资源再生利用，然后对处理以后的废物进行处置。

四 《循环经济促进法》修订相关

国外对于破坏生态与环境的资源利用也都予以控制并制定相关法律，如美国、俄罗斯等国对资源开采企业征收用于恢复生态的资金，对污染严重或短缺资源予以进口和回收再利用——如对于城市垃圾的分类回收，有效地减少了对于资源的消耗和对于环境的污染。未来中国将会制定其他相关法律法规，但必须遵循和体现资源的生命周期、利用的规律和方法：在制定和实施资源利用政策和战略时也还要研究物质流，未来循环经济促进法的修改将以对物质流的研究为基础构建行为流——物质流就是尊重自然、顺应自然，是资源利用的基本规律。

事实上，近年来国家发改委已会同或配合有关部门积极研究制定循环经济促进法的配套法规，陆续发布了《废弃电子电器回收处理管理条例》《国家鼓励的循环经济技术、工艺和设备名录（第一批）》《关于印发再制造单位质量技术控制规范（试行）的通知》，以及循环经济国家和行业标准 307 项，其中国家标准 175 项，行业标准 132 项。据悉，目前国家发改委正会同有关部门研究制定《强制回收的产品和包装物名录及管理办法》《电动汽车动力电池回收利用技术政策》等循环经济促进法的相关配套法规。近年推出了许多新的理念，如循环经济、绿色经济、低碳经济、节能减排、两型社会等，但其本质与根源都是围绕资源的利用方式——如何通过高效合理地利用资源来保障、支撑国家经济发展，使环境更安全。

为应对环境安全问题，此次《循环经济促进法》的修改对包括生活垃圾处理、促进合理回收再利用也将有所体现——生活垃圾的不规范处置对于环境污染非常大，如有害化填埋、有害化焚烧等，都将带来大量的污染。当前所推广的“生活垃圾分类回收”在实践中存在许多问题，由于软硬件、主客观等各种原因，甚至在第一个环节就已功亏一篑——许多被居民分类的垃圾，在从分类垃圾桶回收环节便已被回收人员人为地重新混合在一起。对此戏称为“分久必合”，强调需要在建立“按日回收”机制上下工夫——但并非所有人都赞同这种处理方式，而对于诸如所谓“条件不成熟”“时机不到”等的说法，做任何事情都不可能一蹴而就，都有一个循序渐进的过程，但永远不做，就将永远“不到时候”。

法律是行为规范——不是诗歌、不是散文、更不是小说，不追求炫目、不要求美妙，而要求踏踏实实、明确具体，就是要求人的行为必须符合客观规律，在此基础之上构建法律的结构、确定法律的内容。此次修法的总体思路，是通过立法最大限度地减少污染物产生量，最大限度地提高资源利用效率；要解决中国在资源利用方面存在的根本问题，解决实际问题，并与国际法恰当衔接：此次修法不以概念为主，将更侧重实际的环境资源经济效益。全国人大环境与资源保护委员会领导层高度重视《循环经济促进法》修改工作，注重从法律的可操作、可实施上下工夫。具体法律的名称、结构、内容，还要在广泛听取社会各方面意见的基础上，按照科学立法、民主立法的要求来最终确定。

《循环经济促进法》的困惑与出路

——七年实践的理性反思[*]

俞金香[**]

摘　要　2009 年实施的《循环经济促进法》在循环经济理念的宣传、循环经济知识的普及、循环经济地位的提升、循环经济发展的促进等方面发挥了积极作用。但其从立法之初就存在的法律地位未厘清，立法目标走偏，法律政策化倾向与配套法律制度的缺失等主要问题，导致该法事实上成了“观赏法”，好看不好用，与日益发展的循环经济之制度需求极不相称。在《循环经济促进法》实施七年后对于上述问题进行理性反思并给予回答，可以助益于正在进行的《循环经济促进法》的修改。

关键词　循环经济促进法　地位　立法目标　政策法律化　配套法律制度

2009 年 1 月 1 日，《中华人民共和国循环经济促进法》（以下简称《循环经济促进法》）正式施行。这部法律的出台，一方面体现了中央政府对于与科学发展观契合度极高的循环经济发展模式的法律肯定；另一方面从法律层面为我国循环经济的发展提供了基本依据。《循环经济促进法》实施已经七年有余，在这期间，我国将生态文明建设和绿色发展提升到国家战略的地位，更加重视相应的制度建设，《循环经济促

---

*　本文系 2012 年度国家哲学社会科学基金项目《气候变化背景下“碳捕获与封存”（CCS）法律障碍与应对研究》（立项号：12XFX025）的阶段性成果。

**　俞金香，甘肃省兰州人，甘肃政法学院民商经济法学院教授，甘肃省循环经济与可持续发展法制研究中心研究员，博士，硕士生导师。

进法》的作用是不言而喻的。而七年间中国经济以及环境资源状况都发生了巨大的变化，2009 版《循环经济促进法》已经不能很好地适应中国经济社会发展的需要，对其修改势在必行，并已启动相关程序。本文对《循环经济促进法》的地位、立法目标、政策法律化、配套法律制度缺失等焦点问题进行检视，提出完善《循环经济促进法》的思路与对策，以期对《循环经济促进法》的修改产生积极的影响。

一 《循环经济促进法》的地位困惑

（一）地位上的困惑

循环经济立法的重要性学界已经形成共识，循环经济法作为调整政府在发展循环经济过程中所发生的社会关系法律规范的总称，也基本得到承认。但《循环经济促进法》一直面临着一个理论上的定性困惑，该法在社会主义法律体系中的地位是什么？其在定性上从属于环境法①还是经济法②？抑或是一个独立的法律部门？这种理论上的争议在《循环经济促进法》制定前就存在，在其实施近七年后的今天，依然没有确定答案。文献检索发现，非常多的学者在构建环境资源法体系时，不假思索地将循环经济法纳入其框架范围内。而且，许多学者对于循环经济执法机构的认识也是错位的，不能合理解释为什么法定的执法机构是发改部门而非环保机构？循环经济作为绿色发展理念的理论抓手和实践途径，理应成为学术界关注的焦点和热点，但事实上，循环经济法制研究的现状可以用“门前冷落鞍马稀”来形容。君不见，循环经济制定与修订过程中能够积极建言献策的人，除了实务界专家，法学界能有几人？

另外，《循环经济促进法》通过追求资源的有效利用，建立人与自然之间的规则，《节约能源法》、《大气污染防治法》、《固废污染防治

① 中国政法大学王灿发教授、清华大学王明远教授等把循环经济法列入了环境资源法体系，相当多的学者也有相同观点。

② 北京大学环境资源法研究所所长汪劲教授认为循环经济法促进能源有效利用和可再生资源的开发利用，全国人大把它纳入了经济法的范畴。

法》、《土壤污染防治法》、《水法》、《清洁生产促进法》、《海域使用法》等法律也或多或少关注人与自然之间规则的确立,《循环经济促进法》必然与上述邻近学科发生关系。《循环经济促进法》横亘在资源有效利用对策体系与法律体系及上述相关制度之间,与这些制度进行链接,从而形成《循环经济促进法》的外部制度。《循环经济促进法》与上述外部制度间的关系因此成了“剪不断理还乱”的状态,直接影响了《循环经济促进法》的制定、实施及进一步修订。

(二)理性定位

在笔者看来,对于《循环经济促进法》地位的基本“立论”会对法律执行者的理念发生影响,对一些争议观点的确有认真思考和考察的必要。从循环经济法的通常定义来看,很容易将其列为经济法的子部门法(经济法是调整政府在协调经济活动过程中所发生的经济关系的法律规范的总称),照此逻辑,循环经济法和宏观调控法、市场规制法之间的关系又当如何?循环经济的发展政府既常用宏观调控的手段(采用资源税调节工具、产业结构调整等),更常用市场规制的手段(各类循环经济指标及标准等),循环经济法的定位似乎应当齐平于经济法而不是在其之下。进而从环境资源法角度分析,环境资源法泛指关于保护、利用环境和自然资源,防治污染和其他公害的法律规范的总称。环境资源法以如何利用自然资源满足人类的需求为追求,其隐含的前提是自然资源是无限的,自然资源是低价的,自然资源可以无休止地为人类所用。循环经济则不同,其以经济系统是生态系统的子系统为立论前提,与环境保护、污染防治以及为用而用的单向资源利用都是不同的。循环经济立法的追求因此一定有别于或者说高于传统的环境资源法,其立法重心完全不同。笔者因此认为,循环经济是以市场为基础系统的体制创新,循环经济法既不能归属于经济法,也不能归属于环境法。在循环经济地位如此显赫的今天,从法律体系的平衡性出发,循环经济法有其独特的调整对象,调整方式及调整目的,循环经济法应该,也有理由成为一个独立的法律部门,这样才和发展循环经济的重要性相称。

从《循环经济促进法》和其他部门法的关系看,《循环经济促进法》有别于邻近法律制度与法律体系的链接方式,立法目标与价值也各有区别，但是形成跨界链接与共识结构则是必须。我国法律制度的完整性决定了共性制度必须共同发挥作用，《循环经济促进法》不可能与别的部门毫无牵扯。《循环经济促进法》与资源有效利用法律体系的链接在与《循环经济促进法》构成有机组成部分，保证循环经济促进法律制度从规则到行动；《循环经济促进法》与法律体系的链接在于其在法律体系中的独立性，保证循环经济法律制度从效力到实效；《循环经济促进法》与其他法律制度的链接在于保证循环经济法律制度从强制到诱致。

二　《循环经济促进法》的立法目标困惑

（一）立法目标困惑

《循环经济促进法》第一条规定“为了促进循环经济发展，提高资源利用效率，保护和改善环境，实现可持续发展”。可见，“促进循环经济发展，提高资源利用效率”是该法的基本立法目标。对此立法目标，理论上争议很多，大致可以分为两类：1. 一些学者坚持认为：“循环经济的根本就是资源的综合利用，目前发展循环经济要解决的重中之重是改变资源的利用方式，进而提高资源的利用率”，所以该法的立法目标确实没有问题。但这些学者通过对《循环经济促进法》的文本分析，发现该法的大部分条款重心放在了“循环经济”模式的构建上，为了“循环”而“循环”，以理念为主设置了法律结构和内容，使得法律条文的实质意义大打折扣，没有真正实现资源利用的立法目标[①]。2. 另一些学者则认为：“循环经济的发展目前在中国仍然还只是理念宣传的阶段，循环经济的3R原则是其根本，企业、产业园区、区域是循环经济发展的载体，在法律中对于减量化、资源化和再利用不同阶段不同性质不同领域的循环经济模式进行规范实有必要，也是《循环经济促

① 全国人大环资委法案室主任翟勇强烈支持此观点。

进法》制定时立法者的考虑。”[①] 所以，我国循环经济促进法应该仿照日本《循环型社会促进法》的立法模式，从最全面的意义上规范、引导、支持循环经济模式在中国的全方位发展。

（二）目标的“双弱”执行效果

按照上文的分析，观察《循环经济促进法》的立法目标，我们发现：该法的基本目标是“资源利用，兼顾保护和改善环境”，远期目标是“实现可持续发展”。根据笔者近几年调研《循环经济促进法》实施的情况看，就基本目标的实现而言显示出“双弱”的执行效果：其一，立法文本主要内容的规定并未围绕基本目标，而是基于理念化的“减量化、再利用和资源化”三个关键词进行文本体系安排和主要内容的构建，其范围涉及各种模式的主管构造，其内容大而全，涉及园区、产业链、动脉产业、静脉产业等多方面，重点在产业园区的构建上，其语词表达多鼓励性用语，结果是规定不明确，措辞含糊，立法文本整个偏离了资源利用这个中心，文本体现立法目标的力度弱。其二，从法律实施的情况看，各个地区多以招商引资、构圈建链（补链）构建循环经济产业模式为发展循环经济的重中之重，使得为“模式而模式”成为主导，淡化了资源如何能够实现高效利用这个核心主题，偏离了立法目标，《循环经济促进法》的整体执行效果弱。而《循环经济促进法》保护和改善环境目标的实现更是未得到充分体现。

（三）立法目标的战略决断

循环经济既是一种发展模式，也是一种理念，更是一种资源的综合利用方式。笔者以为，《循环经济促进法》修订时，立法目标的确定应该继续坚持以“资源的综合利用”为直接目标，兼顾环境保护的二元目标体系。原因有：其一，循环经济关注的是资源的循环而非经济的循环。从波尔丁的宇宙飞船理论到各国的循环经济发展实践，可以发现循环经济问题从来都主要是资源问题，发展循环经济就是要加强资源的综

---

① 天津大学法学院院长孙佑海教授的观点，他也是当时《循环经济促进法》主要起草制定人之一。

合利用效率。其二，实现循环经济的模式可以有大、中、小三个层次，但不能为创建各种模式、忽视了模式只是资源利用的手段，本末倒置地进行权利义务的构建。其三，在当前，我国资源面临着极大的窘境：资源匮乏、资源人均占有率低、资源利用率极低、资源外流严重等。《循环经济促进法》以资源的利用为立法目标，符合我国当前的国家战略需求。其四，资源利用的立法目标不仅仅停留在第一条中，要在整个文本的设计中，围绕资源的动态流转设计文本逻辑体系，一切围绕资源，从资源的开发、生产、流通、消费到回收利用、新的资源、新的生产、新的消费……这样的循环往复才能真正解决目前我国经济发展所面临的资源窘境。

那么是不是要像有些学者建议的将《循环经济促进法》直接改名《资源综合利用法》① 能够更为彻底有效地贯彻循环经济资源问题的实质呢？笔者的答案是否定的。对于宣扬循环经济理念，普及循环经济知识，提升循环经济地位，促进循环经济发展，我们的《循环经济促进法》功不可没，对于循环经济发展模式的保驾护航，《循环经济促进法》则提供了发展的前景和预期，如果直接将《循环经济促进法》废弃更名，对于民众刚刚苏醒萌生的循环经济意识是一种极大的打击，对于各级党政机关刚刚建立的循环经济意识及举措积极性是一种打击，对于循环经济这样一个新生事物的普及与宣传绝对弊大于利。循环经济发展的阶段性规制重点可以通过《循环经济促进法》内容的修正进行体现，而《循环经济促进法》的名称，在当前状况下以不动为宜，或者至少标题中的“循环经济”四个字以不动为最好。

另外，《循环经济促进法》的一个间接立法目标是保护和改善环境，这一点应当继续坚持。资源问题与环境问题从来都是紧密联系的，环境污染的实质就是资源问题。资源利用率的提高，会减少进入环境的污染物进而减缓环境压力，也会有效遏制对于大自然的无度索取，实现

① 全国人大环资委法案室主任翟勇说，“《循环经济促进法》没有以资源战略为核心和基础，而是以新兴产业模式和理念为主构建了法律结构和内容，这些人为构建的内容在客观上喧宾夺主，使政府大量的人力、物力、资金和优惠政策都用在了构建这些模式上而没有真正用于保障资源高效、合理利用的法律制度建设上”，建议《循环经济促进法》直接改名叫《资源综合利用法》。

保护和改善环境的间接目标。

三 《循环经济促进法》制度构造之困惑

《循环经济促进法》的制度结构牵涉政治、经济等多方面因素，无论是法律文本抑或是实施体系，均体现出明显的法律政策化倾向：从文本角度考察，首先，《循环经济促进法》名称中的“促进”二字一直饱受诟病，认为显得比较“软”，制约了法律措施的“刚性”。其次，《循环经济促进法》的法律条文设计比较原则，具体操作的时候，抓手不够，操作性不足。例如，《循环经济促进法》第二十五条第二款规定：“城市人民政府和建筑物的所有者或者使用者，应当采取措施，加强建筑物维护管理，延长建筑物使用寿命。对符合城市规划和工程建设标准，在合理使用寿命内的建筑物，除为了公共利益的需要外，城市人民政府不得决定拆除”。此处“公共利益”的界定是否要沿用建设部的标准？“合理的使用寿命”是指多少？弹性很大。比如，《循环经济促进法》第十条规定：“公民有权举报浪费资源、破坏环境的行为，有权了解政府发展循环经济的信息并提出意见和建议。”但未规定公民通过何种途径向谁了解发展循环经济的信息，缺乏操作性。再如，《循环经济促进法》第四十七条第二款规定：“国家实行有利于循环经济发展的政府采购政策。使用财政性资金进行采购的，应当优先采购节能、节水、节材和有利于保护环境的产品及再生产品。”该条的立法原意在于激励，但对于“节能、节水、节材和有利于保护环境的产品及再生产品”的标准缺乏进一步规定，可操作性差。再次，《循环经济促进法》的内容广泛性强，针对性不足。我国资源高效利用的问题，涉及范围相当广，如果不针对某一个具体问题，很难完整、明确地保障资源的高效利用，而发展循环经济的政策、资金的支持，法律的适用性则更弱。笔者认为，上述问题的实质是《循环经济促进法》“法律文本宣示性条款过多、政策性倾向过浓”。过于政策化使得《循环经济促进法》沦为“观赏法”，好看不好用，或者说没有大错，也没有大用，难以实现其立法目的。从深层次讲，循环经济立法中的法律政策化现象是立法的大忌，它无益于中国循环经济法治建设。

从《循环经济促进法》的生成背景来看，作为国家战略的“循环经济”多表现在领导讲话、行政性文件或者学术成果中。而长官意志、行政性文件与学术争鸣都会带来循环经济发展战略的不稳定性、随意性，甚至模糊不清。在政府的强力推动下，我国循环经济的发展目前更多的是靠政策而不是靠法律去规范的，许多地方甚至将政策视为唯一的循环经济发展依据，导致实践中一些政府决策上的随意性，“误诊”现象频出，从而影响我国循环经济的进一步深入、快速、健康发展，这是不正常的。《循环经济促进法》立法的前提是国家循环经济发展战略的确定，循环经济战略的确定涉及战略思想、战略目标、战略措施与重大项目的安排等，循环经济战略是资源利用体系的理性汇集与行动根据，是《循环经济促进法》追求的目标，是《循环经济促进法》从“效力”走向“实效”的保证。《循环经济促进法》的内容应当与循环经济战略及行动措施相一致，循环经济政策与循环经济法制的对接，循环经济政策的法律化，才应该是我们的追求。

循环经济事关民生，符合政策法律化的前提条件。必须将循环经济政策用法律形式固定下来，实现法律对于循环经济发展的调控作用，以避免循环经济政策的短期性和不稳定性。从循环经济本身是一个可持续的发展命题来看，其健康发展、规范建设、快速推动与可持续必须要依靠法制的保驾护航才能实现。因此，今后修改《循环经济促进法》的一个重要任务，就是努力消除该部法律的政策化倾向，增强其规范性，使其真正成为名副其实的“法”。法律的最大特点在于其概括性、规范性和明确性。具体来说，就是由于法律规范的存在，人们可以据此明确自己享受的权利、承担的义务，也可以预测和判断自己或他人行为的法律后果，从而决定是否从事某项活动，作出某种行为。因此，要求在立法过程中，无论是授权还是命令，抑或禁止，其内容都必须具体明确，有标准有尺度，有措施有责任，从而为人们的行为提供标准、模式和方向。这是法律与政策相区别的基本标志。为此，笔者建议：第一，将法律名称改为“循环经济法”；第二，是明确国家在循环经济发展中的基本职责，将保障循环经济发展的政策具体化；第三，要特别强化违反循环经济法的法律后果，包括法律责任的标准、内容、追究途径与方式，激励的条件、实施途径及具体内容；第四，核心制度重点关注。应该从法律角度进一步固化生产者责任延伸制，可以借鉴国外的生产者延伸制度，规定企业、消费者的具体权利义务和法律后果，要求其对于资源的非循环利用、危险材料的使用等都要承担相应的责任；第五，在《循环经济促进法》中专设循环经济技术标准体系一章。循环经济技术标准非常重要，是循环经济立法目标能够实现的重要保障。应当在循环经济基本法中明确规定循环经济技术标准体系，衡量循环经济发展的成效……这些，都是国家保障循环经济发展的重要方面，也是循环经济法的必备内容。

四 《循环经济促进法》配套法律制度的缺失与弥补

（一）配套法律制度的缺失

我国在《循环经济促进法》立法时，主要学习的是日本的循环经济立法经验，即循环经济基本法、循环经济综合法、循环经济单行法和专项法的立法模式。现在看来，即使是学习日本循环经济立法的形式，我们也是连皮毛都没学完整。除了《循环经济促进法》作为基本法，法律层面的循环经济综合性立法缺失，相邻的涉及资源循环利用的法律有《清洁生产促进法》、《矿产资源法》、《固体废物污染环境防治法》、《水法》、《节约能源法》等。单行法和专项法层面的循环经济立法多以行政法规的形式出现，例如《废弃电器电子产品回收处理管理条例》（2011)、《中华人民共和国医疗废物管理条例》(2003)、《报废汽车回收管理办法》（2001）等。显然，立法的层级和效力也是不能和日本的单行法和专项法相比的。有关容器和包装物、生活垃圾、建筑材料、废旧轮胎及特种家用电器等的回收与循环利用的法律目前缺失。其中有部分法律已经提了很多年，但迄今未正式出台，例如《废旧轮胎回收利用管理条例》。配套法律制度的缺失使得上位法中的相关措施和条款在实际中无法执行，极大影响了《循环经济促进法》的实施效果。例如，《水污染防治法》、《大气污染防治法》、《固体废物污染环境防治法》都规定了企业应当采用利用率高、污染物排放量少的清洁生产工艺，减少污染物的产生。但是，有关技术指标、操作规程的配套制度迟迟未出台，使得上述条款在实际中难以执行；《清洁生产促进法》规定了企业实施清洁生产的应然模式以及国家给予其鼓励和指导政策，但缺乏与之相应的重点行业清洁生产评价指标体系、清洁生产的技术与工艺标准、清洁生产表彰奖励措施等配套制度，使得清洁生产难以有效推行。

（二）配套法律制度的弥补

在明确了《循环经济促进法》的基本法地位后，就需要及时地制定相关配套的法律制度，确保基本法的落实。如上所述，仍然可以借鉴日本法的立法模式，制定不同领域各个行业的循环经济单行法和专项法，首先丰富和充实单行法与单行法层面的循环经济立法文件的数量，此为当务之急，然后再陆续通过相关法律法规的修正和完善提高其立法质量。不能让《循环经济促进法》承担其“不能承受之重”，进而对于《循环经济促进法》的作用和功能给予否定性评价，甚至彻底否定《循环经济促进法》的存在价值。这一立法层面以下，再制定和完善专门的循环经济行政法规和规章，调整和修订相关的法律法规，形成真正意义上完整的循环经济法律体系，才能更好地发挥《循环经济促进法》基本法的社会效果。

结 语

《循环经济促进法》在颁布前，争议一直较多。现在面临修改，争议声依然未见减少，这至少说明两个问题：其一，这部法律很重要，所以它的修改会牵动诸方关注的目光，立法也毫不迟疑地将其修改很快地列入立法议程；其二，这部法律的实施有一定问题，迫切需要修改，因为《循环经济促进法》实施不过七年，从法律的稳定性和立法的时机与必要性来看，如果不是“忍无可忍”，立法机关也不会如此高效率地启动对该法的修改程序。笔者以为，从大局和整体上对于《循环经济促进法》的积极作用应该予以肯定，但理性地反思其制度困惑并找寻出路当能够有助于《循环经济促进法》的修改与完善。

参考文献

崔铁宁:《循环经济概论》，中国环境科学出版社 2007 年版。

冯之浚：《循环经济立法研究——中国循环经济高端论坛》，人民出版社 2006 年版。

李玉基、俞金香：《中国循环经济政策与法制发展报告》，中国社会科学出版社 2016 年版。

马凯:《贯彻和落实科学发展观，大力推进循环经济发展》。

王蓉:《资源循环与共享的立法研究》，法律出版社 2006 年版。

夏凤英、苏海健等：《资源节约型社会构建法律问题研究》，知识产权出版社 2012 年版。

周宏春、刘燕华:《循环经济学》，中国发展出版社 2005 年版。

在生态文明建设背景下推进生产者责任延伸制度研究

齐建国　张　芳　陈新力*

一　关于生态文明与循环经济

人类诞生于自然界，是自然界生物系统的一个重要组成部分。经过千百万年的进化，人类站在了地球生物链的顶端，除去人类自己以外，人类已经没有了天敌。但是，人类对自身的认知仍然甚少。人类文明演化到了今天，科学技术取得了飞速的进步，物质文明的享受程度已经达到了空前的水平，但人类不得不为未来的可持续发展和身心健康而担忧。人类天然有“三力”：体力、脑力和生命力。人类文明始终围绕解放和提高这“三力”顺序发展，并演绎着生产力和人类社会发展转型的故事。纵观人类文明发展史，每一次大的文明转型都是为了克服人类自身三力提升与自然资源和生态环境之间的矛盾而倒逼的结果。

中国作为一个创造过辉煌农业文明并正处于新兴工业化进程中的人口大国，经过30多年的工业化发展，城市地区已经初步形成了工业文明主导的文明体系。工业文明的快速发展使中国经济获得了前所未有的持续高速增长，广大民众的物质生活水平因工业文明的发展获得了极大提高。但是，与此相伴的是，我们付出了昂贵的资源消耗、环境污染和

* 齐建国，重庆工商大学经济学院名誉院长，中国社会科学院循环经济重点实验室主任，数量经济与技术经济研究所研究员。张芳，中国有色金属技术经济研究院研究员。陈新力，重庆工商大学经济学院院长，教授。

生态退化的代价，面临着严重的潜在生态环境危机。进入2013年以来，全国大范围、高频度发生的严重雾霾天气，已经向我们敲响了警钟：必须加快转变发展方式，摒弃工业文明的弊端，加速从工业文明向生态文明的跨越转型。

党的十八大报告提出，“建设生态文明，是关系人民福祉、关乎民族未来的长远大计。面对资源约束趋紧、环境污染严重、生态系统退化的严峻形势，必须树立尊重自然、顺应自然、保护自然的生态文明理念，把生态文明建设放在突出地位，融入经济建设、政治建设、文化建设、社会建设各方面和全过程，努力建设美丽中国，实现中华民族永续发展。”十八届三中全会进一步提出，“建设生态文明，必须建立系统完整的生态文明制度体系，用制度保护生态环境。要健全自然资源资产产权制度和用途管制制度，划定生态保护红线，实行资源有偿使用制度和生态补偿制度，改革生态环境保护管理体制。”这是中国共产党顺应时代发展潮流，与时俱进，遵循客观世界和人类社会发展规律的具体体现，必将启动中国由工业文明向生态文明转型的新阶段。

发展循环经济是生态文明建设的经济基础。党的十八届五中全会以后，中央在制定循环引领发展计划的基础上，启动了关于实施生产者责任延伸（Extended Producer Responsibility，简称EPR）制度改革的研究与制度制定工作。EPR制度建设是推进循环经济健康快速发展的重要制度保障之一。研究与制定EPR制度就是为了建立循环经济发展的长效机制，是生态文明建设体制机制改革与创新的一个重要环节。

对于文明，学术界有多种定义。从经济学角度来看，文明是人类开始群居并出现社会分工专业化，人类社会雏形基本形成后开始出现的一种现象，是人类生产和生活方式的综合，是人类审美观和文化现象的传承、发展、统合和分化过程中所产生的生产方式、生活方式和思维方式的总称。人类经济社会发展到一定阶段，由于人类自身发展的需要和人与自然的关系出现不适应，人类文明就会发生转型。到目前为止，人类经历了两次文明转型。

（一）狩猎文明向农业文明的转型与废弃物的处理制度

狩猎文明是人类最早的文明形态。其主导生产资料是大自然所孕育的各种动物和简单的石器、木棍等最原始的狩猎工具。狩猎的生产力水平取决于人的自然体力和捕猎技能。狩猎文明的生产方式不破坏生态环境，所有生产和生活方式都顺应自然，是一种低级的生态文明。随着人类的繁衍增长，自然界提供的可供狩猎的动物和可直接食用的植物资源不能随人类的需求增长而增加，天然食物资源稀缺问题日益明显。于是，人类开始学会利用自然资源种植食物原料，驯养动物，从简单地利用生物资源扩大到利用气候、水利和土地资源，以弥补自然生产力的下降。这时，狩猎文明开始发生转型，劳动工具逐步由石器主导转变为铁器和畜力的使用，生产力获得持续发展，农耕生产方式取代狩猎成为人类社会的主导生产方式，标志着人类社会开始向农业文明演进。在农业文明时代，生产和生活废弃物来自自然，并直接返回自然。相对于环境的容量，废弃物的产生量可以由自然生态系统自然分解。废弃物是在生产与生活体系和自然界之间永续循环的。因此，在农业经济时代，人类不存在废弃物处理的压力，因而也没有废弃物处理制度。

（二）农业文明向工业文明转型与废弃物处理制度

在农业文明的发展过程中，由于技术落后决定了生产力水平较为低下，生产对劳动力的依赖导致人类繁衍速度加快。人口的持续增长和农业资源的有限性，制约了农业社会的发展。为了维持人类的生存和发展需要，人类不得不砍伐森林，开垦草原，扩大种植面积，扩大动物养殖规模。以种植和养殖技术为核心的人类生产力的增长弥补了农业资源（主要是土地）自然生产力的不足，为人类的发展创造了更大的空间。但人口的过快繁衍导致占用的自然土地资源越来越多，自然生态被加速破坏，森林、草地、湖泊等日益减少，使人类面临日益严重的生存危机。于是，人类开始发明工业技术，从严重依赖土地的生产方式转变为开采地下矿产，向利用地下自然资源转变；从主要依赖人类自身的体力向利用自然力转变。18 世纪中叶，人类开启了第一次技术革命并引发了第一次产业革命。机械力逐步代替人力，把人类从利用和改造自然的力量困境中解放了出来，实现了对自然资源的大量开采、运输和加工利用。机械设备的大量制造，社会基础设施的大量建设，能源和资源的消耗日益增加，使人类生产力和生产方式以及生活方式发生了本质的变化，这标志着人类从农业文明转向了工业文明，也是基于现代制造技术的人造物质财富文明。

在工业文明发展和演变过程中，人类的物质享乐欲望日益发展，第一次技术革命的成果无法满足人类对低成本大量消费的需求，繁重的体力劳动，较低效率的生产制约了工业化的发展。于是，人类又在20世纪开始发动了第二次技术革命，即能源技术和化学合成技术革命。电力技术、内燃机技术、化学能与人工合成技术等的发明与应用，使人类的力量进一步增大，速度进一步提高，生产效率大幅度提升，生产走向规模化、高速化和自动化，人类利用自然创造财富的能力达到了前所未有的程度。但是，生产力的进一步发展受制于人脑计算能力的约束，无法实现智能化。与此同时，人类不断追求最大限度的人造财富生产和消费的欲望却不断膨胀，资本的增值本性造成人类过度生产，过度享受物质财富，几乎完全忽视了生态系统的承载能力和自然资源供给能力。即使是依靠自然土地生产农产品的农业，也被人工合成制造的化肥、农药和机械所统治，农业生产也转变为工业化。在几近疯狂的工业文明推动下，人类活动不断挑战生态规律，向自然界大量排放废弃物，破坏了生态系统的良性循环，这使得人类在不断创造财富和繁荣、享受工业文明成果的同时，也开始遭受资源短缺、环境污染和生态退化的惩罚，人的生命力受到了威胁。

为了保护生态环境，发达国家率先建立生态环境保护制度。企业的生态环境社会责任被提了出来，各国政府陆续建立了固体废弃物处理制度、大气环境保护制度、水资源保护与污水处理制度等一系列废弃物处理制度。这些制度主要针对生产者在生产过程中产生的大量废弃物，要求废弃物生产企业对其产生的废弃物担当起处理责任，以避免环境污染。

企业社会责任的观念最早可以被追溯到古代社会的商人社会责任观[①]，《圣经》中的博爱以及中世纪教会对商人施舍的要求等都可以视为企业社会责任[②]。但现代的企业社会责任理论和实践已经远远超越早

---

① 卢代富：《企业社会责任的经济学与法学分析》，法律出版社2002年版，第30页。

② 曹凤月：《企业道德责任论》，社会科学文献出版社2006年版，第17页。

期的商人社会责任观，对企业社会责任的理解与实践范围被大大拓宽。1929 年，通用电气公司的欧文 · D. 杨指出，不仅股东，而且雇员、顾客和广大公众在公司中都有一种利益，公司的经理们有义务保护这些利益①。到 20 世纪 60 年代弗里曼提出了“利益相关者理论”，认为企业是一定的组织环境和社会关系中的存在，主张企业对其行为可能产生影响的团体都负有一定的责任，发展和完善了企业社会责任理论②。综合各种观点，所谓企业的社会责任是指企业在追求自身利益最大化的同时，需要承担一定外部性责任，包括保障企业利益攸关者：企业员工、消费者、债权人的利益，以及对所在区域的社会发展、生态环境保护、社会公益事业担负一定责任。其中对企业生产过程产生的废物进行安全处理的责任即是企业社会责任的一个重要组成部分。多数发达国家都于 20 世纪 70 年代实现了工业化，面对工业生产引起的严重环境污染，它们于 20 世纪 70 年代起普遍实施了针对生产者的环境保护制度，其基本内涵是“谁污染谁治理”。但是随着工业化发展，社会生活水平不断提升，人均消费物质产品量日益增多，大量报废的工业生活品成为环境污染的沉重负担。由于生活废弃物来自千家万户，涉及每一个人，只能由政府负担起生活垃圾的收集和处理重任。

（三）工业文明向信息文明转型与废弃物处理制度

进入 20 世纪 80 年代以后，经过几十年的孕育，人类发动了第三次技术革命，即信息技术革命。其核心内涵是通过信息采集、存储、传输、加工处理技术的发明和应用，用信息技术的逻辑计算力代替人类的脑力，把人类从处理海量信息的逻辑分析和计算能力的困境中解放了出来，实现了脑力扩张，智能的飞跃。信息技术带来的第三次产业革命正在改变工业文明下的人类生产、生活和社会运转方式。所谓的“3D 打印”（增材制造）、智能生产、智能交通、智慧城市、物联网、云计算、量子通信等一系列基于信息技术的新技术体系正在迅速提高资源利用效

① 王保树：《商事法论集》第 2 卷，法律出版社 1997 年版，第 82 页。

② 唐绍均：《企业社会责任理论视角下的生产者责任延伸制度》，2007 年全国环境资源法学研讨会。

率和劳动生产率，并孕育着深刻的社会革命。就其对人类社会的影响来说，信息技术革命正在使人类社会进入一种新的文明形态。但从目前的实践来看，信息技术革命引起的信息文明并没有从根本上改变人与自然的关系，相反，信息技术在工业生产领域深度广泛的应用，使生产效率和信息处理传播效率进一步提高，正在促进人类更多地消耗自然资源和能源。特别是大量电子电器与信息产品正在成为人们家庭消费的主导产品，这些产品的生产过程和消费过后产生的废弃物，正在成为当代环境污染的新来源。因此，信息文明似乎不能从根本上消除工业文明带来的人与自然的尖锐矛盾，甚至在加剧这一矛盾。而且，各国政府财政已经没有能力承担日益增加的废弃物安全处理费用。面对这一新的趋势，发达国家从 20 世纪 80 年代开始研究消费品废弃物处理的责任和高效处理路径问题。

（四）生态文明建设下的废弃物处理制度

工业文明和信息文明使人类的生活变得丰富多彩，但都没有从根本上有效解决其自身带来的环境问题，而日益严重的环境污染及气候变化正在威胁着人类自身的生存和发展。这与人类追求生命力提升和健康长寿的本源性目标是背道而驰的。

提高生命力的最基本因素是疾病的预防和治疗。随着科学技术进步，生物与人体科学技术、医疗药物在治疗很多疾病方面取得了极大的进展，但是，到目前为止，仍然不能使人类满意。疾病的治疗属于生命力的末端治理措施，昂贵而痛苦。工业化、信息化社会的竞争机制使人类进入了先拼命挣钱再用钱换命的悖论。实践证明，提升生命力的最好办法是预防疾病，良好的生态环境是预防疾病的最基本要素。工业文明发展过程中的八大污染事件①和我国近几年的各种环境污染案例都表

① 八大污染事件，即 1. 1930 年 12 月 1—5 日发生在比利时马斯河谷工业区雾霾事件；2. 1948 年 10 月 26—31 日发生在美国宾夕法尼亚州多诺拉镇的雾霾事件；3. 20 世纪 40 年代发生在美国洛杉矶光化学烟雾事件；4. 1952 年 12 月 5—8 日发生在英国的伦敦雾事件；5. 1961—1964 年发生在日本四日市因长期大气污染和雾霾引起的哮喘病蔓延事件；6. 1953—1956 年发生在日本熊本县水俣市的水俣病事件；7. 1955—1972 年发生在日本富山县神通川流域的痛痛病事件；8. 1968 年 3 月发生在日本北九州市、爱知县一带的米糠油事件。

明，生态环境破坏对人体健康具有严重的负面影响。2013 年以来，我国的雾霾大面积高频度发生已经创下了历史纪录，对人民群众的身心健康产生了极大的负面影响。

实践表明，工业文明不是一种可以没有经济增长而能够稳定发展的文明形态，也不是可以在物质资源消耗减量而保障生活水平不断提高的技术经济范式。已经实现工业文明的发达国家人均自然资源的年均消费量并没有因为科学技术发达而减少，相反，越是发达国家，人均能源资源消费量越高。这说明，没有文明或文化的根本转型，无法突破经济增长与能源资源消费和环境保护的矛盾。从技术经济学角度看，能源和资源消耗总量日益增加必然导致废弃物产生和污染排放的增加，并且随着易开采和高品位的不可再生能源与矿产资源的日益减少，开采难度大和低品位的能源资源不得不被利用，必然导致贫乏资源的边际效用上升，单位能源资源消耗引起废弃物排放和污染的边际强度加大，开采能源和资源对生态破坏以及对环境污染的可能性将更大，人类生命力提升的前景也更渺茫。因此，保持能源资源和环境支撑人类可持续发展的道路只有一条，那就是实现无污染不破坏生态环境的经济增长，这是生态文明经济增长方式的内在要求。其核心是把人类科学技术和制度改革引到无污染和不破坏生态环境的方向上来。只有这样，才能保证人类在体力和脑力都得到解放以后，使生命力提升得到基本支撑。生态破坏和环境污染的根源是技术革命的非人性面造成的，而克服技术革命的非人性面，需要用新的环境友好的生态型技术革命来实现。

上述分析可以得到一个基本的结论，生态文明建设是人类社会发展到资源环境难以为继，人类的生命力受到威胁这样一个阶段的必然产物。文明转型实际上是生产力转型。马克思曾经将生产力定义为“人类改造自然的能力”，我们的多数教科书对生产力的定义是“指社会成员共同改造自然、改造社会，获取生产资料和生活资料的能力”。甚至我们曾经认为生产力是“人类征服和改造自然的能力”。在生态文明建设的背景下，生产力应该重新定义：“生产力是在不破坏生态和不污染环境的前提下，社会成员共同改造自然、改造社会，获取生产资料和生活资料的能力。”生产力的三要素也应改为四要素，即有一定技能的劳动者、劳动对象、劳动工具和生态环境。生态环境是生产力的重要基础要素。

问题的关键是，怎样做到既实现经济增长，又减少废弃物排放。在这方面，德国率先创新废弃物处理的循环经济模式，改变了过去焚烧和填埋为主的垃圾处理方式，鼓励对废弃物进行分类收集和资源化循环利用，并在世界上率先制定了《循环经济与废弃物管理法》，通过立法的方式确立了循环经济发展模式。实践证明，人类本身具有弱点，即没有制度的约束，理性经济人的本性总是倾向于降低获得效用的成本。因此，发达国家率先从各种电子电器产品开始实施生产者责任延伸制度，即由生产者对废旧消费品承担安全处理和循环利用的责任。表面上看，这一制度仅仅是扩展了生产者的社会责任，将其环境责任从产品生产过程延伸到了产品报废后的处理，即对产品承担整个寿命周期的环境责任，但其影响远不止于此。

二 生产者责任延伸制度的内涵

(一) EPR 制度的定义

生产者责任延伸（EPR）作为一项制度性政策，由 Thomas Lindhqvist（1990）给瑞典环境署提交的一份报告中首次提出。他认为“生产者责任延伸是一种环境保护手段，由产品的生产者承担产品的整个生命周期的责任，特别是回收、循环和产品的最后处置责任，以达到减少来自产品的总的环境影响的目的。生产者责任延伸通过管理、经济和提供信息的手段来实施。这些工具的组合构成了生产者责任延伸的具体形式”。①

1996 年，美国总统可持续发展委员会（the President's Council on Sustainable Development，PCSD）将 EPR 改为“延伸产品责任”（Extended product responsibility)：“延伸产品责任是一项新兴的实践，这一实践涉及产品从设计到报废整个生命周期，涉及识别资源节约和保护环境的机会。在延伸产品责任之下，在从产品到废弃物的整个链条上对环

① Lindhqvist, T. 2000. *Extended producer responsibility in cleaner production*. Ph. D. dissertation. International Institute for Industrial Environmental Economics, Lund University, Lund. p. 29.

境影响的责任被量化到制造商、销售商、使用者（公共和私人）和报废产品处理者”[①]。这一定义将 EPR 中的 P 由生产者（Producer）修订为产品（Product）。其着眼点在于产品对环境冲击的每个阶段而不仅限于弃置阶段，但是这样做的结果可能导致生产者免除和失去对产品设计和原料选择的压力和动力，无法从源头解决问题。因此，目前大多数实施 EPR 制度的国家采用经济合作与发展组织（OECD）的定义。

1994 年开始，OECD 围绕 EPR 做了大量工作。1998 年，OECD 在其《EPR 框架报告》中较为完整地阐释了 EPR。

“EPR 是指产品的生产商和进口商必须对其产品在整个生命周期中对环境的影响负大部分责任，包括上游阶段原材料选取和产品设计的影响，中游生产过程的影响以及下游产品消费后回收处理、处置的影响。”

该定义依旧未能克服对生产者责任范围界定过于宽泛的缺陷。2001 年在《EPR：政府工作指引》中又对 EPR 制度的概念进行了修正和完善。其定义为：

“EPR 是一项环境政策，生产者对于其产品所负的责任（物质和/或财务责任）扩大到产品生命周期消费后的废弃物处置阶段。它具有两个相互关联的特征：（1）将产品废弃物的处置责任全部或部分从市政当局那里上移至产品原来的生产者那里；（2）激励产品生产者在产品设计时将产品的环境影响考虑进去。”

OECD 认为延伸的生产者责任是指产品的生产者和进口者应该对其产品的环境影响承担重要的责任，在产品的生命周期，包括来自产品上游生产阶段的原材料拣选的环境影响，来自生产者的生产过程本身的环境影响和产品下游消费阶段的处置和使用的环境影响。生产者要承担减少产品生命周期的环境影响的产品设计责任，当产品的环境影响不能通过产品设计消除时由生产者承担法律的、物质的或社会的经济责任。

OECD 的主要观点是：第一，扩展了该政策的主体范围。认为生产者责任延伸的责任主体不限于生产者，还包括进口者和其他的产品链的

① President's Council on Sustainable Development. (1996). *Eco-Efficiency Task Force Report*. Washington, D. C.: President's Council on Sustainable Development, p. 17.

参加者。认为产品的生产者和进口者应该对其产品的环境影响承担重要的责任，而不是全部的责任。生产者责任延伸应当是一种延伸的和共担的责任。第二，更全面具体地解释了生产者责任延伸的内涵，认为生产者要承担减少产品生命周期的环境影响的产品设计责任，当产品的环境影响不能通过产品设计消除时由生产者承担法律的、物质的或社会的经济责任。第三，明确了生产者责任延伸政策要实现的目标，即废物预防和减量，增加生产中物质的循环利用，并提高资源的使用效率。第四，把生产者责任延伸主要归结为一种经济责任，认为EPR理论的根本是要求生产者为废物的产生付费，从而激励生产者生产更少废物的产品。很明显，根据OECD的观点，生产者责任延伸制度源于“污染者付费”理论。

通过对各种观点进行综合，本文将生产者责任延伸制度定义为：“EPR制度是将生产者对于其产品所负的责任（物质和/或财务责任）延伸到产品经使用消费形成废弃物后的处置阶段的环境责任的制度。”

（二）EPR制度的功能

从各国已经实施EPR制度的实践中看，基于消除报废产品对环境负面影响的EPR制度具有五大功能。

1. 使产品变为废弃物后的外部环境成本内部化。生产者将其生产的产品出售给消费者获取生产者剩余（表现为企业经济效益），但产品经消费以后变为废品向环境排放形成环境负荷，使外部社会承担环境污染成本。EPR制度规定由生产者对其生产的产品报废后对环境产生的负面影响负有责任，使产品的外部成本内化于生产者成本。

2. 促进生产者采取产品生态设计。强制生产者对其产品报废后的处理负有责任，将会刺激生产者从产品设计阶段就考虑其报废后更易于回收和处置，以降低回收和处置成本。例如，采用无毒无害的材料，方便回收，容易拆解和回收资源等。即促进产品的生态设计，降低废弃物资源循环利用和安全处置的成本。

3. 实现废弃物管理高效化。生产者具有充分的产品技术经济信息，通过一定机制由生产者对报废产品负责处理有利于实现废弃物处理专业化和规模化。与此同时，由于生产者数量远少于消费者数量，政府对生产者执行废弃物管理责任的监督管理成本，要小于对遍布每一角落的消费者对废弃物管理承担责任进行管理的成本。因此，合适的 EPR 制度比由政府直接进行废弃物管理更有利于提高废弃物管理的社会效率。

4. 有可能改变社会生产流通体制，形成最佳模式。生产者对其产品报废后进行安全处理及循环利用负有责任，有可能促进生产者、消费者和流通环节之间形成良性互动模式，形成逆向物流体系，大大提高废旧产品回收和循环利用效率，甚至优化产品服务模式，促进租赁业、再制造服务等新兴业态发展。这一特征会因产品和地域特征而异。

5. 促进资源循环利用。由于废旧产品中所含有的资源是生产者生产产品的原材料，由生产者负责处理有利于促进生产者对废旧产品中所含资源进行回收和循环利用，促进循环经济发展，降低经济发展对原始资源的消耗，从而有利于保护生态环境，形成符合生态文明要求的资源循环利用体系。

三　生产者责任延伸制度的理论依据

（一）外部性理论

外部性是指那些生产或消费对其他组织或人群强加了不可补偿的成本或给予了无须补偿的收益的情形。企业以利润最大化为目标生产产品出售给消费者，当产品报废以后处理不当，必将对环境产生负荷，从而影响人们的环境福利。这便是产品的负外部性。企业作为这种负外部性的初始来源，其产品所用原材料种类和性质等，直接关系到负外部性的大小。因此，企业有责任消除这种负外部性。

（二）利益相关者理论

利益相关者理论认为，企业是一定的组织环境和社会关系中的存在，企业行为对所有利益相关者产生影响，它在谋求股东利润最大化之外具有维护和增进社会利益的义务。包括对雇员、消费者、债权人等的责任，对生态环境进行保护与合理利用的责任，对所在社区经济社会发展和社会公共事业的义务。企业生产的产品在消费报废以后，如不安全处理，就会对环境产生负面影响，从而影响社会大众的环境福利，因此，企业应该对其产品变为废弃物后的处置承担责任，以保护社会公众和利益相关者的利益。

（三）成本效益比较理论

从纯经济学角度看，收益大于成本的预期是人们经济行为的基本出发点，因而是人类社会的首要理性原则。社会要解决某一问题时，总会付出成本，而解决同一问题往往具有多种方案，理性的选择是利用社会成本最小的方案。生产者为消费者生产产品是为了最大化获利，消费者购买产品进行消费是为了获得最大效用。生产者和消费者都通过产品获得了自己的收益，但却都面临产品消费后变为废弃物带来的环境负外部性。社会要解决这一问题，至少有三种方案，一是政府负责把废弃物收集起来进行安全处理与循环利用；二是消费者直接负责处理自己消费后产生的废弃物；三是生产者负责其生产的产品变成废弃物的安全处理和循环利用。这三种方案都可以达到消除环境负外部性的结果。但是，三种方案中涉及的三个责任主体对废弃物物理化学性能的了解程度不同，收集处理和循环利用废弃物的能力不同，改变产品设计从而降低其的负环境影响程度的能力更不相同，按照成本效益比较理论，社会应该选择成本最低的方案。因产品环境影响性质不同、产品的市场规模和收集难易程度不同，最低成本方案也不同。生产者责任制度就是选择由生产者负责进行报废后回收处理和循环利用成本最小的产品，强制生产者负责任的制度。消费者必须意识到，生产者承担报废产品的处置责任，其最终代价必将通过成本价格机制转移到产品的价格之中，其终极代价仍是由消费者承担。

四　实施生产者责任延伸制度的具体方式

生产者责任延伸制度（EPR）发展的历史仅有 20 年时间，而且主要在发达国家实施，中国等发展中国家仅仅针对个别产品实施了不完全的 EPR 制度。2012 年国务院批准财政部等制定的《废弃电器电子产品处理基金征收使用管理办法》，规定对电视机、空调机、洗衣机、电冰箱和计算机的生产者征收产品报废后的处理基金。2016 年将基金征收范围扩大到了 14 种电子电器产品。但征收的处理基金数量很小，仅为实际处理成本的 30% 左右，这是一种由生产者负担部分处理费用的不完全生产者责任延伸制度。发达国家的 EPR 制度实践包括的生产者对其产品报废后所承担的消除环境负面影响的责任方式主要有三大类：

（一）物质责任

物质责任即生产者直接对报废产品负物质层面上的处理责任：包括废旧产品物质实体的回收、运输仓储、拆解、资源回收利用和废弃物的安全处置。类似海尔这样的一些大型厂商才具备这样的能力和条件。

（二）财务责任

财务责任即生产者向政府，或政府委托的组织按产品实物数量支付一定的资金（处理预缴费、基金或押金），政府或政府委托的组织实施废旧产品的物质实体回收、运输仓储、拆解、资源回收利用和废弃物的安全处置，以消除其可能引起的环境负面影响。大多数中小生产者会用这种方式承担产品报废的环境责任。

（三）信息责任

无论生产者是以物质责任形式，还是以财务责任形式承担其责任延伸，他们都必须承担信息公开责任，包括产品部件及材料成分组成，物理化学性能等与产品回收处理和循环利用的信息。所有厂商都必须承担这一责任。

五　EPR 制度实施条件

实践中 EPR 制度是通过一系列政策工具组合来实现的。不同国家和地区经济发展水平和资源环境条件不同，实施 EPR 制度的目标各异，所采取的政策组合和优先顺序具有差异。其原因是，使 EPR 制度得到有效实施需要具备一系列客观条件。

（一）完善的市场经济制度

首先，EPR 制度是通过对企业的市场行为施加新的限制条件，从而使企业实现利润最大化的部分成本内部化，将环境作为一种生产投入要素的制度。显然，只有企业对环境要素的价格变化具有足够的敏感程度，企业才会针对这种制度作出行为调整。只有在市场经济充分发达的情况下，生产者才具备这种敏感性。

其次，单个企业的能力是有限的，即使是那些拥有亿万资产的大企业，也难以依靠自身的力量对自己生产销售到社会各个角落里的每一个产品进行回收处理，都需要借助发达的社会废旧资源回收体系。因此，发达的再生资源回收体系作为第三方，为生产企业提供回收和处理其产品报废后的回流服务，对实施生产者责任延伸制度是不可缺少的。

（二）政府监管职能的有效发挥

EPR 政策重在要求以生产者为主承担原来由政府承担的废弃物处置责任。要保障 EPR 制度有效运行，必须有效防止不执行环境责任的生产者搭便车问题。政府必须建立强有力的废弃物监控与管理体系。例如在荷兰，实施生产者责任延伸制度催生了强有力的生产者“协会”，由其负责协会成员企业生产的产品报废后的终期管理。“协会”会向未加入该组织的生产者告知法定义务并邀其加入。如果该生产者既没有自己的废弃产品管理系统，又不加入协会，那么协会就将该生产者的信息提供给政府，政府随后会对其进行调查，必要时诉诸行政和法律手段对其进行惩罚，直至提起法律诉讼。这种合作将生产者协会在辨别搭便车者时的优势和政府的监督管理及严厉的处罚相结合，获得了很好的效果。协会成员迅速增加，所属系统收集到的搭便车产品降到 10% 以下，成员的市场占有率约达 98%。

政府监管职能的有效发挥，也有赖于政府在推行 EPR 政策方面所做的努力，具体条件包括：

建立清晰的政策框架、以适应所规定的环境目标和指标；

明晰所需要达到的指标和实现手段；

责任必须清晰明确，确保有主体承担报废产品的最后安全处置和循环利用责任；

政策体系要严谨配套，具有足够的监测手段和严密谨慎的监管措施等。

（三）民众具有良好的环境保护参与意识

民众的环境保护意识和积极参与环保的意愿是 EPR 制度落实的关键条件之一。

从宏观层面看，政府对废弃物的监管不可能深入社区的每一个角落，没有基于环保意识的社会组织参与监督，EPR 制度有可能在执行层面落空。

从微观层面看，报废消费品的分类和收集是落实 EPR 制度在物质层面上的实施基础。报废产品能否回流到回收体系中，在很大程度上取决于消费者的配合。如果消费者在产品分类和回收环节不予合作，EPR 的目标将很难实现，最终会流入市政垃圾体系。这涉及报废产品环境责任的分担问题。如果生产者未将处置报废产品的经济成本加入所售产品的价格之中，那么消费者就要与生产者合作，通过缴纳废弃物的处置费的方式承担产品废弃后的经济责任。如果消费者对废弃后的产品不按回收者或者 EPR 组织的要求分类，并投放到指定地点，承担实体性投放责任，EPR 政策完全可能被架空。

因此，成功实施 EPR 制度的前提条件之一，是消费者须具有较高的环境保护意识和法律意识，愿意参与到报废产品的回收与处理体系之中。在一个消费者环境意识和法律意识较差的社会环境中，民众的配合程度很低，EPR 制度难以落到实处。

六　生产者责任延伸制度的国际经验与发展历程

（一）将 EPR 制度作为废弃物公共管理制度创新

20 世纪 80 年代以后，随着废弃物的不断增加，发达国家由政府为主导主要以焚烧和填埋两种方式处理废弃物的制度面临两大难题。一是财政上的负担越来越重；二是居民的环境意识全面觉醒，对焚烧厂和填埋场选址激烈反对。两大难题使原来的废弃物管理制度难以为继，不得不探讨新的废弃物管理制度。在这样的背景下，垃圾减量化与废弃物资源循环利用成为大趋势。

1990 年，瑞典学者 Lindqvist 首先提出 EPR 概念以后，OECD 开始将 EPR 作为一种制度逐步确立了下来。到目前为止，许多发达国家都程度不同地引入了 EPR 制度。

由于产品特点、地方政府的废物管理制度和市场结构不同，各国实施 EPR 制度选择的产品种类和实施机制也不同。地方政府废弃物管理公共服务设施完备的国家，如瑞典，倾向于地方政府（公营企业）垄断废旧产品回收环节，生产者责任组织（PRO）承担经济责任和回收分类后的再生处理环节。生产者地位强大的国家，如德国，倾向于由 PRO 起主导作用，以提升回收效率，降低处理成本。

EPR 制度的特点是将废弃物回收处理的责任转移给生产者，废弃物管理负担从地方政府转移给生产企业。这一制度机制将处理废弃物的政府公共支出行为转变为企业支出的微观私人行为，有利于提高废弃物从回收到循环利用和安全处理各个环节的效率，同时激发了企业生态设计的积极性。特别是企业承担废弃物的环境责任还产生了另外的效果，即生产者通过两个途径降低承担责任的成本：一是通过技术创新降低生产成本，尽可能防止因承担产品环境成本而使生产者剩余下降。二是将环境成本转移到产品价格之中，以体现的或不体现的形式进入产品销售价格之中。

通过包括生态设计在内的技术创新可以大大降低产品消费后回收和处理的成本，有效实现废弃物减量化。而通过价格体现的方式（消费者支付押金或处理费用）将生产者责任的成本向价格转移，使消费者直接或间接承担了产品报废的环境成本，可以优化消费者的废弃物排放行为，甚至减少废弃物排放，实现废弃物减量化。

发达国家的实践表明，EPR 制度作为一种废弃物管理制度创新，发挥了很好的作用，证明是一种有效的制度。

（二）发达国家生产者责任延伸制度的演进历程

1. 萌芽阶段（1991—2000 年）。在 20 世纪 90 年代初期，德国、瑞典和法国等几个欧洲国家开始通过法律和政策等形式实施 EPR 制度。各国政府对政策的定义、目的、实施对象等各方面内容都处于探索阶段，政府选择少数产品制定生产者责任目标和回收指令，由政府部门或生产者个体按照政策要求的目标实施运营。例如，德国首先针对包装废弃物等 EPR 制度，建立了包装物双元“DSD”回收体系。这一阶段的政策具有强制性，缺乏弹性；大多数国家的废弃物回收体系基本处于政府或政府委托的第三方垄断状态。由于缺乏竞争，效率低下，造成废旧产品回收成本居高不下。

2. 初步发展阶段（2001—2004 年）。2001 年 OECD 实施 EPR 指导手册出版，越来越多的欧洲国家、其他发达国家和地区开始意识到 EPR 制度对提高废弃物管理水平和提高废弃物回收率具有较好的效果。各国政府根据本国国情需要，开始动员本国生产者和产品进口商围绕产业链开展工业生态设计和报废产品回收与循环利用运营，鼓励企业自行设计回收体系和资金运作机制。政府主要负责市场监管，包括产品登记和监控、制定含有有害物质产品的质量管理标准等，为所有生产商提供一个“公平竞争”的环境。这一阶段的政策设计方案虽然也是强制性的，但通过引入竞争机制，相对具有弹性，废旧产品回收与循环利用效率明显提升。由于同行企业间建立了集体回收模式，大大降低了废弃物管理成本和运营费用。

3. 快速发展阶段（2005 年至今）。2005 年以后，EPR 项目在全世界迅速传播和发展，各国出台的 EPR 相关政策快速增加。图 1 显示，2010 年实施的 EPR 政策已有 384 项，其中超过 70% 以上是 2001 年 OECD 指导手册出版后开始实施的，有 11% 是在 2010 年以后实施的①。目前，欧盟已经将 EPR 制度对象产品不断扩大，EPR 制度实施的机制也越来越市场化。政府的任务则转向了基于产品全寿命周期监控国家层面的物质流核算管理。欧洲国家特别关注含有有毒有害物质的产品，对

① OECD. The State of Play on Extended Producer Responsibility (EPR): Opportunities and Challenges. Global Forum on Environment: Promoting Sustainable Materials Management through Extended Producer Responsibility (EPR). 17 – 19 June 2014, Tokyo, Japan. http://www.oecd.org/environment/gfenv-extended producerres ponsibility-june 2014.htm.

这类产品的监控制度越来越严格。因此，针对含有有毒有害物质产品的EPR 制度更加严格。

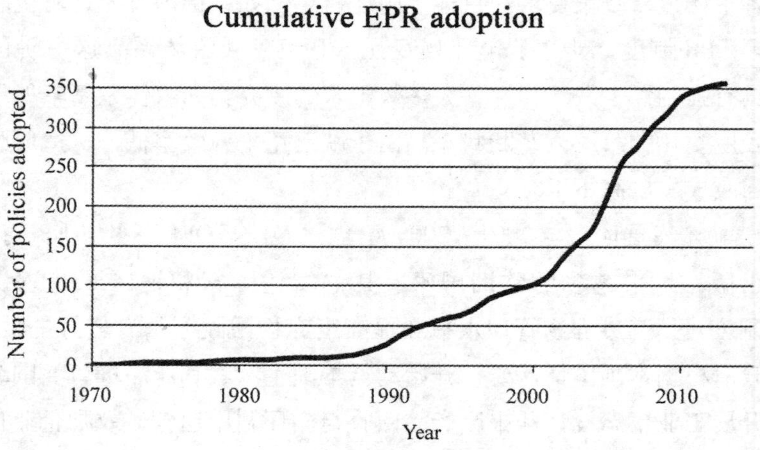

Cumulative EPR adoption

图 1　EPR 政策采纳累积

各国实施的 EPR 政策涉及的产品类别呈现出多样化特点，其中，包装占 17% ，电子设备占 35% ，汽车/蓄电池占 12% ，轮胎占 18% ，其他占 18% 。[①]

各国实施 EPR 政策时采取的机制包括押金制、预付费、回收机制等。具体比例为回收占 70%，押金占 11%，预付占 17%，其他占 2%[②]。

（三）发达国家实施生产者责任延伸制度的工具

Lindhqvist（1992）认为，EPR 制度可以通过管理工具、经济工具和信息工具实现。表 1 给出了发达国家实践中常用的三类政策工具。

① Peter Börkey. EPR-GLOBAL OVERVIEW AND SOME INSIGHTS. ACR + EPR Club Conference, 19 September 2013, Brussels .

② Ibid.

表 1　　基于 EPR 政策工具

管理工具	废弃物排放立法、制定标准、实施填埋管制、设立回收目标。目的是通过法律和行政生管制，等等，控制废弃产品排放，促进企业保障必需的投入，以实现 EPR 制度的终极目标。
经济工具	对特定材料/产品征收环境税、进行补贴、预先征收处理费、实施押金征收与返还、建立废弃物交易和循环利用信用体系，等等。
信息工具	向行政管理部门报送产品详细信息；通过产品和组件的标志/标签，向消费者、回收者公开产品组件、结构及材料信息。

在实践中，发达国家实施 EPR 制度的政策工具主要包括：建立回收体系、押金制、预付费、原材料税、上游征税/补贴等。

针对某种产品的 EPR 制度通常由多项政策工具所组成。例如，一个制造商要回收他的产品，常常会利用消费者的押金方法，以激励消费者将报废的产品送往指定收集地点以便获得押金的返还。制造商也可能被要求在产品显著位置上贴标签，标明产品材料组成及组件结构，以帮助回收商了解产品信息，正确地回收、运输、拆解和循环利用。制造商委托的回收者必须符合特定的资质条件。这些政策工具可以纳入废物管理法律及相关法律之中。图 1 描述了政策中不同工具之间的关系①。

在实施 EPR 制度的三类政策工具中，管理工具和信息工具都可以通过法律和行政手段来实现，不涉及资金运行，而经济工具直接涉及企业的资金流。从发达国家的实践来看，资金流是 EPR 制度能否全面落实的关键。

（四）发达国家 EPR 制度的资金运行机制

资金提供机制取决于选择的特定政策工具和产品。一般情况下，生产者可以通过纳税、直接投资操作和向政府或政府委托的机构交费履行其产品报废后的处理责任。消费者则可以通过购买商品时支付押金等辅助生产者完成其责任。事实上，在所有的 EPR 计划中，最终承担责任的都是消费者。因为生产者最终会将成本转移到产品的价格之中。问题

① 图中的 UCTS（upstream combined product tax and recycling subsidy），上游材料税与回收补贴的结合。

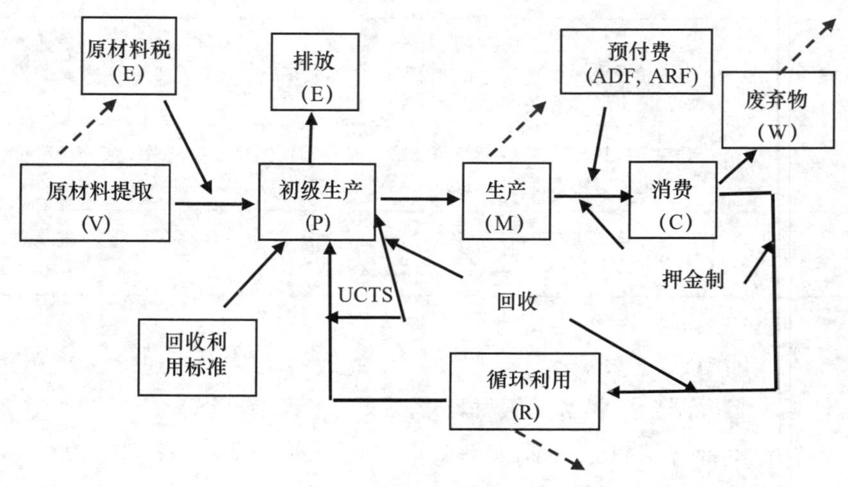

图2　EPR 政策图示

是消费者什么时候，以什么方式付费，则取决于政策设计的资金收取机制。按照生产者和消费者承担责任的时间划分，可以归纳为两种基本的资金收取机制：预先收费体系和后付费体系。

1. 预付费体系。这种体系包括可见的预收费体系（Visible advance disposal fee systems）和不可见的预收费体系（Invisible advance disposal fee systems）。

可见的预收费体系。可见预收费是一种价外收费的制度安排。即消费者购买产品时，在价格之外要预交一定数量的本产品报废处置费用。其数量大小根据当前回收本产品运输、拆解和安全处置的成本总和减去产品所含残值来确定。其优点是消费者知道他为处置这个产品的环境负面影响支付了费用。

在制度设计上，可以区分产品设计引起的环境成本。例如，采取不含有毒有害原材料、易于拆解、原材料可回收利用的生态设计的产品，收费会低一些，反之收费会高一些。这样的制度安排将有利于通过经济手段激励消费者购买生态设计产品，同时也激励了生产者采用生态设计，以提高产品的市场竞争力和企业形象，激发生产者承担生态设计责任。

不可见的预收费体系或隐性预收费体系。这种收费体系是在产品价格中已经包含了该产品报废后的环境处理成本，但消费者并不知道他已经支付了这笔费用。这种体系的运行机制可以设计成由生产者事先向政府支付，然后将其加入产品的价格之中从市场中收回。其数额的大小也同样按照生产者是否采取了生态设计而定。这种制度设计对于消费者而言，其负担没有变化，但生产者需要事先支付产品报废处置费，在产品出厂与售出资金返还到企业这一段时间内，企业的资金支付会增加企业的资金成本。而政府事先收到这笔费用，会有资金管理成本或经营收益，这取决于政府管理资金的方式。

2. 最后的所有者付费体系（Last owner-pays systems）。最后的所有者付费原则也叫作消费者付费原则，即产品在谁手中报废，由谁来支付处置成本。这是典型的消费者分担环境责任的付费体系，也可以称为“污染者责任体系”。其好处是责任明确，谁抛弃谁负责，谁污染谁治理。但其缺点是，产品生产者没有明确的责任，且使用二手货的穷人可能不得不承担报废产品的处置责任，有不公平的嫌疑。当然，这种体系可能导致二手产品价格降低。

3. 处置资金的操作形式

（1）基金制

基金制属于预付费制度。该制度的运行机制是，由政府向生产者征收报废产品处置基金；由政府或政府委托的生产者组织（Producer Responsibility Organizations，PROs）[①] 对基金进行管理，向对报废产品进行回收、分类拆解、再利用和再资源化的企业支付一定补贴。

每一单位产品需要交纳的基金数量根据产品的性质、生态设计程度、报废后回收与处置的成本等来确定。

实际上，消费者责任制的后付费制度也属于基金制的范畴。不同的是，消费者是向政府委托的废旧产品回收与处置机构直接支付费用。

无论是生产者支付报废产品处置基金，还是消费者支付处置费，都是资金与产品的物质实体同向流动，实物脱离谁的控制，资金便从谁的

① PROs 是一个生产者自主组成的非营利性组织。一般负责对会员生产的产品报废后进行回收和处理，并对回收的品牌等销售数据采用隐私保护措施。

手中离开，最终到达报废产品处置者手中。

(2) 押金制

押金制是指消费者在购买产品时，产品原有价格已附加上了押金(回收保证金)，消费者将使用完的产品交还销售者后，返还押金(回收得以实现)的一种制度。押金制建立了一个收集和回收系统，通过提供货币激励消费者返回使用过的产品或包装(形同租赁)，可以有效保证产品回收并鼓励二手产品的重用。

押金制只是保证使用过的产品(也许并未报废)回收，并不包括产品最终报废的处置费用。最终的处置费用仍需通过基金的方式解决。但它将产品回收的成本转移给了消费者，可以减少废旧产品回收环节，降低回收处置系统的基金需求。

针对产品的不同性质，押金制的目标是不相同的。

对那些可以反复使用的产品或包装物，押金制的目标是促进产品在生产者或不同消费者手中重复使用，以降低成本。

对那些量大值低、难以回收且对环境影响较大的产品，押金制可以使回收变得容易，提高回收率。

因此，押金制又可分为市场机制的自主押金制和依靠法律的强制押金制。像啤酒瓶这类可重复使用的包装物品，可以通过市场机制下的生产者自主押金制度来实现回收重复使用。而像软饮料的包装物(罐或利乐包)，量大值低，不可重复使用，报废后回收困难且对环境影响大，一般则通过法律法规实施强制回收性质的押金制。消费者退回包装物，则押金返还。目前，美国十个州、加拿大多数省份和许多欧洲国家都颁布了饮料容器押金法律。例如，美国一些州推行的“退瓶费”，实际是一种强制押金制，即由州法律来设立及运营的制度。退瓶费保证金从下游开始做起；针对某种特定大小容积的瓶向消费者收取一定的押金。当消费者退还容器时，他们拿回保证金。罐装商或批发商向零售商收取押金，生产商向批发商收取押金。最终包装物回到制造商那里得到处置和再生利用。

目前，押金制在电池和一些报废后形成危险废物的产品回收中也开始实施。

七 中国实施 EPR 制度的目标与原则

中国作为一个新兴的发展中国家，经过三十多年的持续快速经济增长，已经进入工业化中后期发展阶段，原材料型重化工产业的市场需求逐步达到天花板进入了低增长甚至零增长状态，产业结构开始进入大调整时期，宏观经济总量由快速扩张进入到结构调整优化为主导的扩张减速新常态。更为重要的是，这一调整与国际金融危机后的世界经济普遍低迷相重合，国际大宗商品及原材料价格急剧下降，使得国内市场的再生资源需求萎靡不振，价格持续走低。这些变化导致诸种废旧产品由市场高价值转向市场低价值，甚至市场无价值转变。这一情况已经与 20 世纪 80 年代和 90 年代初期的发达国家类似。

废弃物资源由市场高价值向市场无价值转变，导致废弃物收集和循环利用的经济主体动力消失。这一变化使我国的生态环境压力由“有经济动力但意识未觉醒型”转向“意识觉醒但无经济动力型”。引入 EPR 制度，就是通过制度创新，完善市场经济新框架，为治理废弃物污染塑造新的经济动力和新的经济机制。

但是，引入 EPR 制度的直接客观后果是生产者剩余和消费者剩余的双下降，即企业和居民都必须将一部分可用于增加有形福利的支出转而用于支付防止无形的环境福利下降的努力。这相当于逆水行舟，不是全部动力都用于提高前进速度，而是必须有一部分动力用于克服后退拉力。生产者剩余和消费者剩余的下降，即是用于克服环境福利下降从而防止整体福利下降的代价。因此，引入 EPR 制度并非为经济增长添加新动力，而是为了修复经济增长对生态环境的破坏，阻止环境福利的下降。换句话说，引入 EPR 制度不是增加新的社会福利，而是防止原有社会福利不受损失。或者说，引入 EPR 制度不是向生产者和消费者分配蛋糕，而是向生产者和消费者分配防止蛋糕变坏的责任。

认清 EPR 制度的本质，才能降低推进 EPR 制度的阻力。合理科学地设计 EPR 制度的结构，合理分配生产者与消费者的环境责任，才能使他们有效地承担责任。

（一）中国实施生产者责任延伸制度的目标

2013年以来，随着我国进入新常态，再生资源的市场价格将会长期处于较低的水平。废旧产品处置和再生资源产业的成本不断上升，将会使得废旧产品处置的目的从获取再生资源从而获得经济效益为主导，转变为以防止废旧产品排放和保护环境为主要目标。

当废弃物生产量不断增长而废弃物处置本身不再是一个具有市场竞争力的产业后，仅靠市场机制就会导致废弃物处理产业萎缩，从而造成巨大的环境污染压力。在这种背景下，实施EPR制度，通过生产者负担其生产的产品变为废弃物后的处置成本来筹集废弃物处理资金变得更加紧迫。因此，在中国引入EPR制度的根本目标应该聚焦于激励资源循环利用和废弃物减量化，从而保护生态环境。

（二）中国实施EPR制度的原则

基于中国实施EPR制度的目标，实施EPR制度应遵守以下原则。

1. 量大面广，环境效果优先原则

引入EPR制度的目标是解决环境污染问题，因此，应该首先选择产品数量大，对环境影响大的产品实施此制度，才会对解决环境污染问题有更大的效果。

2. 坚持社会效益大于社会成本的原则

依据费用效益分析理论，国家政策的效果应该实现社会效益大于社会成本的原则。实施EPR制度的社会效益包括环境效益、废弃物资源回收利用的经济净收益、促进企业产品生态设计和废弃物减量化带来的废弃物安全处置费用的净节约、节省废弃物回收的成本，成本包括制定制度和执行制度的管理成本、生产者剩余的减少、消费者剩余的减少，等等。

3. 从易到难的原则

实施EPR制度不仅涉及生产者，还涉及广大消费者，需要全社会的理解和参与。我国正处在社会环境意识的转型深化过程中，不同地区的居民环境支付意愿差别巨大，在不同地区推进生产者责任制度的难易程度不同，可先选择社会环境意识高，收入水平高，环境支付意愿高的地区先行先试。

同时，市场上的产品种类众多，依据第一原则，在经过科学测算的基础上，在责任优先顺序上，优先实施经济成本较低的信息公开责任。

4. 从不完全责任到完全责任分步实施原则

我国的再生资源市场和废旧产品处置的成本效益都在快速变化过程之中，总的趋势是成本在不断上升，效益在不断下降。因此，实施EPR不宜一步到位，以避免对企业经营产生过大的冲击。可根据市场的变化，逐步加大生产者责任，使企业有一个逐步的缓冲适应期。

5. 大力促进企业推广生态设计的原则

EPR制度的一大功能是促进企业的生态设计和技术创新。在确定企业责任政策时，在实施生态设计的企业和产品与非生态设计的企业和产品之间要有明显的责任差别，以便激励企业加速实施产品的生态设计。

八 中国选择实施EPR制度对象产品的成本效益分析方法

（一）引入EPR制度的成本与效益识别

针对不同产品实施EPR制度的社会成本效益差别很大，运用成本效益分析方法对产品实施EPR制度进行评估，是确定实施EPR制度对象产品的关键。进行成本与效益分析首先需要对成本与效益进行识别，才能确定成本与效益指标，然后进行综合评价对比。

1. 成本。凡是因为引入EPR制度而发生的所有成本都应计入制度实施的成本之中。有些成本是可以直接定量计算的，有些成本则需要间接测算，甚至只能估算。例如，为实施EPR制定所需要的管理成本很难直接进行计算，只能进行估算。因为实施EPR制度，需要设立或委托第三方管理执行机构，但这些机构可能还兼有其他职能，或对原有机构增加新的EPR制度管理执行功能，但需要增加新的人员和设施等，这就需要进行成本分摊。因此，对成本的识别是很重要的。

2. 效益。对效益的识别与计算同样存在困难。特别是对于实施生态设计前后产品报废后的处置成本变化直接影响资源再生的净效益，还要考虑再生资源价格的变化。有些效益可能是EPR制度附带衍生的，需要仔细识别出来，才能正确评价其全部效益。比如，实施EPR制度引起的废弃物减量对环境负荷削减的贡献，对处置成本节约贡献等，都需要有详细的参数才能识别其贡献的多少。因此，效益识别与成本识别同样复杂。

（二）引入EPR制度的成本效益指标

具体从哪种产品开始引入EPR制度，取决于引入此制度带来的社会综合效益是否为净正值。这需要在成本与效益识别的基础上，选择合适的指标对成本与效益进行评价。

为了正确评价EPR制度的社会综合效益，我们需要有一套科学的指标和综合评价方法对EPR制度的成本与效益进行评价。这些指标包括市场可以直接定价的内部性成本与效益指标，也包括了市场不能直接定价的外部性成本与效益指标。对于外部性成本与效益指标需要经过强制定量并给予权重，才能最后确定不同产品实施EPR制度的成本效益对比，从而选择优先实施EPR制度的领域和产品。

1. 成本指标。成本指标包括社会层面的制度建设成本与执行成本，生产者、消费者和处理者成本。

（1）社会层面直接成本。社会层面直接成本主要是制度建设与执行成本。即新构建EPR制度所需要的成本。为实施EPR制度，需要新成立相应的执行管理机构或组织，需要增加人员、办公设施与设备等固定成本，还需要增加基金或押金征收、管理、监督检查等日常运转成本，等等。如不新建专门机构或组织，也需要在原机构或组织中增加新的功能，同样需要增加上述成本。

当然，构建制度前期的研究与决策所需成本不必包含在内。因为尽管决定是否引入EPR制度也要花费很多的成本，但是，即使决定不引入该制度也需花费这笔成本，这属于国家行政管理的必要成本。

（2）生产者成本。因实施EPR制度，生产者可能增加的成本包括以下几项。

①资金成本。在实施生产者预付费制度的情况下，生产者需要在产品出售时预交报废处置费。即使是生产者将这笔成本转移到销售价格之

中，也需要等到产品销售出去后才能收回。这中间会有一段时间，生产者必须增加流动资金周转，这笔成本会产生利息成本。

②生态设计成本。为了提高竞争力，在实施生态设计产品可以减交产品报废处置费的情况下，生产者必须进行生态设计研究与开发。即使是研究开发经费享受税收加计扣除，也会增加其资金投入。

③管理与交易成本。实施 EPR 制度后，企业必须增加管理人员专门负责生产者履行责任的管理与公共关系部门，这必将会产生交易成本。

④信息公开责任成本。无论 EPR 制度结构如何，企业都必须承担信息公开责任，为此，企业必须增加相应成本。

（3）消费者成本。消费者成本因 EPR 制度的实施方式不同而不同。

①生产者预付费转移成本。在生产者预付处理费的基金制情况下，因生产者价格中增加了报废处置费，消费者必须支付更高的成本获得同样使用功能（效用）的产品。生产者向价格中转移多少成本，消费者就会增加多少成本。

②废旧产品排放处置成本。在事后付费体系下，消费者将会分担废旧产品处置责任，产品报废处置费完全由消费者支出。尽管这种制度安排下，因产品的售价没有包括处置费而低一些，但由于这笔成本因直接交给废旧产品处置者，一般会比产品购买价格中包含的处置费高一些。

③押金机会成本与运输和时间成本。在押金制的情况下，消费者总会有一部分资金被沉淀在销售者那里承担资金机会成本，并且需要付出返回废旧产品的运输成本和时间成本。

（4）处理者成本。在实施生产者责任延伸制度下，废旧产品处理者不会增加成本，而是处于更加有利的环境中。因为其获得废旧产品资源将更加方便，获得资助的资源保障条件变得更好。

2. 效益指标。获得正的社会综合效益是引入 EPR 制度的前提。从社会层面看，与成本相对应，效益也要从社会层面、生产者层面、消费者层面和处理者四个层面进行分析。

（1）社会层面效益。社会层面的直接效益主要表现在因生产者承担了废弃物处置责任，会减少政府财政的补贴负担和环境负荷减轻，有利于环境质量的改善，有利于再生资源生产获利。

①财政补贴支出减少效益。实施 EPR 制度之前，对废弃物处理的补贴全部由财政负担，实施 EPR 制度以后，消费者被征收了实质上的“环境税”，从而使政府财政减少了对废旧产品的处置补贴支出。其数量大小取决于产品押金或消费者处理费征收强度。

②环境负荷下降效益。环境负荷下降是由于刺激生产者实施生态设计使废弃物回收更加容易，并促进垃圾减量化，节省处理垃圾的成本。同时，在处理押金的保障下，资源再生利用变得更加有效益，这将会有效降低对原始资源的需求，从而降低原生矿产的开采。环境负荷效益的测算需要一系列参数支持才能定量计算。

（2）生产者效益。EPR 制度的初衷就是通过让生产者负起环境责任，以降低政府负担，是一种责任的转移。生产者作为责任转移的承担者难以从中获得额外收益。这是 EPR 制度导致生产者剩余下降的原因。但生产者可以通过承担社会环境责任提高社会形象，形成无形资产，提高在生态文明建设中的市场竞争力。

（3）消费者效益。实施 EPR 制度以后，消费者与生产者之间是一种环境责任的此消彼长关系。生产者会将环境责任产生的经济负担最终向消费者转移。否则企业难以为继。因此，消费者也会面临消费者剩余降低的趋势。

（4）处理者效益。处理者将会从 EPR 制度获得以下效益。

①节省废旧产品收集成本。实施 EPR 制度以前，废弃物处理者只能依靠自己建立的回收体系收集废弃物，虽然也会获得政府的补贴，但补贴数量常常不足，或难以及时到位。实施 EPR 制度以后，在生产者和消费者的参与支持下，收集废弃物会变得更加容易，可以节省收集成本。

②降低废旧产品处理成本。生产者对产品进行生态设计将会使废弃物拆解变得更加容易，减少有毒有害材料的使用，既有利于降低再生资源成本，又有利于降低不可再生利用的最终废弃物的处理成本。在正常的市场秩序下，这些变化都会转化为处理者效益提升。

九　中国实施 EPR 制度的产品选择

有了实施 EPR 制度的原则和评价指标，就可以依据原则和评价结果选择优先实施 EPR 制度的产品。

根据发达国家的经验和我国的国情，定性选择优先实施 EPR 制度的产品范围如下。

（一）电子电器产品

选择理由：电子电器已经成为家庭、办公、服务等各领域广泛使用的产品，量大面广，组成材料种类复杂，排放和不正确处置对环境的影响巨大，再生利用潜力巨大。OECD 国家普遍将电子电器产品纳入了实施 EPR 制度的优先对象。我国已经正式针对 14 种以电子电器产品实施基金为工具不完全的 EPR 制度。未来应在全面测算电子电器产品处置的费用与效益基础上，逐步扩大实施 EPR 制度的电子电器产品品种，并向完全的 EPR 制度转变。

（二）包装产品

选择理由：包装产品涉及范围比电子电器产品更大，而且易耗、量大、面广，种类繁多，回收市场价值不断降低，排放和处置不当极易引起环境污染。目前广大农村地区的各种塑料包装物、玻璃包装物等造成的污染已经十分严重，实施包装物 EPR 制度意义重大，也是 OECD 国家优先重点实施 EPR 制度的领域。未来我国应创新针对包装废弃物实施 EPR 制度的体制机制，根据包装类别不同，组合实施各类工具，并使其延伸至广大农村地区。

（三）汽车

选择理由：汽车是高价值大件耐用产品，构建和材料组成越来越复杂，内含电子产品越来越多，其包含的轮胎、蓄电池、电路板、制冷剂等部件和材料对环境都具有严重的威胁。汽车的保有量越来越大，地域分布越来越广泛。但汽车生产者集中度高，报废后残值正在下降，再制造和再生利用潜力大，经济性运输半径大，具有完善的生产者与消费者信息基础，是很适合实施 EPR 制度的产品。由于汽车的轮胎、蓄电池和电子产品等都是独立的单元组建，也是价值较高的组件产品，本身又具备独立实施 EPR 制度的条件，因此，汽车产品实施 EPR 制度可以采取组合方式。

(四) 电池

选择理由：电池的种类很多，有干电池、铅酸蓄电池、锂电池、燃料电池等不同种类，且不是独立使用产品，而是作为其他耗能产品的电源配套使用，但它又是独立的产品组件，量大面广，排放和不当处置对环境影响极大。特别是电池的再生利用还存在一定的技术障碍，即使是再生资源化技术较为成熟的铅酸蓄电池，也存在二次污染的危险。因此，电池产品也是OECD国家优先实施EPR制度的产品。目前我国已开始进行对铅酸蓄电池实施EPR制度的探讨。

(五) 照明器材

选择理由：照明器材是家喻户晓的日常消费品，特别是随着含有重金属的节能照明器材的广泛使用，报废照明器材对环境的污染威胁日益严重。由于照明器材，特别是节能灯具多由易碎材料组成，内含对环境有较强污染且易挥发的物质，数量多但重量小，很难在一个运输半径合理的区域内形成具有经济性的处理规模，收集成本高，经济效益低。借助EPR制度，通过押金制以旧换新和逆向物流等方式降低回收成本，是有效途径。

(六) 医疗器材

选择理由：医疗器材是关乎人类健康的产品，有些产品报废后属于危险品，特别是含有放射性物质的诊疗器材和试剂及其包装物、一次性用品等，都是事关人的健康与环境安全的产品。为防止报废医疗器材的不当处理，有必要实施EPR制度。

当决定EPR方案的范围时，要仔细考虑生产者和消费者的承受能力和实施成本。当一项产品同时被纳入两种EPR方案管理时（如车辆的轮胎），政府应该通过协调给出针对这项重复管理的解决方案，或者延迟某一项方案的实施，以避免管理上的重复。

十　中国实施EPR制度对策建议

（一）选择合适的政策工具体系

不同的EPR政策工具适合于不同的产品。参照发达国家的经验，结合我国的国情，针对不同产品选择合适的政策工具，是EPR制度取得实效的关键。

虽然我国民众的环境意识已经觉醒，但长期对政府过度依赖的文化和制度体系，造成了民众在意识上过度依赖政府直接提供公共产品的文化。例如，一些企业宁愿冒违法受罚的风险“创造性地”偷排污染物，千方百计逃避环境保护投资；广大民众的环境支付意愿仍然较低。在这样的背景下，通过法律法规的方式实施生产者预付费政策，比让每个消费者执行后付费的消费者责任更可行，更容易操作。应该加紧针对不同产品实施EPR制度的成本效益研究和政策工具选择探究。

（二）制定促进EPR制度实施的辅助管理政策

1. 规定特定产品的回收比例政策

根据产品的性质、体积大小、市场规模和地域分布广泛程度，消费者性质，适宜运输和储存程度，报废后的市场残值大小，再生利用的方式和市场价值大小，集中处理的规模经济性等特点，残剩废弃物对环境的影响大小等综合因素，分时段确定生产者最小回收比例。

2. 特定原材料使用税政策

报废产品对环境的污染危害程度取决于生产产品所用的原材料的物理化学性能。为了避免报废产品威胁环境，并降低废旧产品回收处理成本，在产品生产中应尽可能避免使用有毒有害原材料的使用。必须使用的除了要公开信息以外，还应该征收特别使用税，提高有毒有害原材料使用成本，激励企业研究开发无毒无害环境友好型原材料，从源头抑制有毒有害原材料的使用。

3. 特定报废产品强制回收政策

针对特定的有毒有害产品及危险品，制定强制回收政策。特定产品包括含有汞、铬、铅、镉、砷等有毒有害物质的产品，如废电池、废日光灯节能灯管等，含有氟利昂、集成电路板等物质的产品，报废后含有易燃易爆物质的产品，排放后会引起疾病传播影响健康的医疗废弃物产品，废旧包装物，等等。强制回收产品的责任不能用经济手段替代，而应具有主体落实实物责任。

（三）强化 EPR 制度宣传

必须始终明确，EPR 制度是一种以经济手段为主，法律和行政手段为辅的环境保护政策。其目标是让生产者，即产品的提供者承担起产品报废以后的环境责任。这是一种从源头治理环境污染，减轻物质资源消费持续增长带来环境压力的制度设计。要广泛宣传这一理念，使其深入人心，才能提高实施 EPR 制度各相关主体的认识，减少阻力。

（四）明确和落实 EPR 制度执行和监管责任主体

EPR 制度是针对具体产品的生产者而实施的制度。但这里的“生产者”并非仅仅指产品的物质实体制造者，还包括进口产品的进口商。更广义地，EPR 制度针对的产品是指报废了的那个产品，消费者也是将产品变为报废品的生产者。因此，EPR 制度涉及的产品生产者主体既包括产品实物的直接制造者，也包括进口产品的进口商（生产者责任制度属于国内法，无法直接追索国外的产品物质实体直接生产者），还部分延伸至消费者。

在实施 EPR 制度的系统中，产品的物质实体生产者和进口商是第一责任主体。消费者是附带生产者，有协助生产者落实产品环境责任的义务。政府是执行和监督 EPR 制度的落实行政主体。

（五）科学测定 EPR 制度的成本效益

执行 EPR 制度需要定量确立责任的具体大小。特别是通过经济手段承担责任时，要科学测定具体财务指标数量。因此，必须针对实施 EPR 制度的具体产品，全面评估测定 EPR 制度实施的成本与效益，准确确定财务责任的数量。

（六）制定 EPR 制度对象产品目录

依据对决定实施 EPR 制度的对象产品类别及其类别内的具体产品实施此制度前后的社会成本效益分析结果，选择优先实施 EPR 制度的产品排序，根据具体情况，发布优先实施 EPR 制度的具体产品目录，分步骤实施。

（七）制定实施 EPR 制度的政策目录

在推进新的 EPR 制度之初，需要制定符合我国国情、清晰的相关术语定义，对产品流通循环链条上的所有相关者，包括生产者、消费者、行政管理机构、对象产品、中介组织、行业协会、供货商、进口商、分销商、零售商、法律仲裁机构、处理机构、资源再生及循环利用机构、服务机构等第三方利益攸关机构，都要界定清楚，定义他们在 EPR 制度实施过程中的角色和责任与义务，在此基础上，制定和发布针对产品目录中所有产品的详细政策措施目录。包括实施强制回收的政策、实物责任政策、财务责任政策、信息公开政策、税收及财政补贴政策、技术标准政策、责任分配与义务分担政策、资金支付与管理政策、资金使用政策、安全处理与资源再生利用政策，等等。

（八）建立监督考核机制

有效的监督机制是确保 EPR 制度顺利运行的保证。监督机制不仅包括对 EPR 制度责任主体的监督，也包括对辅助方和利益攸关者的监督激励。监督主体由政府主导承担，但要充分发挥行业协会、社会公益组织和第三方服务机构的作用。

循环经济立法的完善和地方循环经济立法研究

李玉基*

一　我国循环经济的发展现状

循环经济是以“减量化、再利用、资源化”为基本原则，以“生态效率”为测量单位，以“社会经济可持续发展”为追求的物质闭环流动型经济的简称，其实质是生态经济。从语义学的角度看，循环经济是一个“舶来词”，2008 年由同济大学诸大建教授首次介绍、传入我国。

我国开展循环经济的实践起步较晚。从 2005 年起，我国开始在重点行业、重点领域、产业园区及各省市开展了较小区域范围内的循环经济试点工作，并于 2007 年 12 月启动了第二批试点单位工作。第二批涉及的重点行业有 11 个（42 家企业），重点领域有 4 个（17 家企业），新增加 20 个产业园区及 4 省 13 市，共计 96 个试点单位。很快地，全国各地掀起了循环经济建设的浪潮。《中华人民共和国循环经济促进法》2009 年 1 月 1 日开始正式实施。国家发改委于 2010 年 12 月发布了《循环经济发展规划编制指南》，指导全国各地科学编制循环经济发展规划，落实《中华人民共和国循环经济促进法》的规定。目前，我国大部分地区已经出台地方性法律法规及政策直接规范循环经济的生态园区建设、生态省（市）建设、绩效评估及统计考核等，循环经济各项标准也日趋规范和严肃；各个地区在积极认真编制符合本区域实际、

* 李玉基，甘肃政法学院民商经济法学院教授，硕士生导师，主要研究方向为循环经济法。

凸显区域特色的循环经济发展规划基础上①，设立了专门的循环经济主管机构，赋予其较高地位及权威，明确其职责，并采取一系列措施落实发展循环经济的资金来源、投入及使用……循环经济在我国实现了由理论到实践的重大进展。从中央到地方，循环经济建设力度加大，示范试点工作非常活跃，循环经济基础设施建设步伐明显加快，生态园区建设如雨后春笋、欣欣向荣；区域环境气候质量得到明显改善，节能减排效益大幅度提升；企业内部“小循环”成效突出，清洁生产得到大力实施，循环经济产业链跨区、跨市、跨省协调、合作、交流趋于频繁，循环经济实践平台拓展、区域化成效初现。

在发展循环经济的求索路上，我国出台了许多的支持政策，做了很多努力，但国家制度体系的建设步伐没有及时跟上，尤其是循环经济法制建设，始终处于“态度很积极，效果很一般，立法不算晚，质量不很高”的状态。党的十八届五中全会将“绿色发展”提升到了关乎中华民族永续发展的高度。循环经济是“内涵式”经济发展模式，是追求实现经济发展与物质消耗脱钩的经济发展模式，是追求实现经济活动“绿色化”的经济发展模式，是“绿色发展”理念的实践模式，在绿色发展理念的引领下，我国的循环经济发展内在动力会进一步增强，循环经济发展的外在实践会进一步丰富。循环经济发展实践对于法制层面的需求只会增加不会减少，从此意义而言，检讨过去循环经济立法的不足并提出因应之策，就具有相当重要的意义。

二　我国循环经济立法不足及完善

（一）我国循环经济立法现状梳理

循环经济的发展，需要法律的支撑，这是毋庸置疑的。经济基础决定上层建筑，循环经济发展需要何种性质、何种内容的法律保障，以及循环经济立法与环境立法的区别是什么？循环经济与环境保护有无区别？由什么样的区别来决定。循环经济的核心追求是通过技术创新驱动

① 据笔者收集到的资料，苏州、鹤壁、贵阳、青岛、深圳、泰州、上海、兰州等城市的循环经济规划最具有代表性。

与制度安排，用最小的资源消耗和环境代价，实现经济、社会和环境的协同可持续发展。循环经济的核心要求是：其一，环境资源必须被作为社会经济发展的内在要素；其二，经济活动过程和结果实现“绿色化”。显然，循环经济不同于一般意义上的环境保护，更不能将其理解为简单的污染防治。事实上，如果承认绿色发展的实质是绿色增长，就能够理解循环经济的实质是“物质流循环的同时实现价值增值”，是“环保给经济增长做加法”。也因此可以理解循环经济是和过去的环境保护完全不同的。对于循环经济，既不能夸大其范围，例如认为循环经济是个筐，什么都能往里装，也不能任意缩小其范围，认为循环经济只是简单的资源利用或者资源回收罢了。从此角度而言，循环经济立法应该坚持以新的眼光去看待，循环经济立法现状的梳理应该本着客观、科学、准确、全面的态度。既不能把典型的环境保护立法等同于循环经济立法，也不能仅从字面意义来确认循环经济立法范围的宽窄。

基于以上分析，笔者认为我国的循环经济现有立法包括四个层面的内容。

1. 法律层面

法律层面的循环经济立法当包括2008年8月颁布的《中华人民共和国循环经济促进法》，2002年颁布的《中华人民共和国清洁生产促进法》，2004年修订的《中华人民共和国矿产资源法》，2015年4月修订的《中华人民共和国固体废物污染环境防治法》，2016年7月修订的《中华人民共和国水法》和《中华人民共和国节约能源法》。

2. 行政法规层面

行政法规层面的有《废弃电器电子产品回收处理管理条例》（2011年）、《中华人民共和国医疗废物管理条例》（2003年）、《报废汽车回收管理办法》（2001年）、《中华人民共和国认证认可条例》（2016年修订）、《促进产业结构调整暂行规定》（2005年）、《民用建筑节能条例》（2008年）、《公共机构节能条例》（2008年）、《中华人民共和国农业管理条例》（2015年），等等。

3. 部门规章层面

部门规章层面的有《城市建筑垃圾管理规定》（2005年）、《粉煤灰综合利用管理办法》（2013年）、《煤矸石综合利用管理办法》（2015

年)、《重点用能单位节能管理办法》(2016 年修订)、《节约用电管理办法》(2000 年)、《能源效率标志管理办法》(2016 年修订)、《再生资源回收管理办法》(2015 年修订)、《电子信息产品污染控制管理办法》(2006 年颁布)、《中央补助地方清洁生产专项资金使用管理办法》(2006 年颁布)、《清洁生产审核暂行办法》(2016 年修订)、《国家鼓励的资源综合利用认定管理办法》(2006 年修订)、《清洁发展机制项目运行管理办法》(2011 年修订)、《新型墙体材料专项基金征收使用管理办法》(2013 年发布)、《电子废物污染环境防治管理办法》(2007 年发布)、《国家机关办公建筑和大型公共建筑节能专项资金管理暂行办法》(2007 年)、《农业管理条例实施办法》(2016 年),等等。

4. 地方性立法

在循环经济的推进过程中,一些地方相继制定了符合循环经济发展要求的地方性立法,如《贵阳市建设循环经济生态城市条例》、《陕西省循环经济促进条例》、《江苏省循环经济促进条例》、《山西省循环经济促进条例》、《山东省资源综合利用条例》、《山东省循环经济条例》、《湖北省资源综合利用条例》、《江西省资源综合利用条例》、《甘肃省循环经济促进条例》、《湖南省资源综合利用认定管理实施细则》、《浙江省资源综合利用条例》、《广东省资源综合利用管理办法》、《河北省资源综合利用认定管理办法》、《江苏省资源综合利用认定管理办法》、《山西省关于全面推进资源节约与综合利用的决定》、《广东省节约能源条例》,等等。以上地方性立法的出台,有力推动了我国资源综合利用的立法。

(二)我国《循环经济促进法》内容概述

2009 年 1 月 1 日起,《中华人民共和国循环经济促进法》正式实施。该法明确指出“为了促进循环经济发展,提高资源利用效率,保护和改善环境,实现可持续发展,制定本法。”① 显然其立法目的以提高资源利用效率为主,环境保护为次,最终实现可持续发展。《循环经济促进法》的颁布实施,是我国生态文明建设过程中的大事,是实现

① 《中华人民共和国循环经济促进法》第一条。

我国十八大确立的资源战略的重要法律制度。《循环经济促进法》是我国第一部循环经济领域的综合性立法，是我国目前循环经济领域的基础性法律。《循环经济促进法》界定了循环经济的法律概念，规定了发展循环经济的基本管理制度，在三大产业以及生产、消费等环节中实施循环经济的主要措施，各级政府、企业、个人在发展循环经济中的职责以及发展循环经济的激励措施和法律责任等，初步建立起调整循环经济发展方方面面的法律依据。

《循环经济促进法》确立的循环经济基本法律制度主要有以下几项：一是循环经济规划制度。《循环经济促进法》规定了编制循环经济发展规划的程序和内容，为政府编制循环经济发展规划提供了法律依据。二是总量调控制度。《循环经济促进法》明确要求各级政府必须依据上级政府制定的本区域污染物排放总量控制指标和建设用地、用水总量控制指标，规划和调整本行政区域的经济和产业结构，把本地的资源和环境承载能力作为规划经济和社会发展规模的重要依据，对资源利用和污染物排放严格实行总量控制，以抑制资源浪费和污染物排放。三是以生产者为主的责任延伸制度。《循环经济促进法》根据产业的特点，对生产者在产品废弃后应当承担的回收、利用、处置等责任做出了明确规定。四是循环经济评价和考核制度。《循环经济促进法》明确由国务院循环经济发展综合管理部门会同有关主管部门建立和完善循环经济评价指标体系，并由上级人民政府根据前款规定的循环经济主要评价指标，对下级人民政府发展循环经济的状况定期进行考核，并将主要评价指标完成情况作为对地方人民政府及其负责人考核评价的内容。五是重点监管制度。为保证节能减排任务的落实，《循环经济促进法》规定，国家对钢铁、有色金属、煤炭、电力、石油加工、化工、建材、建筑、造纸、印染等行业年综合能源消费量、用水量超过国家规定总量的重点企业，实行能耗、水耗的重点监督管理制度。六是对实施减量化、再利用、资源化做出具体规定。“减量化、再利用、资源化”是循环经济的基本原则，《循环经济促进法》是按照实施“减量化、再利用、资源化”的顺序设计该法的法律框架，并以此为主线解决发展循环经济所面临的突出问题，对在生产、流通和消费过程中如何有效实施“减量化、再利用、资源化”做出具体规定。七是激励机制。主要包括建立循环经济发展专项资金，对循环经济重大科技攻关项目实行财政支持，对促进循环经济发展的产业活动给予税收优惠，对有关循环经济项目实行投资倾斜，实行有利于循环经济发展的价格政策、收费制度和有利于循环经济发展的政府采购政策等。八是法律责任追究制度。《循环经济促进法》专设法律责任一章，对有关主体不履行法定义务的行为规定了相应的处罚条款，以保障该法的有效实施。

（三）我国循环经济立法的不足及完善

1. 我国循环经济立法的不足

目前，我国系统的循环经济法律体系尚未建立，上文仅仅是以表现形式对循环经济的立法现状进行了粗线条梳理。我国真正意义上的循环经济立法起步较晚，立法经验不足，各个层面均处于摸索阶段，因此无论从立法结构、法律内容、法律效力、执行效果等各方面来看，都存在诸多问题与不足，立法质量亟须提高。

（1）重大理论问题存争议，影响立法进程 。循环经济在我国发展的速度是很快的，在不到十年的时间内，循环经济在区域实践层面上已经呈现星星之火的局面，专门的循环经济研究机构如雨后春笋般大量出现，保障循环经济发展的《循环经济促进法》也很快出台。但实际上，理论界对于循环经济及其法制的研究还很不充分，可以说是滞后于循环经济发展的实践要求的。从法学理论的角度看，尚有一些重大理论问题存在争议，影响了相关的立法进程。例如，循环经济法归属于经济法还是环境法，抑或循环经济法是独立的法律部门？循环经济法的内涵和外延是什么？循环经济法的价值与基本原则为何？循环经济法的权利义务框架是什么？等等。这些问题得不到清晰和明确，对于循环经济发展的实践必然产生不利影响。

（2）结构方面。翻阅我国循环经济立法资料，发现由于循环经济的认知还很不足，导致目前循环经济立法思路尚未完全理顺，没有形成完善的循环经济法律框架。除了《循环经济促进法》外，体现循环经济理念的立法不多，相关领域的单行法律缺失，现有循环经济法律规定较为零散，相互之间协调性较差，甚至相互冲突，循环经济配套法规制度明显欠缺，循环经济法律体系远未形成。

作为基本法的《循环经济促进法》于2009年正式实施，从其公布之日起，社会各界均对其寄予厚望。但实际上，从横向切面看，《循环经济促进法》孤零零地独自调整与传统环境法完全不同的社会关系，或者说独自与传统环境法进行“抗衡”且扯不清楚关系；从纵向切面看，《循环经济促进法》下面是悬空的，缺乏相应的单行法和专项法的配合和有力支撑，更未形成层次分明、有机联系的循环经济法律体系。加上其定性为“促进法”，显然更多的只是具有宏观层面的指导意义和指引功能，这样，作为循环经济基本法的《循环经济促进法》的实施效果便大打折扣。

单行法是专门调整特定领域和行业循环经济关系的法律，是综合性循环经济基本法的具体化，可以实现《循环经济促进法》的立法目的，在整个循环经济法律体系中占有重要地位。但《循环经济促进法》颁布迄今已逾七年，我国工业、农业、服务业以及社会层面各个领域的循环经济单行法均未出台，严重制约了相关领域和行业循环经济的发展，包装物回收利用、生活垃圾回收利用等方面的配套单行法缺失。这些单行法的缺失导致逆向物流系统无法形成，资源再生利用这一回流产业无法找到明确的市场定位，导致行业内闭路反馈式经济发展模式无法在法律引导下得以实现，循环经济物质流带动价值流增长的功能也就无法实现，出现“循环经济不经济”的问题。

从循环经济相关法律的角度来分析：《清洁生产促进法》、《固体废物污染环境防治法》等，仅从某一领域对发展循环经济做出规范，而《环境保护法》、《水污染防治法》、《大气污染防治法》等法律仅从某个方面反映了循环经济的理念和内容，且上述法律的定位是环境保护法，其立法根本目标是保护环境，并非促进循环经济发展，因此未能清晰体现循环经济理念。

从专项法角度看，体现废弃物再利用和资源化原则的专项立法没有实质性进展。涉及资源回收再利用的法律规定非常笼统，对包装废品、农业废弃物、工业废弃物、废玻璃、废塑料、旧家电、建筑废弃物、废旧汽车等废物循环利用没有进行专门立法。

相关法律的实施细则等配套法规制度，对法律的有效实施起着重要作用。但我国循环经济法律的配套法规制度建设相当滞后。例如《循环经济促进法》的配套实施细则至今尚未出台，成为影响该法实施效果的另外一个重要因素。

完善的标准体系是循环经济法律法规得以实施的重要保障，但目前我国清洁生产、绿色消费、节能减排以及环境影响、循环经济考核评价等方面的标准体系均不健全，成为制约有关法律制度实施的重要因素。

（3）内容方面。从内容上看，《循环经济促进法》以“软法”（促进法）名义试图实现“硬法”功能，实属不易。现有立法多集中在工业循环经济领域，其他领域的规定大多流于形式，没有太大实质意义。可以说，少了单行法律法规的及时补充完善，《循环经济促进法》所起的作用受到了限制。《固体废物污染环境防治法》、《节约能源法》、《可再生资源法》、《环境保护法》、《水污染防治法》、《大气污染防治法》等法律，虽然在一定程度上规定了资源综合利用、再利用、废物再生利用和无害化处理、能源节约、可持续消费等内容，体现了循环经济的部分内容和要求，但其法律定位为环境保护法，相关规定是站在环境保护和节约能源的角度做出规定，而非发展循环经济的角度，且有关循环经济的规定比较零散、片面。即使是《清洁生产促进法》，虽总被以最能体现循环经济思想而提及，也只着眼于生产领域的清洁生产，阙如超出企业、扩大到整个社会层面如何开展清洁生产的规定。再如，《固体废物污染环境防治法》对包装物、农用薄膜的回收利用略有提及，却未涉及诸如废塑料、建筑废物、废玻璃、厨房垃圾、废旧家电等废物的专业性循环利用问题。目前再利用和资源化的立法只有《可再生资源法》和国务院《关于进一步开展资源综合利用的意见》等，但《可再生资源法》主要涉及风能、太阳能等清洁能源，并未涉及废物的再利用和资源化。

（4）效力方面。从效力上看，我国循环经济立法效力层次偏低，权威性较差，立法凌乱，逻辑性差。如前所述，法律层面的立法仅有《循环经济促进法》一部，行政法规、地方性行政法规、部门规章层面的专门立法不多，具有重大指导意义的《国务院关于加快发展循环经济的若干意见》、《关于推进循环经济发展的指导意见》、国务院《循环经济发展战略及近期行动计划》等仅为规范性文件。其他体现循环经济理念的内容则多以“意见”“决定”“暂行规定”“通知”等形式出现，法律效力阶位普遍不高。以资源综合利用方面的立法为例，大多是“规定”“意见”之类的行政规章，如《关于开展资源综合利用若干问题的暂行规定》(1985 年)、《关于加强再生资源回收管理工作的通知》(1991 年)、《关于进一步开展资源综合利用的意见》（1996 年）等。循环经济是实现经济社会可持续发展的重要途径，是我国经济社会发展的必然趋势，现有相关立法的层次偏低，与循环经济的作用和地位极不相称，难以有效发挥对经济社会发展的规范指导作用，势必会影响循环经济在我国的推进发展。

（5）实施方面。我国现有循环经济立法普遍过于原则，可操作性不强，法律责任落实不到位，加之配套法规制度不健全，致使我国循环经济法律制度实施效果不够理想。

循环经济立法遵守了我国“宜粗不宜细”“原则性和灵活性相结合”的基本立法原则，许多规定过于原则和抽象，部分规定是引导性的，有的只是宣示性条文，缺乏应有的法律强制力和可操作性。如《循环经济促进法》规定：“公民有权举报浪费资源、破坏环境的行为，有权了解政府发展循环经济的信息并提出意见和建议。”但未规定公民在什么情况下可了解政府发展循环经济的信息，向哪个部门了解并提出建议，也未规定政府是否有义务向社会公示相关信息，致使该条规定难以得到落实。再如《循环经济促进法》规定了公众参与原则，《水污染防治法》也规定了公众参与环境影响评估的权利，但却因缺乏相应的途径、形式和程序规定使之成为一纸空文。《清洁生产促进法》对清洁生产监测的主体、内容以及监测的程序等均有所规定，但是对需要监测污染物的种类等只作了笼统规定，而且这种监测制度实行的是企业自我监测的方式，由于没有具体、明确的监测规定和有效的责任机制，致使清洁生产监测制度的实施效果不理想。

循环经济法律责任分担不尽合理，部分法律责任落实不到位。社会公众是良好生态环境的受益者、资源的使用者，也是环境污染、资源短缺的直接受害者，是最主要的循环经济法律主体。要实现循环经济法治目标，单靠政府和生产者承担责任是不够的，必须把整个社会都调动起来，使政府、企业、公众三者之间适当分责。但目前循环经济立法主要对地方政府和生产企业的法律责任进行了规定，而未对社会公众特别是居民消费者在循环经济发展过程中应承担的义务和法律责任作出明确规定，因此，循环经济法律关系主体责任分担不合理。在目前社会公众循环经济理念和法治理念较为薄弱的情况下，法律责任分担不均导致我国生产和消费无法实现良性互动，使《废弃家电及电子产品回收处理管理条例》等废弃物回收类法律法规，难以得到有效执行。同时，许多法律规定未设置相应的责任条款，造成一些规定成为“裸法”，不具强制执行性。例如《循环经济促进法》规定：“企业对生产过程中产生的废物不具备综合利用条件的，应当提供给具备条件的生产经营者进行综合利用。”但未对该条设置责任条款，致使对于不具备综合利用条件的企业自行处理废物的行为无法追究法律责任。

配套法规制度的缺失是影响循环经济法律实施效果的一大因素。《环境保护法》规定：“新建工业企业和现有工业企业的技术改造，应当采用资源利用率高、污染物排放量少的设备和工艺，采用经济合理的废弃物综合利用技术和污染物处理技术。”《水污染防治法》、《大气污染防治法》、《固体废物污染环境防治法》均规定企业应当采用利用率高、污染物排放量少的清洁生产工艺，减少污染物的产生。但有关技术指标、操作规程的配套制度迟迟未出台，使得上述条款在实际中难以执行。《清洁生产促进法》规定了企业实施清洁生产的应然模式以及国家给予其鼓励和指导的政策，但缺乏与之相应的重点行业清洁生产评价指标体系、清洁生产的技术与工艺标准、清洁生产表彰奖励措施等配套制度，制约了清洁生产的有效推行。

2. 我国循环经济立法的完善

近年来我国的环境、资源恶化趋势明显，循环经济的出现正当其时。循环经济的实质是绿色发展，要求经济活动的“生态化”“绿色化”转型，要求实现绿色增长。面对国际舆论的压力和国内民众的民生，循环经济的发展不是权宜之计，是负责任的大国担当，是“以民为本”的治国理念的体现。是中华民族可持续发展的必然要求。我国探索循环经济发展的十余年来，从制度角度看，循环经济发展的政策供给不少，但法律供给不足且质量不高，这是事实。面对上文的循环经济立法不足，需要立足我国循环经济发展的实践进行完善。

（1）发展循环经济共识度提高，为循环经济立法营造良好的外部环境。我国《循环经济促进法》实施已经近十年，但是其社会影响力怎样呢？我们调研得到的循环经济公众认知度不了解的比例占到了近97%，这是一个非常令人遗憾的比例。这样的一个公众认知度，如何能够产生足够的立法关注度，并反馈于相关立法的质量提高呢？

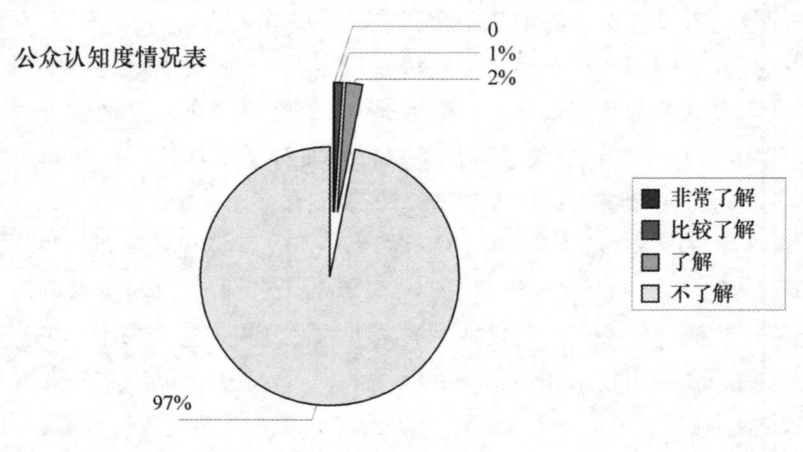

图1　循环经济公众认知度

从20世纪80年代循环经济概念的提出到我国政府强力推进循环经济发展再到现在，存在有三种态度：其一，无知。这里说的无知是指对于循环经济是什么，要解决什么问题，能解决什么问题，统统不甚了解。这种“无知”的状态使得循环经济在我国一直是“阳春白雪”，停留在专家、学者的研究领域内，不能通俗化，也因此常处于“养在深闺无人识”的状态。其二，怀疑。部分了解发展循环经济益处的人，尤其是政府官员和企业领导人，对于循环经济发展抱着怀疑态度，走一步看一步，担心循环经济只是党中央“一时兴起”之念，可能不会持续发展，暂时不能也不敢为其有很大的科技投入，先看看发展情势再说。其三，反对。有一部分公众比较关心政治问题，总觉得发展循环经济就是要和经济发展唱反调，认为发展循环经济就是要把环境资源保护凌驾于经济发展之上，担心国家的经济发展福利会减少并影响到自身，因而反对发展循环经济。这种态度实质上和第一种是一样的，因为“无知者无畏”。从党中央十六大提出“内涵式发展”，到十七大“生态文明”写入党的报告，党的十八大提出包括资源战略、海洋战略、生态安全战略、环境防治战略等在内的生态文明综合型发展战略，最后到十八届五中全会提出“绿色发展”理念，我们可以看出，在我国，循环经济的发展将是一个可持续的命题，发展循环经济已经站在国家战略的高度。发展循环经济必须成为社会主流思想，发展循环经济必须成为企业的主动行为，发展循环经济公民必须贡献力量、承担义务……发展循环经济是一场全新的社会变革运动，法律必须对此有所回应。发展循环经济的共识度提高了，就是为循环经济立法营造了良好的外部环境。也提示我们立法要对资源环境问题有更加积极的思路。这一点，在过去我们做得很不够，而现在，我们必须重视起来。

（2）循环经济法地位的理论厘清。循环经济立法的重要性学界已经形成共识，循环经济法作为调整政府在发展循环经济过程中所发生的社会关系的法律规范的总称，也基本得到承认。但是循环经济法在社会主义法律体系中的地位是什么，至今不是很明确。这个问题的回答进一步牵涉两个小问题，即循环经济法是不是独立的法律部门？循环经济法有无可能成为独立的法律部门？这些理论问题值得探讨。从循环经济法的通常定义来看，很容易将其列为经济法的子部门法（经济法是调整政府在协调经济活动过程中所发生的经济关系的法律规范的总称），照此逻辑，循环经济法和宏观调控法、市场规制法之间的关系又当如何？循环经济的发展政府既常用宏观调控的手段（采用资源税调节工具、产业结构调整等），更常用市场规制的手段（各类循环经济指标及标准等），循环经济法的定位似乎应当齐平于经济法而不是在其之下。更多的人直观地将循环经济法视为环境法的当然领域，很多的环境法学者在构建环境资源法体系时，不假思索地将循环经济法纳入其框架范围内，这是很轻率的行为。环境资源法泛指关于保护、利用环境和自然资源，防治污染和其他公害的法律规范的总称。环境资源法如何利用自然资源满足人类的需求为追求，其隐含的前提是自然资源是无限的，自然资源是低价的，自然资源可以无休止地为人类所用。循环经济则不同，其以经济系统是生态系统的子系统为立论前提，与环境保护、污染防治以及为用而用的单向资源利用都是不同的。循环经济立法的追求因此一定有别于，或者说高于传统的环境资源法，其立法重心完全不同。笔者认为，循环经济是以市场为基础的系统体制创新，循环经济法既不能归属于经济法，也不能归属于环境法。在循环经济地位如此显赫的今天，从法律体系的平衡性出发，循环经济法有其独特的调整对象、调整方式及调整目的，循环经济法应该，也有理由成为一个独立的法律部门，这样才和循环经济的重要性相称。

（3）确立发展循环经济的立法基础地位。“三根棒棒”与“雄伟石厦”，这是一个问题①。这虽然仅仅是对我国民法典进行全盘绿色化改造的出发点，但又何尝不是对于循环经济发展重要性的最有利说明？发展循环经济是要实现人与资源的平衡，是人认识到自我谦卑地位的体现，是人与自然和谐相处的行动起步。如果说，资源是人类的立身之本，则法律体系中关乎经济关系的法律中均隐含着资源问题，则所有调整经济关系的法律均应当以发展循环经济为立法基础，发展循环经济应该成为涉及经济关系调整的法律制定和实施的指导思想和价值取向。这些法律不仅涵盖环境法部门，还应当涵盖经济法、民法、刑法、行政法、社会保障法部门，等等。所有这些法律部门管辖下的法律，在涉及资源的问题上，都必须要体现“3R 原则”②、“全过程治理”的法律制度，没有的，就必须进行修订转变。只有这样全面的法律体系变革下的法律制度更新，才能真正实现保障可持续发展的总的法治建设的目标，当然，这会是一个比较长的过程。

（4）构建完善的循环经济法律体系。世界上许多国家对于发展循环经济逐渐重视，相应的立法也逐渐出现和完善。典型的如日本、美国和德国。围绕着《循环经济促进法》的制定，究竟应该参照哪个国家的已有立法，曾经有过许多争论，德国说、日本说、美国说皆有支持者。显然最后立法采取了日本说。日本循环经济立法的特点就是基本法最高，单行法次之，专项法再次之，形成清晰的金字塔式法律体系。在我国循环经济立法不足的当前，笔者建议仍然仿照日本立法的思路，结合我国法律体系的特点，设计我国的循环经济法律体系：首先，循环经

---

① 徐国栋：《绿色民法典》序言。“三根棒棒”与“雄伟石厦”各代表一种生活态度：前者是短期计划的或临时的，后者是长期计划的或长久的。前者不需要精确的计算和设计，后者需要。前者造价低廉但寿命短暂，后者造价高昂但持久耐用。

② 即循环经济三原则：减量化（reduce）、再利用（reuse）、资源化（recycle）。

济入宪。既然循环经济法独立且高于环境法和经济法，调整的对象直接涉及人类生存发展的根基——资源，且作为国民人人均有基本义务去保护、充分利用资源，则在宪法中对于发展循环经济做出明确规定，提供循环经济立法的根本依据，实有必要。其次，完善《循环经济促进法》。如前所述，我国2009年实施的《循环经济促进法》是我国发展循环经济的基本法。该法以发展循环经济的基本制度、基本措施、激励措施及法律责任为核心，对于启蒙民众循环经济意识，规范政府和企业发展循环经济行为，起到了积极的作用。“软法”因其软，在新事物发展初期进行理念化宣示的作用要强于硬法，而当民众对于发展循环经济有一定意识的今天，我们觉得“硬法”可能更加适合担当保障循环经济发展的重任。有较强约束力的循环经济基本法，上可顺承落实宪法精神，下可以“硬”统领单行法与专项法，使得后二者也“硬”起来。因此，建议在修改《循环经济促进法》时，将其中的引导和鼓励性条款改为硬性条款，增强该法的实施力，从而有效发挥循环经济基本法的作用。再次，尽快完善循环经济单行法体系，根据行业特征制定《工业循环经济法》、《农业循环经济法》、《服务业循环经济法》、《消费循环经济法》、《社会循环经济法》等。进而根据资源与产品的具体特点，制定更为详细的专项立法，如《建筑材料循环法》、《可循环性食品资源循环法》、《容器与包装循环利用法》、《废旧家用电器循环法》、《废旧汽车和废旧轮胎回收法》、《绿色采购法》等。同时，应及时制定与相关法律配套的实施细则，以解决法律规定过于原则、缺乏可操作性问题。最后，制定和完善具有灵活性、针对性的循环经济行政法规和规章，作为循环经济法律体系的重要组成部分。

（5）以发展循环经济为立法依据修订相关法律。以循环经济立法思想为主导，对环保法、资源法等相关法律法规进行修订完善，是建立循环经济法律体系、解决部门法之间不衔接、不协调问题的关键。特别应抓紧修订《清洁生产促进法》、《固体废物污染环境防治法》、《节约能源法》等几部关键法律。修改《清洁生产促进法》时，应增加工业企业以外企业开展清洁生产的规定，修订《固体废物污染环境防治法》时，应增加促进发展循环经济、资源回收利用等规定，修订《节约能源法》时，应强化法律责任追究，加大对浪费资源行为的法律责任追究力度。此外，还应理顺《环境保护法》、《环境影响评价法》、《可再生资源法》等相关法律与循环经济法之间的关系。

（6）建立完善的循环经济技术标准体系。无论是从产品功能的完善与提高中挖掘资源生产率的微观潜力，还是通过新型城市化挖掘资源生产率的中观潜力，抑或是通过产业转型，从产业结构中挖掘资源生产率的宏观潜力，都离不开科技的支撑。发展循环经济要求通过技术性改进和结构性改进的同时并举以提高资源生产率，技术法规标准是支撑循环经济法有效实施的重要部分，需要从法律层面抓紧制定清洁生产、资源节约、废物回收利用、资源再利用、绿色消费等技术规则和标准体系，为工业、农业、建筑业、服务业、消费等领域循环经济的发展提供支持。

三　地方循环经济立法问题研究

（一）我国地方循环经济立法现状的简单梳理

我国《循环经济促进法》颁布后虽然起到了一定的积极效果，但循环经济发展的复杂性、艰巨性、长期性决定了仅仅依靠这一部法律要实现可持续发展的战略目标显然是不够的。尤其是《循环经济促进法》的软法性、政策性更是决定了法律体系的完善与循环经济配套法律制度的重要性。这些配套法律制度的实现必须依靠中央和地方两个层面的立法。关于中央立法及法律体系变革的美好愿景，上文已经描述很多了。而地方立法是能体现国家态度、地方特色，具有可操作性、补充性，同时成本又相对较低的立法活动。在《立法法》赋予地方立法权后，地方立法对于保障可持续发展的作用愈加突出，循环经济立法成为地方立法的重要组成部分。《循环经济促进法》颁布前，比较超前的立法有《贵阳市建设循环经济生态城市条例》（2004 年）和《深圳经济特区循环经济促进条例》（2006 年），为地方乃至全国性循环经济立法树立了样板，是循环经济地方立法的先行者。《循环经济促进法》颁布后，为了贯彻落实该法的主要内容，我国各个地区的地方循环经济立法基本上都以很快的速度跟进。大部分省市出台了以“循环经济促进条例”命名的地方性立法。例如，广州、甘肃、陕西、山西、重庆、大连等地区，属于地方循环经济地方立法较早的地区。近两年，仍然陆续有积极的地方循环经济立法活动，例如《云南省循环经济促进条例（草案）》(2016年10月)、《江苏省循环经济促进条例》(2015年9月)、《山东省循环经济条例》(2016年7月)、《河北省发展循环经济条例（草案）》(2016年10月)，等等。我们注意到2016年以后的地方循环经济立法，例如河北省和山东省的，其立法名称是“条例”。去掉了通常的“促进”二字，这似乎体现出一种动向，标志着一些地方循环经济立法开始往刚性方向突破，直接以“具体法”的形式出现，以增强其可操作性。

笔者以为，循环经济立法是一个庞大的系统工程，涉及经济活动的方方面面，应当是一个由不同层次法规所组成的法规体系，希望通过一部法规来解决发展循环经济中所面临的所有问题是不现实的。因此，无论是中央立法还是地方立法，立法的重点是否不应该过多纠缠在循环经济基本法的软或者硬上面。换而言之，《循环经济促进法》是软法的定性本身没有太大问题，循环经济法的引导性、政策性并非其实施不利的主要原因，我们需要的基本法首先就应该是一个“调节多元利益的道德规范强化后”的软法，一个理念法。我国《循环经济促进法》立法之初选择抛弃传统僵化的实用法思维，是一种进步。地方循环经济立法的体系因此也应该体现为三个层次：第一个层次是作为统领性法规的综合性立法，常常以“循环经济促进条例”的名义出现；第二个层次是农业、工业、服务业等配套单行法规及节能、节水、资源综合利用等专项配套法规；第三个层次是与前两个层次的法规相配套的各项实施办法、标准、指标、目录等具体规范。比如“某某省新产品开发管理办法”“某某市新型墙体材料开发应用管理规定”“某某省医疗废物管理实施办法”“某某市农药管理实施办法”“某某省绿色食品管理办法”，等等。但是显然，前述中央立法体系上的不完整和混乱，也映射到了我国目前的地方循环经济立法上。

（二）我国地方循环经济立法的主要问题

1. 部门和地方利益法定化

《循环经济促进法》的落实有赖于地方性立法的制定和实施。地方立法在我国长期存在着部门和地方利益法定化的痼疾，在循环经济立法领域也是如此。首先，从立法主体上看，一般由地方政府部门组织相关配套规章制度的制定，提供立法草案并作立法说明，受政府财政预算等因素的影响，政府部门委托立法目前也只是在试行摸索阶段，未形成规模化和常态化。例如《某某省地质环境保护条例》的草案提供方就是该省的国土资源厅。其次，立法内容上的部门和地方利益体现明显。政府部门利用其占有的立法资源，在进行权利义务设计的时候，有利的事情抢着管，没有利益的事情往外推，将来有利益的进行先期预占，能拖延的就拖延，能扩充的权利就进行扩充……或者利用立法实现某领域的垄断，罚则部分总是政府责任和民众责任的不对称，行政机关工作人员的责任规定一般笼统而宽泛。

2. 地方循环经济立法不积极

对于循环经济立法，地方的态度并不积极，主要原因有三：其一，循环经济涉及许多的指标、数据和标准，循环经济立法具有技术性强的特点，立法要求高。其二，循环经济发展初期，地方政府立法工作者对于循环经济的认识还不到位，循环经济立法未受到足够的重视，甚至有些地方立法机关连什么是循环经济都不知道。其三，循环经济相关技术标准具有区域差异性，地方立法机关在没有部门利益驱动的前提下，立法态度往往比较保守。地方立法态度上的不积极使得地方循环经济立法的速度、数量、质量等都存在很大不足，影响了《循环经济促进法》的有效实施。

3. 地方循环经济立法欠缺补充性

地方循环经济立法补充性极为欠缺，对中央层面的循环经济法律缺乏相关配套制度。首先，综合层次上的循环经济地方立法极为缺乏，大宗餐厨垃圾、电子垃圾、医疗垃圾、生活垃圾等的循环利用问题没有相应的系统性规制；其次，生态园区、单个企业层次的循环利用问题规定比较零散，或者有意识忽略不进行规制；最后，对于发展循环经济的激励机制和惩罚机制缺少具体规定，支撑循环经济发展的财税、土地、价格、金融、奖励、处罚等法规规章还不完善、不配套，影响到企业发展循环经济的积极性、主动性和创造力。

4. 地方立法操作性不强

相对于《循环经济促进法》，地方循环经济立法的主要作用是对上位法的拾遗补阙和具体化、细则化。地方循环经济立法应该重视法律条文的可操作性。但实际生活中，我国地方相关立法仍然过于强调法规体例与结构的完整，原则性规定过多，和上位法重复的内容过多，体现地方特色和具体情况的内容少或者没有，缺乏对于重点问题的细致规定，例如，废弃物标准的确立、废弃条件的设置和可操作化、给予循环经济专项补贴的条件、强制回收和回用目录的建立、生产者责任延伸的具体化、回收率和回用率的确定、技术标准及技术规范的设立等具体的循环经济实施机制规定非常含糊、流于形式，法律的操作性明显不足。因此，探索适合各地发展情况的实施细则，增强循环经济法律规范的可操作性，是现在和将来地方立法面临的难点之一。

（三）地方循环经济立法问题的对策

1. 实行过错问责制度

针对循环经济配套立法可能存在部门和地方利益法定化的潜在危险，要实行过错问责制度。人大的立法监督作用必须加强，在政府部门主持立法的所有过程中，人大均应该参与，参与的方式可以是派员列席相关立法论证会并发表意见或者出具书面意见，进行各种形式的事前监督；也可以是对有部门利益倾向的立法条款及时要求修改或者开听证会进行讨论，加以纠正，防止部门利益左右立法。从过错问责的功能来看，当前最重要的是转“消极监督”到“积极监督”，立法机关对被授权机关应该主动进行“合法性审查”，进行最大限度的立法公开，重视专家、学者、法律实务界人士的意见，必要的时候举行立法论证会、听证会。特别要注意听取和征集人大代表、专家学者、法律相关人士的意见，对关乎企业、社会公众切身利益的法规草案、技术标准的制定，适时举行立法论证会、听证会，增强法律决策的民主性、群众性。

2. 增强地方循环经济立法的积极性

循环经济立法同一般的民商事立法有别，循环经济立法同技术的联系非常紧密，这就决定了循环经济立法的要求是很高的。从地方循环经济立法草案的草拟人角度看，必须由专业人士承担。现有情况下，采取地方政府或地方人大委托性立法最为有效。受委托者可以是科研机构、法律顾问团、专家团队等，以其专业素养和技能为地方循环经济法规或规章打一个漂亮的“底稿”，对于牵涉的专业术语、技术指标、行业标准等，给予清晰的解释和说明，在以后的专家论证会和听证会上，能够给出具有说服力的说明，增强立法的专业性。目前看来，我国对循环经济的宣传还很不够，循环经济立法的重要性需要再强调，才能引起地方立法机关对循环经济立法的特别重视。从循环经济关乎我国最高利益——中华民族的永续发展——这个角度看，循环经济立法是不能够也不应该被怠慢的。杜绝“立法白条”行为，制止“立法拖延”行为，加强“公众参与立法”行为，至少从这三个方面增强地方循环经济立法的积极性，从微观层面实现循环经济发展的法制保障。

3. 增强地方循环经济立法的补充性

针对地方循环经济立法补充性不足的问题，要求制定者根据地方立法权限，除了制定循环经济综合法以外，制定城市生活垃圾处理、城市建筑垃圾处理、城市医疗垃圾处理、再生资源回收利用、绿色采购、生产者责任延伸等方面的管理办法，与循环经济综合法及已有的节水、节电、节土、水污染治理、大气污染治理等方面的地方立法，共同构成地方循环经济立法体系，以解决地方循环经济问题无法可依的状况，实行全过程的循环经济治理。

4. 增强地方循环经济立法的可操作性

针对地方循环经济立法操作性不足的问题，要求制定者的制定思维和思路一定要明确。如果制定者对于可操作性问题要求不严或者根本忽视，这就是地方立法的最大失败。我国《循环经济促进法》里有相当多指导性、鼓励性、激励性的规范条款，需要通过地方立法进行细化。例如包装物的减量化在《循环经济促进法》里是一个倡导性条款，各地区必须结合本地区的实际，对于产品包装后的体积（含包装物）制定一个具体标准，也可以规定包装物总成本不得超过产品零售价格的比例。再比如，绿色采购在《循环经济促进法》里也只是一个倡导性条款，但各地区可根据实际情况，制定部门或者单位的绿色采购比例。这样的规定，具体、实在、明确，操作性就比较强。

我国循环经济立法及地方循环经济立法所存在的问题包括但不限于以上方面，然而以上问题确实是目前最为紧迫亟须解决的重点问题。我国循环经济法制建设才刚刚开始，任重而道远，有待于进一步探索。

“社区赋权”与“个体补偿”

——我国生态型反贫困制度的基本架构*

刘晓霞　周　凯**

摘　要　当前，在国家不遗余力的反贫困实践下，我国贫困地区的经济社会取得了长足的发展，但诸如生态环境脆弱、经济结构不合理、贫困面广量大等问题依然存在，尤其是生态脆弱与贫困以及反贫困与生态破坏的怪圈不仅没有被打破反有加剧之势。伴随着生态脆弱与人类贫困的相互交织，生态型反贫困制度已在反贫困实践中萌芽并有所发展。随着我国贫困治理体系和治理能力现代化的加速推进，生态型反贫困具体制度的框架设计和内容完善已经刻不容缓。

关键词　社区赋权　个体补偿　生态型反贫困　制度

随着我国的反贫困事业进入攻坚期，以及国内外环保与可持续发展理念的兴起，越来越多的学者开始关注生态因素在反贫困实践中所起到的重要作用。虽然目前关于生态型反贫困的研究还处于破题阶段，甚至大部分还囿于生态学和经济学领域，但是实践中，具体的生态型反贫困制度已经有所发展，只是没有形成相应的制度体系。当前，随着我国贫困治理体系和治理能力现代化的不断推进，内在的要求政府在生态型反贫困制度框架和制度选择方面有所完善和创新，进一步提高反贫困的精

*　本文系教育部人文社会科学研究规划基金项目“西部地区生态型反贫困法律保障研究”（项目编号：13YJA820029）的阶段性研究成果。

**　刘晓霞，甘肃政法学院民商经济法学院教授，硕士生导师，主要研究方向为民商法学、经济法学；周凯，法学硕士，德州市人民检察院反渎职侵权局科员，德州市检察机关检察理论研究人才库成员，主要研究方向为民商法学、检察理论。

准度和有效性。

一　生态型反贫困制度体系架构应遵循的基本理念

理念是人们认识事物、处理矛盾所一贯依靠的内心确认。反映到生态型反贫困制度领域，理念就是贯穿其所有具体制度中的最高思想指引。具体而言，生态型反贫困制度体系架构的过程中应遵循的核心理念主要包括公平理念、秩序理念、人权理念与环境理念。

第一，公平理念。公平主要是指公正，一般而言，公正即不偏不倚地对一切有关的人公正、平等地对待，但是在反贫困领域，这种公正却体现为一种补偿性的公平，是对社会发展进程中不同利益和不同相对力量行为主体利益变化结果的一种纠偏，改变的结果是要更利于实现社会公平。具体到生态型反贫困制度选择过程中，主要表现为通过国家给予某种补偿，实现对贫困者生存、发展权利的保障。

第二，秩序理念。从一般意义上说，秩序主要指社会秩序，是表示人类社会处于有序状态的一个概念，即人类社会生活中存在的规律性、稳定性和有条不紊的状态。可以说，一定的秩序既保障着人的生存，也保障着人的发展，社会一旦从有序转入无序之中，人的生产劳动就会被干扰甚至被迫停止，人的发展也就会相应减缓或停滞。在生态型反贫困制度选择过程中，要秉承秩序理念，一方面要充分考虑贫困者的生存需要，为社会有序运行奠定基础，又要考虑贫困者的发展需要，最终促进社会的稳定和有序发展。

第三，人权理念。通俗来说，人权就是人所应当享有的权利，在反贫困领域，这种人权被具象化为生存权和发展权，而在生存权与发展权的保障中，又产生了许多具体的权利。在生态型反贫困制度选择过程中，秉承人权理念，所面临的关键问题就是，通过生态型反贫困的具体制度，明确贫困者的生存权与发展权所派生出来的，贫困者所应当享有的具体权利。

第四，生态理念。生态理念是指人类对于自然环境和社会环境的生态发展以及生态保护的观念，涉及人类的社会环境与自然环境相互关系。它是以自然规律为标准，以资源环境承载力为基础，以可持续发展为目标的资源节约型、环境友好型、尊重自然、爱护自然的生态文明观念。在生态型反贫困制度选择过程中，我们要秉承生态理念，通过生态型反贫困的具体制度设计，提高贫困者保护环境的意识，引导贫困者主动保护环境。

二　以"社区赋权"为中心的生态型反贫困基本制度概述

通俗来讲，"赋权"是指赋予个人、群体权利或者权威的过程。在现实生活中，由于社会利益结构的多元化、制度安排的滞后性等多方面的原因，导致为社会所边缘化的贫困者缺乏维护自身利益和实现自我主张的能力，这也就是通常所说的"去权"。"去权"是指受外部要素制约，某些个体或人群未能享受其应有的社会资源。[①] 对于贫困者而言，"去权"可以概括为三个层面：一是在社会层面，贫困者无法获得维持生存所必需的资源；二是在政治层面，贫困者没有发言权；三是在心理层面，贫困者屈从于权威，并认为自己毫无价值。[②] "去权"的历史和社会过程导致了贫困者无权的状态，只有改变赋权的途径，才能从根本上解决这种状况。[③] 然而，在生态环境恶劣的贫困地区，基于当地的自然资源状况和贫困者自身的情况，我们如果仅仅将权力赋予贫困者，而不加以引导的话，相应的权力必将被束之高阁，无法在反贫困过程中发挥其应有的作用。为了避免这种情况的发生，我们应当加强贫困社区的建设，赋权于贫困社区，在贫困社区的主导下开展有序、充分的反贫困活动。通过赋权的过程，贫困社区将对本地资源的利用和管理享有决策权，这也决定了贫困社区在反贫困过程中，可以在政府部门和非政府组织的引导下，参与到发展项目的提议、规划、实施、管理、维持和评估等过程中，进而使贫困社区中的贫困者能够履行主体的权利、义务和责任。为了达到这一目标，我们必须加强自然资源物权、生态资源社区共

① 参见郑广怀《伤残农民二：无法被赋权的群体》，《社会学研究》2005 年第 3 期。
② ［加］约翰·弗里德曼：《再思贫困：赋权与公民权》，《国际社会科学杂志》1997 年第 2 期。
③ 陈树强：《增权：社会工作理论与实践的新视角》，《社会学研究》2003 年第 5 期。

管和生态产业等制度的建设，赋予贫困社区在管理本地资源和发展生态产业等方面的权力，引导社区的贫困者逐步参与到社区的决策中，参与到生态产业的发展中，获取更多的收入并提高生活质量，从而摆脱贫困。

(一)“社区赋权”的实践基础：自然资源物权制度概述

在生态型反贫困制度的框架下，自然资源物权是贫困者权利与义务的统一体，是指在尊重自然资源的本质属性和经济规律的基础上，贫困者依法享有支配法定自然资源、享受其利益并排除他人干涉的权利，依法负有生态环境保护与促进自然资源可持续利用的义务。同时，自然资源物权的主体也有复合型的情形，例如集体组织，包括农村劳动群众集体和城镇劳动群众集体，也就是现在的社区。可以说，只有设立自然资源物权制度，通过贫困社区统一管理，进一步确立赋予贫困者平等享有自然资源和利益的权利，才能彰显对贫困者生存权利的优先考虑，所以，通过完善自然资源物权制度，将权力赋予贫困者和贫困社区，是“社区赋权”得以实现的基础性制度。

第一，自然资源物权制度是生态型反贫困的基础制度支撑。自然资源物权制度是对现有制度中的国家所有权保留，并对集体所有权进行改造。可以说，它克服了当前对于自然资源保护的法律杂乱无章、保护及利用落实不尽且多为债权性保护的现状，是对我国现行的自然资源的国家所有和集体所有的二元所有制结构的一种合理改造。具体到生态型反贫困的制度框架下，这种改造将贫困地区的自然资源收益回归贫困社区，并进一步返给贫困者，使普遍的贫困个体均能获益，促进了反贫困目标的实现。

第二，自然资源物权制度是生态型反贫困的价值追求方式。自然资源物权制度包括政府、市场与公众三元主体参与，这在很大程度上丰富了反贫困的主体，与以往的自然权属相比，增加了市场参与公众参与，扩大了主体范围，更能体现反贫困的社会性。具体而言，正是由于单靠市场、政府以及个人的力量无法从根本上解决由于生态环境破坏而衍生出来的贫困问题，所以生态贫困问题逐渐为人们所重视，生态型反贫困的概念也应运而生，旨在通过具体制度促成政府、市场与贫困者个人的相互协调与合作，引导全社会的共同参与，彻底解决生态环境恶化所引发的贫困问题。在生态型反贫困的具体制度框架下，一方面，自然资源物权制度能够赋予自然资源物权人开发利用自然资源的权利，促进社会共同福利的获得，进而实现社会共同发展。另一方面，自然资源物权的权利人承担的生态义务，更是为了社会公共利益之实现，维护环境资源公共利益，进而达到生态型反贫困的目的。

第三，自然资源物权制度是生态型反贫困的权能协调手段。一般而言，权能是一种手段，是指权利人为了实现其权利背后的利益而采取的手段。具体到所有权而言，其权能主要包括积极权能和消极权能两个部分，其中积极权能包括所有权人对自己的动产或不动产依法享有的四大权能，即占有、使用、收益和处分权能，消极权能与之相对应，指为排除他人干涉的权能。由于自然资源使用权能独立，与其所有权权能分离，所以自然资源物权不具有普通所有权所具有的处分权能，再加之行政命令在其中发挥的巨大影响，使得自然资源物权内容不稳定，完整的物权效力也无法得以充分发挥。为此，只有明确自然资源物权中使用、收益和处分等积极权能的范围，兼顾其经济价值和权利人的利益，在合理运用国家权力的基础上，明确自然资源物权的法权性，理顺权利流转的具体路径，提高各权利主体的积极性，才能最终确保自然资源开发、保护、改善和管理权能的实现。这不仅是自然资源物权自身价值得以实现的基本途径，也是实现生态型反贫困基本理念的协调手段。

（二）“社区赋权”的运行方式：生态资源社区共管制度概述

生态资源是经济与社会发展的重要物质基础，更是贫困社区中广大贫困者赖以生存和发展的重要物质保障。在我国的西部地区，大多贫困社区有着独特的自然景观和自然资源，与我国政府设立的自然保护区相重合，但贫困社区的主要劳动对象是自然生命体，这就使得贫困社区给自然保护区的生物多样性带来了严重的威胁，在严重制约经济和社会发展的同时，加剧了该贫困社区的贫困程度，而社区的贫困又反过来加剧了生态资源的恶化。生态资源社区共管制度的设立是为了从具体运行方面对社区赋权，缓解贫困社区成员的生存、发展利益与生态保护之间的冲突，兼顾生态与反贫困的双重效益。

生态资源社区共管制度，即贫困社区和自然保护区对自然资源的共同管理制度，即贫困社区与自然保护区共同管理自然资源，共同参与管理方案的决策、实施和评估过程。其目的在于两个方面：一是使贫困社区在自身发展的过程中能够持续地利用自然资源，同时减少对自然保护区生物多样性的破坏；二是帮助贫困社区发展经济，改变贫困者的生存状态，减少由于保护生态环境带给贫困社区的限制和约束，使贫困社区能积极参与自然保护区的保护和管理工作，促进经济发展与保护相协调。

我们若想要成功赋权于贫困社区，达到自然资源社区共管的水平，促进生态型反贫困的发展，需要培育贫困社区的社会资本、提升贫困社区综合发展的能力及观念，以贫困者为主体管理本地生态资源，促进贫困社区发展，同时参与政府、自然保护区管理局等部门的决策、管理和监督，实现真正意义上的民主参与、自我管理、公平监督的自然资源社区共管。一是在选择社区发展项目时，可以采取参与式的方法，通过贫困社区的引导，让贫困者充分参与其中；二是在组建社区共管的组织时，要充分运用“公平、公正、公开”的三公原则，提高贫困者的主人翁意识，凸显贫困者的主体地位，促使贫困者自发、自觉参与，凝聚社区群体精神；三是保障作为贫困者利益代表的贫困社区与政府、自然保护区管理局等部门直接对话、平等交流、充分沟通与谈判，切实维护贫困者的利益，推动自然资源共管与贫困社区建设的综合发展；四是多方参与订立社区共管章程、公约，促进社区贫困者或直接参与资源管护，或通过社区共管组织实行资源管理重要事务的决策、规划、实施、监督、收益分配权利。

（三）“社区赋权”的发展路径：生态产业制度概述

随着我国经济发展水平的不断提高，人们更为依赖生态资源，对其消耗程度不断上涨。然而，我国的生态资源总量有限的现状无法改变，其与人们日益膨胀的资源需求之间的矛盾和冲突愈演愈烈。随着人类从消极的环境保护发展到积极的生态建设阶段，从预警性的环境运动发展到自觉性的社会行动，生态产业不断发展，并开始给人们提供越来越多的生态资源，在很大程度上提高了人们的生态利益和经济收益，并促使了生态产业制度的产生。结合生态型反贫困制度体系架构应遵循的基本理念，以及生态与产业两个关键，我们可以将生态型反贫困制度体系架构内的生态产业制度定义为，贫困者立足于贫困社区，基于社区内生态资源的承载能力和可再生资源的持续利用，推进社区生态工业、生态农业和生态服务业协调发展的一种产业制度。可以说，生态产业制度是“社区赋权”的发展路径。

第一，生态产业制度是理顺“社区赋权”中生态资源配置的重要手段。随着生态资源配置的不断完善，生态产业制度也逐渐衍生并逐步推进，它不仅追求经济利益，还追求生态利益，在一定程度上解决了我国生态资源配置中存在的不平衡问题。同时，生态产业制度可将贫困社区纳入生态资源的经营范围，能够有效地促进当地的生态资源产业化经营，推动贫困社区多元化生态产业模式的产生和发展，提高贫困社区生态资源的利用程度，达到优化生态资源配置的目的。

第二，生态产业制度是保障“社区赋权”中生态利益供给的重要手段。生态产业制度是化解贫困社区生态利益供给矛盾的有效方式，通过市场调节的方式重新配置生态资源，将需求信息准确传递给生态利益的提供者，最大限度地平衡人们对生态利益的动态需求。[①] 可以说，生态产业制度是符合生态经济原理和知识经济规律一种高效的经济制度，也正是在这种制度的保障下，各方面的生态利益和需求才得以衡平，贫困社区才能得到更好的发展。

第三，生态产业制度是提供“社区赋权”中生态关系修复的重要途径。生态产业制度是生态修复有效实施的重要途径。由于我国一些地区的生态环境具有脆弱性和独特性的特点，再加之本地人口与生态环境之间存在一定的不协调性，使得贫困社区在生态关系的修复中面临生态资源紧缺和修复时间漫长等诸多问题。生态产业制度就是在环境、人口、资源压力不断增大的外在压力下萌发而来的，该制度的施行，能够有效地促使贫困社区为实现生态资源利用方式的变革而进行科学的思辨，进而实现生态关系修复的专业化和精细化。

在生态型反贫困制度的框架下，只有加强生态产业中生态农业、生

① 任洪涛：《论我国生态产业的理论诠释与制度构建》，《理论月刊》2014 年第 11 期。

态工业和生态服务业等制度的建设，才能从根本上促进贫困社区的进一步发展。首先，在生态农业制度方面，我国应根据经济社会发展的现状和趋势，适时制定较为完善的法律，对我国发展生态农业的基本问题及政府与社会在生态农业发展中的权利和义务，保障生态农业稳健发展的法律机制、基本措施和手段等重大问题和社会关系明确加以规范，同时，还须健全相关配套的法律法规，注重法律法规的可操作性和实效性，引导、规范、协调好农业生产关系，处理好资源利用和环境保护的关系。① 其次，在生态工业制度方面，我们一方面要重视科技对自然环境的副作用和对人类社会可持续发展的副作用，加强对科学技术开发、利用方面法律法规的修改和完善，促进现有科学技术在生产、管理、转化、应用等方面的绿色效益；另一方面要完善环境资源税、排污权交易、生产者责任延伸、环境标志等制度，使贫困社区企业的外部经济内部化，相对地降低企业产品的价格，从而赢得市场竞争力，同时，政府也应当给予贫困社区更多的优惠政策，给社区企业创造一个良好的外部环境。最后，在生态服务业方面，我们一方面要完善生态服务业的相关制度，增强法律法规的可操作性，另一方面要完善生态服务业的绿色认证制度，加强对我国的服务行业软件设施认证的相关规定，如对服务行业的服务态度、服务质量等的规定，推动贫困社区生态贸易服务和生态旅游服务的健康发展。

三　以“个体补偿”为中心的生态型反贫困基本制度概述

“公平分配”是人类自古以来孜孜不倦的追求，也是人类最为理想的社会形态，亚里士多德最早提出了“分配正义”的概念，他认为，“分配性的公正，是按照所说的比例关系对公物的分配，分配正义的规定是面对现实的。它探求的是实际生活中的正义准则，研究人类的行为、品德和政治、经济的关系，使其显示出强烈的现实性色彩。人类社会结成的目的是为了某种福利，而分配公正有关于公民福利，影响着他

① 杨建军:《完善生态农业法律制度的构想》,《陕西农业科学》2012 年第 5 期。

们的生活”①。可见，对因保护生态环境而做出“特别牺牲”的人们进行利益补偿，甚至通过移民的方式保障这类人的生存权和发展权，以及对于遭受环境侵权损害的人们的利益填补，是合乎正义构建以“个体补偿”为中心的生态型反贫困基本制度的应有之义。

（一）“个体补偿”的实现依据：生态补偿制度概述

生态补偿是由“庇古税”延伸而来的，起初是为解决生态产品的外部性问题而将庇古的理论运用于生态经济领域得来的，在国内尚未形成统一概念。原国家环保总局曾将生态补偿界定为：“以生态环境的保护和促进人与自然和谐为目的，依托生态系统服务价值、生态保护成本、发展机会成本，综合运用行政手段与市场手段，调整生态环境保护和建设相关各方之间利益关系的环境经济政策。”从这个定义来看，生态补偿的构成要素主要包括以下几个方面：第一，生态补偿的目的是保护生态环境、促进人与自然的和谐；第二，生态补偿标准必须综合考虑的因素包括生态系统服务价值、发展机会成本、生态保护成本三个方面；第三，生态系统服务的手段必须以行政手段与市场手段为基础，注重两者有机结合；第四，生态补偿的具体内容是调整有关当事人之间的权利义务关系；第五，生态补偿的本质是一项环境经济政策。

随着近年来对生态补偿相关理论研究的不断深入，国内学者认为生态补偿应包含三个层面的含义：一是指生态系统在外界干扰或破坏后的自我调节、自我恢复；二是指利用经济手段对破坏生态环境的行为予以控制，将经济活动的外部成本内部化；三是对个人与区域保护生态环境或放弃发展机会的行为予以补偿。

基于上述研究，我们认为，生态补偿制度是指为了保护或恢复生态系统的生态功能或生态价值，维护生态安全，减少贫困，国家运用各种经济手段，对破坏生态的行为者收费，或者对从事生态建设的行为者在生态建设中做出的贡献和受到的损失进行补偿的制度。在生态型反贫困制度的框架下，我们更为关注的是对在生态环境的直接补偿的活动中做

① 参见［古希腊］亚里士多德《尼各马可伦理学》，王旭凤、陈晓旭译，中国社会科学出版社 2007 年版，第 204 页。

出贡献和利益受损的贫困者所进行的经济补偿，即对个体的补偿。

当前，与我国正在进行的生态补偿实践相比，生态补偿的法制保障明显滞后，主要表现为缺乏专门的生态补偿立法，相关规定散见于各单行法的个别条款之中，且多为原则性的规定。随着我国生态补偿实践在广度上和深度上的不断拓展，法制保障不足的问题已经严重制约了该实践的有序运行，个体得不到补偿的问题屡有发生。针对这种状况，一方面，我们应当推进生态补偿领域专门立法与配套立法的结合，在自然保护区、重要生态功能区等不同的领域制定生态补偿单行法规，解决特殊生态环境下具体的生态补偿问题。另一方面，我们还应推进生态补偿领域国家立法与地方立法的协作，国家立法架构生态补偿制度的主要框架，地方立法则根据这一框架，制定适合本地条件的补偿标准以及服务于生态补偿实践的具体措施，增强国家立法在地方的操作性，以更好地解决贫困者个体的补偿问题。

（二）“个体补偿”的直接途径：生态移民制度概述

“生态移民”的概念最早由美国学者考尔斯提出，指当某地生态环境已经或将会丧失基本的承载能力时，出于保护生态的目的而实施的移民行动。随着“生态移民”的概念被引入我国，相关研究者从生态、经济、社会等不同角度对生态移民进行了界定。如刘学敏认为，生态移民，就是把环境脆弱区的散居者集中起来，形成新的聚居区，以达到人口、资源、环境和经济的协调发展。[①] 葛根高娃、乌云巴图认为：“生态移民是指由于生态环境恶化，导致人们的短期或长期生存利益受损失，从而迫使人们更换生活地点，调整生活方式的一种经济行为。”[②]

综合上述观点，我们认为，在生态型反贫困的框架下，生态移民制度就是在政府的主导下，从改善与保护生态环境、促进经济发展的角度出发，将处于生态环境脆弱区的贫困者进行迁移，使生态脆弱区得以改善，贫困者得以发展的一种有意识的人口迁移制度。

---

① 刘学敏：《西北地区生态移民的效果与问题探讨》，《中国农村经济》2002 年第 3 期。

② 葛根高娃、乌云巴图：《内蒙古牧区生态移民的概念、问题与对策》，《内蒙古社会科学》（汉文版）2003 年第 2 期。

目前，虽然我国在环境保护、扶贫开发等法律法规中都对生态移民制度的具体内容有所涉及，但是，由于这些法律法规的侧重点并非生态移民，所以，我国当前对生态移民的保障存在范围界定模糊、目标指向不明、具体措施不力等问题，不利于充分发挥生态移民制度的整体功能。为了推动对生态移民进行全面、规范、科学的管理，推动生态移民工作稳健而持续地进行，最大程度上维护贫困者的合法权益。一方面，我们应当以《宪法》、法律与行政法规为基本导向，结合各省的实际情况，通过专门领域立法的形式规范扶贫生态移民行为。另一方面，我们必须完善扶贫生态移民资金的监管机制和筹集机制，修改不合理之处，制定有关生态移民区建设和管理的质量标准，以立法形式规定生态移民扶贫专用资金的信息公开制度和监督制度，保障贫困者的知情权和监督权。

（三）“个体补偿”的有益补充：环境侵权损害赔偿社会化制度概述

当前，因环境污染或生态破坏而侵害、损害他人权益乃至危害人类生存和发展的现象屡见报端，国内许多学者也对环境侵权进行了界定，其中比较有代表性的观点，如，曹明德教授认为，“环境侵权是由于人为活动导致环境污染、生态破坏，从而造成他人的财产或身体健康方面的损害的一种特殊侵权行为”。① 张梓太教授认为，“环境侵权是指因生产活动或其他人为原因，造成环境污染和其他公害，并给他人的财产、人身等权益造成损害或损害危险的法律事实”。② 结合上述学者的观点，我们认为，环境侵权是由于人类活动引发环境污染或生态破坏，而损及他人环境权益，侵害他人生存权和发展权的行为。

现实中，面对千差万别的环境侵权以及情况各异的损害赔偿问题时，传统单一的依靠无过错责任原则追究环境侵权人责任的损害赔偿方式，已经不能满足现代司法实践的需求，尤其在一些大规模环境侵权案件中，受害者人数众多，环境侵权人力有不逮，不能保障受害人及时充分受偿，倘若没有妥善的解决措施，甚至会使原本的小康之家陷入贫

① 曹明德：《环境侵权法》，法律出版社2000年版，第9页。
② 张梓太：《环境法律责任研究》，商务印书馆2004年版，第57页。

困，使原本的贫困之家难以生存。对于环境损害赔偿实践中所面临的种种困境，法律层面已经做出了有益的探索，即在环境民事责任制度外，通过环境损害保险、环境公共补偿基金和财务保证等制度谋求解决的路径。由于上述制度的普遍做法是将环境侵权人的部分甚至全部的赔偿责任转嫁给了社会，所以这类制度就被统称为环境侵权损害赔偿社会化制度。①

具体而言，我们应当打破原有环境侵权损害赔偿个体责任的窠臼，以保障受侵害者获取补偿为目的，在个体责任的基础上引入社会责任，综合运用环境保险、社会保障制度和行政补偿等多种方式，完善环境侵权损害社会化赔偿机制。首先，在环境责任保险制度方面，国家应当引导保险资金投向环境保险领域，通过减税等行政手段促使商业保险公司开发环境责任保险的相关产品并积极承保。

其次，在环境公共补偿基金制度方面，需要进一步明确基金适用的范围，完善申请以及支付的具体条件，规范支付程序等。

最后，在财务保证制度方面，应当明确财物保证制度中的提存金和企业互助基金，一般情况下可对于互助资金制度的适用采取自愿原则，但是对于特定的存在较大环境污染危险行业应当强制建立互助基金，并建立与之相配套的基金组织内部决策机构、执行机构以及监督机构。

四　小结

总之，为满足我国生态型反贫困实践的需要，我们一方面要推动国家层面统一的反贫困立法如《反贫困法》的酝酿制定，另一方面要加强对我国现有的生态型反贫困相关立法的梳理、修订，完善相关配套法规、政策措施，推进以“社区赋权”和“个体补偿”为中心的两大类生态型反贫困基本制度建设，梳理和完善自然资源物权、生态资源社区共管、生态产业生态补偿、生态移民和环境侵权损害赔偿社会化六大具体制度，完成生态型反贫困制度的基本架构，实现我国贫困治理体系与治理能力的现代化。

---

① 蔡守秋：《环境资源法学教程》，武汉大学出版社 2009 年版，第 547—548 页。

湖北省“城市矿产”绿色开发机制研究

尤明青　裴晨露　罗　念*

一　问题的提出

发展路径的选择在一定程度上决定了地区经济的可持续发展水平。当前湖北正处于工业化中后期阶段，是环境压力显著增加、经济结构还不尽合理、转型升级任务仍十分艰巨的阶段。“竞进提质、升级增效”是我省为贯彻中央“稳中求进、改革创新”发展总基调而提出的新思路，符合我省实际定位并反映我省当前发展要求，也是我省2014年经济工作的总思路。面对新形势新任务新要求，要想保持我省快于全国平均水平的发展态势、保证我省生态环境建设的稳步推进、促进我省民生福祉的持续增加，尽快实现我省“建成支点、走在前列”的发展任务，就必须切实找到有助于优化产业结构、转变经济发展方式和淘汰落后产能的有效发展路径。①开发城市矿产正是实现我省经济发展稳中求进、稳中有为发展要求的有效选择。

“城市矿产”是为解决矿产资源匮乏和供需矛盾突出而提出的经济发展方向新命题。在我国，对“城市矿产”的首次界定出现于2010年国家发改委、财政部联合下发的《关于开展城市矿产示范基地建设的通知》中，标志着我国“城市矿产”开发成为国家项目。开发城市矿产是一种可持续的、绿色环保的资源开发模式。它立足于对城市废弃资源回收利用的规模化发展，可作为原生矿产的替代产品。与开发传统天然矿产相

*　尤明青：中南财经政法大学副教授，博士生导师，主要研究方向为环境资源法。

①　社评：《竞进提质 升级增效——一论贯彻落实省委全会暨全省经济会议精神》，《湖北日报》2013年12月30日。

比，开发城市矿产具有更积极的环境经济意义和广阔的市场前景，是缓解资源瓶颈约束、减轻环境污染的有效途径，也是发展循环经济、培育战略性新兴产业的重要内容。因此，开发城市矿产应成为我省经济发展战略转型阶段的优选路径。在中央和地方的大力支持下，一批批“城市矿产”示范基地相继建立。我省谷城再生资源园区和荆门格林美城市矿产资源循环产业园等两个园区也入选国家“城市矿产”示范基地。

本研究主要着力于探明我省当前城市矿产开发的现状和条件，发现我省在已进行的城市矿产开发中存在的问题及原因，而后提出适合我省城市矿产开发具有可操作性的相关建议，助力我省城市矿产资源的绿色化、规模化、规范化、综合化开发。为此目的，首先需要对怎样把握城市矿产的概念特征、什么样的开发是对“城市矿产”资源的有效开发、城市矿产开发对我省“稳中求进、稳中有为”发展目标的促进作用具体表现在哪些方面等问题进行探讨。其次，对我省城市矿产开发现状的把握，主要借助我省城市矿产示范基地的发育情况进行考察，并与其他省份示范基地的发展情况进行比较，通过对比分析，才能发现我省在城市矿产开发中存在的问题和原因。对我省城市矿产开发条件的把握，要对我省在开发城市矿产过程中的各项因素进行全面考量，根据综合性的考察结果进行全省布局，才能站在发展的制高点，统筹兼顾、有的放矢地进行开发活动。再次，在前述理论问题研究和我省实际状况完成的基础上，不断地往返于理论和实际之间，提出有针对性的建议。

本研究报告最后提出两个面向的建议，按照“先疏后导”的步骤探索适合我省省情的城市矿产绿色开发的管理模式和政策机制。对我省城市矿产绿色开发的研究，不仅于我省经济发展、生态环境保护和稳定民生方面有着现实意义，也可对我国其他地区进行城市矿产开发提供一定借鉴和帮助，有助于深化我国发展循环经济、促进产业结构转型升级路径研究和资源再生利用、固体废弃物管理等领域的理论研究。

二 研究思路和方法

（一）基本研究思路和方法

本研究沿着分析现状→发现问题→提出对策的思路展开。将文献分析法、选取典型样本实地考察等方法有机结合。为了便于研究工作的有序高效进行，将整个研究工作分解为不同的研究环节，每个环节实现一个阶段性目标，并适用相应的研究方法（见表1）。

表1　具体研究步骤与方法

研究思路 步骤	主要研究方法	具体推进方法	预期到达目的
第一步 分析现状	文献研究	分类整理与查阅"城市矿产"相关文献 对有关"城市矿产"的概念、国家"城市矿产"示范基地建设的相关信息和相关政策、法律法规、行业标准信息进行梳理、归纳	帮助科学界定"城市矿产"概念的内涵、外延和特点 帮助发现城市矿产开发对我省的意义所在（经济、生态、社会三面向）
第二步 分析现状	样本分析+实地调研	以我省两个国家"城市矿产"示范基地：谷城再生资源园区和荆门格林美城市矿产资源循环产业园为典型样本，参观示范基地，对其市场条件和周边地区生态环境状况信息进行搜集 将上述信息与我国其他省份的示范基地建设情况进行详细的比较分析	明确我省示范基地发育水平的真实情况（从分布、产业发展、风险因素进行发掘比较） 明确我省城市矿产开发的内外部条件
第三步 发现问题	文献研究+典型样本实地调研	综合搜集到的文献、数据，借助数据分析结果和因果逻辑分析，对存在问题进行类型归纳	发现我省在城市矿产开发过程中存在的问题及原因
第四步 提出对策	文献研究	结合我省开发中存在的问题和开发条件分析，对文献中和我省相关开发经验进行探究	形成适合我省省情的城市矿产绿色开发建议（先疏通后引导）

（二）典型样本的选取

对我省城市矿产开发现状的分析需借助典型样本进行分析。在样本选取时，主要考虑选取样本在反映地区开发情况方面的代表性是否充分。“城市矿产”示范基地的建立得到了国家政策的大力支持，相较其他城市矿产资源开发企业，是资金、技术、管理等方面优势最集中的区域，也最能反映各地区城市矿产回收利用行业发展的最高水平。对其进行研究比较，可以直观明了地发现我省在开发城市矿产过程中的优势和不足。因此，典型样本的选取是以国家“城市矿产”示范基地的建设情况为主要考察对象，选取我省两个国家“城市矿产”示范基地：谷城再生资源园区和荆门格林美城市矿产资源循环产业园为典型样本，开展实地调研。并将其与我国其他省份的示范基地建设情况进行了详细的比较分析。

三　城市矿产与“城市矿产”示范基地概况

（一）“城市矿产”概念阐释

“城市矿产”是指工业化和城镇化过程中产生和蕴藏在废旧机电设备、电线电缆、通信工具、汽车、家电、电子产品、金属和塑料包装物以及废料中可循环利用的钢铁、有色金属、稀贵金属、塑料、橡胶等资源，其利用量相当于原生矿产资源。这一概念是在对国内外城市矿产理论研究和我国国情进行充分剖析的基础上，由我国官方文件首次对“城市矿产”做出的概念界定，首见于2010年国家发改委、财政部联合下发的《关于开展城市矿产示范基地建设的通知》（以下简称《通知》）。城市矿产是对废弃资源循环利用、规模利用、高值利用的形象比喻，其在国外又被称为“城市矿山”或“都市矿山”，英文为Urban mines、Urban mining、Urban ore等。对其最早的研究源自美国城市社会学家简·雅各布斯，他于1961年提出在未来城市及其郊区有成为矿产基地的可能这一命题。[①] 其后，日本学者南条道夫于1988年首次定义了城市矿山的概念及其基本特征。他从金属资源回收利用的角度指出，城市有可能成为一座进行资源二次开发的矿山，并把积蓄有再生资源的废旧电器、机电设

① ［美］简·雅各布斯：《美国大城市的生与死》（纪念版），金衡山译，译林出版社2006年版。

备等"再生资源积蓄场所"称为"城市矿山"。[①]

主题研究的开展以准确把握主体概念为前提，以城市矿产开发为主题的研究需首先就城市矿产的概念进行界定。目前，除上述《通知》中对城市矿产做出一个半开放式的概念界定外，我国学界尚未对城市矿产的概念形成统一认识。因此，可采用属加种差的范围界定方法对其内涵和外延进行把握。具体来说，对城市矿产内涵外延的准确把握需结合其"四性一定位"的特点，即综合性、循环性、替代性、规模性和定位在城市。

综合性，即指城市矿产是一个综合性复合的概念域，对其的开发过程不仅仅是针对单一资源的独立回收利用，而是同时针对多项资源进行的综合性开发。实践中，由于城市矿产项下包含的再生资源在回收利用上有着天然的关联性，其产业发展多是链条化、园区化发展。在园区内，相关信息资源可以实现有效共享，各种废弃资源通过共同的回收渠道进入拆解、加工、再利用环节，园区内企业间可形成副产品和废弃物的交换网络，具有很大程度上的共生性。因此，单向资源的回收利用不能算做开发城市矿产，在"城市矿产"的开发过程中要实现两个层次的综合开发：一是各项资源间综合性的回收利用，二是相关企业部门间综合性的产业链条式循环利用。

循环性，即揭示了开发城市矿产的本质和目的所在。城市矿产所包含的对象为各种废旧物资中可供循环利用的资源，开发城市矿产的首要目的在于提高资源的利用效率，使资源得到有效的循环利用，同时又可起到防治污染和保护环境的作用。这种发展模式不同于传统的"资源—产品—废弃物"的线性经济模式，而是一种循环经济、生态经济模式，可以实现最大程度的资源循环利用和最低水平的废弃物排放，从而在根本上实现"资源—产品—再生资源"的封闭式循环。[②]

替代性，即指城市矿产可作为原生矿产的替代产品。城市矿产开发的

---

① 南條道夫：都市鉱山開発——包括的資源観によるリサイクルシステムの位置付け（Urban Mine, New Resources for the Year 2000 and Beyond），東北大學選鑛製錬研究所彙報，1988 年第 2 期。

② 刘烈武、宋焕斌：《以"城市矿产"开发破解矿产资源匮乏难题的探析》，《中国人口·资源与环境》2011 年第 21 期。

潜在价值就是作为部分原生矿产资源替代品，但这里所指的替代性并不要求代替规模上的等量或完全替代，而是侧重强调对城市矿产充分利用后，将极大降低对部分原生矿产资源的依赖程度，可在一定程度上缓解地区原生资源供应紧张所带来的经济压力和环保压力，因此具有替代性。

规模性，即指城市矿产开发要求实现对废弃资源循环利用的规模化利用。开发城市矿产不同于一般意义上的废品回收，而是强调开发的规模性，着力发展具有规模优势和集群效应的废弃资源回收利用产业，打造以共生企业聚集的园区形态和以工业化、现代化的生产方式进行资源再生利用规模化开发模式。若无法保障开发的相当规模，也就谈不上是对城市矿产的有效开发。①

定位，即定位在城市（镇）。定位在城市并非指城市矿产产业的开发地域定位，而是指开发对象定位在城市（镇）中的大量废弃物。随着我国工业化和城镇化的不断推进，不仅在城市（镇）建设中产生了大量城市矿产资源，城市（镇）居民的城市矿产资源保有量也在逐年增加。城市（镇）居民的生活水平显著提高后，消费观念的改变和购买能力的增强使城市（镇）居民的通信工具、汽车、家电、电子产品、塑料包装物等城市矿产资源的保有量不断攀升，在消费过程中因产品更新换代而逐步淘汰的产品也在急速增多，这就导致大量的废弃物堆积在城市（镇）中。因此，对这些堆积在城市（镇）中的废弃物中蕴含的钢铁、有色金属、稀贵金属和非金属（橡胶、塑料）等进行循环利用就成为城市矿产开发的主要回收方向定位。

（二）“城市矿产”示范基地的产生和发展

为解决我国再生资源回收利用行业经营分散、秩序混乱、技术装备水平不高、二次污染严重等状况，推动资源循环利用的综合化、规模化、产业化发展，提升城市矿产资源开发利用的产业化水平，2010 年国家发改委、财政部启动了“城市矿产”示范基地建设项目。2012 年国务院下发的《“十二五”节能环保产业发展规划》和《“十二五”国家战略性新兴产业发展规划》分别将“城市矿产”示范工程列为环保

① 陈德敏、姜凌舟：《论城市矿产再生利用的法律规制》，《重庆大学学报》2013 年第 5 期。

产业重点工程和战略性新兴产业。2010 年我国首批七个"城市矿产"示范基地建立，截至 2014 年第五批国家"城市矿产"示范基地拟选名单的公布，我国已初步确立了 44 个"城市矿产"示范基地（见表 2）。到"十二五"末期，我国将在全国建成 50 个左右技术先进、环保达标、管理规范、辐射作用强的"城市矿产"示范基地。

表 2　　　　**我国城市矿产示范基地统计**

时间		数量	地点	名　称
批次	年份			
第一批	2010 年	7 个	天津	子牙循环经济产业区
			浙江	宁波金田产业园
			湖南	汨罗循环经济工业园
			广东	清远华清循环经济园
			安徽	界首田营循环经济工业区
			山东	青岛新天地静脉产业园
			四川	西南再生资源产业园区
第二批	2011 年	15 个	上海	燕龙基再生资源利用示范基地
			广西	梧州再生资源循环利用园区
			江苏	邳州市循环经济产业园再生铅产业集聚区
			山东	临沂金升有色金属产业基地
			重庆	永川工业园区港桥工业园
			浙江	桐庐大地循环经济产业园
			湖北	谷城再生资源园区
			辽宁	大连国家生态工业示范园区
			江西	新余钢铁再生资源产业基地
			河北	唐山再生资源循环利用科技产业园
			河南	大周镇再生金属回收加工区
			福建	华闽再生资源产业园
			宁夏	灵武市再生资源循环经济示范区
			北京	绿盟再生资源产业基地
			辽宁	东港再生资源产业园

续表

时间		数量	地点	名　称
批次	年份			
第三批	2012 年	6 个	广东	佛山赢家再生资源回收利用基地
			安徽	滁州市报废汽车循环经济产业园 现更名为中国玉成（凤阳）报废汽车循环经济产业园
			新疆	南疆城市矿产示范基地
			山西	吉天利循环经济科技产业园区
			黑龙江	东部再生资源回收利用产业园区
			湖南	郴州永兴县循环经济工业园
第四批	2013 年	10 个	湖北	荆门格林美城市矿产资源循环产业园
			江西	鹰潭（贵溪）铜产业循环经济基地
			江苏	如东循环经济产业园
			浙江	台州市金属资源再生产业基地
			河北	中航工业战略金属再生利用产业基地
			四川	保和富山再生资源产业园
			河南	洛阳循环经济园区
			贵州	贵阳白云经济开发区再生资源产业园
			福建	海西再生资源产业园
			福建	厦门绿洲资源再生利用产业园
第五批	2014 年	6 个	山东	烟台资源再生加工示范区
			内蒙古	包头铝业产业园区
			甘肃	兰州经济技术开发区红古园区
			新疆	克拉玛依石油化工工业园区
			黑龙江	哈尔滨循环经济产业园区
			广西	玉林龙潭进口再生资源加工利用园区

四　开发城市矿产对湖北省的意义

开发利用城市矿产就是寻求一种新的资源开发模式。目前，城市矿产产业（再生资源产业）已成为全球发展最快的产业之一，也将成为未来国际市场上资源争夺的一个重点。① 2013 年，湖北省装备制造业规模以上企业完成工业增加值 3451 亿元，占全省工业的比重为 30.9%，对全省工业增长贡献率达 37.7%，其中运输设备制造业、高端装备制造业发展迅速，金属制品业、电气机械和器材制造业、专用设备制造业分别保持 42.8%、35.9% 和 34.5% 的较快增长，实现利润 706.1 亿元。正是在这样的形势下，基于钢铁工业和装备制造业对基础原材料资源的巨大需求，再生资源回收利用产业已经发展成为湖北省工业发展的重要原材料来源之一。②"十一五"以来，我省建成了一批资源综合利用企业。据不完全统计，到 2011 年年底我省再生资源行业综合利用总量达 600 万吨，生产各类再生资源技术原料及初期产品 1900 万吨，总产值约 180 亿元，在湖北省循环经济中占有不可或缺的地位。③

虽然我省再生资源行业得到了快速发展，但我省城市矿产资源生产量与需求量相比，还存在很大差距。"十一五"以来，我省城市矿产资源项下的报废汽车、废橡胶、废轮胎、废塑料、废家电、废有色金属、废钢铁和废金属的年产生量分别达到了 8.5 万辆、3.1 万吨、658 万条、200 万吨、300 万台、110 万吨、1100 万吨和 2 万吨；与此同时，我省每年可以回收利用但没有回收利用的报废汽车、废橡胶、废轮胎、废塑料、废家电、废有色金属、废钢铁、废电池分别达到了 5.3 万辆、1 万吨、538 万条、45 万吨、120 万台、20 万吨、280 万吨、1.2 万吨（见表 3）。换言之，我省城市矿产资源的开发利用率仅勉强达到过 50% 的水平，部分资源的回收率甚至达不到 40%，存在很大的开发空间。因此，把开发城市矿产作为我省践行"竞进提质、升级增效"总思路的落实方向，将有利于推动我省循环经济产业不断取得实质性发展，有利于我省环境保护工作的展开和生态文明的建立，有利于稳定民生拉动就业，是贯彻我省"建成支点，走在前列"战略的重要举措，也是助力开创"五个湖北"建设新局面的内在要求。

---

① 中国电子信息产业发展研究院、赛迪顾问投资有限公司：《中国循环经济与"城市矿产"示范基地发展战略研究（2012）》，2012 年。

② 《2013 年湖北省装备制造业发展情况》，湖北省经济和信息化委员会机械汽车处，2014 年 2 月 14 日发布。

③ 《湖北省"十二五"资源综合利用实施方案》2012 年 5 月 9 日。

表3　湖北省城市矿产综合利用情况

类别＼数量	年资源总量	年回收量	年回收率	加工利用量	年利用率
报废汽车（万辆）	8.5	3.2	37.6%	3.2	37.6%
废橡胶（万吨）	3.1	2.7	87%	2.1	67.7%
废轮胎（万条）	658	250	37.9%	120	18.2%
废塑料（万吨）	200	160	80%	155	77.5%
废家电（万台）	300	220	73.3%	180	60%
废有色金属（万吨）	110	90	81.8%	90	81.8%
废钢铁（万吨）	1100	820	74.5%	820	74.5%
废电池（万吨）	2	1.1	55%	0.8	40%

数据来源：湖北省“十二五”资源综合利用实施方案。

（一）有利于我省循环经济体系的完善——建设富强湖北

开发城市矿产是循环经济的重要组成部分，是践行可持续发展观的新经济增长点，是绿色低碳的经济发展模式。以国家“城市矿产”示范基地为代表的城市矿产开发对地方经济发展的促进作用明显，这些示范基地已逐渐成为我国重要的资源供应地，为各地区经济发展提供了大量资源；成为我国再生资源产业的集聚发展区，吸引了大批分散经营户和小企业入园发展，形成了企业集聚、规模化发展的态势，支持地方经济发展。作为国家级战略新兴产业，城市矿产产业对废弃资源的规模利用、高值利用可产生巨大的经济收益。有数据显示，再生资源产品比原生资源产品综合能耗降低80%；回收利用1吨废钢，可炼钢0.8吨，节约铁矿石2—3吨；回收利用1吨废旧线路板，可提取400克黄金；回收利用1吨废塑料瓶，可节约6吨原油。[①] 2014年4月25日，商务部新闻发言人姚坚就加快再生资源回收体系建设有关问题回答记者提问时表示：据初步统计，仅2013年我国废钢铁、废塑料、废有色金属、废纸、废轮胎、报废汽车、废弃电器电子产品7大品种的资源回收量接

① 《节能减排倒逼“城市矿产”发展提速》，《中国能源报》，2013年9月15日。

近1.6亿吨，回收总值接近6000亿元，这些城市矿产可再生资源的回收量相当于节约1.7亿吨标准煤的使用。①

从上述数据不难看出，城市矿产是一座潜在的资源“矿山”。我省城市矿产储量丰富，回收利用率勉强过五成，大量城市矿产资源处于待开发状态。大力开发城市矿产资源，推进国家“城市矿产”示范基地的建设，对我省的经济意义重大，一方面，通过对这些城市矿产资源进行综合性、产业链条式的规模化回收处理，提高资源利用效率，不仅可为我省带来可观的经济效益，也为我省发展循环经济寻找到新的方向，将我省废弃物排放量大的环境劣势转化成资源优势，有助于在实现节能减排目标的同时创造新的经济增长点，促进我省经济结构的优化和发展方式的转变。另一方面，通过对城市矿产开发行为的规范引导，培育一定数量的规模以上资源回收利用企业和具有示范作用的“城市矿产”示范基地，探索适合我省城市矿产开发的产业发展模式，淘汰技术管理落后的资源回收利用企业，将有助于我省逐步淘汰掉落后过剩产能，引导资源回收利用市场的良性发展，也可为我省培育更多优质企业，提升我省的整体经济竞争实力。

（二）有利于我省环境保护工作的推进——建设生态湖北

生态文明是十八大报告明确提出的重点建设方向之一。一方面，湖北省是生态大省，环境保护任务重大；另一方面，湖北省也是工业大省，随着钢铁、汽车、光电子等传统重点支柱产业的不断发展，污染物的排放也在不断增加，报废汽车、废旧轮胎、废钢铁、废旧电子设备等回收利用问题尚未得到很好的解决。若不能妥善处理这些固体废弃物，其中的危险废弃物质将会对我省土壤、河流、湖泊等自然生态环境和人民生命健康产生严重威胁，存在很大的环境安全隐患。② 通过建立国家“城市矿产”示范基地的方式进行城市矿产的开发工作，因实行污染物的集中治理、统一监管，使地方因工业发展而造成的环境不断恶化的趋

① 《去年再生资源回收总值近6000亿元 相当于节煤1.7亿吨》，中国新闻网，2014年4月25日。

② 梅光军、解科峰、张纪文、金启源：《湖北省再生资源回收利用现状的调查研究与相关政策建议》，《再生资源研究》2007年第4期。

势大为改观，有效改善了地区环境状况。有数据显示，仅2013年，因我国可再生资源回收替代相应的原生资源而减少的二氧化碳排放量超过4亿吨。[①] 因此，进行城市矿产的开发，是解决我省生态环境问题的有效途径。一方面，开发城市矿产是以环境优先作为基本原则的一种全新资源开发模式，积极推进城市矿产再生资源的绿色开发，将城市矿产作为部分原生矿产的可替代资源，逐步实现城市废弃物的减量化、资源化和再循环，有助于减少我省碳排放量，改善地方环境质量和生态水平。另一方面，鼓励城市矿产开发企业入园发展、规模发展，使企业通过园区共享的环保设施，实现污染物的集中收集处置，避免企业在分散经营状态下对我省环境可能造成的二次污染，最终达到我省社会经济活动和自然生态物质的循环过程逐渐趋向和谐统一。除此之外，通过政府对开发城市矿产工作的支持和企业的良好示范，可在我省范围内将资源节约、绿色消费、循环利用的理念向社会公众推广，加快我省资源节约型、环境友好型社会的建设，是推进我省生态文明建设的必然选择。

（三）有利于我省民生福祉的增加——建设幸福湖北

促进就业是保障民生的重要方面，也是我省建设幸福湖北的重要着力点。推进城市矿产的开发，有助于改善我省就业环境，增加就业岗位供给，促进就业率的提升，增强人民幸福感。一方面，城市矿产产业的发展需依托具有上下游关系的企业组成系统的产业链，对城市矿产资源进行集中化、规模化、综合化的回收利用，这一开发过程需要大量人力资源的配合来实现城市矿产基础产业链条的良好运行，会产生大量的劳动力就业岗位，可带动我省劳动力的就业。另一方面，城市矿产的开发基本无地域上的特别需求，一些县级单位凭借在土地因素、劳动力因素等方面的价格优势，也可成为开发城市矿产的有利备选地域，形成城市矿产开发产业集群，在其后的发展中结合地方发展优势，成长为全国领先的“城市矿产”示范基地，这样就在促进县域经济发展的同时也带动了当地基础设施、环境、医疗、卫生等项目建设，增进了当地人民的

① 《去年再生资源回收总值近6000亿元 相当于节煤1.7亿吨》，中国新闻网，2014年4月25日。

福祉。在我国已经确立的国家"城市矿产"示范基地中，有相当一部分示范基地就是在县域地区发展并壮大的，县域国家"城市矿产"示范基地县城16个占比36%，地市28个占比64%，并逐渐成为再生资源回收利用行业的领跑者。利用示范基地推广领先创新回收再利用技术，促进资源回收行业先进设备的普及，大大提高了资源加工利用水平，降低了企业能耗、减少了开发成本、创造了更多利润。[①] 另外，如前所述，城市矿产开发对地区环境质量具有改善作用，环境状况的逐渐转好，也会增强当地人民的幸福感。简言之，推进城市矿产的开发，不仅有助于发挥政府投资和重大项目拉动就业的作用，提升社会治理能力，而且有助于带动当地的基础建设，促进社会公平正义、增强人民幸福感，促进社会的稳定和谐发展。

五　湖北省城市矿产开发现状及条件分析

（一）我省城市矿产示范基地发育状况的比较

中国再生资源回收利用协会于2012年发布的《2012"城市矿产"发展研究报告》显示，我国已形成环渤海、长三角和中部地区三大重点"城市矿产"分布区域，这些地区在开发城市矿产方面着手较早，经过一段时间的摸索发展，或多或少形成了一些鲜明的地区优势和成熟的开发经验，形成具有特色的城市矿产开发路径，可供我省学习借鉴。对这些地区的城市矿产开发活动的情况和我省开发城市矿产活动的实践状况进行对比分析，可以选取国家"城市矿产"示范基地的建设情况为主要考察对象。这是因为"城市矿产"示范基地是国家大力支持发展的战略性新兴产业，是资金、技术、管理等方面支持最集中的地方，也最能反映各地区城市矿产回收利用行业发展的最高水平，对其进行分析比较可以直观明了地发现我省在开发城市矿产过程中的优势和不足。基于上述因素考量，本报告下文的对比分析将以我省国家"城市矿产"示范基地的发育情况与我国其他地区情况为主。

① 《国家"城市矿产"示范基地建设现场会在湖南召开》，国家发展改革委员会资源节约和环境保护司《资源与环境》简报第10期，2012年12月5日。

1. 分布特点

自2010年第一批城市矿产示范基地建立以来，我国目前已确立了44个国家“城市矿产”示范基地（见图1）。其中东部地区共22个占比50%，中部地区共13个占比29.5%，西部地区共9个占比20.5%。由此可以看出，我国除吉林、陕西、青海、西藏、云南、海南等省份还没有示范基地外，大部分省份已确立有数量不等的国家“城市矿产”示范基地。其中，浙江、山东、福建三省内分别确立有三个示范基地，在数量上领先其他省份。我省和东部省份相比较，与大多数中部省份一样，只占有两个名额，不存在数量上的优势。

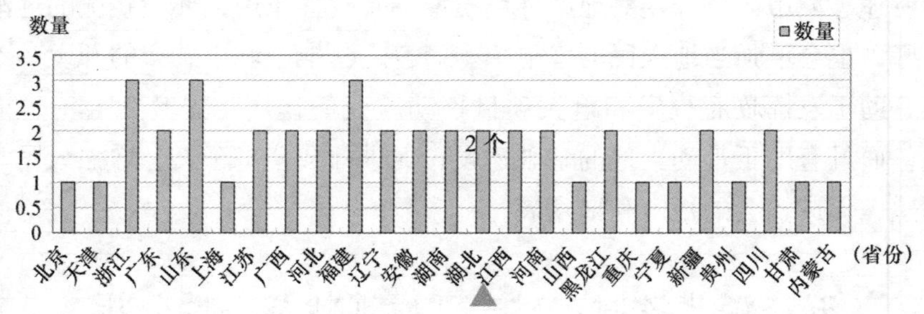

图1　我国“城市矿产”示范基地数量分布图

湖北省在全国“城市矿产”示范基地中占有两个席位，分别为2011年入选的谷城再生资源园区和2013年入选的荆门格林美城市矿产资源循环产业园（见图2)。这两个园区都位于我省汉江经济带上，其中谷城再生资源区位于湖北省西北部我省副中心城市襄阳境内。襄阳城上临十堰丹江口市，东临汉水，立足我省西北汽车工业走廊中段，是全国36个工业明星城市之一。作为湖北千里汽车走廊的中心，汽车工业密集度居全国十大汽车工业城市之首，是亚洲最大的商用轿车生产基地、国内最大的汽车动力基地，汽车产量占湖北省的31%，其中谷城汽车零部件产业是全省62个重点支持的产业集群之一，在湖北省汽车制造业集群中名列第一，正是基于这样的工业基础和原材料需求态势，使谷城近几年废旧金属回收利用产业发展迅猛，成为湖北省主要的再生资源产业聚集区，综合经济实力位居湖北省第二。①

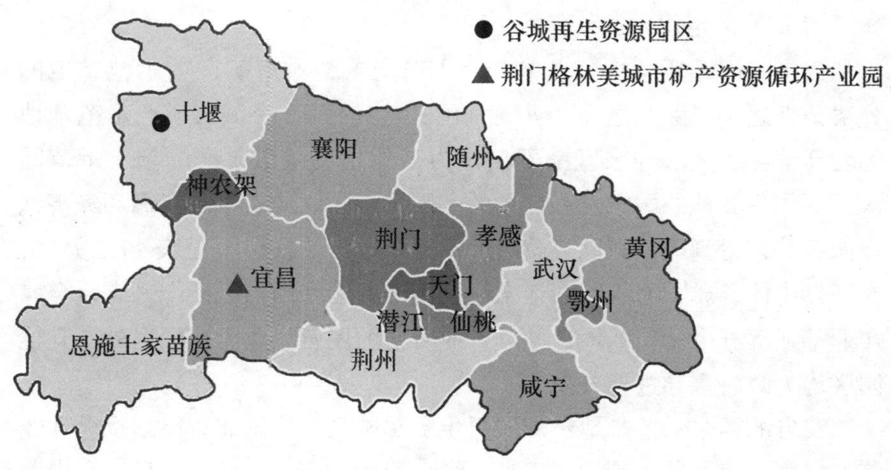

图 2　湖北省国家“城市矿产”示范基地位置示意图

荆门格林美公司位于我省中部地区江汉平原带，是发行中国开采城市矿山资源第一支股票、再生资源行业和电子废弃物回收利用行业的第一支股票的深圳市格林美高新技术股份有限公司的子公司之一。该公司已在湖北武汉、湖北荆门、江西丰城、河南兰考、江苏泰州等地建成六大循环产业园，以废旧电池、电子废弃物、稀有金属废弃物、报废汽车为主体，循环再造钴镍、铜钨、金银、铂钯、稀土与稀散金属等十多种稀缺资源以及塑木型材、新能源材料等多种高技术产品，形成中国最完整的稀有金属资源化循环产业链。② 荆门格林美城市矿产资源循环产业园位于素有“荆楚门户”之称的荆门城内。荆门城地处江汉平原西北部，北通京豫，南达湖广，东瞰吴越，西带川秦，是湖北省唯一的国家循环经济试点市，经济开发区发展势头强劲，工业重镇建设方兴未艾，207 国道工业走廊成为荆门市工业经济新的增长点后，对城市矿产资源

① 翟昕：《立足鄂西北汽车工业走廊做好资源循环利用大文章——湖北省谷城县县委书记艾文金纵论谷城城市矿产示范基地建设》，《资源再生》2011 年第 12 期。

② http：//www. gemchina. com/cn/profile. html，深圳市格林美高新技术股份有限公司官网——公司简介。

需求量大。

2. 产业发展

(1) 园区定位

入围我国循环经济试点单位是入选全国“城市矿产”示范基地的先决条件之一。除此之外，纵观全国其他地区42个城市矿产示范基地的发展情况，大部分园区都不仅作为当地发展城市矿产的领头示范园区，更作为其他的国家发展计划的入围试点园区或省级重点循环经济试点园区等，得到国家和地方政府的重视和政策的扶持（见表4）。另外，在开发主体资质方面，除浙江宁波金田产业园和山东临沂金升有色金属产业基地等五个示范基地为独立企业身份的民营企业示范园区外，其他园区均为政府主导进行开发。

我省的两个示范基地：谷城再生资源园区，为湖北省第二批循环经济试点之一，谷城县为湖北省唯一循环经济试点县，地处千里汽车走廊中心。按照襄阳市委、市政府把谷城作为“四个襄阳”重要增长极和襄阳市域副中心城市的重要要求，谷城县政府将谷城再生资源区国家“城市矿产”示范基地规划定格为千亿园区，树立了打造大园区的目标，属于政府主导开发的示范基地。目前，谷城再生资源园区年回收各类再生资源150万吨，其中回收废钢铁80万吨，废铅酸蓄电池及含铅废料25万吨、废铝15万吨、废塑料10万吨、废纸10万吨的产业规模。拥有再生资源工业生产企业200多家，其中，规模以上企业63家。企业从业人员达2.5万多人。[①]

荆门格林美城市矿产资源循环产业园，为湖北循环经济试点，是中国开采“城市矿山”资源第一股——深圳市格林美高新技术有限公司的全资子公司，属于由企业主导建立的民营性质示范基地。园区分别于2004年、2006年和2011年进行了三期工程建设，共占地2500亩，力图将示范基地打造成为湖北百亿“城市矿产”循环利用产业工程。目前园区年处理各类电子废弃物能力达到50000吨以上，基地每年回收钴

① 谷城县再生资源产业办：《谷城县再生资源产业发展情况分析》，谷城县经济和信息化局官网。http：//www.hbgcnews.com/gcjx/? thread-804-1.html。

表4　　国家“城市矿产”示范基地定位

园区定位 / 园区名称	类型	其他称号
天津子牙循环经济产业区	政府主导型	天津市首批循环经济试点
安徽界首田营循环经济工业区		安徽省首批循环经济试点
山东青岛新天地静脉产业园		国内首个国家级静脉产业类生态工业示范区
上海燕龙基再生资源利用示范基地		区域性大型再生资源回收利用基地
广西梧州再生资源循环利用园区		国家进口再生资源“圈区管理”园区
湖北谷城再生资源园区		湖北省循环经济试点
重庆永川工业园区港桥工业园		国家生态工业示范园区
河南大周镇再生金属回收加工区		河南省重点产业集群
辽宁东港再生资源产业园		辽宁循环经济试点园区
湖南郴州永兴县循环经济工业园		国家级稀贵金属再生利用产业化基地
江西鹰潭（贵溪）铜产业循环经济基地		废物进口“圈区管理”定点园区
贵州贵阳白云经济开发区再生资源产业园		省级经济开发区
山东烟台资源再生加工示范区		国家级进口废物“圈区管理”园区
内蒙古包头铝业产业园区		包头市重点产业基地；区特色经济工业基地
甘肃兰州经济技术开发区红古园区		国家级经济技术开发区
新疆克拉玛依石油化工工业园区		国家循环经济试点
广西玉林龙潭进口再生资源加工利用园区		国家“圈区管理”试点园区
黑龙江哈尔滨循环经济产业园区	企业主导型	国家循环经济试点
浙江宁波金田产业园		国家循环经济试点
山东临沂金升有色金属产业基地		省、市级重点培育循环经济型园区
荆门格林美城市矿产资源循环产业园		湖北省循环经济试点
山西吉天利循环经济科技产业园区		山西省循环经济试点

资源3000吨，循环再造钴镍锰三元电池材料5000吨，回收量占中国钴资源总量的30%以上，为中国最大的钴资源回收基地与动力电池材料制造基地；钨资源年回收量超过3000吨，占中国原钨开采量的8%以上，成为中国最大的钨资源回收利用基地；年回收报废线路板2万吨，占中国报废线路板总量的20%；建成绿色处理线路板的国家示范基地，实现电子废弃物的绿色处理，成为联合国电子废物绿色回收的重要项目，对中国电子废物处理产业的绿色化意义深远。①

通过上述分析可知，我国“城市矿产”示范基地建设中大致存在两种开发模式：政府主导型和企业主导型（见表5）。对于这两种开发模式的选择，既有各地区历史发展情况的考量，也有后期发展意图的指导，两种模式各有所长，具体来说：

表5　**两种城市矿产开发模式比较**

考察项＼类型		政府主导型	企业主导型
我省代表示范基地名称		谷城再生资源园区	荆门格林美城市矿产资源循环产业园
整体运营	模式	开发区招商模式	单独个体运营模式
	优势	汇集多方资金、技术；信息共享；产业链条完整	无缝对接；个体企业实力强劲；专项技术行业领先
	阻碍	投资环境不优越、宣传不到位则无法吸引优质企业入驻	资金、技术渠道较匮乏
过程管理	体制	管委会+开发公司共同管理	企业法人单独管理
	优势	政管分离，各司其职	管理灵活，调度自由，监督便捷有效
	难点	园区内企业间的统筹协调；监管面广	自负盈亏；信息收集；外部监督
发展方向		综合型	专长型

① http://www.gemchina.com/cn/html/2014—06—18/2_1604.html，深圳市格林美高新技术股份有限公司官网——格林美荆门循环产业园介绍。

政府主导型建立的示范基地园区以我省谷城再生资源园区为代表。首先，在整体运营模式上，本质上属于开发区招商运营模式。即先有具体的开发意图，而后提出一个较完备的城市矿产开发设想，再根据这个设想进行园区规划论证、申请国家示范基地名额，待园区前期土地、资金、宣传到位后再向社会公开招商引资，遵循这种顺序的运营模式就是建设开发区时采用的基本模式，示范园区也就在一定程度上等同于以国家“城市矿产”示范基地建设为核心内容的城市矿产开发区。这种运营模式的优势之处就在于可以从进驻企业方汇集更多后期建设资金和更广泛的技术支持；还可以在园区内搭建信息共享平台，实现产业资讯的及时交换、更新；还可以利用进驻企业在产品、废弃物利用间的上下游关系在园区内建立完整的产业链条，构建园区内循环，实现废弃物循环利用和排放量的最小化。但是，这种先建立示范基地后吸引企业入驻的运营模式，也面临着很多不确定性。这是因为园区得以良好运行的前提是有足够的资质企业入驻园区发展，企业的合作意向受到多种因素的影响，若园区的投资环境不优越或宣传不到位则很有可能无法吸引到足够数量的优质企业入驻来共同进行城市矿产资源开发，导致后期难以维持园区的可持续发展。

其次，在园区的管理模式方面，大部分示范基地实行“管委会+开发公司”的共同管理体制。即设立园区管委会作为地方政府的派出机构，统一负责园区的行政综合管理及服务工作；开发公司是园区开发建设的主体，负责园区开发建设、筹融资，招商引资及投资经营服务等。这样进行二元管理的好处便是可以令园区行政事务和经济管理相分离，实现双轨并行开发，管委会和开发公司各司其职、分工协作，共同对园区城市矿产的开发工作进行管理。但这样的管理方式也存在一定的不便之处，即对由多家不同企业组成的大园区进行统筹协调时，虽然大部分企业间存在一定程度上的利益关联，但毕竟是不同的利益个体，也就存在不同的利益诉求和发展要求。如何在大园区管理中找到制衡点来平衡各企业间的矛盾、协调企业间的利益纷争，将园区内企业有效地统筹在促进示范基地发展的目标上，是共同管理体制下的管理难点之一。另一个管理上的难点在于，城市矿产开发过程中企业主体繁杂，导致要求的监管面较广，如何能够对园区内所有企业的开发行为进行有效监督，发现企业违规问题时能够及时妥善解决，也是共同管理体制上的一个难点。

企业主导型建立的示范基地园区以我省荆门格林美城市矿产资源循环产业园为代表。首先，在整体运营模式上，企业主导型就表示采用独立的企业个体运营模式。这种模式即是由在城市矿产开发领域已经有一定发展优势的企业，在自身具备相当开发规模的基础上，规划发展方向时选择取得国家“城市矿产”示范基地名额作为其继续发展的助力，以此争取到国家政策上的优惠和扶持，增加发展筹码，吸引外部资金的注入，从而使自己获得更长远的发展。这种运营模式的优势之处在于：其一，实现了从独立开发企业到示范基地建设运行这一过程的无缝对接，中途无须等待，资金、土地、人员、技术、市场等要素都比较充分且有序参与到园区的转型升级中，节约了时间成本。其二，能够争取到国家城市矿产示范基地名额的企业都为当地经济实力雄厚的优质民营企业，对地方城市矿产开发有益。以我省荆门格林美城市矿产资源循环产业园为例，深圳市格林美高新技术有限公司是中国开采“城市矿山”资源第一股，在其全资子公司荆门格林美成为国家“城市矿产”示范基地之前已经长期经营并且成功上市，经济指标优于其他同类企业，已成为世界采用废旧电池和废弃钴镍资源循环利用的先进企业和中国最大的超细钴镍粉末制造商，这样的实力民营企业参与到城市矿产开发中来，不仅可为荆门市带来经济、生态双重效益还能在全省范围内对城市矿产的开发起到模范示范作用。另外，实力企业在城市矿产开发方面多拥有全国甚至世界行业领先的专项技术，开发优势较为突出，荆门格林美的年循环再造的钴资源占中国原钴开采量的50%以上，对缓解中国稀缺钴资源的供给状况具有重要意义。但是，这种独立企业个体运营模式在资金和技术方面也面临着一些阻碍：由于只由一家企业独立经营开发，在政府不给予补贴或只给予少量补贴的情况下，企业融资渠道显得较为单一；技术方面虽在单一方向有领先优势，但一个研发主体背景下，技术研发速度和数量都会受限，技术获取途径较为匮乏。

其次，在园区的管理模式方面，采取企业法人单独管理体制，即单独由一个企业主体进行行政事务、开发建设、筹资融资等事项的综合管理。这样进行管理的优势主要表现在：其一，单独企业管理范围较小且在之前的企业经营中已积累了大量管理经验，管理层较为成熟，可以灵活掌控企业内部各部门运作，自由调度和分配资金流和劳动力；其二，企业运行中监管范围较小，易于监管，发现问题时可及时纠正。但企业法人单独管理体制下也存在一些管理难点：其一，开发过程中由单独一个企业自负盈亏，导致抗击风险能力和恢复重建能力较差；其二，开发过程中的信息资讯的收集和反馈主要依靠自身信息能力，导致与外界其他主体的信息交换较少；其三，内部监督优势凸显的对立面是外部监督弱化，加之企业法人追逐利润的过程中很可能放松对自己监督的力度，而为使企业成为一个能够持续经营下去的城市矿产开发市场主体，此时的外部监督就显得尤为重要。因此，如何增强企业自身抗击打能力、加快内外信息交流和强化外部监督是企业单独管理体制在城市矿产开发过程中需要克服的困难之处。

经过上述分析可以看出，两种开发模式各有千秋，政府主导型主要依靠地方政府发挥积极的引导作用，先规划建立城市矿产开发园区，再宣传招商引资，多方面全方位进行城市矿产的开发活动，充分凸显出政府在经济活动中的宏观调控作用；企业主导型则充分利用市场规律参与市场竞争，先稳步增进企业自身在城市矿产回收利用领域的实力，后申请国家示范基地，不断发展壮大企业市场影响力，以达到在城市矿产资源开发某一领域行业领先，显示出市场对城市矿产开发活动的有效选择。各地区可根据自己的发展需求、区位优势和历史情况进行有效选择。

（2）发展方向

鉴于城市矿产的开发定位是对废弃资源再生利用的规模化发展，因此，目前全国范围内的“城市矿产”示范基地的发展方向大多为综合型资源回收利用。只有个别园区结合自身发展条件和定位，主打单项城市矿产资源的循环利用，发展领域特长型城市矿产资源的回收利用。例如安徽玉成（凤阳）报废汽车循环经济产业园（原滁州市报废汽车循环经济产业园）以报废汽车循环利用为主要发展方向；上海燕龙基再生资源利用示范基地以碎玻璃回收利用为主要发展方向。但这些园区并不仅限于只进行某一种城市矿产资源的循环利用，它们在大力发展优势资源项目的基础上也兼顾发展资源综合循环利用，力图使横纵双向产业链条都得到充分延长。

我省谷城再生资源园区为综合型资源回收利用园区，以回收利用废金属为基础，是以构建再生铅、再生铝、再生钢铁产业为重点的综合性“城市矿产”建设基地。特殊的区位优势和已有的汽车零部件加工利用基础，使得谷城废旧金属回收利用产业迅猛发展，根据《谷城“城市矿产”示范基地项目推进计划》，“十二五”期间，谷城“城市矿产”示范基地将新上项目19个，总投资达23.89亿元。并制订配套《“城市矿产”示范基地建设专项资金分配方案》，对“城市矿产”资源再利用项目通过考核税收、考核用电、考核新增再利用资源量、考核现有再利用资源量等重要因素进行资金拨付，充分发挥资金的最大效益。荆门格林美城市矿产资源循环产业园为专长型资源回收利用园区，主要从事废旧电池、废弃钴镍资源及电子废弃物等报废资源的回收及资源化再利用。目前已建成了世界先进、中国最大规模的小型废旧电池与报废电池材料高技术处理生产线，年回收处理的小型废旧电池占中国处理量的10%以上，年回收利用钴资源2000吨以上，占中国战略钴资源供应的30%以上；循环再造的超细钴镍粉末均成功替代以原矿为资源的产品和进口产品，支撑中国钴粉市场的50%以上，对缓解中国稀缺钴资源的供给状况具有重要意义。另外，园区还进行了包括再生资源交易中心与专业集散大市场、废旧线路板和废五金处理与稀贵金属回收、废钢与报废汽车拆解利用三个项目。待项目建成后，荆门格林美可年处理废旧线路板、报废汽车等废弃物量达70万吨以上，新增产值达30亿元以上，新增税收1亿元以上，将形成涵盖废旧电池、废旧钴镍资源和电子废弃物、金属铜、稀贵金属处理和报废汽车处理的综合型城市矿产资源产业基地，产值总额将超过60亿元。

（3）政策和资金扶持

目前国家层面发布了不少产业政策对“城市矿产”示范基地给予了一定程度补贴，来帮助推进城市矿产的开发。在具体的补贴操作上，国家先补贴给园区后最终落实到园区的项目里。补贴方式为预拨和清算相结合，预拨不超过项目补贴资金的15%，按照不同项目的规模和延伸度、投资力度，国家为每个示范基地提供10%的资金配比。[①] 整体来

① 中国电子信息产业发展研究院、赛迪顾问投资有限公司、北京赛迪经智投资顾问有限公司：《中国循环经济与城市矿产示范基地申报指南（2013）》，2013年。

看，国家对"城市矿产"示范园区的扶持力度是比较大的（见表6）。截至2012年，中央财政设立的循环经济发展专项资金，累计安排近30亿元资金支持示范基地建设。[①] 具体到省份来看，我国目前已有部分拥有国家"城市矿产"示范基地的地区出台了针对城市矿产示范基地建设的相应管理文件。如2012年大连市财政局、发改委专门出台《大连市国家"城市矿产"示范基地补助资金管理办法》；2012年江苏省发布《江苏省国家城市矿产示范基地建设管理办法》，其后，2014年上海市发改委和财政局也发布了进一步细化落实的《上海市"城市矿产"示范基地建设中央补助资金拨付管理办法》；2014年河北省发布《河北省国家"城市矿产"示范基地建设管理办法》，以确保示范基地建设项目顺利实施和中央财政补助资金的高效实用；2013年北京市发布《推进北京市绿盟再生资源产业基地建设工作方案》指导示范基地建设；同年，福建省也发布了《福建省建设循环经济园区、"城市矿产"示范基地管理办法》的通知对该省城市矿产示范基地的建设进行统筹管理。

表6　　部分城市矿产示范基地获国家财政补助情况统计

示范基地名称	中央财政补助金数额
浙江宁波金田产业园	9800万元
湖南汨罗循环经济工业园	2.9亿元
安徽界首田营循环经济工业区	8900万元
山东青岛新天地静脉产业园	1.38亿元
上海燕龙基再生资源利用示范基地	1.3亿元
广西梧州再生资源循环利用园区	3亿元
江苏邳州市循环经济产业园再生铅产业集聚区	2亿元
山东临沂金升有色金属产业基地	7500万元
重庆永川工业园区港桥工业园	2亿元
浙江桐庐大地循环经济产业园	1.5亿元
辽宁大连国家生态工业示范园区	2.3亿元

① 《中央财政近30亿元专项资金支持"城市矿产"基地》，《中国证券报》，2012年11月22日。

续表

示范基地名称	中央财政补助金数额
江西新余钢铁再生资源产业基地	1.15亿元
河北唐山再生资源循环利用科技产业园	1.5亿元
河南大周镇再生金属回收加工区	3亿元
北京市绿盟再生资源产业基地	6500万元
辽宁东港再生资源产业园	2000万元
广东佛山赢家再生资源回收利用基地	2.5亿元
中国玉成（凤阳）报废汽车循环经济产业园（原安徽滁州市报废汽车循环经济产业园）	7500万元
山西吉天利循环经济科技产业园区	1.5亿元
湖南郴州永兴县循环经济工业园	1.5亿元
湖北荆门格林美城市矿产资源循环产业园	1.5亿元
江苏如东循环经济产业园	1.5亿元
河北中航工业战略金属再生利用产业基地	1.5万元
河南洛阳循环经济园区	1亿元
贵州贵阳白云经济开发区再生资源产业园	1亿元

我省目前还没有出台针对城市矿产开发和“城市矿产”示范基地建设的专项管理文件。但为加快推进我省国家级循环经济示范试点园区建设，规范各项建设行为，确保在实施期内完成示范试点实施方案确定的目标和任务，2014年4月22日我省发改委、财政厅联合发布了《湖北省国家循环经济示范试点园区建设管理办法》面向社会公众征求意见。该管理办法是对包括“城市矿产”示范基地在内的国家级循环经济示范试点园区进行管理的纲领性文件，适用范围较广。此外，武汉市于2009年出台了《武汉市再生资源回收管理条例》和《武汉市再生资源回收利用场所建设与管理技术规范》为规范武汉市再生资源回收市场提供支持。

3. 风险因素

（1）经济风险

城市矿产的开发活动作为一项市场主体参与的经济活动，必将受到经济规律的影响。它会因各种市场供求关系、经济贸易条件等客观因素发生变化的作用或经营者决策失误、对前景预期出现偏差等主体因素的作用，导致经营失败的风险骤增。这些风险也即开发城市矿产时会遇到的经济方面的风险。

这部分经济风险从客观方面来看，城市矿产的开发过程会因市场自身因素的变化而面临风险，主要包括价格风险、竞争风险、需求风险、政策风险等。首先，在城市矿产开发初期需对其资源属性潜藏的风险有明确认识。城市矿产的内涵是指工业化和城镇化过程中产生和蕴藏在废旧机电设备、电线电缆、通信工具、汽车、家电、电子产品、金属和塑料包装物以及废料中可循环利用的钢铁、有色金属、稀贵金属、塑料、橡胶等资源，这种资源属性也就决定了城市矿产开发初期将面临的风险多集中在资源市场领域。在市场供需、回收成本、价格高低等开发过程中的各项经济指标会受到国内外相关资源市场因素的影响，例如国际稀贵金属价格走势对城市矿产价格的影响。其次，城市矿产开发过程中的回收、仓储等环节，对物流和劳动力成本的依赖性也较大，回收资源时物流和人力成本价格波动等因素会对城市矿产的回收成本产生一定影响。再次，将城市矿产的资源价值转化为经济收益的最后销售环节，与消费市场有着密切联系。消费者的消费习惯和偏好受多种因素影响，他们对城市矿产再生资源产品的认可和接受程度将间接改变产品市场供需情形，决定企业最终能否盈利，将从根本上对城市矿产开发活动产生作用。最后，同类企业间的恶性竞争、垄断等不良竞争现象也会影响城市矿产开发的顺利进行。另外，政策导向也会对开发行为的进行产生一定影响，主要表现在城市矿产开发过程中的招商融资和宣传推广等事项上。

这部分经济风险从主观方面来看，主要体现在参与城市矿产开发活动的主体方面。主体的决策、预判对开发行为构成的风险，即开发主体在做出决策时会对后续开发行为能否顺利进行所产生的风险（决策风险）。在开发城市矿产的过程中，从先期项目的规划、审批，到中期实施、管理再到后期的维护、监督，整个过程的参与主体十分广泛，主体素质的良莠不齐导致了决策、预判水平参差不齐，都会对开发行为的质量产生影响。主体决策、预判不当项目会面临开发经营失败的风险。

(2) 环境风险

此处所论述的环境风险是指城市矿产的开发过程将会对自然环境造成的损害。对经济风险的考量多为防范经济市场，然而对环境风险的考量则侧重于防范主体的开发行为会对自然环境造成的危害，即开发行为的外部性。在进行城市矿产开发的整个过程中，涉及的环境风险因素包括：先期开发区位的选定不当造成的风险，中期环境有害的危险废弃物质运输、贮存、使用过程中发生泄漏、火灾爆炸事故的风险，以及后期废水、废气事故性排放、资源的再回收利用等可能造成的环境危害。对潜在环境风险的不良处置，不仅会加重我省环境污染、破坏生态环境，还有可能引发环境群体性事件，有资料显示，自 1996 年以来，我国环境群体性事件一直保持年均 29% 的增速，重特大环境事件高发频发；2005 年以来，环保部直接接报处置的事件共 927 起，重特大事件 72 起，其中 2011 年重大事件比 2010 年同期增长 120% 。[①] 因此，在城市矿产的开发中必须重视开发活动可能对地区环境造成的风险，在开发项目的选址、设计和生产运行的整个过程中审慎对待环境风险。

我省已有的两个“城市矿产”示范基地分别位于襄阳市和荆门市内，这两个城市的环境质量状况对于我省的环境保护和生态建设工作具有十分重要的战略意义。谷城再生资源园区位于湖北省西北部的襄阳市谷城县境内，谷城县南依荆山，西偎武当，东临汉水，南北二河夹县城东流汇入汉江，生态价值显著，属于环境敏感带。首先，谷城位居千里汉江中游，在汉江生态体系建设中具有重要地位，起着承上启下的特殊作用（见图 3）。汉江自丹江口水利枢纽出水口流经谷城冷集、城关、庙滩、茨河四个镇，下入襄阳，流程 61 公里，全程水质达到国家一级地表水标准。其上游为南水北调中线水源地，中游也为南水北调备用水源，汉江干流是丹江口水库最为主要的入库河流，南水北调中线工程建成通水以后，将向河南、河北、北京、天津四省市的 20 多座城市供水。因而，汉江不仅要承担为首都人民提供优质安全水源的责任，而且要承载日益加剧的中下游地区乃至长江流域的生态环境压力，该地区水环境

---

① 王姝：《近年来中国环境群体性事件高发，年均递增 29%》，《新京报》，2012 年 10 月 27 日。

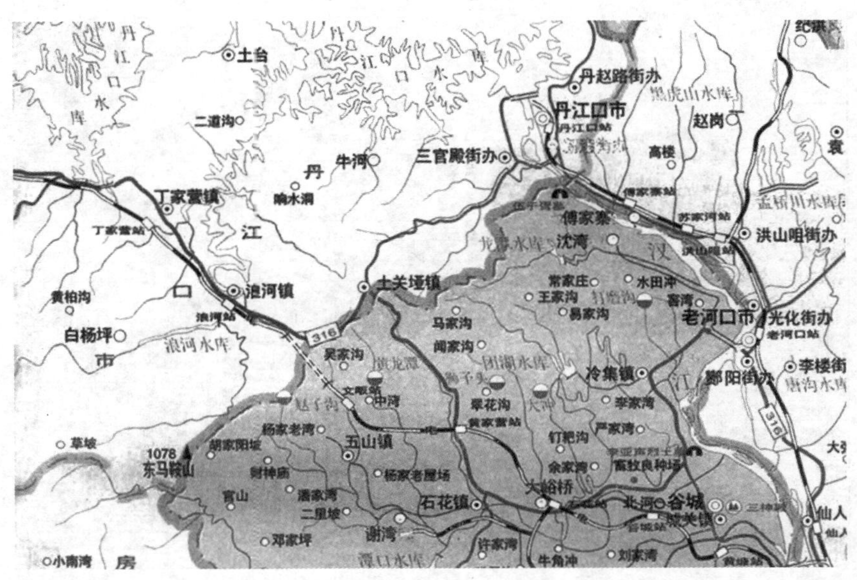

图3　谷城县与丹江口水库位置关系示意图

质量的高低不仅关系到谷城县人民生活用水的质量，也直接影响到首都人民饮用水的安全。其次，汉江两大支流南、北二河在谷城交汇，形成汉江最大的湿地——后湖湿地，这片湿地对于整个汉江流域湿地内的物种繁衍、气候调节和生态平衡保护具有重大意义。从谷城再生资源产业园区企业分布图中可以发现，园区内企业较多，出于方便上下游企业间协作的顺利进行、节约用地成本、产品集散便捷等因素的考量，企业沿河道错落设立且分布较密（见图4）。这样的排列无疑对于园区运作来说是节约成本提高效率的有效选择，但这种密集型的企业排列却隐藏着一些不可忽视的环境风险。企业分布的密集程度也就意味着该流域排污口设置的密集程度，且园区内从事城市矿产开发企业中，不乏钢铁、冶金、造纸等重污染行业企业，在园区的日常作业中，大量的工业废物将会随着河水最终汇入汉江。尽管理论上这些企业正常达标排放的情况下可以保证排污不会对汉江水质产生影响，然而一旦园区内企业在污水处理上出现管理漏洞或设计缺陷等情况，污水将流入汉江，轻则对谷城流域内水质产生影响，重则影响汉江下游更长范围内的水质安全。更为严峻的情形是，由于谷城地处我省中部江汉平原带，境内汉江流域地势较

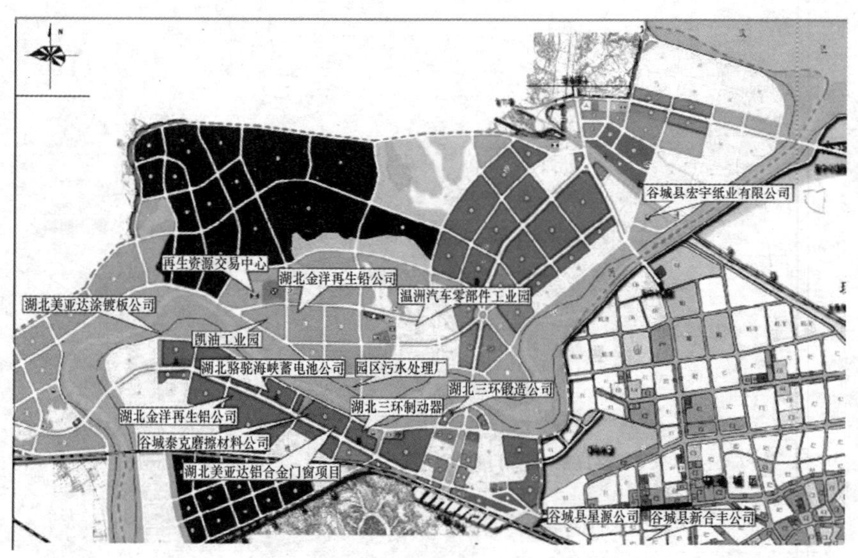

图4　谷城再生资源产业园区企业分布

平，右岸河漫滩较宽阔，加之上游丹江口水库建成后，蓄水过程致丹江口至襄阳段水流更加平缓，若遇枯水季汉江干流来水减少，水流势能减弱，污染物将不易稀释扩散，甚至有可能出现受污染江水回流影响丹江口水质的可能，对汉江流域居民和首都居民的用水安全产生极大隐患。除园区排放污水可能带来的环境风险外，其他废弃物的密集排放可能带来的环境风险也不容小觑，例如废气对大气环境质量的影响、拆解作业噪声对周边居民生活带来的影响、危险废弃物处置不当对环境的影响等。结合谷城园区和当地自然环境的具体情况进行分析后，得到的上述这些当地环境可能受到的危害，就是谷城再生资源产业园内城市矿产开发活动中的环境风险之所在。

我省另一个国家“城市矿产”示范基地，荆门格林美城市矿产资源循环产业园位于荆门国家高新技术产业开发区内，开发区西北紧接湖北省管辖的最大的水库、全国八大人工水库之一漳河水库（见图5）。漳河位于湖北省荆门、宜昌、襄阳三市交界处，漳河水库是在漳河上建坝拦断长江中游北岸支流沮漳河的东支——漳河而成的水库群。库区面积104平方千米，总库容20.35亿立方米，流域面积667平方千米，属

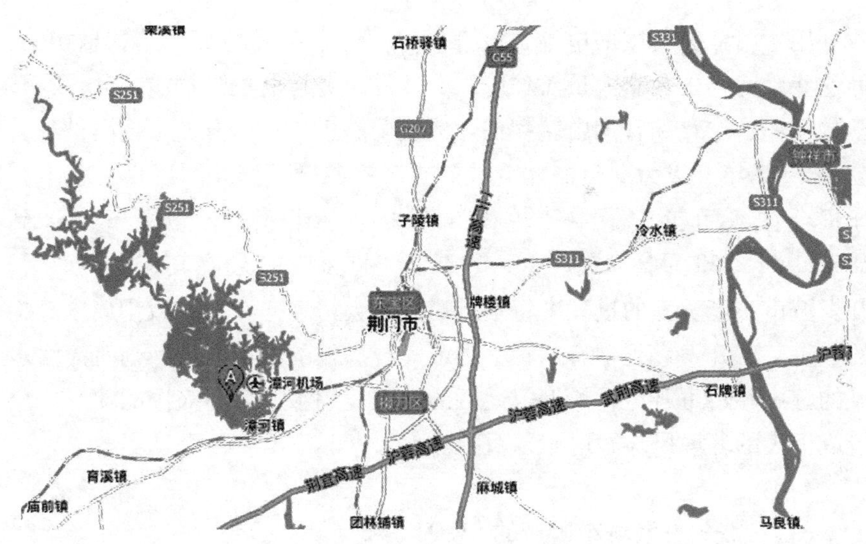

图5　漳河水库位置示意图

一级饮用水水质，可日均为市区供水 40 万吨，它灌溉荆州、宜昌、荆门三个地、市共 260.50 万亩农田，是湖北省重要的商品粮基地，是荆门市重要的工农业用水和生活用水供给，漳河因此也拥有荆门“母亲河”之称。漳河水库除了具有极大的经济价值外，作为库区对地方涵养水源、气候调节的生态环境的意义更不言而喻。然而对荆门供水安全意义重大的漳河流域，却曾多次被新闻媒体报道发生污染事件。2006 年荆门市环保局对荆门金漳化工有限公司排放含有甲醛物质的污水，污染漳河水源举行行政听证会，并对其实施行政处罚；2009 年中国新闻网曝光湖北荆门漳河灌溉渠团林段污染严重；2013 年湖北荆门市环委会出台《关于进一步规范漳河水源环境保护的通知》，针对近几年来在漳河水库存在的污染现象，为规范漳河水源（漳河水库流域及其总干渠）周边环境现场监督管理、切实保护漳河水库饮用水水源地安全、进一步规范漳河水源环境保护提出整改措施。这些报道表明，漳河流域的水环境安全状况不容乐观，存在一定的环境风险。一方面，荆门格林美新材料有限公司自 2004 年成立以来，从事废旧电池、废弃钴镍资源及电子废弃物等报废资源的回收利用，循环再造超细钴镍粉体材料、动力电池材料、塑木型材等产品，提取金、银、钯等稀缺金属。公司的回收利用主营业务与废旧电池、废弃钴镍、电子废弃物等产品息息相关，而这些废弃物中含有大量对环境和人体健康有害的危险物质成分，在日常的运输、储存和管理中就存在环境安全隐患。另一方面，荆门格林美公司2013年升级为荆门格林美城市矿产资源循环产业园以来，获得国家资金注入后扩大了生产规模，2014年上半年，公司总资产达到6868116342.60元，净资产达到2132860941.44元。[①] 在其扩大生产后，开发城市矿产资源的过程中将不可避免地会增大向漳河流域排放废弃物的数量，若开发过程中有监管不力或违规操作的事项发生，则对漳河水域的污染将不可避免，给荆门地区的工农业用水安全和人民的饮水安全造成极大的环境风险，应予以重视。

（二）我省开发城市矿产的SWOT分析

SWOT分析模式是对产业投资进行全局分析考察的经济学分析范式。对我省城市矿产开发未来发展方向的论断必须建立在全局性的分析结果上，需要对我省在开发城市矿产过程中的各项因素进行全面考量，根据综合性的考察结果进行全省布局，才能站在发展的制高点，统筹兼顾、有的放矢地进行开发活动。为此，可以结合前述分析结果，通过SWOT分析方法对我省开发城市矿产的内、外部环境条件进行综合和概括，进而得到目前我省在城市矿产开发过程中的优势（Strength）、劣势（Weakness）、机会（Opportunity）和威胁（Threats），为以后开发工作的进行提供可靠依据（见表7）。

表7　　我省城市矿产开发条件的SWOT分析

内部能力 / 外部因素	优势（Strength）	劣势（Weakness）
	• 鄂西北汽车工业走廊产业优势 • 已建立2个国家“城市矿产”示范基地 • 资源回收利用行业发展较早	• 城市矿产资源回收行业分散、杂乱、技术水平较低 • 信息沟通不畅 • 企业核心优势不明显，行业竞争力弱

① 《深圳市格林美高新技术股份有限公司2014年半年度报告》，2014年8月8日。

续表

机会（Opportunity）	SO 利用、增长	WO 克服、扭转
• 国家多种优惠政策鼓励 • "新常态"下市场开发需求量大	➢ 结合其他产业发展需求，选定新的开发领域，争取更多国家资金 ➢ 发挥国家"城市矿产"示范基地的示范带动作用 ➢ 整合省内资源回收利用行业优势，帮扶城市矿产特色开发	➢ 开展法规标准体系建设，建立行业准入、管理标准，优胜劣汰 ➢ 搭建省内外信息、技术沟通平台 ➢ 打造行业领先品牌企业，开拓国内国际市场
威胁（Threats）	ST 规避、防御	WT 消除、控制
• 经济风险（价格风险、竞争风险、需求风险、政策风险） • 环境风险	➢ 将风险理念纳入开发、决策和管理，进行企业风险培训	➢ 形成园区企业集聚、规模化发展的态势，鼓励创新，增强企业实力

1. 我省城市矿产开发的内部优势

我省在开发城市矿产方面的内部优势之一，体现在拥有鄂西北汽车工业走廊的产业优势，形成了以汽车产业为主导的重工业产业分布区，工业基础实力雄厚。对以汽车零部件原材料为主的一系列工业原材料的大量需求态势，可为城市矿产开发的推进提供巨大的省内市场空间，反过来城市矿产的开发也可满足我省汽车制造等工业发展的原料需求，相互促进。内部优势之二是我省已率先建立了两个国家"城市矿产"示范基地。虽然数量优势在全国范围内不明显，但这两个示范基地在各自的发展过程中逐渐形成了一套自己的城市矿产开发模式，在技术方面也有各自的领先之处，可以为我省其他地区的城市矿产开发活动提供较为成熟的经验和技术支持。而这两个示范基地在建设过程中表现出来的问题和不足之处，也可以为我省其他地区的开发活动提供借鉴，予以避免。我省在开发城市矿产方面的内部优势之三，体现在我省资源回收利用行业发展较早，市场开拓和物流网络较为成熟，从事资源回收利用的企业较多，可为全省统一的城市矿产资源回收网络建立提供帮助。

2. 我省城市矿产开发的内部劣势

我省城市矿产开发内部优势明显的同时劣势也十分突出：其一，我省城市矿产资源回收行业水平整体较低。虽然我省资源回收利用行业发展较早并拥有大量资源回收利用企业，但现有的城市矿产资源回收行业中，大部分企业存在经营分散、主体经营范围杂乱、规模参差不齐、技术水平较低等现象，对城市矿产开发的规模化、示范化产生阻碍。其二，国际国内城市矿产开发领域的相关信息沟通不畅。不仅与国外同行业间交流少，而且与省内外企业间的沟通学习也较少，不利于获取当下国内外市场发展动态和一手资讯，不利于产业更新升级和先进技术的传播引进，也不利于企业对外宣传。其三，城市矿产开发企业核心优势不明显，行业竞争力弱。所谓核心优势必然是建立在全国乃至全球领先的专业技术之上，技术过硬优势才能突出，但我省内大部分城市矿产资源回收利用企业的技术水平还停留在低附加值的简单拆解加工层面，拥有高附加值的回收利用专利技术的企业寥寥无几，在与国外或省外同行业企业间的竞争环节中优势不明显。

3. 我省城市矿产开发的外部机会

我省开发城市矿产的外部机会主要体现在国家出台的多种帮扶政策和“新常态”① 下的市场供需现状上。根据前述内容可知，我国目前两型社会的构建需要这种绿色开发方式，并已出台多项政策文件鼓励城市矿产这种战略性新兴产业的发展开发工作，将资金支持放在首位，管理办法作为辅助，为城市矿产资源的开发提供多方面的倾斜和帮助。另外一个外部机会就是目前我国经济发展正在步入“新常态”，经济结构调整进入机遇期。转变经济发展方式、调整产业结构是当前经济发展的必然选择，节能环保产业正处于成长阶段，城市矿产资源回收利用行业趋势向上，市场开发需求量大，且目前我省城市矿产资源的回收利用率仅勉强过五成，大量的城市矿产资源处于待开发状态，因此，我省开发城市矿产正是适应当前“新常态”经济发展形势下的必然选择。

① “中国经济新常态”这一提法为 2014 年 5 月习近平在河南考察时提出，是新一代中央领导首次以新常态描述新周期中的中国经济，之后《人民日报》发表了三篇评论文章解释中国经济新常态。

4. 我省城市矿产开发的外部威胁

我省城市矿产开发的外部威胁主要指外部的经济风险和环境风险，这部分在前述内容中已做了较详细的分析，此处不再赘述。但需要强调的一点是，在开发城市矿产的过程中，风险看似重重，却不必谈之色变。因为开发风险并不一定伴随着损失和失败，它还蕴藏着收益和机会。对风险的大小，应综合各种因素研判，我们要创造条件、提高能力去掌控这些不确定性，要主动认识风险，揭示风险，防范风险，而不应掩盖风险，因此，如何正确认识风险、规避风险应是我省在开发城市矿产活动中必须慎重考量的因素。

六　湖北在开发城市矿产过程中存在的问题及原因

通过对我省城市矿产开发工作的发育情况与国内其他省份的比较，可以肯定我省在开发城市矿产方面取得的成绩，但同时更应该看到我省在开发过程中存在的问题和原因，找出不足和可改进空间。结合上述分析，可以发现在我省城市矿产开发过程中主要存在以下几个方面的问题。

（一）对开发“城市矿产”认识不够，发展缓慢

明确认识是进行开发活动的先导。以我省“城市矿产”示范基地的建设情况为例：从数量上看，我省共有2个示范基地，与其他中部省份的拥有数量相比（湖南省2个、江西省2个、安徽省2个、河南省2个、山西省1个、黑龙江省1个），基本没有数量上的优势；从时间上看，我省示范基地的确立时间较靠后，直到第四批“城市矿产”示范基地确立后才拥有两个示范基地，没有发展上的时间优势；从选址上看，襄阳和荆门都为我省经济战略地位十分重要的城市，但在我省范围内还有许多其他地区面临着资源紧缺的发展难题，部分地区拥有开发城市矿产的区位优势、符合城市矿产开发的条件，例如黄石等资源枯竭型城市，这些地区亟须通过开发城市矿产来推进当地产业结构的转型升级。上述这些不足之处都可说明我省还没有深入认识到城市矿产的价值所在，这种绿色利用、高值利用、规模利用、综合利用可再生资源的循

环经济发展路径在我省还未得到足够的重视，对其开发力度还不够充分。另外，在我国其他城市矿产示范基地建设中还存在重申报轻落实、相关配套措施缺乏等现象，这些现象发生的根本原因，也是对开发“城市矿产”的认识不足。事先没有对城市矿产资源的价值有足够的了解，没有对我省开发城市矿产的优势和紧迫性有充分的认识，导致相关国家政策得不到落实，导致对城市矿产的开发没有深入全面地展开，开发积极性不高，已有示范基地建设进展缓慢等，这些认识上的不足造成的不利影响对我省在全国产业升级转型的热潮中占据领先地位是十分不利的。

（二）城市矿产开发前期规划不明，定位不准

前期规划不明包括对省内整体开发规划和各园区的具体规划不明。首先，对省内开发城市矿产整体规划不明，缺乏科学规划，易导致盲目上马新园区项目，加工园区和交易市场过多，造成资源无序竞争和投资浪费，最终导致省内城市矿产开发工作不能统筹兼顾、协调发展。① 中央要求各地在本省范围内不再规划建设同类园区，本市范围内不再新批同类项目，同时将本地企业积聚到园区发展，但在实际操作中各地仍在批同类园区、上同类项目，导致各园区间、企业间争夺资源的现象频频发生。例如各示范基地在建设过程中，普遍存在资源回收渠道不足的现象，这与编制园区发展规划时缺乏深入论证、对资源聚集能力估计过高有关，与地方在编制发展规划中缺乏统筹协调有关。其次，对园区规划不明易导致园区定位不准，发展落后。城市矿产示范基地申报环节需对园区发展的规划方案进行审批，对园区性质、发展方向、土地、交通、排水、环保等基本项目进行审核，认定为符合回收与体系网络化、产业链条合理化、资源利用规模化、技术装备领先化、基础设施共享化、环保处理集中化、运营管理规范化这七个要求后，才能予以公示。但在实际操作中，按照这样一套流程进行审批只能保障规划方案的规范性，却不能保障其合理性和实用性，经常导致示范基地的规划方案容易流于形

① 中国电子信息产业发展研究院、赛迪顾问投资有限公司：《中国循环经济与“城市矿产”示范基地发展战略研究（2012）》，2012 年。

式，不能准确定位园区的发展方向，从而丧失地区特色和发展优势。

（三）相应配套政策扶持力度不够，管理缺位

我国部分省份针对城市矿产示范基地建设已出台了相应的配套政策，数量不多，在内容上多为资金管理方面的规范，行业管理规范缺位，对土地、交通、环保、技术等与示范基地发展密切相关的方面并未进行政策上的帮扶。大部分省份还未对入选示范基地内的企业出台相关的优惠和扶持政策，园区管理压力较大、任务较重。我省目前出台的帮扶政策文件《湖北省国家循环经济示范试点园区建设管理办法》（征求意见稿），旨在涵盖所有循环经济示范点园区，内容较笼统，也未根据具体发展情况区分不同开发方向后制订有差别的管理方案。范围上的普适性导致适用时的契合性大大降低。此意见稿对我省“城市矿产”示范基地建设的针对性不强，帮扶作用有限。相应配套政策不足就会导致：园区内，城市矿产示范基地的产业发展优势不明显，对社会资本的吸引力不够，园区建设进度缓慢，技术研发创新动力不足；园区外，长期存在众多不符合工商、卫生、环保等规定的资源回收小作坊、小企业，因针对性整治措施缺乏而没有得到妥善处理，从而使这部分市场乱象扰乱了城市矿产资源循环利用市场的正常秩序，严重影响正规企业的发展，严重时甚至会产生“劣币驱逐良币”的现象，不利于我省城市矿产开发的健康发展。

（四）开发过程中实施方案落地不足，运行有阻

我省在开发城市矿产的过程中存在许多园区运行方面的阻碍，例如回收网络体系不健全、产业链条短小且分散、园区宣传滞后缺乏等，这些运行不畅的难题症结产生的原因，主要在于先期制订的园区实施方案落地不足。主要表现在：一方面，园区实施方案的表述较为空洞、缺乏可操作性，未契合各地区的实际情况进行考量。实施方案内容描述大同小异、千篇一律，导致实施方案在园区运行中的帮助和指导作用有限，不能有效解决后期运行中常见的阻碍，反而使其在园区运行中不断叠加而更加凸显。另一方面，政府在新城市矿产开发园区项目落地和地方发展间未做到统筹协调。以城市矿产资源回收网络体系不健全为例，有些地区原已建立了较为完善的再生资源回收体系，但新的示范基地等园区的建设与旧的回收体系仍旧各自发展，两者间缺乏有效的衔接。旧有体系回收的城市矿产资源未进入示范基地园区而流向外地或不正规加工利用领域，新的开发园区再从其他更远的回收体系内寻找资源，导致城市矿产资源回收过程中需花费更多劳动力和时间，园区运行成本增加，企业盈利减少。如果地方政府能够在实施方案编制中将这些情况加以重视和协调，加强新的开发园区与旧有回收体系的衔接工作，则可疏通示范基地运行中的阻碍，原有回收体系也可得到发展和壮大，创造新旧双赢的发展局面。

（五）开发运行后期监管不到位，存在隐患

重申报轻监管是我国城市矿产示范基地建设中普遍存在的乱象，我省也不例外。后期监管不到位的表现之一是易产生二次污染。开发城市矿产本质是绿色低碳的环保行业，但同时也是一个高危险行业，这是因为城市矿产资源中包含相当一部分的固体危险废弃物，而城市矿产的开发过程不仅涉及一般固体废弃物的循环利用问题，更涉及危险固体废弃物的管理安全问题，开发主体在对这部分城市矿产资源进行回收、运输、储存、利用的一系列过程中，若操作不当，就有可能引发环境事故，对环境造成二次污染。随着工业化和现代化建设的推进，我国固体危险废弃物引发的环境事件正在逐年上升，对地方环境和生态造成了严重损害，对人民的生命健康和财产安全造成了巨大损失。后期监管不到位的另一表现就是补助资金违法运用现象频发。各地申请国家城市矿产示范基地成功后，一般可从中央获得大量财政补助资金，用于示范基地的前期建设运转，这部分资金运用得当，则园区可借此吸引到更多用于后续发展的社会资金的注入。但实践中，部分园区却并未将该部分资金用于示范基地的建设用途，而是挪作他用。比如，国家审计署公布的“三款科目”资金审计情况显示：四川再生资源开发有限公司四川西南再生资源产业园区项目单位，将申请获得的中央财政城市矿产示范基地补助资金 345 万元挪用于与项目建设无关的企业生产经营支出；安徽省滁州市洪武报废汽车回收拆解利用有限公司报废汽车回收拆解循环利用项目，项目单位将申请获得的中央财政补助资金 673. 84 万元挪用于支

付其集团公司借款。另外，还有一些其他因后期监管不到位而产生的问题也需要注意，如实际招商入驻企业与示范园区设计初衷不一致的问题、园区出卖土地用作规划以外性质的活动等。实际中就曾曝光鹰潭（贵溪）铜产业循环经济基地管理委员会违反了《中华人民共和国土地管理法》非法占地。由此可见，后期监管不到位对我省城市矿产开发工作的进行可能带来的不良影响将十分明显。

七　促进我省城市矿产绿色开发的相关建议

湖北省位于我国中部，自古就有“九省通衢”的美誉。其生态环境优美，被誉为“千湖之省”，城市矿产资源储量和需求量大，对城市矿产开发活动的进行有着得天独厚的地域优势。如前所析，我省城市矿产开发活动已进行了四年有余，前期的开发过程中形成了一些经验也显现了一些问题。在我省未来开发城市矿产的过程中，如何将好的经验予以总结、扩大，将突出问题进行改正、免疫；如何将区位优势转化为产业优势，把潜在的“势能”转换为现实的“动能”，实现城市矿产产业健康、有序、可持续发展；如何将生态环境优势继续保持，把节能减排压力转化为动力，实现城市矿产的绿色开发；如何借助推进城市矿产开发，切实有效地助力我省调整产业结构、转变经济发展方式、淘汰落后产能，实现“竞进提质，升级增效”的发展步调，是我省在今后发展中需要深入探讨的问题，也是尽快实现我省“建成支点，走在前列”发展任务的要求。

本报告对这些开发要求进行充分研究后提出相关建议，按照建议针对的面向和目的的不同，将建议部分分为两方面：针对我省在已进行的城市矿产开发过程中表现出的突出问题，进行先期的疏通工作，对存在的问题提出有效的解决方法和措施；针对我省以后在新形势下的开发工作应如何进行，提出未来发展方向和规划方面的建议，按照先疏通后引导的原则，有效指导我省城市矿产开发工作的合理进行。

（一）建议一：解决目前开发中问题

解决现有问题是保证后续健康持续开发的前提。针对目前开发中存在的问题，对症结进行疏通是第一步，结合上述问题剖析，具体来说要从以下五个方面开展疏通工作。

1. 强化开发认识，助力示范基地建设

开发城市矿产是践行绿色发展、循环发展、低碳发展的新路径，建设国家“城市矿产”示范基地，是大力发展循环经济、建设生态文明的重要内容，也是推进资源再生利用产业化发展、培育战略性新兴产业的具体措施。我们必须充分认识到开发我省城市矿产的重要性和紧迫性，增强产业转型升级的责任感和使命感。具体来说，首先，应采取前瞻性眼光看待城市矿产的开发，推进我省“城市矿产”示范基地的建设。将开发城市矿产作为我省现阶段调整产业结构、转变经济发展方式的有效路径，把握节能减排倒逼城市矿产产业发展的契机，加快改善我省生态环境。其次，应认真研究相关中央文件，落实中央政策。从建设循环型社会的高度进行物流、能流优化，统筹技术、环境与经济，逐步形成立足我省、国内领先、世界瞩目高层次的“城市矿产”开发模式。最后，应大力开展城市矿产宣传研究活动。考察、借鉴其他省份发展经验和我省的有益经验，并在省内有需求的县市率先推广，发挥政府投资对社会投资的带动作用，有效推动我省资源枯竭城市、工业污染严重城市、贫困县区产业结构优化升级，顺利实现节能减排目标，促进区域协调性发展。

2. 结合地方优势，编制规划定位发展

主要从以下两方面着手：一方面，开发城市矿产应结合我省不同县市的地方特点进行统筹规划，合理布局，丰富和完善一元多层次的战略体系。结合我省目前正在谋划推进的“两圈两带”“一主两副”的建设任务，重点考察在武汉、宜昌等经济、生态战略地位显著的城市建立城市矿产示范基地的可行性。结合我省目前着力推进县域经济增强活力、提升实力的计划，考察是否有适宜开发城市矿产的县级单位。结合我省重点河流湖泊保护工作，对涉及“三江五湖六库”流域的地区在开发城市矿产时的生态环境保护方案，审慎对待。结合襄阳、荆州两地的发展规划，编制符合当地发展要求的规划建议，加快推进我省已有的两个城市矿产示范基地的特色发展。避免低水平重复建设和盲目建设，各县市要综合科学分析本地区资源产生量及资源集聚量，统筹规划城市矿产类的加工利用项目。另一方面，在城市矿产开发主体的选择方面，要鼓励除公有制主体外其他多种市场主体参与进来，优先采用国有资本、集体资本、非公有资本等交叉持股、相互融合的混合所有制经济形式发展城市矿产产业，实现产权多元化，不断提升我省国有资本开放性。

3. 加强政策引导，完善管理帮扶发展

要求通过制定全面的帮扶政策，将城市矿产产业纳入规范管理的轨道，使其成为我省新的经济增长点。具体来说，首先，国家出台政策对国家“城市矿产”示范基地建设给予引导更多的是从宏观层面上提出发展建议，各省“城市矿产”示范基地要建设好、发展好，关键还需要加大地方政策扶持力度，规范园区管理。我省应针对城市矿产开发出台有针对性的扶持政策，特别是对土地、交通、环保、技术等方面的政策引导，制定对示范基地内企业的利好政策，吸引优质企业和社会资金入园。其次，编制内容详细、区别对待不同发展方向的“城市矿产”示范基地建设专项管理方案，引导我省“城市矿产”示范基地的发展，形成在全省范围内可借鉴、可复制、可推广的示范经验。最后，出台鼓励政策，鼓励政府采购时优先购买“城市矿产”示范基地的再生资源产品，通过政府的采购行为，引导公众和企业的消费倾向，以消费促进生产，拉动内需，形成经济系统和社会系统协调发展的生动局面。

4. 优化协调运行，解决方案落地难题

解决城市矿产开发中园区实施方案落地难的问题，在发挥市场导向规律的前提下，还需地方政府介入协调。城市矿产示范基地的设立本身就是一种政府主导下的制度创新产物，地方政府在城市矿产示范基地的发展中应做到“有所为有所不为”。具体来说，首先，应监督并约束“城市矿产”示范基地按照已批复的实施方案中确定的项目建设内容、实施期限、投资计划和预期目标加快示范基地建设，确保实施方案中确定的目标如期完成。其次，对于实施方案编制时内容不明确的地方，责令园区管理委员会针对自身情况重新编制或完善实施方案，解决实施方案表述空洞、可操作性差的问题。再次，应以服务型政府作为职能定位。深入了解省内可再生资源的回收利用情况，为城市矿产开发企业的投资和建设提供资讯服务，协调园区间在资源回收地域间存在的冲突，加强示范基地与回收体系的衔接工作，令其与城市矿产产品需求企业形成动静脉结合、联动发展的产业互动关系，从而疏通示范基地运行中的阻碍。

5. 完善法治保障，加强责任与监督

监督作为城市矿产产业发展中“纠偏”环节的最后一环，发挥着重要作用。通过法律法规形式对责任和监督进行确认，是强化责任与监督的最直接、最有效的方式。首先，我省应在我国现行资源回收利用的法律体系框架内，构建针对我省城市矿产资源再生利用法律制度，明确法律责任所在，引导监督工作的进行，纠正挪用专项资金等不当的开发行为。其次，对城市矿产产业的整个运行过程进行监督，强化全过程监督，才能大大提高资源的利用效率，有效预防开发过程中可能对环境造成的二次污染，减少并降低城市矿产中危险废弃物引发环境事件的可能。最后，促进“城市矿产”示范基地的绿色化、综合化、规模化、规范化、产业化发展，同时还要加大对示范基地外违规经营的小企业和黑作坊的追责力度，淘汰掉我省范围内落后的再生资源回收利用模式和企业，规范城市矿产市场和产业发展，为示范基地的发展创造良好的环境。除此之外，各示范基地管理委员会在园区运行的过程中，也要加强日常监管，严格执行环保、安全、卫生、质量标准，推动示范基地建立完善的环保设施，严格控制回收、运输、储藏环节的规范进行，确保回收资源的清洁和安全利用，坚决避免二次污染。

（二）建议二：着眼未来发展方向

仅仅解决好目前我省在开发城市矿产过程中显现出来的问题是远远不够的，疏通难题后的下一步工作是引导。需要对开发中的多因素进行综合考量，用更全面、更长远的眼光看待我省城市矿产开发，才能对我省未来的开发工作进行合理布局和有效引导，确定城市矿产资源回收利用产业的发展方向和方式。结合全面分析工具 SWOT 对我省城市矿产开发的内部、外部环境条件的综合概括和我省在城市矿产开发过程中的优势、劣势、机会、威胁的分析情况，对我省未来城市矿产开发进行布局，具体建议为：

1. 利用外部机会，促进优势增长

在外部机会和内部优势之间，应对城市矿产的开发采取积极的发展态度。利用潜在的外部机会，使我省的内部优势继续增长，助力城市矿产开发。具体来看，主要可从以下三个方面进行。

（1）结合其他产业发展需求，选定新的开发领域。我省汽车产业近年来快速的发展状况可为城市矿产的开发提供部分产品市场，与此同时，城市矿产开发的推进也可保证我省汽车产业原件供应充足，继续保持良好发展态势。但未来我省城市矿产开发方向仅仅依靠汽车产业的带动是不充分也是不科学的。城市矿产的开发是一项针对废弃资源的综合性开发，在以后开发中，应尽可能多地发现并发展与多产业部门间的供需关系，特别是与新兴产业间的内部联系。这是因为，一方面，传统产业体系的原材料产品供应市场经过长时间的发展，已经逐渐趋于饱和，对城市矿产产品的需求不多，城市矿产产品也不易进入其原材料供应市场；另一方面，新兴产业和城市矿产回收利用产业一样，同属于国家的朝阳产业，是我国优化产业结构、转变经济发展方式的有效途径。这也就意味着，该类产业将在以后相当一段时间内受到国家政策的多方帮扶，也将受到市场和资本的青睐。例如新能源产业、信息产业、高端装备制造业等，因此，我省未来开发城市矿产的发展方向应关注新兴产业的发展动向，寻求并发展产业对接，特别是诸如电池能、光伏产业、高端装备制造业等与城市矿产资源关系密切的新兴产业，争取到更多的需求市场、资金补给和政策倾斜。

（2）发挥国家“城市矿产”示范基地的示范带动作用。我省国家“城市矿产”示范基地的设立作用重大。不仅能够为我省经济发展提供充足的资源供应，而且可以依托规模化发展，建立我省再生资源产业集聚发展区，吸引分散经营户企业进驻园区发展，促进就业；还能依托科学化的管理手段，对循环后不能再利用的污染物质进行集中治理、统一监管，改善我省生态环境；也能依托先进的回收再利用装备技术，逐渐成为再生资源回收利用行业的领跑者，促进我省节能减排工作和两型社会建设工作的顺利进行。简言之，我省国家“城市矿产”示范基地的建设不仅有益于我省民生工作、环境保护工作的顺利进行，也给我省经济发展注入新的活力。为此，如何使我省已有的示范基地真正起到示范作用，带动我省其他地区的城市矿产开发工作，对我省产生更大范围的、更多的社会效益、生态效益和经济效益。因此，在未来的城市矿产开发过程中，应将已有的两个示范基地在发展中可借鉴的经验予以省内推广，优先鼓励地方采用规模化、科学化、园区化的城市矿产示范基地开发模式。加快出台《"城市矿产"示范基地项目推进计划》和《湖北省国家循环经济示范试点园区建设管理办法》，结合地区产业特色，突出园区优势，实行差异化发展。另外需指出的一点是，坚持城市矿产开发领域的示范先行，既是政府和行业的基本共识，也是发展新产业的客观规律，但不可一哄而上地开展示范项目建设。所谓示范项目，是指在某个领域尚无先例可循，通过项目先行先试，以期取得经验后予以推广运用。可以说，开展项目示范是发展新兴产业的基本做法。然而示范项目本身有两个基本含意：一是数量一定不能多；二是示范项目在没有完全成功之前，其他同类项目不得推进。[①] 因此，在我省未来城市矿产开发过程中不能只重数量、不顾质量，不能遍地开花式地建设示范基地，要顾及我省资源总量、环境容量和市场需求量等指标，使示范基地真正发挥示范作用。

（3）整合省内资源回收利用行业优势，帮扶城市矿产特色开发。我省资源回收利用行业的突出优势主要表现在，发展较早，资源回收市场和物流网络较为成熟，但在已有的城市矿产开发中还未有效利用这个内部优势条件。因而造成从事资源回收利用的企业虽多，可是各自为政，发展方向单一，技术含量不高。如果能够将这部分旧有的资源回收企业进行整合，可为全省城市矿产资源统一回收网络的建立提供极大帮助。因此，在我省未来的城市矿产开发过程中，需要对已有的物流网络和市场进行归纳和分类划分，连通各地区的城市矿产资源流动通道；协调已有园区间在资源回收地域上的冲突，加强综合利用体系与回收体系的衔接；寻找我省城市矿产开发的特长领域，并加大该领域的科研投入，掌握核心专利技术。使我省城市矿产开发产业实现跨越式发展，使众多资源回收利用企业也从城市矿产开发领域的"追赶者"转变成国内乃至业界的"领跑者"。

2. 抓住开发机遇，扭转不良态势

在外部机会和内部劣势之间，应对城市矿产的开发采取稳健的发展

---

① 陈丹江：《"示范"不可一哄而上》，《中国能源报》，2014 年 8 月 4 日。

态度。抓住外部机会，努力克服、扭转内部劣势，营造良好的开发环境和市场秩序。具体来说可从以下三方面着手。

（1）开展法规标准体系建设，建立行业标准。我省开发城市矿产的内部劣势客观存在着，对未来的开发工作将造成不同程度的影响，轻则减缓开发速度、降低企业盈利，重则错过开发机遇，丢失市场份额。为此，我省未来城市矿产资源的开发必须扭转当前的不良态势，抓住我国经济发展“新常态”下的政策、市场机遇，加快法规、标准体系建设。具体来说，针对开发中的违法经营、破坏环境等行为，要完善城市矿产再生资源回收相关法规，特别要结合我国今年新修订的《中华人民共和国环境保护法》的新要求和其他相关法律规定进行完善，明确责任主体和惩罚措施。针对城市矿产资源回收行业分散、杂乱、技术水平低等劣势，要加快出台我省《城市矿产再生资源回收体系中长期规划》和行业标准，包括行业管理标准、行业准入标准和产品质量标准，并适当增加强制性标准的比例，引领国家标准的制定。对现有行业标准要两分对待，对于已经明显落后于行业发展的标准，要尽快根据操作需要，进行更新升级，对于还能使用的行业标准，要继续加大贯彻落实力度，引导行业规范化发展。省内资源主管部门、认证机构、行业协会等机构，在标准的制定过程中应向城市矿产开发研发型企业靠拢。这是因为只依靠规模指标提高进入门槛，限制小企业的进入，有可能会切断行业进步的创新动力，适当提高产品质量标准门槛，才能更有效地促进城市矿产资源回收利用行业不断降低成本，减少企业对政府补贴的依赖。另外，还需制定我省的《城市矿产再生资源回收利用目录》，指导企业进行资源的回收利用。通过这一系列的法规标准体系建设，淘汰落后企业和技术，纠正不当的资源开发行为，肃清行业市场秩序，将我省在城市矿产开发上的内部劣势转化为真正优势，更加科学合理有效地进行开发活动。

（2）搭建省内外信息和技术沟通平台。城市矿产资源回收利用产业是我国战略性新兴产业，正因为其发展时间不长，在全国范围内还未形成公认的、固定的、经过论证的开发模式，要想在未来的开发中取长补短，吸收有益经验，企业间的信息、技术沟通就显得尤为重要。我省目前城市矿产开发方面仍处在信息沟通不畅的劣势地位，为此，需要搭建信息平台与省内外乃至国际同行业进行沟通。搭建沟通平台的方式有很多种：可充分利用互联网技术，建立同行业企业间的内部通信网络，进行最新资源的互通有无，明确自己的差距和优势。可建立企业、园区自己的门户网站，利用微博、微信等受众范围较为广泛的客户端设备，对外进行企业宣传，招商引资，对内进行人员管理，培训学习。还可通过定期组织省内外、国际间的开发城市矿产的技术、学术交流会议和技术创新论坛，建立一个开放的技术研究、交流平台，便于进行直接面对面的沟通学习和发现问题，营造重视城市矿产资源回收利用新技术和新产品研发的新环境。

（3）打造行业领先品牌企业，开拓国内国际市场。通过开展法规标准体系建设和搭建信息和技术沟通平台仍不能够完全扭转我省城市矿产开发的内部劣势，若想充分抓住现阶段的市场机会，实现行业的飞跃发展，就需要在不断自我完善的同时实施走出去战略。需要拥有我省强有力的品牌企业，提高省内城市矿产开发企业在国内、国际上的知名度。可通过企业的品牌效益，汇集更多的人才、技术和资金；通过不断开拓国内国际市场，占领成熟市场的同时充分挖掘潜在市场，以企业的技术实力、管理优势、市场份额为后盾，进行城市矿产的开发。在经济发展“新常态”下，城市矿产资源回收利用行业的发展关键还是要创新驱动。通过不断研发新技术、推出新产品，打造树立研发型品牌企业，开拓国内国际市场。另外，城市矿产开发技术的研发可紧密结合国家鼓励发展的新兴产业，紧紧依托市场的实际需求。同时还需要行政部门的大力协调和推广，让我省城市矿产开发行业在未来能够拥有一批品牌企业，站稳国内市场份额，参与国际市场竞争。

3. 依托自身优势，合理规避风险

在外部威胁和内部优势的考量之间，可对城市矿产的开发过程采取防御态势。依托自身内部优势，避免潜在风险不利影响的发生，将风险理念纳入开发、决策和管理之中，进行风险管理，稳妥对待城市矿产开发。

任何一项投资活动中风险总是与收益相伴，开发城市矿产也是如此。目前国家出台利好政策大力号召地方投产建设城市矿产项目，各省份在将城市矿产的开发作为重点项目予以推进的同时也需看到与高收益相伴随的潜在风险。将风险计算纳入开发、决策和管理的考量之中，采取防范措施把风险确实地规避在可控范围之内，这就要求各地需对城市矿产在开发过程中可能出现的各种风险有明确的认识和测算，而后进行规划布局。通过前述分析可知，城市矿产的开发过程中可能存在的风险大致可分为经济风险和环境风险两种，应分别针对两种风险的不同侧重面进行风险防控。

（1）经济风险防范。针对开发城市矿产中的经济风险，应认识到在城市矿产资源开发的整个过程中都将面临经济风险。这部分风险不仅来自客观的经济市场，还来自参与开发的主体的主观决策和预判，因此，开发活动中对经济风险的准确把握和规避就显得尤为重要。开发城市矿产作为市场主体参与经济活动的行为将不可避免地受到经济规律的作用，经济风险是每个市场主体都不可能完全避免的，但这并不代表只能听之任之，如何规避、弱化开发城市矿产中可能面临的经济风险与经济管理体制、水平、手段等多种因素有关，从长期来看，需要增加我省城市矿产资源回收利用市场活力，培育健康的市场进出秩序、竞争秩序、交易秩序和管理秩序，增强企业行业实力；从短期来看，亟须开展风险应对培训教育，提高决策层的风险预判能力和应对技巧。

（2）环境风险防范。针对开发城市矿产中的环境风险，必须认识到在开发城市矿产的过程中各地区都将不可避免地面临着多重环境风险，而环境风险变现所带来的后果往往也十分严重，会对地区环境质量和人民的生命财产安全造成恶劣影响。因此，开发城市矿产的过程中需要多方主体共同采取有效行动，防范环境风险发生。首先，开发方在拟定城市矿产的开发计划之初，应对开发项目的选址、设计和生产运行过程及后期管理进行严格论证，提出安全可靠的项目可行性论证书和真实可靠的环境影响报告，按工程设计、操作规程运行和管理，并认真落实报告中提出的各项风险防范措施，将环境事故发生的概率降至最低。其次，通过采取各项风险防范及应急救援措施降低各种事故发生的概率及对周围环境的影响，在园区日常运行中严格遵守相关环境保护法律法规和行业标准。特别是内容规定较详细的行业规范（见表8），对城市矿产开发的作用显著，各企业应结合自身进行城市矿产回收利用时的主要资源品种严格予以遵守相关标准。如我省谷城再生资源园区的主要运营项目——废弃汽车拆解加工利用时，就应按照《报废机动车拆解环境保护技术规范》(HJ 348—2007)、《报废汽车回收拆解企业技术规范》(GB 22128—2008)、《进口可用作原料的固体废弃物环境保护控制标准——废汽车压件》等标准，在废弃汽车产品的收集、运输、贮存、拆解、处理和处置中，采取全过程的污染防治和环境保护的控制，将环境风险控制在可接受范围内，严格遵照相关事项的技术要求、处理技术操作规程及工艺技术路线。再次，还需与项目建设用地周边居民进行有效沟通，将环境风险告知公众，落实公众参与的途径和方式，形成双向意见反馈机制。最后，围绕城市矿产开发的全过程，行政机关的监督必不可少。行政机关前期要认真履行职责核验送审材料，谨慎做出决议、提出建议；中期要严格把关开发质量和建设进度；后期要依法履行监督职责，紧盯污染源，对涉污企业快速有效地予以处理。

表8　**我国部分城市矿产开发相关环境标准**

标　准　名　称	实施日期	标准编号	相关内容
《环境保护图形标志——固体废物储存（处置）场》	1995－12－06	GB 15562. 2－1995	废物储存
《包装废弃物的处理与利用通则》	1999－01－01	GB/T 16716－1996	行业标准
《废弃机电产品集中拆解利用处置区环境保护技术规范（试行）》	2005－09－01	HJ/T 181－2005	废弃机电
《固体废物鉴别导则（试行）》	2006－04－01	2006 年第 11 号公告	固体废物
《报废机动车拆解环境保护技术规范》	2007－04－09	HJ 348－2007	报废机动车
《危险废物鉴别技术规范》	2007－07－01	HJ/T 298－2007	危险废物
《废塑料回收与再生利用污染控制技术规范（试行）》	2007－09－30	HJ/T 364－2007	废塑料
《报废汽车回收拆解企业技术规范》	2008－11－07	GB 22128－2008	报废汽车
《废弃电器电子产品处理污染控制技术规范》	2010－01－04	HJ 527－2010	废弃电子
《固体废物处理处置工程技术导则》	2013－12－01	HJ 2035－2013	固体废物

4. 消除内部劣势，提升企业实力

根据对外部威胁和内部劣势之间的考量，可在城市矿产的开发过程中采取灵活的应对方式。通过提升开发企业实力，消除内部开发劣势，进而达到控制外部风险的目的，形成城市矿产开发企业的集聚效应和规模效应，鼓励企业管理、技术层面的创新，增强开发企业的绝对实力。

参与市场活动的主体中最主要且最小的参与单位是企业，企业实力的高低决定行业水平的优劣，行业水平的优劣又决定产业能力的大小。因此，我省企业主体在开发城市矿产的市场活动中以绝对的数量优势对未来开发行为产生深远影响。面对城市矿产开发过程中的外部风险和内部劣势，消除劣势、规避风险最有效的切入口就是提升开发企业的绝对实力。如何提升企业实力，具体来说可从以下几方面着手。

（1）避免过度依赖补贴的单腿走路弊端。政府的资金补贴是地方开发城市矿产过程中的资金流之一，也是不少国家“城市矿产”示范基地前期开发的启动资金。但过度依赖政府补贴的发展方式并不利于企业的长远发展，且会加剧政策风险对城市矿产开发活动的影响程度。因此，我省城市矿产开发企业未来的发展方向，应该是在以后的开发过程中凸显开发企业的市场主体活力。让企业主体在市场活动中发挥决定性作用，在政府不给予补贴、少量给予补贴的情况下，保证市场主体仍然能够可持续地、健康地经营下去，逐步摆脱依靠补贴生存的不良发展方式。这是提升企业实力过程中必须首先予以明确的基本思想。

（2）做好重点资源开发，突出企业特色。城市矿产资源项下种类较多，不同种类的城市矿产在资源回收阶段的成本收益差别不大，但资源回收利用后的附加值却大相径庭。例如塑料资源和稀贵金属资源的利用价值就不能同日而语。因此，在我省未来开发城市矿产的过程中，需要按照分类管理的原则，对回收利用价值较高的城市矿产资源，充分发挥市场机制作用，引导开发企业积极参与到回收利用价值较高的城市矿产品种中去，并鼓励企业加大对高价值资源的技术投入，发展特色回收利用方式。对于回收利用后价值较低的，难以发挥市场机制导向的城市矿产品种，则主要依靠政策扶持，以具体的市场需求为限，引导适量企业参与回收利用，防范市场需求风险。对废铅酸蓄电池、废弃电器电子产品等，在回收利用中可能含有或产生危险物质成分的城市矿产资源，引导参与开发企业按照相关法律法规的规定进行开发，落实生产者责任延伸制等法定制度和责任。

（3）鼓励企业规模化发展，实现多产业链对接。在城市矿产开发过程中，企业是最小的参与单位，单个企业的力量在社会化大生产的今天是十分有限的。与小生产不同，社会化大生产的优势集中表现在组织化、规模化的生产方式，表现在将生产资料和劳动力集中于企业中进行有组织的规模化生产所带来的客观经济效益中。随着专业化分工的不断发展，各种产品生产之间协作也更加密切。因此，在我省未来的城市矿产开发中，首先，应鼓励企业根据回收利用关系中的关联性，使城市矿产回收企业与利用企业间、使利用过程中存在上下游关系的企业间、使行业关系间可以联合的企业间结成产业链关系。即让城市矿产开发过程的各个环节形成一个不可分割的整体，实现多产业链对接。其次，着力提高资源回收利用行业的组织化程度，推动行业组织建设，完善城市矿产开发过程中的公共服务和社区服务。有步骤地引导已有园区内龙头企业以现代化的方式组织开发，借助现代信息技术，搭建园区、地区的共享信息及物流网络。最后，按照市场经济规律整合省内城市矿产开发中小企业和个体经营户，提高再生资源回收行业规模化和组织化水平，充分形成地方产业的集聚效应和规模效应优势。

（4）增强企业创新，提高核心竞争力。创新是企业发展不竭的动力，对城市矿产开发企业也是如此。在我国经济发展进入“新常态”的形势下，城市矿产开发企业提升实力的关键是要进行创新。增强创新，首先应针对当前市场对城市矿产类产品的需求，对企业管理方法进行创新，对企业的开发技术进行创新，对产业链的延伸方向进行创新。使企业创造出拥有自主知识产权的城市矿产资源分拣、加工、处理利用等专业化技术和设备，使创新能力成为企业提升产品竞争力的主要手段和内生力量，使企业从单纯的生产类企业变成生产服务类企业，提高城市矿产产品的附加值，提高企业核心竞争力。其次，推动企业信息化建设对于增强企业创新能力也具有推动作用。城市矿产开发这一发展理念提出的时间较短，目前对城市矿产在开发的企业还普遍处于摸索之中，企业间需要进行信息、技术的沟通交流，研究建立行业信息管理系统。这将有利于企业间进行多方面的交流学习，使我省城市矿产开发企业在未来通过相互学习交流，走上一条从引进技术、模仿学习，到消化吸收、二次创新，到自主创新、行业领先，再到走出国门、参与国际竞争不断发展进步的道路。

5. 理顺政府和市场的关系，实现功能互补

最后还需就我省未来城市矿产开发模式选择中的一个关键问题进行说明，我省现有的两种城市矿产开发模式，即政府主导型和企业主导型，虽各自优势突出，但在以后指导我省其他地区城市矿产的开发过程中，市场有失灵的时候，政府也有失灵的时刻。党的十八届三中全会指出：经济体制改革是全面深化改革的重点，核心问题是处理好政府和市场的关系，使市场在资源配置中起决定性作用和更好发挥政府作用。因此，在两种开发模式的运行过程中，要处理好政府和市场的关系。尽管两种模式的开发推进主体和方式有所不同，但为避免市场或政府失灵的时候对开发工作的影响，依旧需要政府和市场以实现功能互补的方式共同作用于城市矿产开发。在这一过程中，具体来说市场和政府主要从以下两方面实现作用互补。

（1）成熟市场下政府放权

城市矿产开发市场如果成长起来，政府就应放权给市场主体，不宜过多干预。在城市矿产开发过程中，驱动力的关键在市场，关键是通过市场化改革激发经济活力。依靠成长起来的市场释放城市矿产开发市场机制的活力、社会资本的活力和市场主体创新创业的活力，让市场在资源配置中起决定性作用。首先，要积极发展混合所有制经济为重点，进一步发挥民间资本在促进城市矿产开发中的重要作用。其次，为企业创新提供空间，为规模较小的创新型企业提供平台，激发城市矿产开发的增长活力，释放增长潜力，吸引更多资本关注并参与到我省城市矿产开发的经济活动中来。对开发主体进行天然的优胜劣汰，同时也促使城市矿产回收利用市场朝着更加健康的方向发展。

在良好的市场状态下，政府不宜也不必过多干预，应逐步将权力交还于市场。在我省城市矿产资源回收利用的过程中，落实市场的决定性作用应首先在思想上明确决定权归属。在过去的资源配置当中，市场是基础作用，政府在干预重要资源价格和微观经济方面的权力过大，甚至扭曲并挟持市场。使得价格不能正确反映供求关系，社会资本投资方向

与市场需求产生偏差，将导致经济发展的后续动力不足。市场决定价格，这是一般的市场规律，具体到城市矿产开发过程中的资源配置问题上，就是应交由市场自主调控，向市场放权。政府与市场关系的新定位能够带来巨大的市场活力，具体来说，在城市矿产的开发过程中政府应做到：首先，减少开发中不必要的前置行政审批数量，建立负面清单和权力清单。负面清单管理是现代市场经济的重要特征，用以明确政府禁止企业的不合理行为，以负面清单管理倒逼行政审批制度改革，可以给城市矿产开发企业提供明确的市场预期和行为规范。权力清单用以划清政府有效作为的权责边界，将权力逐步全面地转移到市场。其次，优化保留权力结构，形成有效的政府治理。在相关城市矿产开发的行政范围内，确保决策权、执行权和监督权分属不同行政主体，在三方权力分离的前提下，形成相互制约、相互协调的格局，使内外监督都能切实有效进行。

（2）市场失灵时政府参与调控

在城市矿产开发中，权力交还给市场后，政府应起到怎样的辅助作用是接下来需要考虑的问题。市场不是时时万能的调节器。在政府和市场关系当中，虽由市场对资源配置起决定作用，但并不代表政府完全退出市场经济活动，而是要求政府更好地发挥作用，起到有效的基础的政府作用。面对市场作用的失灵，政府作用的优势突出表现在宏观调控的能力上，因此，政府首先要搞好宏观调控。科学有效的宏观调控对我省城市矿产的开发十分重要。开发城市矿产的过程中怎样进行资源交易、交易价格是多少，这些由市场来决定，政府侧重于调控交易的全局进程和水平。政府进行宏观调控的首要目标是转变政府职能，提高治理能力。政府职能转变要从之前的管理变成有效的治理，使政府和市场同时要发挥作用。以城市矿产行业的自律、行业的规范作为重要补充，加快相应行业组织和社会组织的发育程度，实现行业自律、行业监管和政府监管相结合、相联动，才能够切实保障市场的规范运行。

具体来说，一是要建设法治政府。依法行政不能还停留在口号上，要促进城市矿产开发市场的公平、正义，首先要将政府活动纳入法治的进程中来，把营造公平竞争的市场环境作为完善宏观调控体系的基本目标，以政府权力的公正运行保障市场开发主体的公平竞争。二是要建设服务型政府，尤其是公共服务型政府。从政府管理转向政府治理，为城市矿产开发企业提供更多更好的公共服务和信息支持，比直接给予资金支持更有利于开发企业的长远发展。三是要培育能有效促进城市矿产开发的市场环境。在市场还没有培育起来的时候，政府必须去培育市场，因为市场才是最终决定资源有效配置的操盘手。在城市矿产开发的过程中的多个环节，从资源回收、拆解、加工到再生产品进入消费渠道和再回收，每个环节都对应着相应的市场环境，对于其中不健全的市场环境，需依靠政府参与调控。将宏观调控与行政审批职能严格分开，将财政政策调控与深化财税体制改革结合起来，突出财税体制在调节收入分配、拉动消费中的重大作用，建立良性市场环境。① 四是，在垄断行业干预市场运作的领域，政府要积极参与反垄断。城市矿产开发是一个新兴的资源回收利用领域，待其发展到一定规模和程度，则要注意避免企业垄断和行政垄断这两种性质的市场垄断行。打破企业垄断和行政垄断，为社会资本创造更大的流动空间。发挥市场配置资源的决定性作用，就要让各类市场主体平等使用生产要素、公平参与市场竞争、同等受到法律保护。总之，有效的市场离不开有为的政府，反过来，在市场有效的前提下，政府的有为才是有的放矢的有为。

参考文献

著作：

［英］安东尼·吉登斯：《现代性的后果》，田禾译，凤凰出版传媒集团、译林出版社 2011 年版。

郭剑锋、黄海峰、高农农：《环保产业与循环经济》，中国轻工业出版社 2010 年版。

黄海峰、陈立柱、王军等：《废物管理与循环经济》，中国轻工业出版社 2013 年版。

［美］曼瑟尔·奥尔森：《集体行动的逻辑》，格致出版社 2011 年版。

钱光人编：《城市固体废物立法管理与实践》，化学工业出版社 2009 年版。

孙佑海、李丹、杨朝霞：《循环经济法律保障机制研究》，中国法制出版社 2013 年版。

① 迟福林：《“市场决定”的改革行动》，《人民日报》2014 年 7 月 30 日。

［美］汤姆·蒂坦伯格、琳恩·刘易斯：《环境与自然资源经济学》，王晓霞等译，中国人民大学出版社 2011 年版。
周春宏：《变废为宝：中国资源再生产业与政策研究》，科学出版社 2008 年版。

论文：
郭强、何玉芹：《城市矿产经济发展条件研究——以湖北省荆门市为例》，《湖北行政学院学报》2013 年第 6 期。
贾建忠：《产业转型升级的群效应研究》，《华南理工大学学报》2012 年第 1 期。
李赋屏：《循环经济背景下城市矿产开发模式探讨》，《资源再生》2013 年第 7 期。
Lin Wei，Yangsheng Liu：Present Status of E-waste Disposal and Recycling in China. *Procedia Environmental Sciences*，2012（16）.
Paul H. Brunner：Reshaping Urban Metabolism. *Journal of Industrial Ecology*，2007（2）.
Peter Scholes："Rubbish Economy"：A Review of Business Waste production in England：Past，Present & Future. *Resource Efficiency and Waste Management Solution*，2011（9）.
齐作忱、姜玉彬、李莉、王岩：《浅议城市矿产示范基地建设的融资途径》，《再生资源与循环经济》2011 年第 8 期。
王昶、徐尖：《日本城市矿产资源开发利用政策及启示》，《世界有色金属》2013 年第 2 期。
张梓太、王岚：《论风险社会语境下的环境法预防原则》，《社会科学》2012 年第 6 期。
周永生、张俊：《我国"城市矿产"发展的实证研究》，《生态经济》2013 年第 6 期。
朱坦、张墨：《以"城市矿产"示范基地促资源"新生"》，《环境保护》2010 年第 21 期。
邹力行：《探索建立"政府力量和市场力量"相互转换的机制》，《红旗文稿》2012 年第 23 期。

政府文件：
《关于开展城市矿产示范基地建设的通知》，2010 年 5 月 12 日。
《"十二五"国家战略性新兴产业发展规划》，2012 年 7 月 9 日。
《"十二五"节能环保产业发展规划》，2012 年 6 月 16 日。
《湖北省委关于深入贯彻党的十八届三中全会精神的意见》，2013 年 12 月 25 日。
《2014 湖北省政府工作报告》，2014 年 1 月 17 日。

《甘肃省地质环境保护条例》立法后评估报告

俞金香*

一　评估工作简介

地质环境是“地球岩石圈上部及其表层风化产物。包括地球表层岩石圈和风化层两部分地质体组成、结构和各类地质作用与现象。地质环境是自然环境的一部分，地球演化的产物，人类生存发展的基本场所”①。地质环境保护是生态环境保护的重要组成部分，也是生态文明建设与科学发展观的直接要求。地质环境具有系统性、资源性、价值性和效益性。对地质资源的合理开发和利用将为人类带来巨大经济效益和社会效益，但是诸如环境污染、地质灾害等也会降低经济效益和社会效益。早在1987年，联合国世界环境与发展委员会（WCED）就在其著名的报告《我们共同的未来》中提出了可持续发展的理念和目标，人类在实现经济增长、社会繁荣的同时，也要重视、改善和保护自然环境，实现代际公平。

我国也针对本国的经济发展阶段、生态环境特征提出了可持续发展战略。地质环境的保护与管理成为我国环境保护工作的重要领域。2006年，国务院下发了《关于加强地质工作的决定》，对地质工作提出了全面的要求。2011年，国务院发布《关于加强地质灾害防治工作的决

* 俞金香，甘肃省兰州人，甘肃政法学院民商经济法学院教授，甘肃省循环经济与可持续发展法制研究中心研究员，博士，硕士生导师。

① 封吉昌：《国土资源实用词典》，中国地质大学出版社有限责任公司2011年版。

定》，这是我国地质灾害防治领域的专门指导性文件。2012 年，经国务院批复，环境保护部印发了《全国地下水污染防治规划（2011—2020年）》，着力解决地下水污染问题，切实保障地下水饮用水水源环境安全。

《甘肃省地质环境保护条例》（以下简称《条例》）于 2000 年 12 月 2 日甘肃省第九届人民代表大会常务委员会第十九次会议通过，自公布之日起开始实施，并于 2004 年进行了修订。十余年来，《条例》对保护地质环境、规范行政执法、防范地质灾害、保护地下水资源等工作发挥了积极的重要作用。为了进一步适应我国经济社会发展新常态，突出生态文明建设的战略地位，以“四个全面”战略布局为方针，坚持“尽职尽责保护国土资源、节约集约利用国土资源、尽心尽力维护群众权益”的工作要求，全面深化改革，推进法制建设，进一步完善地质环境保护相关立法，《甘肃省地质环境保护条例》立法后评估专家小组对《条例》文本质量、实施效果、社会效应等维度进行了评估，在此基础上对条例的修订提出意见，突出重点，为甘肃省实现生态国土、生态文明建设护航。

（一）评估框架与主要内容

立法评估活动是立法实践的重要环节，同时也对评估者的专业知识和技能有较高的要求。按照立法进程的标准对立法评估活动进行分类，可以分为立法前评估、立法中评估和立法后评估。立法后评估也称立法回头看，一般是指在法律法规制定出来以后，由立法部门、执法部门及社会公众、专家学者等，采用社会调查、定量分析、成本与效益计算等多种方式，对法律法规在实施中的效果进行分析评价，针对法律法规自身的缺陷及时加以矫正和修缮。立法后评估是我国法治建设进程的必然产物和重要环节①。开展立法后评估的前提是评估者收集、掌握大量实施效果的相关信息，并以此为基础做出判断，成为法律的修改、废止以及改进相关领域执法工作的重要依据。立法后评估的重要目标是梳理、总结、评价法律实施一段时间后产生的实际效果、暴露的问题、随时间推移产生的与实际的不适应性，并提出具有针对性的修改建议以完善该

① 汪全胜：《立法后评估研究》，人民出版社 2012 年版。

法律，使之与时俱进。

甘肃省循环经济法制研究中心在接受《甘肃省地质环境保护条例》立法后评估委托之后，立即成立专家评估课题组，与甘肃省国土资源厅地质环境处、甘肃省地质灾害应急中心等相关部门进行多次沟通洽谈会，在掌握《条例》基本实施情况后，项目组内部多次召开研讨会、碰头会，对《条例》评估目标、评估框架、评估内容、指标体系设计、评估标准、评估进度管理、评估活动实施步骤、调研方案、数据收集策略、攻克瓶颈问题等进行讨论、研究和论证，最终建立了《甘肃省地质环境保护条例》评估框架，如图 1 所示。

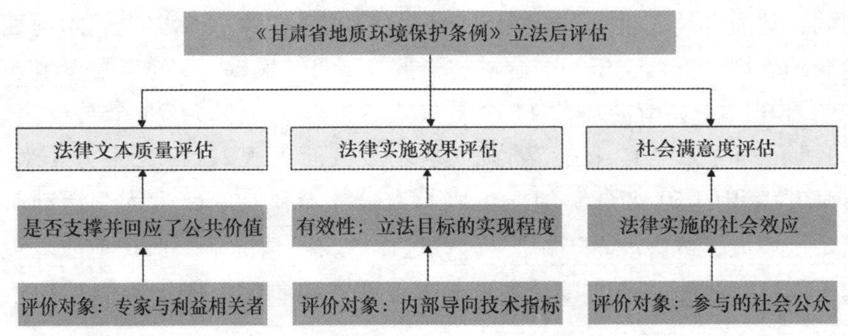

图 1　《甘肃省地质环境保护条例》立法后评估框架

评估框架主要由三部分组成，即《条例》的文本质量评估、《条例》的实施效果评估和《条例》的社会满意度评估。

1. 文本质量评估

在文本质量评估部分，着眼于价值层面主要对《条例》文本进行的评价，着重考察立法目的、立法原则、条例结构和语言等方面。

立法目的体现了设立法律的核心价值诉求。法律是反映集体偏好表达的公共价值的直接载体，是对社会公民需求的直接回应。法律机制的重要作用就在于通过设立规范和规则保护公共利益，解决棘手的公共问题。随着历史车轮滚滚前进，特别是在公共领域，对价值范畴的强调越来越重要，传统公共管理主要关注效率，新公共管理（New Public Management）主要关注的是效率和效果，但在以价值为中心的研究路径中，价值超越效率和效果被继续关注、争论、质疑和评估。就这一点而言，这种新兴的研究路径重新强调和带来了曾经被介绍过但没有成为主流的那些价值相关的问题（Denhardt & Denhardt 2011；Rosenbloom & McCurdy 2006）。

《甘肃省地质环境保护条例》第一章第一条就概括了该条例的立法目的，即“为了保护地质环境，防治地质灾害，促进经济和社会可持续发展，根据有关法律法规，结合本省实际，制定本条例”。这就回答了“为什么要制定一部专门保护地质环境的法条”的问题。由于甘肃省地处青藏高原、黄土高原和内蒙古高原的交会地区，是黄河、长江的发源区域，地势起伏大，山高谷深，沟壑纵横，地质生态环境十分脆弱，地质环境条件十分复杂，山丘面积占全省的70%以上，除河西走廊的敦煌、安西、玉门、金塔、张掖、山丹、民勤、武威、临泽和庆阳的西峰区及甘南的玛曲11个县（市、区）外，其余75个县（市、区）均分布有大片的山丘。地质灾害易发区面积达21.49万平方千米，占全省面积的50.47%。地质灾害具有分布范围广、密度大，活动频繁、规模大，危害严重等特征[①]。在这样的实际情况下，保护地质环境的工作迫在眉睫。在此背景之下，《甘肃省地质环境保护条例》应运而生。

立法原则是《条例》在从无到有的过程中指导整个立法活动统一的、基本的要求和准绳，是《条例》所回应的公共价值的进一步细化。《条例》的立法过程主要遵循了以下立法原则：第一，宪法原则。宪法是“法律的法律”，在任何一个国家宪法都具有最高的法律效力。因此，立法应在宪法的基本指导思想下进行，不能与宪法相违背和冲突。第二，法治原则。法治与人治相对应，强调立法的规则性和权威性。法治原则要求社会行为与社会关系以规则为核心而不是人的意志。因此《条例》的确立与实施不能保护少数人的特殊利益，执法严格，维护“环境公平”。第三，科学原则。立法不能“拍脑袋”，也不是少数人意志的表达，立法活动要遵循科学的指导和步骤进行。只有科学的立法活动才能有效提升法律质量，从根源上控制并

① 《甘肃省地质灾害综合防治体系建设情况汇报》。

减少“恶法”的产生。

《条例》结构和语言是指要从逻辑和文字的角度来考察《条例》是否在行文上满足前后逻辑一致、表达清晰严谨、句意易懂，不会造成误解和歧义。

该部分的评估主要采取质性评价。评价对象由法律领域从业者、从事公共管理研究的专家学者和研究生组成。

2. 实施效果评估

法律的成文、颁布并非立法的终点，只有切实地实施和遵守才能实现立法的目的和宗旨。实施效果评估部分重点对《条例》颁布实施以来的环境效益、经济效益、社会效益进行综合评价。实施效果评估的目的在于评价《条例》的有效性，也就是回答“条例的实施在多大程度上实现了立法目标”这一问题。

由于《甘肃省地质环境保护条例》是针对地质环境特殊领域的专门法律，具有一定的技术壁垒，因此本部分的评估主要突出技术视角，通过地质环境保护的重点工作，采用关键绩效指标（Key Performance Indicator，KPI）的思路和方法对条例颁布实施以来地质环境的历史变化进行评价，以期测量《条例》实施后的实际效果。

需要进一步说明的是，第一，虽然对实施效果的评估突出技术视角，但是课题组并非进行生态学视角下的地质环境评价。因为本次评估本质上是立法后评估，实施效果虽然通过一些地质环境领域的专业技术指标反映，但是指标背后蕴含的价值内涵是服务于整体评估框架和思路设计的，技术理性与价值理性相统一。第二，指标体系设计理念与客观数据收集难度之间的平衡。由于本次评估从《条例》本身质量、实施效果、社会效应三个维度进行较为全面的评估，同时突出了时间维度的演化和历史分析，客观上造成数据获取和收集具有较大难度，因此有较多的缺失值（missing values）。基于评估目的，课题组认为缺失值的问题并未影响评估的有效性，是因为，从理论层面看，立法后评估的目的不仅仅在于掌握、了解地质环境现状，更重要的功能在于引导性，也就是促进《条例》的完善和持续改进，最终实现保护、改善地质环境的价值目标。因此，即使某几个指标数据无法获得，但是指标背后反映的价值元素在评估体系中得到了表达，进而引导各利益相关者为实现立法目标而努力。

因此，基于实施效果的技术性评价视角，在评价方法论层面侧重定量分析，借助经济决策方法“成本—效益”分析工具，进行评价。评价对象主要选择与地质环境保护直接相关的职能部门的内部人员和技术专家，数据来自甘肃省国土资源厅提供的二手数据。为了弥补缺失值造成的测量偏误，同时借助网络公开信息收集了相应的质性材料对评估结果予以支撑。

3. 公民满意度评价

公民满意度的评价主要突出了《条例》立法过程中与社会公众进行互动的效果和效应。公民满意度的概念是由工商领域的“顾客满意度”这一概念引入公共领域的。突出了公民作为公共范畴的重要主题的主体角色。开展法律绩效的公民满意度评估的重要意义在于引入了外部视角。我国在地方层面开展的立法后评估活动自2000年起开始涌现，但概括来看，已经开展的立法后评估突出了立法机关内部自上而下的评估视角，虽然此种内部视角有利于提升立法质量，但是却很难将公民的诉求和偏好吸引到法律修订中来。立法本身并不只是立法机关的职责，法律与每一位社会成员的生活、工作都息息相关，因此开展公民满意度的评价是非常必要的。公民中的不同群体与某一特定法律的相关程度具有差异，立法过程中的参与程度也不同。此部分的评价对象为关心、知晓《甘肃省地质环境保护条例》的社会公众。同时，考虑到法律实施效果评估本身具有技术壁垒，因此采用非随机抽样的方式确定目标样本为大学生，并设置了甄别问题对目标样本进行筛选。满意度评价在方法论层面为质性评价。

（二）评估的指标体系与方法

1.《甘肃省地质环境保护条例》立法后评估体系

（1）立法后评估价值体系。价值体系处于评估体系的核心。课题组在充分研读《条例》文本，走访甘肃省国土资源厅相关部门的基础上，结合国内外翻绿绩效评价的一般标准和甘肃省地方实际，筛选了合法性、合理性、协调性、可操作性、时效性、规范性、地方特色七个核心价值要素，作为评估的关键价值标准。

合法性——合法性（legitimacy）标准是立法的根本标准和原则，

是指对法律法规所具有的强制力的承认。合法性之所以具有基础性作用是因为合法性讨论了法律法规的强制实施和服从的关系。法律之所以获得合法性，来自社会公众的赞同。课题组主要考察了立法目的合法性、主体合法性、程序合法性、依据合法性、内容合法性等内容。

合理性——合理性（rationality）标准在于考察法律法规是否符合社会发展规律和基本要求、符合公平正义要求，采取的法律措施必要、恰当，权利义务分配合理。

协调性——协调性（coordination）标准是从系统的角度，考察法律法规与上位法的兼容和衔接、与平行法的协调、与下位法和规定的配套、条例的具体规定无内在冲突和矛盾。

可操作性——可操作性（operability）是法律法规顺利实施，可落地的重要前提。只有将立法目标层层分解，具体清晰，方案、步骤清楚才能具有可行性和可操作性。主要考察《条例》所做的规定是否具体、明确、完整、针对性强。

时效性——时效性（time-effectiveness）标准要求所制定的法规和规章执行的效率和效益（经济效益和社会效益）、能否为社会普遍遵守、能否收到立法的预期经济和社会效益，内容符合当代时代精神和法律理念，并且具有一定灵活性和弹性，与时俱进。

规范性——规范性（normative）标准体现立法的专业性。主要考察立法结构和内容是否完备、逻辑是否严谨、概念是否明确准确、语言是否规范。

地方特色——甘肃省地处青藏高原、黄土高原和内蒙古高原的交会地区，生态环境较为脆弱，地质环境条件比较复杂，地质环境保护工作面临较高的挑战和复杂的问题。地方特色的标准就在于衡量条例是否体现了地方性立法的特色，切实契合了地方经济、文化、生态实际，接地气，可实施。

（2）立法后评估指标体系

①法律文本质量指标体系

对法律文本质量的评估主要从结构、逻辑和语言文字三个维度进行考察。评估采用调查问卷的形式，被试者利用李克特五级量表为每一个具体指标打分，“1”代表“非常不赞同”，“5”代表“非常赞同”

(见表1)。

表1　**《甘肃省地质环境保护条例》文本质量指标体系**

一级指标	二级指标	三级指标
法律文本质量	条例结构	Q1：结构的完整性
		Q2：目标的清晰程度
	逻辑	Q3：内容无自相矛盾
		Q4：符合“保护优先、预防为主”的基本立法原则
	语言文字	Q5：简洁、清晰、准确
		Q6：无语病、无歧义

②法律实施效果评估指标体系

法律实施效果评估是本次立法后评价的核心部分。采用“成本—收益”的分析框架进行评价。成本从三个维度进行评估，分别是立法过程成本、执法成本和社会成本。特别是社会成本的引入，进一步丰富了评估框架体系，一项法律的实施虽然将提升社会整体公共福利，但是难免可能会对特定群体利益造成损失，受到公众观念上、行动上的排斥和阻力。

实施收益主要从地质环境改善的直接收益进行考察。也就是说更多地考察了环境收益和社会收益，而经济收益，特别是矿产资源带来的经济增长并没有纳入考核体系。主要从地下水、土壤、矿山、农业生态、地质灾害五个方面进行评估。侧重定量分析（见表2）。

表2　**《甘肃省地质环境保护条例》实施效果评估指标体系**

一级指标	二级指标	三级指标
立法成本	立法过程成本	E1：立法过程中花费总经费数
	执法成本	E2：宣传、培训次数
	社会成本	E3：公开征询意见次数

续表

一级指标	二级指标	三级指标
实施收益	地下水	E4：地下水污染指数
	土壤	E5：区域土壤环境背景值
	矿山	E6：地质灾害危险性分级
		E7：矿业活动引起的地质环境灾害
	农业生态	E8：旱涝保收程度
		E9：土壤母质层厚度
	地质灾害	E10：全省每年地质灾害发生案件数

由于地质环境监测的特殊性，很难对甘肃全省整体地质环境进行评价，因此在与相关专家咨询的基础上，将甘肃省地质环境检测数据采集点作为样本集，从中抽取兰州市、金昌市、庆阳市、酒泉市作为数据收集样本。

③公民满意度评价指标体系

公民满意度的评价主要通过两种测量方式，一种是“0—1”虚拟变量，被试者回答“是”“否”，第二种程度类问题，被试者利用李克特五级量表对各个指标的程度进行判断，为每一个具体指标打分，“1”代表“非常不赞同”.“5”代表“非常赞同”。侧重评估公众对该条例的知晓度，对地质环境改善的感知以及条例出台对环保观念的影响（见表3）。

表3　**《甘肃省地质环境保护条例》公民满意度评价指标体系**

一级指标	二级指标	三级指标
公民满意度	知晓度（甄别问题）	S1：您是否听说过《甘肃省地质环境保护条例》?
	立法目标	S2：目标清晰可识别程度
		S3：我可以很好地理解条例的立法意图
	实施效果	S4：我认为该条例的实施有效地改善甘肃省的地质环境
		S5：我认为该条例的出台之后，提升了我们的地质环境保护观念

2. 评估方法

文献研究法。文献研究法就是对文献进行查阅、分析、整理，从而找出事物本质属性的一种研究方法①。文献法是法学研究最基本的一种研究方法，特别是对法律绩效的评估，只有充分研究、了解国内外类似立法的进程和特征，从法理学上理顺基本的理论问题，才能更好地指导法律修订实践，实现科学立法的原则（见表4）。

表4　**主要文献资料列表**

1	地质灾害危险性评估单位资质管理办法（中华人民共和国国土资源部令）
2	地质灾害治理工程勘察设计施工单位资质管理办法（中华人民共和国国土资源部令）
3	国务院关于加强地质工作的决定
4	国土资源部关于印发《地质勘查资质分类分级标准》的通知
5	国务院关于加强地质灾害防治工作的决定
6	中华人民共和国环境保护部关于印发《全国地下水污染防治规划（2011—2020年）》的通知
7	国务院审批同意《全国地面沉降防治规划》
8	山西省《地质灾害防治条例》
9	国土资源部办公厅关于印发《国土资源部突发地质灾害应急响应工作方案》的通知
10	国土资源部办公厅关于印发《国土资源部地质灾害应急平台——基础支撑体系建设技术要求（试行）》的通知
11	国土资源部和中国气象局关于联合开展汛期地质灾害气象预报预警工作的通知
12	国土资源部关于印发应对气候变化领域对外合作管理实施细则的通知
13	《安徽省地质灾害防治管理办法》（安徽省人民政府令第116号发布）
14	《安徽省突发地质灾害应急预案（简本）》（2005年9月7日）
15	福建省地质灾害防治管理办法——闽政〔2011〕8号
16	粤国土资地环发〔2008〕107号关于印发《广东省国土资源系统地质灾害防治工作责任考核办法》的通知
17	贵州省地质环境管理条例

① http：//jky. qzedu. cn/zhsj/yjxx/wxyj. htm.

续表

18	海南省地质环境管理办法 1997，2008 年修订
19	2011 年甘肃省地质灾害防治方案
20	甘肃省地质环境保护条例

问卷调查法。问卷调查法是以书面提出问题的方式搜集资料的一种研究方法。具有过程标准化、匿名性、范围广、效率高的特点。

《甘肃省地质环境保护条例》立法后评估课题组在设计完成评估框架之后，专门组织专家召开 3 次问卷调查研究设计研讨会，设计了两套调查问卷（Ⅰ：法律文本质量评估调查问卷；Ⅱ：公民满意度调查问卷），选择相应的调查对象，对问卷进行预测试，收集反馈信息后对个别题项的描述进行了改进。组织人力向被试者分发问卷，问卷 I 发放 30 份（专家）；问卷Ⅱ发放 300 份（社会公众），并对问卷进行回收和审查。最后，对问卷收集的数据进行统计分析和理论研究。

成本—收益分析法（cost-effectiveness analysis，CEA）。成本—收益分析作为对某项计划、方案、政策进行评价的方法之一，被广泛地运用于工业、农业、环境保护、水利教育等社会生活、科学研究领域。成本—效益分析的思路是将投入和产出进行对比，从而分析资源配置的效率，以期以最小的投入获得最大的产出。

二 工作过程

《甘肃省地质环境保护条例》立法后评价课题组接受委托之后，首先，与相关部门进行多次走访沟通，充分了解 2000 年颁布条例的社会背景等相关资料，召开两次课题组会议起草工作方案。

组织专家确定评估调查方案，特别是对指标体系设计、问卷调查方案、数据收集来源等关键科学问题进行了反复论证。在评估框架确定之后，进行前期研究，进行了大量文献阅读和梳理工作，主要查阅了国家层面地质环境保护相关政策法规和兄弟省份出台的相应政策法规，进行对比研究。

理论与实际相结合之后，对调研方案进行进一步完善，召开调研工作会议，对调查员进行培训，之后开展书面调研和问卷调查 ，与此同时，文献梳理继续进行，充分吸收最新工作成果。收集数据分析统计结果。最后对评估结果进行专家论证起草评估报告。

（一）评估结果

1. 文本质量评估的结果

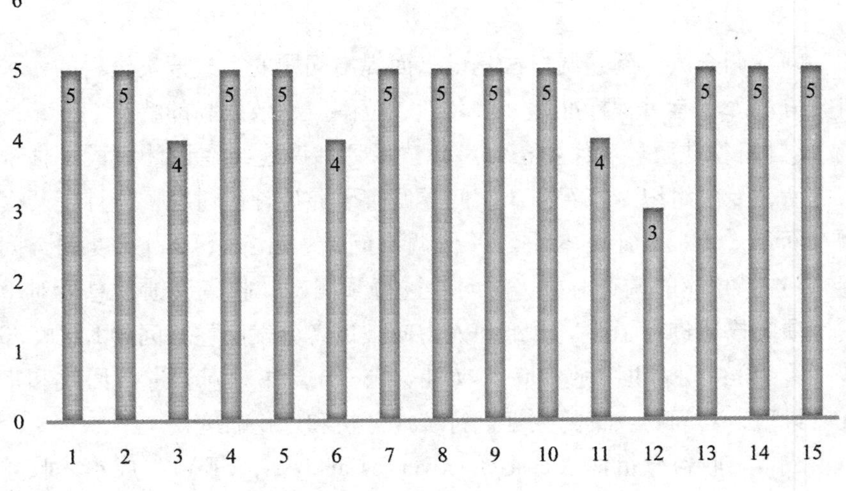

图 2　Q1 得分情况

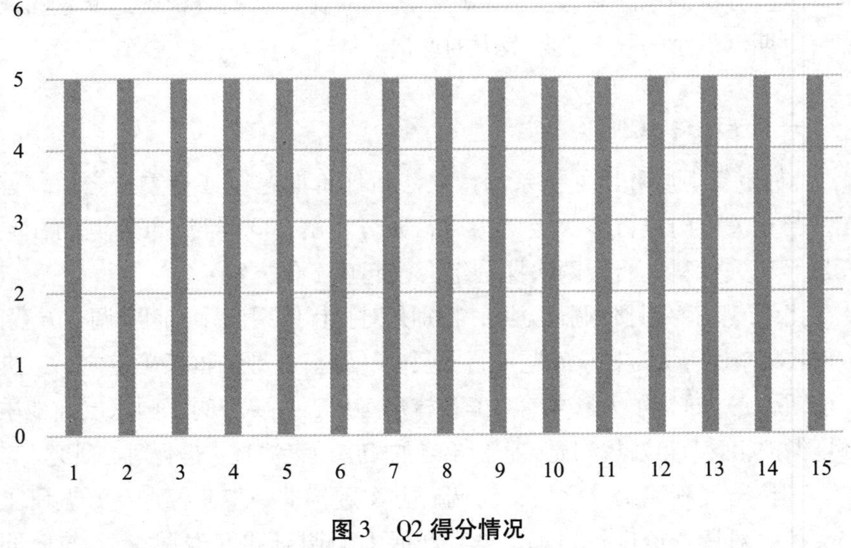

图 3　Q2 得分情况

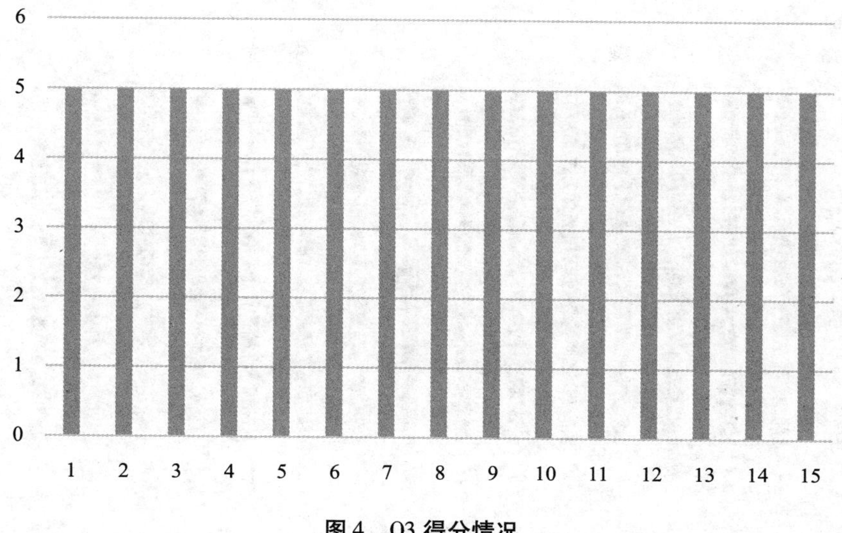

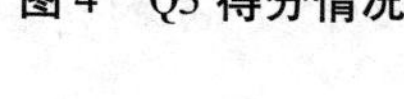
图 4　Q3 得分情况

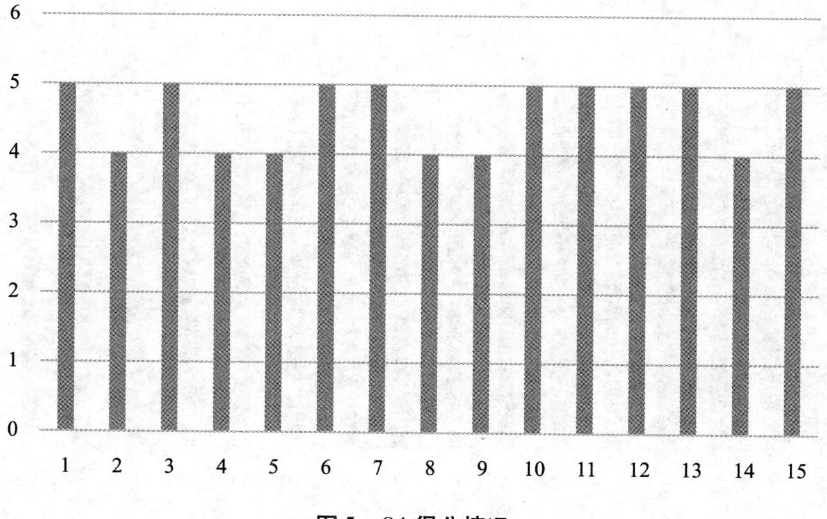

图 5　Q4 得分情况

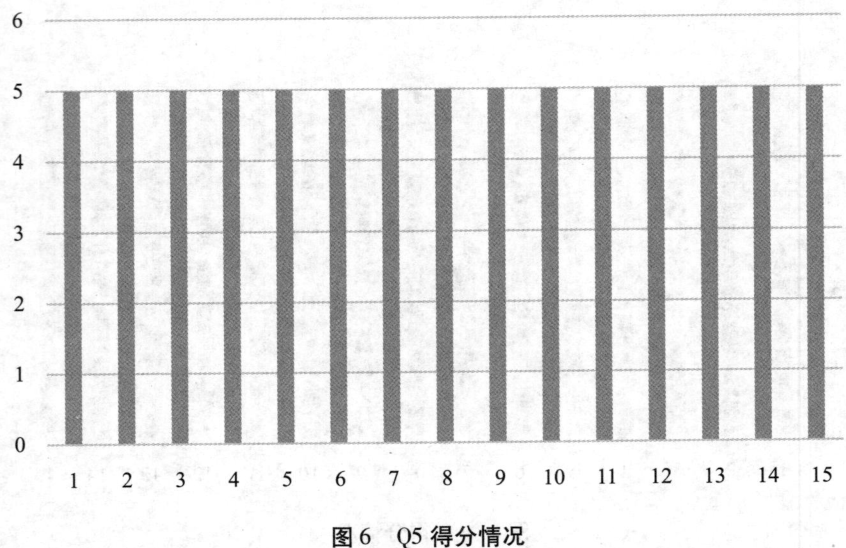

图6　Q5 得分情况

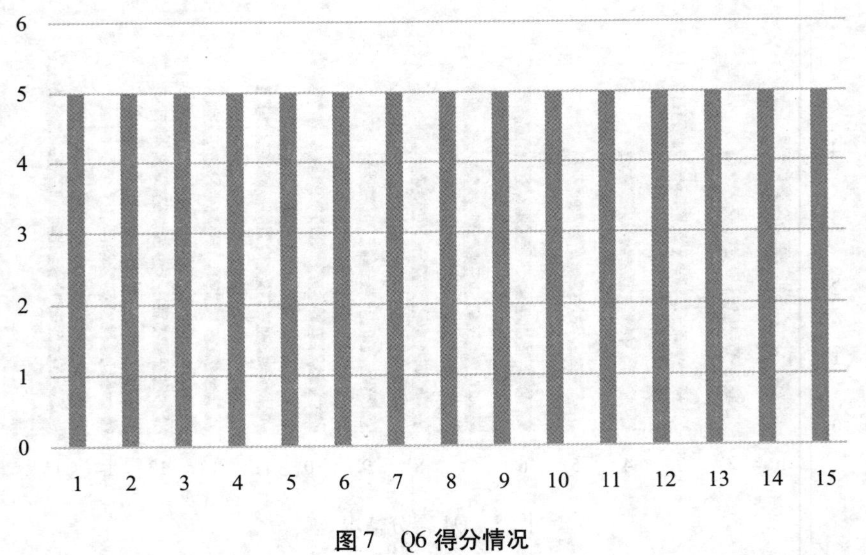

图7　Q6 得分情况

表5　各题项平均得分

Q1	Q2	Q3	Q4	Q5	Q6
4. 6667	5	5	4. 6	5	5

从各题项得分可以看出，《条例》文本质量较高，评价专家对该部分评价较高。从各维度来看，《条例》的语言文字方面评价最高，清晰简洁，用语严谨。“结构的完整性”方面还有进一步提升的空间。同时，条例的内容方面还可以进一步完善，突出环境保护预防为主，保护优先的原则。

2. 实施效果评估的结果

表6　**《甘肃省地质环境保护条例》成本分析**

重要维度	资料与数据
立法过程成本	立法过程中进行的专家咨询、论证4次 立法过程中进行的内部调研活动1次 立法过程中进行的公开意见征询活动1次 开展以上活动花费经费20万元左右
执法成本	开展了以县（市、区）为单元的地质灾害详细调查(1∶50000)和重要城镇地质灾害调查与风险区划(1∶10000—1∶5000)； 2011年以来，省级共成功发布地质灾害预警信息303次（一级预警10次，二级预警87次，三级预警206次），其中成功预警114次，转移16万人，避免伤亡7000余人； 2011—2015年，投入地质灾害治理资金16.421亿元（其中中央财政专项资金12.598亿元，省级财政专项资金3.823亿元），实施地质灾害治理工程项目173个； 成立了甘肃省地质灾害综合防治体系建设项目管理办公室 成立应急中心 成立检测院
社会成本	2016年2月18日—3月15日，省政府法制办就《甘肃省生产安全事故隐患排查治理办法（草案）》、《甘肃省地质环境保护条例（修订草案）》、《甘肃省村镇规划建设管理条例（草案）》面向社会公开征求意见

表7　**兰州市、金昌市、庆阳市地质灾害发生案例数**

	滑坡（次）	崩塌（次）	泥石流（次）	威胁人口（人）	威胁财产金额（元）
兰州市	184	94	188	113077	200370785
金昌市	14	—	36	12787	14000
庆阳市	410	192	276	71237	158834.086

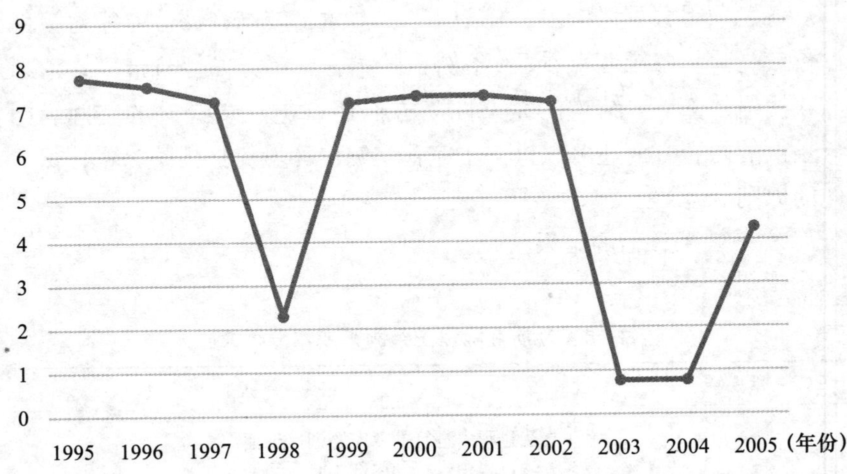

图 8　兰州市七里河区地下水污染综合 F 值变化

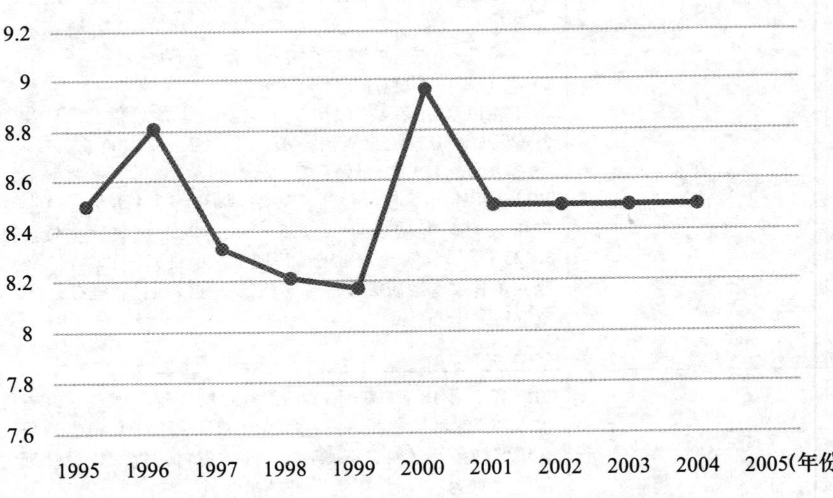

图 9　兰州市西固区地下水污染综合 F 值变化

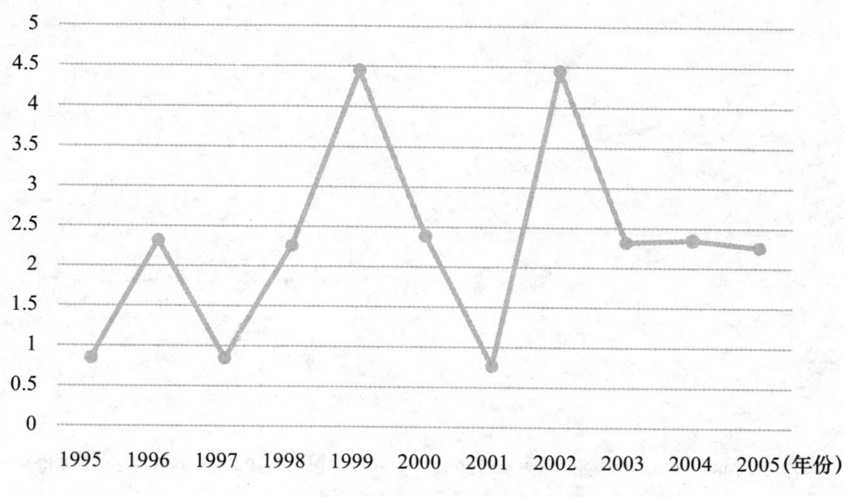

图 10　兰州市安宁区地下水污染综合 F 值变化

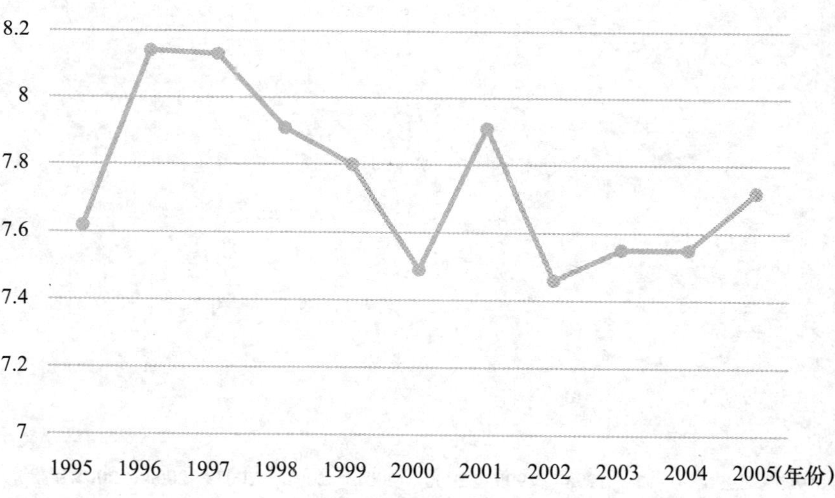

图 11　金昌市 1 观测点地下水污染综合 F 值变化

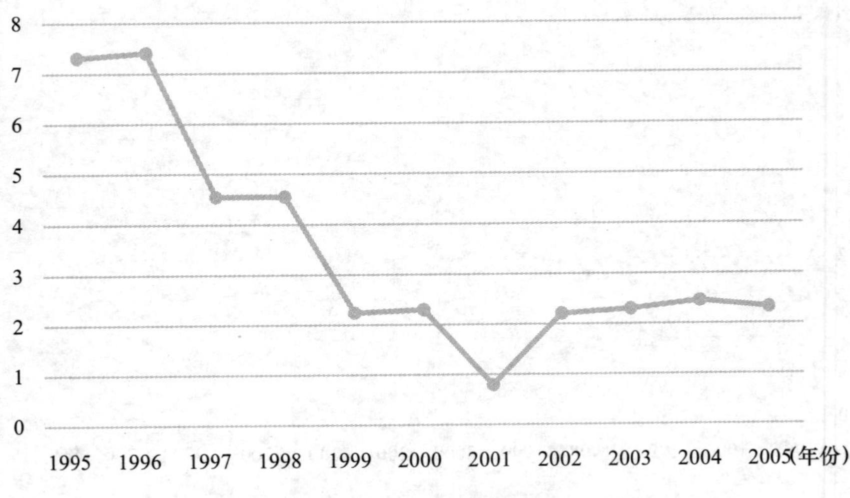

图 12　金昌市 2 观测点地下水污染综合 F 值变化

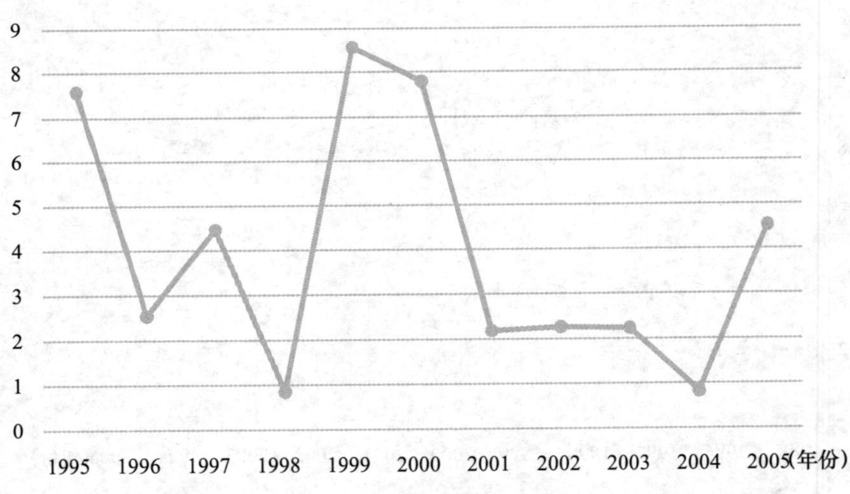

图 13　金昌市 3 观测点地下水污染综合 F 值变化

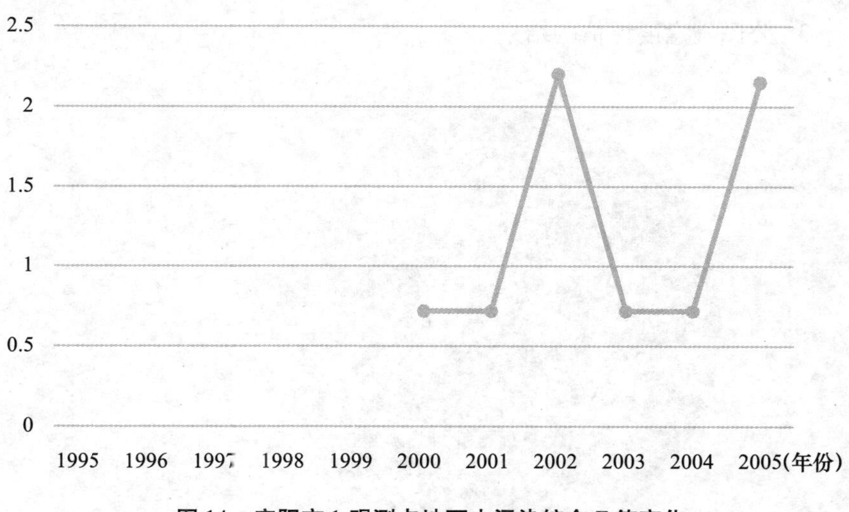

图 14　庆阳市 1 观测点地下水污染综合 F 值变化

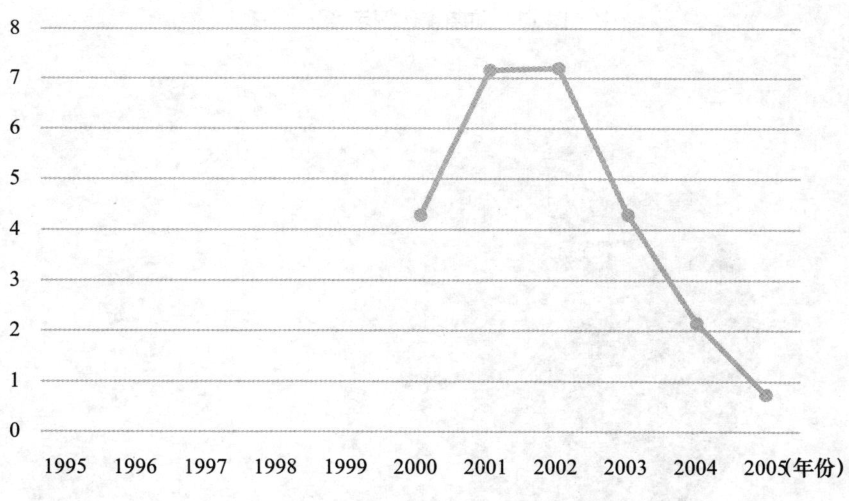

图 15　庆阳市 2 观测点地下水污染综合 F 值变化

注：F 值是衡量地下水污染的综合评价指数，负向指标，越大说明水质越差。

3. 公民满意度评估的结果

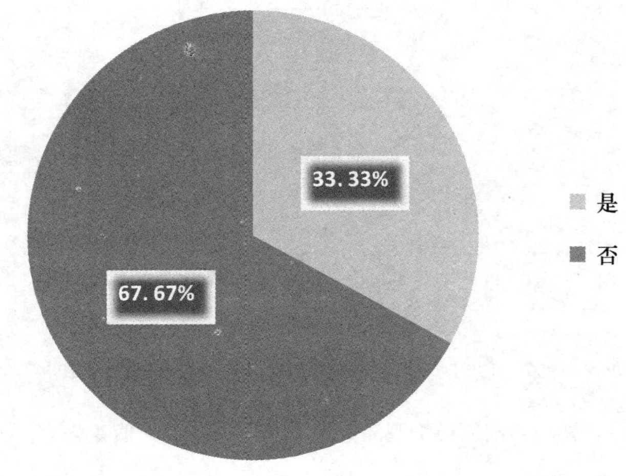

图 16　知晓度比例示意图

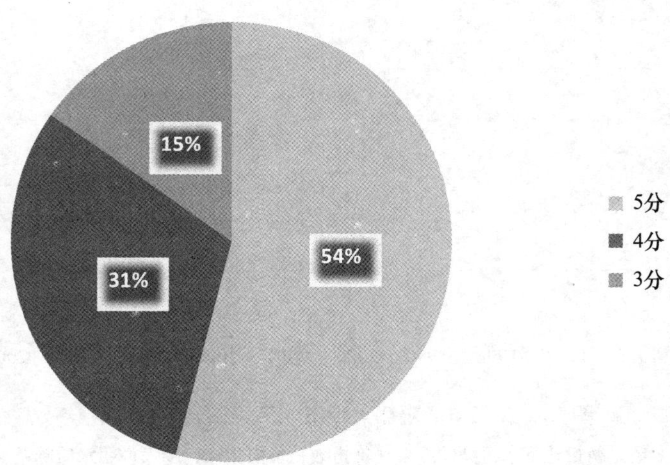

图 17　目标清晰程度得分分布情况

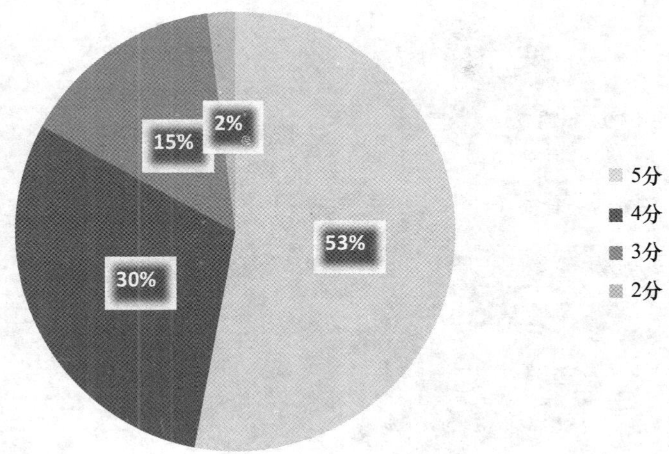

图 18　条例内容可理解程度得分分布情况

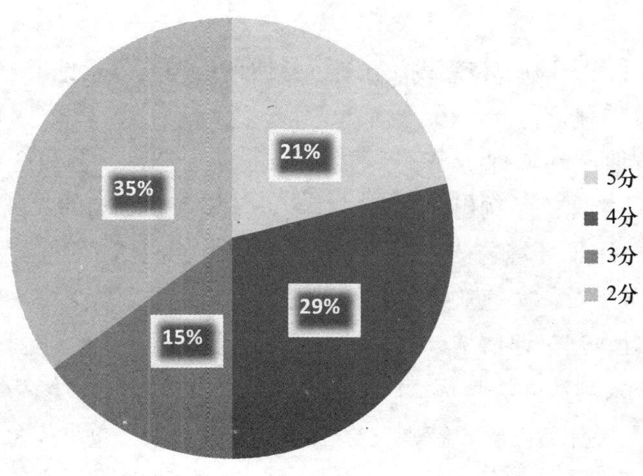

图 19　公众感知到的有效性程度得分分布情况

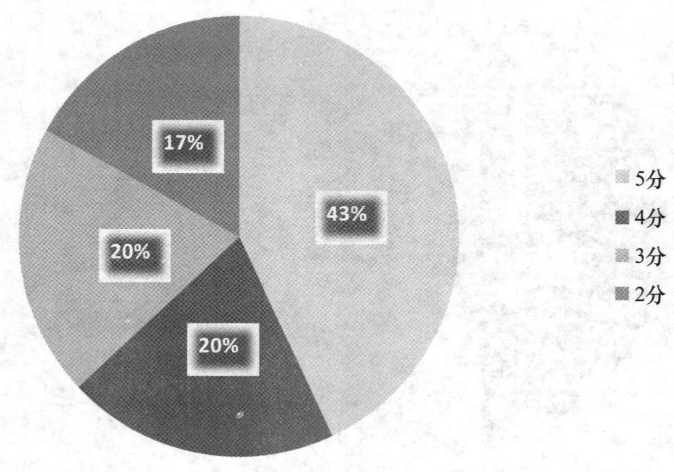

图20　公众受到环保教育程度得分分布情况

三　《甘肃省地质环境保护条例》总体评价与修改意见

（一）总体评价

《甘肃省地质环境保护条例》立法后评估从较为综合和全面的角度，对地质环境保护条例出台之后对社会、环境产生影响的效应进行了评价，特别关注了环境与人类社会活动互动的关系，评估框架科学全面，包含文本质量、实施效果、公民满意度三个主要部分。

总体来看，基于评估结果报告有以下几个特点。

第一，《条例》立法目标清晰，结构完整，内容全面，涵盖了地质环境领域的重要分支内容，特别突出了地质灾害防范、救灾应急管理机制的建立和完善。《条例》以法律的形式与监督的责任单位确立了权责。从地质环境规划、地质灾害危险性评估、地质环境保护、地质环境监测、地质灾害防治等方面进行了规范，体系完整。

第二，国务院《全面推进依法行政实施纲要》中提出要积极探索对政府立法项目，尤其是经济立法项目的成本效益分析制度，政府不仅要考虑立法过程成本，还要研究其实施后的执法成本和社会成本①。从评估结果来看，《条例》的出台和实施确实在改善地质环境方面发挥了

① http：//www. chinalaw. gov. cn/article/dfxx/dffzxx/fj/200807/20080700015952. shtml.

积极作用。但从公民满意度的评价结果来看，目前该条例在公众中的知晓度并不高（33%），社会公众中相当一部分人根本不知道该条例，这就暴露了目前针对该条例的法律宣传工作还有进一步提升的空间。

第三，《条例》深入贯彻落实科学发展观，坚持保护优先的总体方针，全面贯彻党的十七大和十七届三中、四中、五中全会精神，以邓小平理论和“三个代表”重要思想为指导，将“以人为本”的理念贯穿于地质环境保护工作的各个环节，强化全社会地质环境保护意识和能力，科学规划，突出重点，整体推进。

（二）具体修改意见

第一，应进一步规范立法步骤，完善管理机制。由于主管部门的更换（甘肃省国土资源厅于2000年成立），以及管理机制的不完善，造成了管理成本的增加。应建立包括调查评价体系、监测预警体系、综合防治体系以及应急救灾体系在内的完善的地质环境保护体系和地质灾害防治体系。

第二，《条例》特别突出了监管职能的发挥，虽然加强监管将直接促进地质环境保护工作的落实，但是监管机构为了落实严格的监管职责，将对被监管对象进行全方位、全过程的监管，无疑增加了执法成本。应进一步将社会其他主体吸纳到环境保护的工作中来，形成联动的地质环境保护与改善行动网络，进一步培育和提升社会公众的环保参与意识和能力。

第三，地方特色部分不是特别突出。应进一步认真分析甘肃省地质环境特征，立足当前，着眼长远，强化措施，健全机制，更有针对性地开展地质环境保护工作，在把握环保立法的一般性工作常规特性的基础上挖掘甘肃省特殊的经济、政治、文化、环境特征，因地制宜地开展法律修订工作。

第四，要进一步改革创新。地质环境保护工作是一项艰巨、复杂的系统性工程，单靠国土资源厅一个部门很难集中精力解决大问题。国土资源部门、环保部门、水利部门、城建部门、财政部门等多部门联动，形成合力，跳出部门内部的桎梏，建立跨部门合作机制和问责机制，积极引入第三方参与立法与相关评价工作，提升创新能力。

参考文献

蔡贺、王长琪、张梅桂、李旭光、郭常来：《中国东北饮水型地方性氟中毒的地质环境特征及防治》，《中国地质》2010 年第 3 期。

陈雯、柴波、童军、白耀楠：《曹妃甸滨海新区建设用地地质环境适宜性评价》，《安全与环境工程》2012 年第 3 期。

邓青军、唐仲华：《江汉平原水土地质环境综合监测与评价》，《水文地质工程地质》2014 年第 4 期。

都平平：《基于支持向量机的综合地质环境评价研究》，《采矿与安全工程学报》2012 年第 4 期。

付延玲、骆祖江、王增辉：《用聚类分析模糊综合评判评价地质环境质量》，《煤田地质与勘探》1999 年第 6 期。

郭小花、李小林、赵振、汪恩福、李万花：《青海 4 · 14 玉树地震地质作用对地质环境影响分析》，《工程地质学报》2011 年第 5 期。

胡斌、黄润秋：《地质环境因素对成都市土地利用规划的影响》，《四川大学学报》（工程科学版）2008 年第 3 期。

黄敬军、甘义群、缪世贤、武健强、杨磊、华明、闵望、赵立鸿、方强：《江苏省地质环境区划评价指标体系初步研究》，《中国地质》2011 年第 6 期。

黄敬军、缪世贤、张丽：《江苏省地质环境综合区划研究》，《中国地质》2013 年第 6 期。

雷祥义：《协调人与地质环境的关系——Ⅰ人类活动对地质环境的影响》，《西北大学学报》（自然科学版）2000 年第 4 期。

李建芬、商志文、王宏、裴艳东、王福、田立柱：《渤海湾西部现代有孔虫群垂直分带的特征及其对全新世海面、地质环境变化的指示》，《地质通报》2010 年第 5 期。

李元仲、赵书泉、武雄：《鲁南经济带地质环境脆弱性评价》，《现代地质》2014 年第 5 期。

廖香俊、冯亚生、丁式江、张本仁、徐忠胜、吴丹：《海南岛东北部地质环境评价》，《吉林大学学报》（地球科学版）2005 年第 5 期。

刘传正：《四川汶川地震灾害与地质环境安全》，《地质通报》2008 年第 11 期。

刘传正、刘艳辉：《论地质灾害防治与地质环境利用》，《吉林大学学报》（地球科学版）2012 年第 5 期。

刘传正、张明霞、刘艳辉：《区域地质环境可持续利用评价体系初步研究》，《地学前缘》2006 年第 1 期。

龙建辉、崔丽鹏、郭启明、经明：《关于山西省工程地质环境“3F”问题链的探讨》，《工程地质学报》2014 年第 5 期。

吕军、李利、侯俊东：《矿山地质环境治理主体间的博弈分析》，《中国人口·资源与环境》2012 年第 11 期。

马伟、徐素宁、王润生、赵珍梅、文元亮：《基于证据权法的赣南稀土矿山地质环境评价》，《地球学报》2015 年第 1 期。

马传明、马义华：《可持续发展理念下的地质环境承载力初步探讨》，《环境科学与技术》2007 年第 8 期。

欧孝夺、杨荣才、周东、欧刚：《AHP 法在南宁市地下空间开发地质环境适宜性评价中的应用》，《桂林工学院学报》2009 年第 4 期。

孙广忠：《工程活动与地质环境》，《第四纪研究》1996 年第 2 期。

孙丽娜、李英华、姜莹、王洪、李玉双：《辽宁省矿山地质环境综合评价》，《水土保持研究》2006 年第 3 期。

唐建新、徐宁霞、康钦容：《模糊综合评判在矿山地质环境中的应用》，《重庆大学学报》2010 年第 5 期。

唐朝晖、刘楠、柴波、周建伟：《合山市矿山地质环境影响评价研究》，《水文地质工程地质》2012 年第 6 期。

王福、宋美钰、田立柱、裴艳东、范昌福、商志文、耿岩、王宏：《影响天津滨海新区建设的地质环境》，《海洋地质动态》2008 年第 6 期。

王奎峰、李娜：《基于 AHP 和 GIS 耦合模型的山东半岛地质环境承载力评价》，《中国人口·资源与环境》2015 年第 S1 期。

吴恒、张信贵、易念平：《城市建设与地质环境的关系及研究要点》，《地质科学》1999 年第 1 期。

吴文博、曹亮、刘健、李晓昭、赵晓豹、彭寿龙：《苏州地下空间开发地质环境因素的分析评价》，《防灾减灾工程学报》2013 年第 2 期。

夏既胜、付黎涅、刘本玉、谈树成、易琦、王筱春、赵筱青：《基于 GIS 的昆明城市发展地质环境承载力分析》，《地球与环境》2008 年第 2 期。

夏玉成：《煤矿区地质环境承载能力及其评价指标体系研究》，《煤田地质与勘探》2003 年第 1 期。

夏玉成、唐利君、张海龙：《地质环境抗扰动能力的可拓学评价》，《煤田地质与勘探》2009 年第 1 期。

邢丽霞、罗跃初、李亚民、阙列东：《我国地质环境监测现状及对策研究》，《资源与产业》2011 年第 3 期。

徐良骥、严家平、高永梅：《安徽省两淮矿区地质环境治理技术》，《煤田地质与勘探》2007 年第 6 期。

徐志文：《四川省地质环境状况及地质灾害发育特征研究》，《地质与勘探》2006 年第 4 期。

闫满存、王光谦、李保生、李华梅：《基于模糊数学的广东沿海陆地地质环境区划》，《地理学与国土研究》2000 年第 4 期。

杨建锋：《我国地质环境与社会经济的物质流分析》，《自然资源学报》2008 年第 4 期。

杨建锋、万书勤、冯艳芳：《我国区域经济发展对地质环境压力分析与评价》，《自然资源学报》2009 年第 6 期。

杨建锋、张翠光：《地球关键带：地质环境研究的新框架》，《水文地质工程地质》2014 年第 3 期。

姚治华、王红旗、郝旭光：《基于集对分析的地质环境承载力研究——以大庆市为例》，《环境科学与技术》2010 年第 10 期。

张福存、文冬光、郭建强、张二勇、郝爱兵、安永会：《中国主要地方病区地质环境研究进展与展望》，《中国地质》2010 年第 3 期。

张丽君：《基于 GIS 多准则空间分析（SMCE）的青海省矿产资源开发地质环境脆弱性评价》，《中国地质》2005 年第 3 期。

张鸣之、喻孟良、王勇、李振华、梅红波、吴湘宁、肖敦辉、胡光道、谭照华：《国家级地质环境数据仓库的设计与实现》，《地球科学》（中国地质大学学报）2013 年第 6 期。

张人权、靳孟贵：《略论地质环境系统》，《地球科学》1995 年第 4 期。

张维宸：《我国矿山地质环境治理恢复保证金制度的法律思考》，《中国矿业》2011 年第 11 期。

赵银兵、何政伟、倪忠云、南希：《四川省甘孜州东部生态地质环境质量研究》，《环境科学研究》2010 年第 8 期。

郑绵平、张雪飞、侯献华、王海雷、李洪普、施林峰：《青藏高原晚新生代湖泊地质环境与成盐成藏作用》，《地球学报》2013 年第 2 期。

郑志昌、陈俊仁、朱照宇：《南海海底土体物理力学特征及其地质环境初步研究》，《水文地质工程地质》2004 年第 4 期。

周爱国、孙自永、徐恒力、徐忠胜：《地质环境生态适宜性评价指标体系研究》，《地质科技情报》2001 年第 2 期。

朱晓强、王强恒：《郑州市地质环境适宜性评价及功能区划》，《安全与环境工程》2013 年第 2 期。

第三部分　案例篇

“城市矿产”典型案例

——甘肃省兰州市经济技术开发区红古园区

一　兰州市经济技术开发区红古园区基本情况

红古区是兰州市的远郊区，1960 年建区，全区总面积 567.66 平方千米，总人口 15 万人，辖 4 镇 4 街道，有回、满、藏、土、东乡等 17 个少数民族。区位优势独特，位于兰州、西宁两大省会城市的几何中心，109 国道、京藏高速公路、兰青铁路贯穿全境，是内地通往青海、西藏的咽喉通道。自然资源富集，境内有煤炭、石油、天然气、坩土、页岩、石英石等矿产，大通河、湟水河穿越全境，年径流量达到 46 亿立方米，素有“八宝川”之美称。工业发展强劲，辖区有中铝兰州分公司、窑街煤电集团公司、方大碳素公司、祁连山水泥公司等大中型企业，以及伊利乳业、新希望等多家国内知名企业，基本形成了以煤炭、电解铝、碳素制品、清真明胶、电力、硅系列、建材等为主的工业产业体系，是甘肃省重要的煤炭和电解铝生产基地、全国主要的碳素生产基地、全国第一家清真明胶生产基地。

2011 年 1 月，为贯彻落实国务院办公厅《关于进一步支持甘肃经济社会发展的若干意见》精神，兰州市委、市政府制定出台了《关于兰州高新技术产业开发区和兰州经济技术开发区增容扩区的意见》（兰发〔2011〕6 号），将红古区平安镇整体纳入兰州经济技术开发区西扩范围，成为兰州经济技术开发区的二级园区。2013 年 8 月，成立了兰州经济技术开发区红古园区管委会。红古园区规划面积 3 万亩，可开发利用面积 2.1 万亩。在兰铝年产 43 万吨电解铝、23 万吨碳素、3 × 30

万千瓦自备电厂等产业基础上，引进了甘棠2万吨铝轧卷和5万吨小钣锭生产线、庆丰10万吨铝板锭生产线、金霸15万吨铝棒和5万吨铝型材生产线等项目，目前园区规模以上企业已达9家。红古园区按照“大配套一步到位、小配套围绕项目集中实施”的思路，投资1.5亿元，完成了园区管委会办公楼、2万平方米商住楼、园区综合服务区四条道路、广场、供热站和水厂改造等工程，公共生活服务区初具雏形；投资1.25亿元，完成了产业区“三纵一横”主干路网及两个铁路桥涵建设项目；投资1.02亿元，完成了张岗公路西段改造、金霸铝业铝水通道、企业职工安置公寓一期主体工程和园区天然气输配等工程建设。今年启动实施的投资2.9亿元的“三路三场（厂）两工程”项目都已开工建设，正在加快实施中。“十三五”期间，计划实施南三路西延、高速公路出入口等园区路网及园区110变电所等基础设施项目。

2014年8月19日，省委王三运书记到红古区进行调研，在实地考察期间，明确提出了“瞄准国际化、高端化、链条化三个主攻方向做大做强明胶产业，着力发展以‘城市矿产’示范基地为重点的多元产业有机融合循环经济以及着力提升群众幸福指数”的要求，在兰州经济区红古园区调研时指示：“城市矿产”回收利用既能提升产业层次又能完善城市功能，既能解决城市环境问题又能解决劳动力就业问题，要着眼废旧资源的“吃干榨净”，要下工夫把这一新兴产业发展壮大起来，充分发挥项目辐射甘肃、青海、宁夏等省区的区位优势，加强相关研究，深化同精深加工品牌企业的密切合作，着力发展多元产业有机融合的循环经济，实现经济效益、社会效益和生态效益的同步提升。

二　红古园区发展“城市矿产”的阶段性成果

近年来，在市委、市政府的正确领导下，红古区抢抓全省循环经济示范区建设的重大机遇，将发展循环经济作为推动经济社会转型跨越发展的重要战略方向，结合红古园区实际，确立了“一个转变、两个降低、三项基本任务、两条产业链”的循环经济发展思路。“一个转变”即企业由传统的依赖资源消耗的粗放型经营模式向依靠资源合理利用的集约型模式转变。“两个降低”即在生产过程中利用先进技术和工艺，大幅降低资源消耗和能源消耗。"三项基本任务"一是产业结构得到优化，经济运行质量和效益取得明显成效；二是"三废"综合利用率显著提高，打造产品全过程"吃干榨净"的闭合式循环产业链；三是居民生活质量和工作环境得到明显改善。"两条产业链"即大力发展有色冶金循环经济产业链和城市矿产循环经济产业链。围绕"减量化、再利用、资源化"的目标，坚持"布局集中、产业集群、要素集聚、资源集约"的原则，突出科学规划、产业延伸、项目带动、全面发展，大力发展循环经济产业，园区循环经济发展取得了阶段性成效。

1. 基本形成了有色冶金循环经济产业链

以中铝兰州分公司为依托，立足红古园区，在建成兰铝 43 万吨电解铝、90 万千瓦自备电厂、23 万吨碳素等项目、实现"热电联产、铝电联营"的基础上，着力打造有色冶金循环经济产业园。近年来，相继引进了总投资38. 28 亿元的11 个重大项目，目前甘棠2 万吨铝卷和5 万吨小钣锭生产线、庆丰 10 万吨铝板锭生产线、金霸 15 万吨铝棒及5 万吨铝型材加工生产线、兰亚 20 万吨铝型材加工项目一期、雄泰 16 万吨铝棒项目已建成投产；新天地 20 万吨铝合金圆锭项目已建成，待投产。同时，总投资 2. 3 亿元的平安环保装备制造等项目正在办理项目相关前期手续，义博铝业、亿通电力器材正在完善项目前期手续拟于 5 月开工建设。这些项目的建设，初步形成了"氧化铝—电解铝—铝精深加工"为主要内容的铝产业循环经济产业链，完全实现了"再造一个兰铝"的目标，兰铝公司直接向合作方供应铝液，实现铝锭零销售，仅铝锭烧损和熔铸过程中就可节约能耗约 7000 多万元。同时，随着兰州兴盛源再生资源循环经济加工产业园的建设，可回收废旧铝资源实施再生铝项目，进一步延伸产业链条。预计到"十三五"末，经济区红古园区工业总产值可运到 300 亿元。

2. 加快构建"城市矿产"循环经济产业链

兰州经济技术开发区红古园区，交通便利，区位优势明显，距离拥有 400 多万人口的兰州市仅有 60 公里，距离拥有 200 多万人口的西宁市约有 150 公里。两大省会城市人口密集，企事业单位集中，生产经营活动十分活跃，各种生产废弃物、回收经营企业较多，"城市矿产"资源聚集效应明显。

从2010年至2015年，全国共有48个园区获得国家“城市矿产”示范基地批复，其中西北地区有4家，兰州经济技术开发区红古园区位列其中。2014年，兰州经济技术开发区红古园区被批准为第五批国家“城市矿产”示范基地后，兰州市政府引导城区再生资源加工利用企业入驻红古园区，形成“城市矿产”产业聚集区。根据国家发展和改革委员会办公厅及财政部办公厅《关于同意烟台资源再生加工示范区等6个产业园为第五批国家“城市矿产”示范基地》的通知（发改办环资〔2014〕2143号）文件精神，经济区红古园区被确定为第五批国家“城市矿产”示范基地，是甘肃省唯一一家国家城市矿产示范基地。红古园区城市矿产示范基地主要实施单位兰州兴盛源再生资源循环经济加工产业园有限公司被中国再生资源行业协会先后评为2016年最具潜力企业、2016年优秀副会长单位和2017年AAA级信用等级单位。

经国家发改委和财政部审核，确定的红古园区“城市矿产”示范基地重点建设项目共有16个，核定总投资额为14.28亿元。主要有回收网点建设项目、再生资源分拣中心项目、西部再生资源信息交易平台建设项目、5万吨废电线电缆拆解项目、100万台废家电拆解项目、1.18万辆报废汽车拆解加工项目、10万吨废塑料加工项目、35万吨钢铁洁净钢生产项目、6.5万吨废橡胶（复原胶）加工再利用项目、20万吨铝型材加工项目、20万吨铝合金圆锭项目、9.9万吨废旧铝处理深加工项目、15万吨铝棒及5万吨铝型材项目、西部城市矿产工程技术中心项目、污水处理中心及管网建设项目、固废处理中心建设项目。目前20万吨铝合金圆锭、15万吨铝棒及5万吨铝型材、9.9万吨废旧铝处理深加工、1.18万辆报废汽车拆解加工、10万吨废塑料加工、6.5万吨废橡胶（复原胶）加工再利用、西部再生资源信息交易平台等7个项目已建成，回收网点建设、再生资源分拣中心、20万吨铝型材加工、5万吨废电线电缆拆解、100万台废家电拆解、35万吨钢铁洁净钢、污水处理中心等7个项目正在建设，西部城市矿产工程技术中心及固废处理中心等2个项目启动实施。

3.“城市矿产”发展卓有成效

在“城市矿产”示范基地建设中，我们坚持规划引导先行，《兰州经济技术开发区红古园区“城市矿产”示范基地建设实施方案》，为园区

"城市矿产"示范基地建设和循环经济发展提供了有力指导。区上千方百计争取到了国家第三批资源枯竭转型城市政策，给予政策资金支持，有效缓解了建设资金压力。突出项目带动，在实施项目工程中，注重优先引进循环经济发展项目，对于循环经济项目在征地、项目补贴等方面给予优先支持。强化节能改造，实施了电解槽改造、电厂脱硝脱硫改造、电热炉改造、污水处理及再循环利用等技术改造项目，有效提高了企业生产效能。

按照"废进新出"的循环经济发展模式，园区"城市矿产"示范基地项目建成后，预计每年可回收废塑料、废橡胶、废金属及废纸等各类废旧再生资源 78.8 万吨，生产各类资源或产品 65 万吨。如，废塑料加工项目建成后每年可回收废塑料 10 万吨，可形成年产 4.5 万吨塑料制品的生产能力，其中片料 2 万吨、颗粒 2 万吨、农用地膜 3000 吨、棚膜 1000 吨、工业用桶 400 吨、打包带 300 吨、垃圾袋 300 吨；废纸（废黄板纸）再制造加工项目建成后，年收购、加工、处理废纸 12 万吨，年生产瓦楞纸 10 万吨。

在循环经济产业和"城市矿产"示范基地建设方面，再生资源回收主要来源于兰州市内的物资回收网点。目前，已建成标准化社区回收网点 236 个，物资分拣中心 5 个，初步形成了以社区回收站点为基础，以再生资源集散市场、分拣中心、拆解中心为核心，骨干企业为纽带的再生资源回收利用体系。

借助国家"城市矿产"示范基地获批契机，目前已有多个出城入园企业落地投产，建成以废旧电子、废塑料、废橡胶、废纸、报废汽车、废金属为重点的六大拆解、分拣、回收生产车间，形成"回收—预处理—初级加工—深加工"为主要内容的产业链条，打造以"城市矿产"示范基地为重点的多元产业有机融合循环经济。

依托兰州经济技术开发区红古园区建设研发资源共享平台、技术研发与集成平台、技术转化与推广平台、人才培养与交流平台等，构建国内废料资源信息中心、价格中心、交易中心。做大做强废旧电子、废塑料、废橡胶、废纸及报废汽车、废金属为主的"城市矿产"循环经济项目，形成以"废弃—回收—拆解—初加工—深加工"模式为核心的循环性产业集群。"城市矿产"示范基地将整合全市乃至全省废旧汽车及其他“城市矿产”资源回收项目向园区集中，全力打造西北地区统一回收、统一拆解、统一加工的大型“城市矿产”循环经济示范基地。同时通过废旧物资循环利用，可将废旧铝等进行回收，供园区铝加工企业生产加工，不仅加大了废旧物资的回收利用率，还有助于园区铝基产业多元化发展，带动了园区两大特色产业高效快速发展。

2016年，园区实现规模以上工业总产值160亿元，占全区规模以上工业总产值的62.34%；实现工业增加值46.79亿元，占全区规模以上工业增加值的68.46%；对全区规模以上工业增加值的贡献率达108.75%，拉动全区规模以上工业增加值增长10.97个百分点；对全区GDP的贡献率达83.35%，拉动全区GDP增长7.6个百分点。全年完成固定资产投资15.9亿元；完成招商引资到位资金4.95亿元，同比增长68.18%。

三　红古园区“城市矿产”基地的优势与特点

红古园区“城市矿产”示范基地起步晚，发展势头足，潜力巨大。且有自己的优势和特点：一是回收的废旧物资种类较多，涉足资源范围较广，对于城市垃圾回收再利用针对性强，示范基地配套建设项目健全，配套建设了再生资源信息交易平台，“城市矿产”技术、物资分拣中心等。二是产业带动性强，通过废旧物资循环利用，可将废旧铝等进行回收，供园区铝加工企业生产加工，可实现园区“城市矿产”和有色冶金两大产业互利、互补发展，带动了园区两大特色产业高效快速发展，形成具有特色的优势产业集群。三是资源整合区位优势明显，甘肃省与青海省毗邻，仅一河之隔。2014年，兰州经济技术开发区红古园区被批准为第五批国家“城市矿产”示范基地后，兰州市政府引导城区再生资源加工利用企业入驻红古园区，形成“城市矿产”产业聚集区。青海省目前尚未获批“城市矿产”示范基地，青海省虽与已获批两个“城市矿产”示范基地的新疆维吾尔自治区相邻，但新疆“克拉玛依石油化工工业园区”主要是以石油化工、煤化工等为主，而“新疆南疆‘城市矿产’示范基地”废旧资源回收加工种类较少，产业单一。所以我们可抓紧这个机会，将甘肃、青海两省所有废旧物资资源向红古园区"城市矿产'示范基地整合，加快发展步伐，将红古园区"城市矿产"示范基地打造成西北最大及最具特色的"城市矿产"回收加工再利用示范基地。四是红古园区环境优越，交通便利，基本实现"六通一平"，为加快示范基地建设，红古园区正在加快优化完善路网、水、电等基础配套设施，为企业发展提供良好的生产生活环境和配套服务。五是起到了带头影响示范作用，红古园区"城市矿产"示范基地具有相对完整的产业链，教育、参观和展示设施较为完善，宣传功能较强，具备循环经济教育示范基地建设基础，已被市工信委、市发改委、市教育局、市文化和旅游局确定为兰州市循环经济教育示范基地。六是具有国际发展战略地理优势，园区所在地兰州市是丝绸之路一带一路中心线中的一个站点，是中国通往中亚和欧洲等国的必经之路。可积极发掘利用这一优势发展产业。

四　红古园区"城市矿产"基地发展面临的困难与不足

虽然红古园区循环经济发展取得了一定成效，但目前仍处于起步阶段，在具体实施过程中还存在一些困难和不足，主要有：一是产业链条还不够完善。部分产业链条还不够长，并且存在规模小、产能低、抗风险能力弱等问题。二是后续资源不足。有色冶金循环经济链存在铝液供应不足等问题。三是项目效益还没有完全发挥出来。特别是受宏观经济形势、市场等因素的影响，电价居高不下，电解铝、碳素等产品市场价格持续走低，部分新建成的项目还未达到预期效益。四是红古园区基础设施建设相对滞后。由于红古区区级财力有限，在红古园区水、电、路、气、污水处理、垃圾处理等基础配套设施建设上资金投入严重不足。希望得到国家及省、市的大力支持，把红古园区建成基础配套齐全、功能完善的"城市矿产"基地。五是希望国家及省市继续加大对"城市矿产"基地的支持力度，在产业链延伸、提档升级等方面给予政策支持和资金扶持。

五 红古园区"城市矿产"示范基地的发展愿景

下一步，红古园区将坚定不移地实施“战略大转移、产业大转型、工业大循环”战略，加快构筑资源综合利用、产业协调发展、布局科学合理的循环经济发展格局。一要进一步完善产业链条。围绕服务航天航空工程为重点，积极发展航天航空工程配套材料、零部件以及装备制造业等产业群打造有色冶金循环经济产业链。二要加大“城市矿产”示范基地建设力度。进一步整合全市乃至全省废旧汽车及其他“城市矿产”资源回收项目向园区集中，全力打造西北地区统一回收、统一拆解、统一加工的大型“城市矿产”循环经济示范基地。将园区打造成西北一流循环经济产业示范区、国家级循环经济产业带动基地、西北地区的“城市矿山”。三要抓好重大项目及基础设施建设。继续做好已投产的雄泰铝业、庆丰铝业、金霸铝业等项目的协调服务工作，力争增产增效；力争再生资源回收网点建设、再生资源分拣中心、西部信息化物流大平台建设等一批项目早日建成；督促洁净钢、废家电拆解等一批项目加快建设进度；抓好正在建设的园区东四路、东七路南延等道路工程建设。四要促进企业节能降耗。重点抓好连海地区局域电网建设，降低企业生产成本，提高经济效益。综合运用环保、产业政策和资源配置等手段，积极实施一些节能环保改造项目，真正实现清洁生产目标。五要落实“出城入园”相关政策。按照兰州市政府出台的鼓励再生资源回收利用企业从市区搬出，移进经济技术开发区红古园区的政策，尽快落实相关补贴细则和优惠政策条款。使得“城市矿产”在红古园区集中收集、分选拆解，运输以及资源的整合和集约型深加工，保障园区再生资源产业间协同、高效运营和发展。六要完善平台和体制机制建设。进一步健全完善科研平台、人才保障平台和服务平台。创新完善体制机制，以市场为导向，积极发挥市场配置资源的基础性作用，通过市场机制培育大型再生资源加工企业，不断提高产业聚集度。通过一系列管理制度及措施建设，确保园区各项工作进展顺利，促进再生资源产业健康快速发展。

“十三五”末，红古园区将建设成为以铝—电联营为龙头，关联产业配套发展，冶—加—建、“城市矿产”再生资源综合利用为主体的，多元化产业有机融合的生态友好型循环经济产业园区。预期主要经济指标年均增长10%，平均增幅高于全市平均水平，实现生产总值56.71亿元，第一产业实现增加值1亿元，第二产业实现增加值52.01亿元，其中规模以上工业实现增加值47.76亿元，第三产业实现增加值3.7亿元，社会消费品零售总额达到4.79亿元，固定资产投资额达到16.57亿元，万元工业增加值综合能耗低于全市平均水平。

按照“循环、生态、便捷、宜居”的循环经济发展模式，通过省市区共同的努力，兰州经济技术开发区红古园区将打造成为西北地区一流的国家级循环经济“城市矿产”示范基地，为全区全市乃至全省的循环经济发展事业做出积极贡献。

附　录

附录一　中央出台的循环经济相关法律法规与政策

一　法律（1篇）

序号	文件名称	发布日期	实施日期	现行有效
1	中华人民共和国循环经济促进法	2008.08.29	2009.01.01	现行有效

二　行政法规（3篇）

序号	文件名称	发布日期	实施日期	现行有效
1	国务院关于印发循环经济发展战略及近期行动计划的通知	2013.01.23	2013.01.23	现行有效
2	国务院关于同意建立发展循环经济工作部际联席会议制度的批复	2006.01.27	2006.01.27	现行有效
3	国务院关于加快发展循环经济的若干意见	2005.07.02	2005.07.02	现行有效

三　部门规章（44篇）

序号	文件名称	发布日期	实施日期	现行有效
1	国家标准委、国家发展改革委关于山东泓达生物科技有限公司等37家单位开展国家循环经济标准化试点的通知	2014.12.30	2014.12.30	现行有效

续表

序号	文件名称	发布日期	实施日期	现行有效
2	国家发展和改革委员会、环境保护部、科学技术部、工业和信息化部、财政部、商务部、国家统计局公告 2014 年第 19 号——通过验收的国家循环经济试点示范单位名单（第一批）	2014. 11. 05	2014. 11. 05	现行有效
3	环境保护部关于中国神华陶氏榆林循环经济煤炭综合利用项目环境影响报告书的批复	2014. 05. 03	2014. 05. 30	现行有效
4	环境保护部关于首钢贵阳特殊钢有限责任公司实施城市钢厂搬迁建设新特材料循环经济工业基地项目环境影响报告书的批复	2014. 05. 30	2014. 05. 30	现行有效
5	国家标准委办公室关于印发《2014 年国家循环经济标准化试点项目申报指南》的通知	2014. 04. 08	2014. 04. 08	现行有效
6	国家发展改革委关于组织开展循环经济示范城市（县）创建工作的通知	2013. 09. 04	2013. 09. 04	现行有效
7	国家发展改革委、环境保护部、科学技术部等关于组织开展国家循环经济示范试点单位验收工作的通知	2013. 07. 30	2013. 07. 30	现行有效
8	国家发展和改革委员会办公厅、财政部办公厅、教育部办公厅、国家旅游局办公室关于印发循环经济发展专项资金支持国家循环经济教育示范基地建设实施方案的通知	2013. 04. 03	2013. 04. 03	现行有效
9	国家发展和改革委员会关于发布“全国循环经济工作先进单位标志牌”式样的通告	2013. 02. 16	2013. 02. 16	现行有效

续表

序号	文件名称	发布日期	实施日期	现行有效
10	国家发展改革委关于表彰全国循环经济工作先进单位的通报	2012.10.09	2013.02.16	现行有效
11	财政部、国家发展改革委关于印发《循环经济发展专项资金管理暂行办法》的通知	2012.07.20	2012.09.01	现行有效
12	国家发展改革委办公厅、教育部办公厅、财政部办公厅、旅游局办公室关于印发国家循环经济教育示范基地有关申报管理规定的通知	2012.06.27	2012.06.27	现行有效
13	国家发展改革委、环境保护部、科技部、工业和信息化部公告2012年第13号——国家鼓励的循环经济技术、工艺和设备名录（第一批）	2012.06.01	2012.06.01	现行有效
14	国家标准化管理委员会、国家发展和改革委员会关于山东泉林纸业有限责任公司等11家单位开展国家循环经济标准化试点工作的通知	2012.04.20	2012.04.20	现行有效
15	国家发展改革委、教育部、财政部、国家旅游局关于确定北京德青源农业科技股份有限公司等9家单位为首批国家循环经济教育示范基地的复函	2012.03.22	2012.03.22	现行有效
16	国家发展改革委、教育部、财政部、国家旅游局关于确定北京德青源农业科技股份有限公司等9家单位为首批国家循环经济教育示范基地的复函	2012.02.17	2012.02.17	现行有效
17	国家发展改革委办公厅关于举办第二届中国国际循环经济成果交易博览会的通知	2011.12.21	2012.01.31	现行有效

续表

序号	文件名称	发布日期	实施日期	现行有效
18	国家发展改革委办公厅关于请组织推荐全国循环经济工作先进单位的通知	2011. 12. 21	2011. 12. 21	现行有效
19	国家发展改革委办公厅、教育部办公厅、财政部办公厅、国家旅游局办公室关于组织开展循环经济教育示范基地建设的通知	2011. 06. 29	2011. 06. 29	现行有效
20	国家发展改革委办公厅、财政部办公厅关于印发循环经济发展专项资金支持餐厨废弃物资源化利用和无害化处理试点城市建设实施方案的通知	2011. 05. 17	2011. 05. 17	现行有效
21	国家标准化管理委员会关于同意巨化集团公司等6家单位开展国家循环经济标准化试点工作的批复	2011. 03. 02	2011. 03. 02	现行有效
22	国家标准化管理委员会关于印发《国家循环经济标准化试点考核评估方案（试行）》的通知	2011. 03. 02	2011. 03. 02	现行有效
23	工业和信息化部关于组织推荐工业循环经济重大技术示范工程的通知	2011. 01. 14	2011. 01. 14	现行有效
24	国家发展和改革委员会办公厅关于印发《循环经济发展规划编制指南》的通知	2010. 12. 31	2010. 12. 31	现行有效
25	国家标准化管理委员会关于同意太原、长治、晋城、运城四个城市开展循环经济标准化试点工作的批复	2010. 06. 23	2010. 06. 23	现行有效
26	国家发展改革委、人民银行、银监会、证监会关于支持循环经济发展的投融资政策措施意见的通知	2010. 04. 19	2010. 04. 19	现行有效

续表

序号	文件名称	发布日期	实施日期	现行有效
27	国家标准化管理委员会关于印发《循环经济标准化试点工作指导意见》的通知	2009. 06. 29	2009. 06. 29	现行有效
28	国家发展改革委办公厅、中国工程院办公厅关于开展循环经济专家行活动的通知	2009. 04. 20	2009. 04. 20	现行有效
29	环境保护部公告 2009 年第 12 号——关于发布《钢铁工业发展循环经济环境保护导则》等两项国家环境保护标准的公告	2009. 03. 14	2009. 07. 01	现行有效
30	国家标准化管理委员会关于同意江苏福昌环保科技集团有限公司和江苏昆山协孚人革制品集团有限公司承担循环经济标准化试点工作的批复	2008. 12. 15	2008. 12. 15	现行有效
31	国家发展改革委办公厅、全国人大环资委办公室、环境保护部办公厅关于举办学习《循环经济促进法》电视大赛函	2008. 11. 07	2008. 11. 07	现行有效
32	国家发展改革委办公厅关于组织参观循环经济博览会并参加“中日循环型城市论坛”的通知	2008. 10. 06	2008. 10. 06	现行有效
33	国家标准化管理委员会关于同意南京钢铁联合有限公司承担循环经济标准化试点工作的批复	2008. 09. 10	2008. 09. 10	现行有效
34	国家标准化管理委员会关于同意江苏春兴合金（集团）有限公司承担循环经济标准化试点工作的批复	2008. 09. 10	2008. 09. 10	现行有效
35	国家发展改革委办公厅关于请组织实施循环经济高技术产业重大专项的通知	2007. 09. 21	2007. 09. 21	现行有效

续表

序号	文件名称	发布日期	实施日期	现行有效
36	国家发展和改革委员会办公厅关于印发循环经济试点实施方案编制要求的通知	2005. 11. 14	2005. 11. 14	现行有效
37	国家发展和改革委员会、国家环境保护总局、科学技术部等关于组织开展循环经济试点（第一批）工作的通知	2005. 10. 27	2005. 10. 27	现行有效
38	国家环境保护总局关于印发《国家环保总局关于推进循环经济发展的指导意见》的通知	2005. 10. 10	2005. 10. 10	现行有效
39	卫生部关于北京经济技术开发区天然气联合循环热电厂工程项目职业病危害预评价报告的批复	2005. 06. 09	2005. 06. 09	现行有效
40	国家环境保护总局关于同意日照市创建国家循环经济示范市的复函	2004. 11. 22	2004. 11. 22	现行有效
41	循环经济示范区申报、命名和管理规定（试行）	2003. 12. 31	2003. 12. 31	现行有效
42	国家环境保护总局关于同意辽宁省列为全国循环经济建设试点省的复函	2002. 05. 31	2002. 05. 31	现行有效
43	国家环境保护总局关于贵阳市人民政府请求将贵阳市作为我国建设循环经济生态城市试点的复函	2002. 05. 11	2002. 05. 11	现行有效
44	铝工业发展循环经济环境保护导则	2009. 07. 01	2009. 07. 01	现行有效

附录二　典型地方立法

一　地方性规章（12 篇）

序号	文件名称	发布日期	实施日期	现行有效
1	河北省发展循环经济条例	2016. 12. 02	2017. 01. 01	现行有效
2	山东省循环经济条例	2016. 07. 22	2016. 10. 01	现行有效
3	江苏省循环经济促进条例	2015. 09. 25	2016. 01. 01	现行有效
4	武汉市实施《中华人民共和国循环经济促进法》办法	2013. 09. 26	2014. 01. 01	现行有效
5	广东省实施《中华人民共和国循环经济促进法》办法	2013. 01. 21	2013. 03. 01	现行有效
6	山西省循环经济促进条例	2012. 05. 31	2012. 10. 01	现行有效
7	甘肃省循环经济促进条例	2012. 03. 28	2012. 06. 01	现行有效
8	陕西省循环经济促进条例	2011. 07. 22	2011. 12. 01	现行有效
9	大连市循环经济促进条例	2010. 08. 16	2010. 10. 01	现行有效
10	深圳经济特区循环经济促进条例	2006. 03. 22	2006. 07. 01	现行有效
11	厦门市人大常委会关于发展循环经济的决定	2005. 10. 26	2005. 10. 26	现行有效
12	贵阳市建设循环经济生态城市条例	2004. 09. 26	2004. 11. 01	现行有效

二　地方规范性文件（572 篇）

序号	文件名称	发布日期	实施日期	现行有效
1	深圳市发展和改革委员会关于组织实施深圳市循环经济与节能减排专项资金 2017 年第二批扶持计划的通知	2017.05.15	2017.05.15	现行有效
2	安徽省人民政府办公厅关于印发安徽省能源发展“十三五”规划的通知	2017.04.30	2017.04.30	现行有效
3	河北省人民政府办公厅关于印发河北省节能“十三五”规划的通知	2017.04.27	2017.04.27	现行有效
4	江西省人民政府办公厅关于印发江西省开放型经济“十三五”发展规划的通知	2016.12.08	2016.12.08	现行有效
5	山西省人民政府办公厅关于印发山西省循环经济发展“十三五”规划的通知	2016.09.05	2016.09.22	现行有效
6	南京市政府办公厅关于印发南京市“十三五”循环经济发展规划的通知	2016.11.23	2016.11.23	现行有效
7	甘肃省人民政府办公厅关于印发《甘肃“十三五”循环经济发展规划》的通知	2016.08.16	2016.08.16	现行有效
8	上海市发展改革委关于申报 2016 年资源综合利用财政补贴项目的通知	2016.07.25	2016.07.25	现行有效
9	广东省经济和信息化委、广东省财政厅关于下达 2016 年省级治污和节能减排专项资金节能消耗方向项目计划的通知	2016.04.27	2016.04.27	现行有效
10	苏州市人民政府关于公布 2014 年苏州市工业循环经济示范企业的通知	2015.03.16	2015.03.16	现行有效

续表

序号	文件名称	发布日期	实施日期	现行有效
11	广东省经济和信息化委、广东省财政厅关于组织申报2015年省级节能降耗专项资金（园区循环化改造及能源管理中心平台建设等专题）项目的通知	2015.02.17	2015.02.17	现行有效
12	鞍山经济开发区管理委员会关于成立鞍山经济开发区申报国家循环经济示范园区领导小组的通知	2015.02.02	2015.02.02	现行有效
13	深圳市发展和改革委员会关于组织实施深圳市循环经济与节能减排专项资金2015年第一批扶持计划的通知	2015.01.15	2015.01.15	现行有效
14	广东省经济和信息化委员会关于公布第三批广东省循环经济工业园名单的通知	2015.01.12	2015.01.12	现行有效
15	广东省经济和信息化委员会关于组织第二批广东省循环经济试点单位验收工作的通知	2015.01.09	2015.01.09	现行有效
16	湖南省发展和改革委员会关于确定湖南省第二批循环经济试点示范企业的通知	2015.01.08	2015.01.08	现行有效
17	上海市发展改革委等关于印发《上海市循环经济发展和资源综合利用专项扶持办法(2014年修订版)》的通知	2015.01.07	2015.01.07	现行有效
18	广东省经济和信息化委员会关于公布2014年广东省循环经济试点［循环经济示范城市（县）］名单的通知	2014.12.30	2014.12.30	现行有效
19	上海市发展改革委关于组织申报2014年循环经济发展和资源综合利用财政补贴项目的通知	2014.12.16	2014.12.16	现行有效

续表

序号	文件名称	发布日期	实施日期	现行有效
20	广东省经济和信息化委员会、广东省财政厅关于下达2014年省节能降耗专项资金（节能循环经济试点示范及平台建设等项目）项目计划的通知	2014. 12. 05	2014. 12. 05	现行有效
21	福建省经济和信息化委员会关于同意将莆田市秀屿区临港工业园区列为省级循环经济示范试点园区的批复	2014. 11. 13	2014. 11. 13	现行有效
22	海南省财政厅、海南省工业和信息化厅关于下达洋浦经济开发区2014年循环化改造示范试点补助资金的通知	2014. 10. 24	2014. 10. 24	现行有效
23	福州市经济委员会、福州市财政局、福州市国家税务局、福州市地方税务局关于组织申报2014年工业企业节能（循环经济）项目补助资金的通知	2014. 09. 05	2014. 09. 05	现行有效
24	江西省发展和改革委员会办公室关于组织申报2014年节能减排和循环经济省基建投资备选项目的通知	2014. 08. 25	2014. 08. 25	现行有效
25	浙江省财政厅、浙江省发展和改革委员会关于印发《浙江省循环经济发展专项资金管理暂行办法》的通知	2014. 08. 20	2014. 09. 01	现行有效
26	甘肃省人民政府办公厅关于转发省工信委《嘉峪关千亿级煤电冶加装循环经济产业链实施方案》的通知	2014. 08. 15	2014. 08. 15	现行有效

续表

序号	文件名称	发布日期	实施日期	现行有效
27	河北省人力资源和社会保障厅关于举办清洁生产循环经济及资源化综合利用现状及最新进展高级研修班的通知	2014.08.14	2014.08.14	现行有效
28	兰州市工业和信息化委员会关于组织推荐第三批省级和市级循环经济示范企业及省级循环经济示范工业园区的通知	2014.08.08	2014.08.08	现行有效
29	常州市人民政府关于加快发展循环经济的实施意见	2014.07.16	2014.07.16	现行有效
30	内蒙古自治区人民政府办公厅关于公布自治区第八批工业循环经济试点示范园区（企业）名单的通知	2014.07.15	2014.07.15	现行有效
31	深圳市发展改革委关于组织实施深圳市循环经济与节能减排专项资金2014年扶持计划循环经济示范项目专项的通知（2014年7月2日）	2014.07.02	2014.07.02	现行有效
32	深圳市发展改革委关于组织实施深圳市循环经济与节能减排专项资金2014年扶持计划节能减排技术应用专项的通知	2014.07.02	2014.07.02	现行有效
33	深圳市发展改革委关于组织实施深圳市循环经济与节能减排专项资金2014年扶持计划节能减排技术应用专项的通知	2014.07.02	2014.07.02	现行有效
34	揭阳市人民政府办公室关于印发揭阳市加快循环经济发展实施方案的通知	2014.06.27	2014.06.27	现行有效
35	商洛市人民政府办公室关于印发《〈中华人民共和国循环经济促进法〉颁布六周年纪念活动方案》的通知	2014.06.12	2014.06.12	现行有效

续表

序号	文件名称	发布日期	实施日期	现行有效
36	广东省经济和信息化委关于认定第四批省市共建循环经济产业基地的通知	2014.06.11	2014.06.11	现行有效
37	台州市人民政府办公室关于成立台州市创建省级循环经济示范城市领导小组的通知	2014.06.09	2014.06.09	现行有效
38	甘肃省发展和改革委员会关于印发甘肃省循环经济专家委员会组成人员名单的通知	2014.05.30	2014.05.30	现行有效
39	包头市人民政府转发内蒙古自治区人民政府关于加快发展工业循环经济指导意见的通知	2014.05.26	2014.05.26	现行有效
40	大连市发展和改革委员会关于组织申报大连市循环经济试点示范单位的通知	2014.05.12	2014.05.12	现行有效
41	广安市人民政府办公室关于印发广安市创建国家循环经济示范城市 2014 年计划的通知	2014.05.12	2014.05.12	现行有效
42	北海市人民政府办公室关于印发北海市循环经济发展实施方案的通知	2014.05.06	2014.05.06	现行有效
43	吉林省食品药品监督管理局关于申报2014年国家循环经济标准化试点项目的通知	2014.05.06	2014.05.06	现行有效
44	甘肃省商务厅关于印发2014年甘肃省再生资源回收体系及商务领域循环经济建设工作方案的通知	2014.05.06	2014.05.06	现行有效
45	荆门市人民政府关于表彰2013年度全市固定资产投资和项目建设开发区（园区）建设及循环经济工作先进单位的通报	2014.05.06	2014.05.06	现行有效

续表

序号	文件名称	发布日期	实施日期	现行有效
46	甘肃省发展和改革委员会关于组织申报2014年节能循环经济省级专项资金备选项目的通知	2014.05.05	2014.05.05	现行有效
47	鹤壁市人民政府办公室关于印发鹤壁市创建国家循环经济示范市实施方案及2014年工作任务分解的通知	2014.05.04	2014.05.04	现行有效
48	广州市经济贸易委员会转发关于开展第三批广东省循环经济工业园组织申报工作的通知	2014.04.30	2014.04.30	现行有效
49	山东省经济和信息化委员会、山东省财政厅、山东省人民政府节约能源办公室关于做好2014年园区循环化改造示范试点备选园区推荐工作的通知	2014.04.26	2014.04.26	现行有效
50	广东省经济和信息化委关于开展第三批广东省循环经济工业园组织申报工作函	2014.04.23	2014.04.23	现行有效
51	酒泉市人民政府办公室关于印发酒泉市煤化工等六个百亿元循环经济产业链实施方案的通知	2014.04.22	2014.04.22	现行有效
52	商洛市人民政府关于成立商洛市国家循环经济示范城市创建工作领导小组的通知	2014.04.17	2014.04.17	现行有效
53	甘肃省发展和改革委员会关于成立甘肃省循环经济专家委员会的通知	2014.04.16	2014.04.16	现行有效
54	广安市人民政府办公室关于成立创建国家循环经济示范城市工作领导小组的通知	2014.04.14	2014.04.14	现行有效
55	内蒙古自治区人民政府关于加快发展工业循环经济的指导意见	2014.04.12	2014.04.12	现行有效

续表

序号	文件名称	发布日期	实施日期	现行有效
56	金昌市人民政府办公室关于成立金昌市国家循环经济示范市建设工作领导小组的通知	2014. 04. 02	2014. 04. 02	现行有效
57	广东省人民政府关于印发加快我省循环经济发展实施方案的通知	2014. 04. 01	2014. 04. 01	现行有效
58	甘肃省人民政府办公厅关于印发《2014 年甘肃省建设国家循环经济示范区工作方案》的通知	2014. 03. 28	2014. 03. 28	现行有效
59	南通市政府关于大力促进市区循环经济发展的若干政策意见	2014. 03. 17	2014. 03. 17	现行有效
60	贵州省人民政府关于贵州省循环经济发展规划和年度推进计划的批复	2014. 03. 08	2014. 03. 08	现行有效
61	芜湖市人民政府办公室关于加快芜湖循环经济产业园发展的意见	2014. 02. 28	2014. 02. 28	现行有效
62	苏州市人民政府关于公布2013 年苏州市工业循环经济示范企业的通知	2014. 02. 25	2014. 02. 25	现行有效
63	武汉市人民政府办公厅关于贯彻实施《武汉市实施〈中华人民共和国循环经济促进法〉办法》的通知	2014. 02. 10	2014. 02. 10	现行有效
64	甘肃省工业和信息化委员会关于公布全省工业循环经济典型案例（第二批）的通知	2014. 01. 22	2014. 01. 22	现行有效
65	广西壮族自治区人民政府办公厅关于印发广西循环经济发展实施方案的通知	2014. 01. 21	2014. 01. 21	现行有效

续表

序号	文件名称	发布日期	实施日期	现行有效
66	湖南省人民政府关于印发《湖南省循环经济发展战略及近期行动计划》的通知	2014. 01. 18	2014. 01. 18	现行有效
67	中共金昌市委办公室关于编撰《循环经济金昌模式的探索和形成》有关事宜的通知	2014. 01. 10	2014. 01. 10	现行有效
68	陕西省发展和改革委员会关于将商洛市确定为2013年国家循环经济示范城市创建地区的通知	2014. 01. 07	2014. 01. 07	现行有效
69	深圳市发展改革委关于组织实施深圳市循环经济与节能减排专项资金2014年扶持计划循环经济示范项目专项的通知	2014. 01. 06	2014. 01. 06	现行有效
70	深圳市发展改革委关于组织实施深圳市循环经济与节能减排专项资金2014年扶持计划节能减排技术应用专项的通知	2014. 01. 06	2014. 01. 06	现行有效
71	深圳市发展改革委关于组织实施深圳市循环经济与节能减排专项资金2014年国家/省级项目配套扶持计划的通知	2014. 01. 06	2014. 01. 06	现行有效
72	深圳市发展改革委关于组织实施深圳市循环经济与节能减排专项资金2014年扶持计划产业化项目专项的通知	2014. 01. 06	2014. 01. 06	现行有效
73	兰州市人民政府办公厅关于成立兰州（新加坡）循环经济物流产业园项目推进领导小组的通知	2013. 12. 27	2013. 12. 27	现行有效

续表

序号	文件名称	发布日期	实施日期	现行有效
74	甘肃省人民政府办公厅转发省工信委关于《庆阳千亿级循环经济产业链实施方案》的通知	2013. 12. 13	2013. 12. 13	现行有效
75	台州市人民政府关于批转台州湾循环经济产业集聚区循环型企业创建实施意见的通知	2013. 11. 27	2013. 11. 27	现行有效
76	湖北省经济和信息化委员会办公室关于开展工业循环经济发展情况调研的通知	2013. 11. 11	2013. 11. 11	现行有效
77	邯郸市人民政府关于加快推进循环经济发展的意见	2013. 11	2013. 11	现行有效
78	承德市人民政府办公室关于成立承德市循环经济工作领导小组的通知	2013. 10. 30	2013. 10. 30	现行有效
79	潍坊市人民政府办公室关于成立创建国家循环经济示范城市工作领导小组的通知	2013. 10. 25	2013. 10. 25	现行有效
80	金昌市人民政府关于建立工业循环经济上下游企业衔接保障机制的指导意见	2013. 10. 24	2013. 10. 24	现行有效
81	梧州市人民政府办公室关于成立我市发展循环经济工作领导小组的通知	2013. 10. 11	2013. 10. 11	现行有效
82	嘉峪关市人民政府办公室关于成立嘉峪关市循环经济协调推进领导小组的通知	2013. 09. 16	2013. 09. 16	现行有效
83	重庆市人民政府关于印发重庆市循环经济发展战略及近期行动计划的通知	2013. 09. 12	2013. 09. 12	现行有效

续表

序号	文件名称	发布日期	实施日期	现行有效
84	朔州市人民政府关于进一步推进工业经济循环发展的实施意见	2013.09.12	2013.09.12	现行有效
85	甘肃省工业和信息化委员会关于公布全省循环经济试点园区和企业名单的通知	2013.09.05	2013.09.05	现行有效
86	深圳市发展改革委关于组织实施深圳市循环经济与节能减排专项资金2013年扶持计划节能减排技术应用专项的通知	2013.08.29	2013.08.29	现行有效
87	深圳市发展改革委关于组织实施深圳市循环经济与节能减排专项资金2013年扶持计划循环经济示范项目专项的通知	2013.08.29	2013.08.29	现行有效
88	深圳市发展改革委关于组织实施深圳市循环经济与节能减排专项资金2013年扶持计划产业化项目专项的通知	2013.08.29	2013.08.29	现行有效
89	江苏省人民政府办公厅关于建立省发展循环经济联席会议的通知	2013.08.28	2013.08.28	现行有效
90	黑龙江省财政厅、黑龙江省发展和改革委员会关于印发黑龙江省国家循环经济示范工程项目实施及资金管理办法的通知	2013.08.26	2013.08.26	现行有效
91	安徽省发展改革委关于公布2013年安徽省循环经济示范单位的通知	2013.07.31	2013.07.31	现行有效
92	镇江市人民政府办公室关于印发镇江市化工产业循环经济发展规划（2013—2020）的通知	2013.07.19	2013.07.19	现行有效

续表

序号	文件名称	发布日期	实施日期	现行有效
93	广东省经济和信息化委关于开展省循环经济工业园、省市共建循环经济产业基地中期评估调研的通知	2013.07.09	2013.07.09	现行有效
94	阳泉市人民政府办公厅关于加快山西吉天利循环经济科技产业园区国家城市矿产示范基地建设的若干意见	2013.07.04	2013.07.04	现行有效
95	甘肃省工业和信息化委员会关于分解落实省政府2013年推进国家循环经济示范区建设工作任务的通知	2013.07.03	2013.07.03	现行有效
96	临夏回族自治州人民政府关于开展甘肃省循环经济总体规划中期自评估工作的通知	2013.07.02	2013.07.02	现行有效
97	青海省人民政府办公厅关于调整青海省循环经济工作领导小组组成人员的通知	2013.07.01	2013.07.01	现行有效
98	青海省人民政府办公厅关于确定青海省循环经济试点地区的通知	2013.06.28	2013.06.28	现行有效
99	甘肃省林业厅关于推进国家循环经济示范区建设的意见	2013.06.26	2013.06.26	现行有效
100	广东省经济和信息化委关于认定第二批广东省循环经济工业园的通知	2013.06.13	2013.06.13	现行有效
101	陕西省质量技术监督局关于在重点领域中开展节能减排、循环经济等相关标准学习宣贯的通知	2013.06.09	2013.06.09	现行有效
102	甘肃省林业厅关于古浪县鑫旺农业生态循环经济园有限公司标准化设施种植及蔬菜保鲜加工配送项目占用林地的审核意见	2013.06.09	2013.06.09	现行有效

续表

序号	文件名称	发布日期	实施日期	现行有效
103	南通市人民政府关于印发南通市循环经济发展三年行动计划的通知	2013.06.06	2013.06.06	现行有效
104	松原市人民政府关于印发吉林松原石油化学工业循环经济园区主要职责内设机构和人员编制规定的通知	2013.06.05	2013.06.05	现行有效
105	甘肃省工业和信息化委员会关于公布全省循环经济示范工业园区和示范企业名单（第二批）的通知	2013.05.23	2013.05.23	现行有效
106	厦门市财政局、厦门市经济发展局关于印发厦门市市级节约能源和发展循环经济专项资金管理办法的通知	2013.05.20	2013.05.20	现行有效
107	邯郸市人民政府办公厅关于加快推进我市循环经济发展的意见	2013.05	2013.05	现行有效
108	甘肃省人民政府办公厅关于转发省工信委《平凉千亿级煤电化冶循环经济产业链实施方案》的通知	2013.05.14	2013.05.14	现行有效
109	甘肃省工业和信息化委员会关于组织开展工业循环经济中期考核评估工作的通知	2013.05.07	2013.05.07	现行有效
110	荆门市人民政府关于表彰2012年度全市固定资产投资和项目建设循环经济工作先进单位的通报	2013.05.07	2013.05.07	现行有效
111	内蒙古自治区人民政府办公厅关于公布自治区第七批工业循环经济试点示范园区（企业）名单的通知	2013.05.03	2013.05.03	现行有效

续表

序号	文件名称	发布日期	实施日期	现行有效
112	广东省经济和信息化委、广东省财政厅关于组织2013年省节能循环经济专项资金申报的通知	2013. 04. 28	2013. 04. 28	现行有效
113	南阳市人民政府办公室关于转发南阳市推行环境农业循环经济示范工程实施办法的通知	2013. 04. 19	2013. 04. 19	现行有效
114	甘肃省发展和改革委员会关于阿克塞县循环经济产业园加油站建设项目的批复	2013. 04. 10	2013. 04. 10	现行有效
115	宁德市人民政府办公室关于印发宁德市2013年节能（循环经济）工作计划的通知	2013. 04. 03	2013. 04. 03	现行有效
116	甘肃省人民政府办公厅关于印发《2013年推进国家循环经济示范区建设工作方案》的通知	2013. 03. 27	2013. 03. 27	现行有效
117	海南省工业和信息化厅、海南省财政厅关于组织推荐循环经济示范单位的通知	2013. 03. 27	2013. 03. 27	现行有效
118	甘肃省商务厅关于贯彻国务院循环经济发展战略及近期行动计划的意见	2013. 03. 12	2013. 03. 12	现行有效
119	甘肃省工业和信息化委员会关于征集工业循环经济招商引资项目的通知	2013. 03. 07	2013. 03. 07	现行有效
120	甘肃省工业和信息化委员会关于组织推荐第二批循环经济示范工业园区和示范企业的通知	2013. 03. 06	2013. 03. 06	现行有效

续表

序号	文件名称	发布日期	实施日期	现行有效
121	十堰市人民政府办公室关于成立十堰市循环经济产业示范园项目领导小组的通知	2013. 03. 04	2013. 03. 04	现行有效
122	广东省经济和信息化委关于印发 2013 年节能和循环经济工作要点的通知	2013. 03. 04	2013. 03. 04	现行有效
123	深圳市发展改革委关于组织实施深圳市循环经济与节能减排专项资金 2013 年国家/省级项目配套扶持计划的通知	2013. 01. 30	2013. 01. 30	现行有效
124	白银市人民政府关于贯彻落实全省循环经济现场会精神的意见	2013. 01. 29	2013. 01. 29	现行有效
125	江苏省人民政府关于进一步加快发展循环经济的意见	2013. 01. 28	2013. 01. 28	现行有效
126	江苏省人民政府关于印发江苏省“十二王”循环经济发展规划的通知	2013. 01. 28	2013. 01. 28	现行有效
127	广西壮族自治区人民政府关于印发广西循环经济发展“十二五”规划的通知	2013. 01. 09	2013. 01. 09	现行有效
128	六盘水市人民政府关于大力支持六枝路喜循环经济产业基地加快发展的意见	2012. 12. 21	2012. 12. 21	现行有效
129	北京市发展和改革委员会关于公开选聘循环经济立法前期研究承担单位的公告	2012. 12. 21	2012. 12. 21	现行有效
130	山西省人民政府办公厅关于印发山西省循环经济发展“十二五”规划的通知	2012. 12. 12	2012. 12. 12	现行有效

续表

序号	文件名称	发布日期	实施日期	现行有效
131	甘肃省发展改革委、省工信委、省财政厅、省商务厅关于鼓励非公有制经济积极参与国家循环经济示范区建设的实施意见	2012. 12. 06	2012. 12. 06	现行有效
132	河南省人民政府关于印发河南省循环经济发展“十二五”规划的通知	2012. 11. 23	2012. 11. 23	现行有效
133	嘉兴市人民政府关于印发嘉兴市循环经济“十二五”发展规划的通知	2012. 11. 23	2012. 11. 23	现行有效
134	陕西省发展和改革委员会、陕西省财政厅关于组织申报2013年省级节能、循环经济、资源综合利用项目的通知	2012. 11. 14	2012. 11. 14	现行有效
135	陕西省发展和改革委员会关于铜川市董家河循环经济产业园区等单位列入陕西省循环经济试点单位的通知	2012. 11. 13	2012. 11. 13	现行有效
136	陕西省发展和改革委员会、陕西省教育厅、陕西省财政厅、陕西省旅游局转发国家循环经济教育示范基地有关申报管理规定的通知	2012. 11. 06	2012. 11. 06	现行有效
137	固原市人民政府办公室关于落实《自治区人民政府关于加快固原盐化工循环经济扶贫示范区发展的若干意见》责任分工的通知	2012. 11. 01	2012. 11. 01	现行有效
138	南阳市人民政府办公室关于转发南阳市依托环境农业循环经济工程技术开展农村环境连片综合整治实施方案的通知	2012. 10. 31	2012. 10. 31	现行有效
139	广西壮族自治区人民政府办公厅关于成立广西田东循环经济发展工作领导小组的通知	2012. 10. 26	2012. 10. 26	现行有效

续表

序号	文件名称	发布日期	实施日期	现行有效
140	六盘水市人民政府关于印发六盘水市建设全国循环经济示范城市指导意见的通知	2012.09.24	2012.09.24	现行有效
141	宁夏回族自治区人民政府关于加快固原盐化工循环经济扶贫示范区发展的若干意见	2012.09.04	2012.09.04	现行有效
142	甘肃省工业和信息化委员会关于公布全省循环经济典型案例及进一步做好示范工业园区和示范企业循环经济案例总结的通知	2012.08.15	2012.08.15	现行有效
143	福建省经济贸易委员会、福建省财政厅关于组织申报2013年福建省节能循环经济财政奖励项目的通知	2012.08.13	2012.08.13	现行有效
144	上海市发展和改革委员会关于组织申报2012年循环经济发展和资源综合利用财政补贴项目（第一批）的通知	2012.07.09	2012.07.09	现行有效
145	台州市人民政府办公室关于印发台州市循环经济行动计划（2011—2015年）的通知	2012.06.18	2012.06.18	现行有效
146	广东省经济和信息化委员会关于开展第二批广东省循环经济工业园组织申报工作函	2012.06.15	2012.06.15	现行有效
147	定西市人民政府办公室关于印发《定西市循环经济发展规划实施方案》《定西市循环经济发展规划实施考核办法》的通知	2012.06.15	2012.06.15	现行有效
148	广东省经济和信息化委员会关于组织开展广东省循环经济专家库推荐工作的通知	2012.06.11	2012.06.11	现行有效

续表

序号	文件名称	发布日期	实施日期	现行有效
149	江苏省交通厅关于组织申报2012年交通运输行业节能与循环经济专项引导资金项目的通知	2012. 06. 07	2012. 06. 07	现行有效
150	广东省经济和信息化委员会关于认定第二批省市共建循环经济产业基地的通知	2012. 06. 01	2012. 06. 01	现行有效
151	甘肃省工业和信息化委员会关于印发贯彻落实循环经济总体规划实施方案工作意见的通知	2012. 05. 17	2012. 05. 17	现行有效
152	河北省发展和改革委员会关于组织申报循环经济备选项目的通知	2012. 05. 15	2012. 05. 15	现行有效
153	甘肃省环境保护厅关于印发甘肃省环保厅落实《甘肃省循环经济总体规划实施方案》工作方案的通知	2012. 05. 03	2012. 05. 03	现行有效
154	平顶山市人民政府关于加快循环经济试点市建设的通知	2012. 04. 27	2012. 04. 27	现行有效
155	四川省人民政府办公厅关于印发四川省“十二五”循环经济发展规划2012年实施计划的通知	2012. 03. 28	2012. 03. 28	现行有效
156	陕西省环境保护厅办公室关于开展循环经济案例专题调研的通知	2012. 03. 09	2012. 03. 09	现行有效
157	西安市发展和改革委员会关于组织2012年陕西省节能技改、循环经济、资源综合利用项目申报的通知	2012. 03. 09	2012. 03. 09	现行有效
158	安徽省人民政府关于印发安徽省“十二五”循环经济发展规划的通知	2012. 03. 08	2012. 03. 08	现行有效

续表

序号	文件名称	发布日期	实施日期	现行有效
159	上海市青浦区人民政府办公室转发区发展改革委关于我区节能降耗和循环经济“十二五”规划的通知	2012.02.24	2012.02.24	现行有效
160	广东省经济和信息化委员会关于印发2012年节能和循环经济工作要点的通知	2012.02.20	2012.02.20	现行有效
161	厦门市人民政府关于表彰2011年度十佳工业企业、技术进步先进工业企业、节能先进单位、循环经济先进单位、工业企业出口先进单位的通报	2012.02.16	2012.02.16	现行有效
162	肃北蒙古族自治县人民政府关于成立循环经济（试点）示范县领导小组的通知	2012.02.14	2012.02.14	现行有效
163	广州市经济贸易委员会关于组织申报2012年省循环经济发展专项资金项目的通知	2012.02.07	2012.02.07	现行有效
164	六盘水市人民政府关于大力开展大宗工业固体废弃物综合利用促进循环经济发展的意见	2012.02.02	2012.02.02	现行有效
165	成都市人民政府关于印发成都市循环经济发展“十二五”规划的通知	2012.01.30	2012.01.30	现行有效
166	广东省经济和信息化委员会、广东省财政厅关于组织申报2012年省循环经济发展专项资金项目的通知	2012.01.18	2012.01.18	现行有效
167	内蒙古自治区人民政府办公厅关于公布自治区第六批工业循环经济试点示范园区（企业）名单的通知	2012.01.14	2012.01.14	现行有效
168	甘肃省发展和改革委员会关于建立全省循环经济项目库的通知	2012.01.04	2012.01.04	现行有效

续表

序号	文件名称	发布日期	实施日期	现行有效
169	苏州市人民政府关于认定2011年苏州市循环经济试点企业的通知	2011.12.29	2011.12.29	现行有效
170	浙江省人民政府关于印发浙江省循环经济“991”行动计划（2011—2015年）的通知	2011.12.27	2011.12.27	现行有效
171	广东省经济和信息化委员会转发国家发展改革委办公厅关于组织推荐全国循环经济工作先进单位的通知	2011.12.23	2011.12.23	现行有效
172	四川省人民政府办公厅关于印发四川省“十二五”循环经济发展规划的通知	2011.12.02	2011.12.02	现行有效
173	温州市人民政府关于加快循环经济发展的实施意见	2011.11.29	2011.11.29	现行有效
174	广州市经济贸易委员会转发关于组织申报2011年省循环经济发展专项资金项目的通知	2011.11.17	2011.11.17	现行有效
175	贵阳市人民政府办公厅关于印发《贵阳市市级循环经济发展专项资金管理暂行办法》和《贵阳市市级循环经济发展专项资金项目竣工验收暂行办法》的通知	2011.11.11	2011.11.11	现行有效
176	甘肃省工业和信息化委员会关于组织推荐第一批循环经济示范工业园区和示范企业的通知	2011.11.10	2011.11.10	现行有效
177	青海省人民政府办公厅关于向西宁经济技术开发区、柴达木循环经济试验区和海东工业园区下放省级部门行政审批权（第一批）的通知	2011.11.08	2011.11.08	现行有效

续表

序号	文件名称	发布日期	实施日期	现行有效
178	广东省财政厅、广东省经济和信息化委员会关于印发《广东省财政厅、广东省经济和信息化委员会关于循环经济发展专项资金管理的暂行办法（修订）》的通知（2011）	2011. 11. 03	2011. 11. 03	现行有效
179	甘肃省人民政府办公厅关于调整甘肃省发展循环经济工作领导小组组成人员的通知	2011. 11. 01	2011. 11. 01	现行有效
180	台州市人民政府办公室关于印发台州湾循环经济产业集聚区管理委员会主要职责内设机构和人员编制规定的通知	2011. 10. 26	2011. 10. 26	现行有效
181	成都市经济和信息化委员会关于举办 2011 年我市工业企业清洁生产及循环经济工作培训会的通知	2011. 10. 24	2011. 10. 24	现行有效
182	杭州市经济和信息化委员会、杭州市财政局关于组织申报杭州市 2011 年循环经济资金补助项目的通知	2011. 10. 22	2011. 10. 22	现行有效
183	江苏省发展和改革委员会、江苏省财政厅、江苏省环保厅关于做好邳州市循环经济产业园再生铅集聚区国家“城市矿产”示范基地建设的通知	2011. 10. 15	2011. 10. 15	现行有效
184	上海市闵行区人民政府关于印发闵行区循环经济发展“十二五”规划的通知	2011. 10. 11	2011. 10. 11	现行有效
185	贵港市人民政府办公室关于成立贵港市循环经济环保产业示范基地项目建设工作领导小组的通知	2011. 10. 11	2011. 10. 11	现行有效

续表

序号	文件名称	发布日期	实施日期	现行有效
186	宁夏回族自治区人民政府关于表彰“十一五”节能降耗先进单位先进企业先进个人和循环经济试点先进单位的决定	2011.09.26	2011.09.26	现行有效
187	天津市发展和改革委员会关于组织申报天津市2012年循环经济项目的通知	2011.09.06	2011.09.06	现行有效
188	天津市发展和改革委员会关于组织申报第四批市级循环经济示范试点的通知	2011.09.06	2011.09.06	现行有效
189	甘肃省工业和信息化委员会关于公布第二批全省循环经济试点企业名单的通知	2011.09.05	2011.09.05	现行有效
190	广东省经济和信息化委员会关于组织开展第二批省市共建循环经济产业基地申报工作的通知	2011.08.15	2011.08.15	现行有效
191	上海市发展和改革委员会关于组织申报2011年循环经济发展和资源综合利用财政补贴项目（第二批）的通知	2011.08.09	2011.08.09	现行有效
192	镇江市人民政府办公室关于印发镇江市循环经济发展“十二五”规划的通知	2011.08.03	2011.08.03	现行有效
193	杭州市人民政府办公厅关于印发杭州市“十二五”循环经济发展规划的通知	2011.08.01	2011.08.01	现行有效
194	濮阳市人民政府关于成立天能集团（濮阳）循环经济产业园项目推进工作领导小组的通知	2011.07.28	2011.07.28	现行有效
195	广东省经济和信息化委、省教育厅、省财政厅、省旅游局转发国家发展改革委办公厅等四部门关于组织开展循环经济教育示范基地建设的通知	2011.07.20	2011.07.20	现行有效

续表

序号	文件名称	发布日期	实施日期	现行有效
196	四川省经济和信息化委员会办公室关于印发2011年全省工业循环经济工作指导意见的通知	2011.07.08	2011.07.08	现行有效
197	北京市发展和改革委员会关于申报国家循环经济教育示范基地的通知	2011.07.06	2011.07.06	现行有效
198	乌鲁木齐市经济委员会关于提前做好组织申报2011年乌鲁木齐市节能减排和循环经济专项资金的通知	2011.06.28	2011.06.28	现行有效
199	福建省人民政府关于印发福建省“十二五”节能和循环经济发展专项规划的通知	2011.06.03	2011.06.03	现行有效
200	陕西省发展和改革委员会转发国家发展改革委办公厅、财政部办公厅关于印发循环经济发展专项资金支持餐厨废弃物资源化利用和无害化处理试点城市建设实施方案的通知	2011.06.03	2011.06.03	现行有效
201	海西州人民政府办公室柴达木循环经济试验区管委会综合部关于加快海西光伏发电项目建设的通知	2011.06.03	2011.06.03	现行有效
202	青岛市人民政府办公厅关于成立青岛市海水淡化一体化循环经济工作协调推进小组的通知	2011.06.02	2011.06.02	现行有效
203	朔州市人民政府关于建设工业固废综合利用基地加快工业循环经济发展的意见	2011.05.27	2011.05.27	现行有效
204	鹤壁市人民政府关于进一步深化循环经济标准化工作的意见	2011.05.27	2011.05.27	现行有效
205	太原市人民政府关于印发推进国家级循环经济标准化试点工作方案的通知	2011.05.24	2011.05.24	现行有效

续表

序号	文件名称	发布日期	实施日期	现行有效
206	河池市人民政府办公室关于成立河池市实施宜州蚕桑茧丝绸产业循环经济示范基地建设工作领导小组的通知	2011. 05. 18	2011. 05. 18	现行有效
207	新疆维吾尔自治区经济和信息化委员会关于印发自治区第三批工业经济领域循环经济试点单位名单的通知	2011. 05. 16	2011. 05. 16	现行有效
208	运城市人民政府办公厅关于印发运城市循环经济标准化试点工作实施方案的通知	2011. 04. 28	2011. 06. 30	现行有效
209	防城港市人民政府办公室关于印发防城港市推进磷化循环经济产业发展实施方案的通知	2011. 04. 14	2011. 04. 14	现行有效
210	四川省经济和信息化委员会关于印发《创建省循环经济示范产业园区管理办法（暂行）》的通知	2011. 04. 11	2011. 04. 11	现行有效
211	长治市人民政府办公厅关于印发长治市建设国家级循环经济标准化试点市实施方案的通知	2011. 04. 07	2011. 04. 07	现行有效
212	长治市人民政府办公厅关于成立长治市国家级循环经济标准化试点市工作领导小组的通知	2011. 04. 07	2011. 04. 07	现行有效
213	广东省经济和信息化委、省发展改革委、省环保厅等关于组织开展第二批广东省循环经济试点工作的通知	2011. 03. 28	2011. 03. 28	现行有效
214	陕西省发展和改革委员会关于申报2011年省级循环经济试点单位有关事项的通知	2011. 03. 22	2011. 03. 22	现行有效
215	庆阳市人民政府关于加快推进全市循环经济发展的实施意见	2011. 03. 16	2011. 03. 16	现行有效

续表

序号	文件名称	发布日期	实施日期	现行有效
216	鹤壁市人民政府办公室关于印发2011年鹤壁市循环经济工作要点的通知	2011.03.14	2011.03.14	现行有效
217	阜阳市人民政府办公室关于印发阜阳市循环经济发展专项资金管理暂行办法的通知	2011.03.11	2011.03.11	现行有效
218	广西壮族自治区发展和改革委员会关于广西湘桂糖业集团有限公司蔗糖循环经济产业蔗糖综合利用示范项目核准内容变更的批复	2011.03.04	2011.03.04	现行有效
219	厦门市人民政府关于表彰2010年度十佳工业企业技术进步先进工业企业节能先进单位循环经济先进单位工业企业出口先进单位的通报	2011.02.24	2011.02.24	现行有效
220	青海省人民政府关于成立青海省柴达木循环经济试验区管理委员会的通知	2011.02.22	2011.02.2	现行有效
221	甘肃省人民政府办公厅关于调整甘肃省发展循环经济工作领导小组组成人员的通知	2011.02.15	2011.02.15	现行有效
222	荆门市人民政府关于表彰2010年度全市循环经济工作先进单位和个人的通报	2011.02.11	2011.02.11	现行有效
223	荆门市人民政府办公室关于印发2011年全市循环经济工作要点的通知	2011.02.11	2011.02.11	现行有效
224	广东省经济和信息化委员会关于印发2011年我省节能和循环经济工作要点的通知	2011.01.30	2011.01.30	现行有效
225	黔东南州人民政府办公室关于成立凯里经济开发区黔东循环经济工业区洛贯产业承接区建设管理工作领导小组的通知	2011.01.27	2011.01.27	现行有效

续表

序号	文件名称	发布日期	实施日期	现行有效
226	河南省工业和信息化厅办公室关于组织推荐工业循环经济重大技术示范工程的通知	2011. 01. 26	2011. 01. 26	现行有效
227	广东省经济和信息化委员会转发工业和信息化部办公厅关于组织推荐工业循环经济重大技术示范工程的通知	2011. 01. 20	2011. 01. 20	现行有效
228	陕西省环境保护厅关于成立推进神华陶氏榆林循环经济煤炭综合利用项目环评工作领导小组的通知	2011. 01. 20	2011. 01. 20	现行有效
229	湖北省经信委办公室关于组织申报工业循环经济重大技术示范工程的通知	2011. 01. 20	2011. 01. 20	现行有效
230	晋城市人民政府办公厅关于印发《晋城市国家循环经济标准化试点工作实施方案》的通知	2011. 01. 14	2011. 01. 14	现行有效
231	新疆维吾尔自治区经济和信息化委员会关于组织开展自治区第三批工业经济领域循环经济试点工作的通知	2011. 01. 04	2011. 01. 04	现行有效
232	广东省经济和信息化委员会关于认定第一批省市共建循环经济产业基地的通知	2011. 01. 04	2011. 01. 04	现行有效
233	临汾市人民政府办公厅关于成立中国保利集团公司在临汾市投资建设能源化工循环经济绿色园区项目推进领导组工作组的通知	2010. 12. 23	2010. 12. 23	现行有效
234	临汾市人民政府办公厅关于成立中煤集团公司在临汾市投资建设千亿元能源化工循环经济绿色园区项目推进领导组工作组的通知	2010. 12. 23	2010. 12. 23	现行有效

续表

序号	文件名称	发布日期	实施日期	现行有效
235	伊犁哈萨克自治州政府关于成立伊犁伊南煤化工循环经济产业园建设推进领导小组的通知	2010. 12. 22	2010. 12. 22	现行有效
236	深圳市人民政府办公厅转发市发展改革委《深圳市循环经济试点实施方案（2010—2015年）》实施意见的通知	2010. 12. 13	2010. 12. 13	现行有效
237	新疆维吾尔自治区经济和信息化委员会关于公布通过自治区工业循环经济试点验收及列入首批试点示范单位名单的通知	2010. 12. 03	2010. 12. 03	现行有效
238	陕西省发展和改革委员会关于华电榆林煤炭资源循环经济综合利用项目备案的通知	2010. 12. 02	2010. 12. 02	现行有效
239	贵阳市人民政府办公厅关于调整贵阳市循环经济生态城市建设工作领导小组成员的通知	2010. 11. 25	2010. 11. 25	现行有效
240	苏州市人民政府关于认定2010年苏州市循环经济试点企业的通知	2010. 11. 23	2010. 11. 23	现行有效
241	天津市水务局关于对天津子牙循环经济产业区水土保持方案报告书的批复	2010. 11. 22	2010. 11. 22	现行有效
242	浙江省人民政府关于加快循环经济发展的若干意见	2010. 11. 16	2010. 11. 16	现行有效
243	青海省人民政府办公厅转发省科学技术厅《青海省增强循环经济试验区科技创新能力的若干政策措施》的通知	2010. 11. 10	2010. 11. 10	现行有效

续表

序号	文件名称	发布日期	实施日期	现行有效
244	陕西省发展和改革委员会关于组织推荐循环经济示范单位的通知	2010. 11. 03	2010. 11. 03	现行有效
245	陕西省发展和改革委员会关于加快推进我省循环经济试点有关工作的通知	2010. 11. 03	2010. 11. 03	现行有效
246	青海省人民政府办公厅转发省财政厅等部门《青海省循环经济发展专项资金管理办法》的通知	2010. 10. 26	2011. 01. 01	现行有效
247	宁波市保税区管委会关于调整宁波保税区（出口加工区）发展循环经济工作领导小组成员的通知	2010. 10. 21	2010. 10. 21	现行有效
248	广东省经济和信息化委员会印发广东省循环经济工业园认定管理办法的通知	2010. 10. 15	2010. 10. 15	现行有效
249	上海市青浦区人民政府办公室转发区发展改革委关于青浦区循环经济专项资金使用和管理暂行办法补充规定的通知	2010. 10. 11	2010. 10. 11	现行有效
250	广东省经济和信息化委员会关于印发广东省循环经济发展规划（2010—2020 年）的通知	2010. 09. 29	2010. 09. 29	现行有效
251	广东省人民政府关于广东省循环经济发展规划（2010—2020 年）的批复	2010. 09. 10	2010. 09. 10	现行有效
252	青海省人民政府办公厅关于成立青海省循环经济领导小组的通知	2010. 09. 09	2010. 09. 09	现行有效
253	广东省经济和信息化委员会关于组织申报第一批省市共建循环经济产业基地的通知	2010. 08. 25	2010. 08. 25	现行有效

续表

序号	文件名称	发布日期	实施日期	现行有效
254	青岛市统计局关于开展循环经济统计试点工作的通知	2010. 08. 20	2010. 08. 20	现行有效
255	广东省经济和信息化委员会关于做好2008年省节能专项资金、省发展循环经济工作经费项目绩效评价工作的通知	2010. 08. 17	2010. 08. 17	现行有效
256	兰州市人民政府办公厅关于成立兰州市发展循环经济工作领导小组的通知	2010. 08. 10	2010. 08. 10	现行有效
257	广东省经济和信息化委员会印发省市共建循环经济产业基地认定管理办法的通知	2010. 08. 09	2010. 08. 09	现行有效
258	陕西省人民政府办公厅关于加快发展循环经济的指导意见	2010. 08. 05	2010. 08. 05	现行有效
259	河北省水利厅关于邢台中能能源开发有限公司煤炭资源综合利用循环经济示范工程水土保持方案的批复	2010. 07. 29	2010. 07. 29	现行有效
260	丰宁满族自治县关于加快循环经济产业聚集区发展的优惠政策（试行）	2010. 07. 21	2010. 07. 21	现行有效
261	江西省发展和改革委员会关于公布江西省第一批省级循环经济试点单位名单的通知	2010. 07. 16	2010. 07. 16	现行有效
262	广东省经济和信息化委员会关于广东省第一批循环经济试点单位考核评价情况的通报	2010. 07. 05	2010. 07. 05	现行有效
263	上海市发展改革委关于组织申报2010年循环经济发展和资源综合利用财政补贴项目的通知	2010. 06. 25	2010. 06. 25	现行有效

续表

序号	文件名称	发布日期	实施日期	现行有效
264	定西市人民政府关于市循环经济产业园区起步区基础设施工程项目建设资金有关问题的决定	2010. 06. 23	2010. 06. 23	现行有效
265	陕西省发展和改革委员会转发国家发展改革委关于下达十大重点节能工程、循环经济和资源节约重大示范项目及重点工业污染治理工程2010年中央预算内投资计划（第二批）的通知	2010. 06. 12	2010. 06. 12	现行有效
266	陕西省发展和改革委员会转发关于支持循环经济发展的投融资政策措施意见的通知	2010. 06. 07	2010. 06. 07	现行有效
267	陕西省发展和改革委员会关于合阳甘井循环经济工业集中区总体规划的批复	2010. 06. 07	2010. 06. 07	现行有效
268	上海市发展改革委、上海市财政局关于印发《上海市循环经济发展和资源综合利用专项扶持办法（修订）》的通知（2010）[失效]	2010. 05. 25	2010. 05. 25	现已失效
269	晋中市人民政府关于加快推进晋中铝工业循环经济园建设的意见	2010. 05. 19	2010. 05. 19	现行有效
270	青海省发展和改革委员会关于对十大节能工程、循环经济和资源节约重大示范项目进行专项稽查的通知	2010. 05. 14	2010. 05. 14	现行有效
271	海西州人民政府办公室关于2010年中国·青海绿色经济投资贸易洽谈会柴达木循环经济试验区项目推介会总体方案的补充通知	2010. 05. 13	2010. 05. 13	现行有效
272	广州市建设节约型社会发展循环经济领导小组印发广州市千家企业清洁生产行动方案的通知	2010. 05. 10	2010. 05. 10	现行有效

续表

序号	文件名称	发布日期	实施日期	现行有效
273	金昌市人民政府办公室关于成立金昌市发展循环经济工作领导小组的通知	2010.05.04	2010.05.04	现行有效
274	延安市人民政府办公室关于成立延安市推进循环经济工作领导小组的通知	2010.04.27	2010.04.27	现行有效
275	广西壮族自治区人民政府办公厅关于印发广西蚕桑茧丝绸产业循环经济（宜州）示范基地建设方案的通知	2010.04.27	2010.04.27	现行有效
276	来宾市人民政府办公室关于转发打造全国重要的糖业循环经济基地实施方案的通知	2010.04.19	2010.04.19	现行有效
277	西安市发展和改革委员会关于组织推荐市级循环经济试点单位（区县园区）（第一批）的通知	2010.04.16	2010.04.16	现行有效
278	西安市发展和改革委员会关于组织推荐市级循环经济试点单位（区县园区）（第一批）的通知	2010.04.16	2010.04.16	现行有效
279	江西省国土资源厅关于尽快报送矿产资源综合利用和矿业开发循环经济项目的通知	2010.04.15	2010.04.15	现行有效
280	陕西省发展和改革委员会转发国家发展改革委关于下达十大重点节能工程、循环经济和资源节约重大示范项目及重点工业污染治理工程2010年中央预算内投资计划（第一批）的通知	2010.04.12	2010.04.12	现行有效
281	荆门市人民政府办公室关于印发2010年全市循环经济工作要点的通知	2010.04.08	2010.04.08	现行有效

续表

序号	文件名称	发布日期	实施日期	现行有效
282	甘肃省人民政府关于印发甘肃省循环经济地方标准体系建设规划（2010—2015 年）的通知	2010. 03. 25	2010. 03. 25	现行有效
283	甘肃省人民政府办公厅关于分解实施循环经济总体规划主要任务的通知	2010. 03. 24	2010. 03. 24	现行有效
284	甘肃省人民政府办公厅关于分解实施循环经济总体规划主要任务的通知	2010. 03. 24	2010. 03. 24	现行有效
285	浙江省交通运输厅办公室关于分解下达 2010 年循环经济与节能减排工作要点及任务的通知	2010. 03. 22	2010. 03. 22	现行有效
286	太原市环境保护局关于开展循环经济示范项目创建工作的通知	2010. 03. 16	2010. 03. 16	现行有效
287	广州市经济贸易委员会印发 2010 年广州市节能与循环经济工作要点的通知	2010. 03. 11	2010. 03. 11	现行有效
288	甘肃省人民政府办公厅关于成立甘肃省发展循环经济工作领导小组的通知	2010. 02. 26	2010. 02. 26	现行有效
289	厦门市人民政府关于表彰 2009 年度十佳工业企业技术进步先进工业企业、节能先进单位、循环经济先进单位、工业企业出口先进单位、地产工业品进超市先进单位的通报	2010. 02. 24	2010. 02. 24	现行有效
290	上海市发展和改革委员会关于印发《上海市循环经济发展“十二五”规划编制工作方案》的通知	2010. 02. 12	2010. 02. 12	现行有效
291	河南省人民政府关于加快循环经济试点省建设的通知	2010. 02. 12	2010. 02. 12	现行有效

续表

序号	文件名称	发布日期	实施日期	现行有效
292	广东省经济和信息化委员会关于印发2010年节能和循环经济工作要点的通知	2010.02.05	2010.02.05	现行有效
293	北京市延庆县人民政府办公室关于印发延庆县新能源与循环经济办公室主要职责内设机构和人员编制规定的通知	2009.12.31	2009.12.31	现行有效
294	河南省发展和改革委员会关于进一步推进循环经济试点工作的通知	2009.12.28	2009.12.28	现行有效
295	广西壮族自治区人民政府关于加快制糖工业循环经济发展的意见	2009.12.25	2009.12.25	现行有效
296	陕西省人民政府关于印发《陕南循环经济产业发展规划（2009—2020年）》的通知	2009.12.16	2009.12.16	现行有效
297	山东省经济和信息化委员会关于公布2009山东节能减排暨循环经济新技术新产品展洽会突出贡献奖、优秀组织奖和优秀展览奖的通知	2009.12.02	2009.12.02	现行有效
298	福建省经济贸易委员会、福建省财政厅关于下达2009年第二批省属单位节能、循环经济项目资金的通知	2009.11.26	2009.11.26	现行有效
299	福建省经济贸易委员会、福建省财政厅关于下达2009年第二批节能、循环经济项目资金的通知	2009.11.26	2009.11.26	现行有效
300	福建省经济贸易委员会关于报送开展循环经济工作总结材料的通知	2009.10.19	2009.10.19	现行有效

续表

序号	文件名称	发布日期	实施日期	现行有效
301	北京市通州区人民政府办公室关于印发通州区加快发展循环经济建设资源节约型环境友好型新城2009年行动计划的通知	2009.10.10	2009.10.10	现行有效
302	定西市人民政府关于印发定西市循环经济产业园区企业入园优惠政策的通知	2009.10.09	2009.10.09	现行有效
303	定西市循环经济产业园区管理办法	2009.10.09	2009.11.01	现行有效
304	陕西省发展和改革委员会关于对全省循环经济实施情况进行调研的通知	2009.09.30	2009.09.30	现行有效
305	海西州人民政府关于调整柴达木循环经济试验区管理委员会成员的通知	2009.09.22	2009.09.22	现行有效
306	山东省经信委、省政府节能办关于举办2009山东节能减排暨循环经济新技术新产品展洽会的通知	2009.09.14	2009.09.14	现行有效
307	商洛市人民政府关于表彰奖励商丹循环工业经济园区策划工作先进集体和先进个人的通报	2009.08.17	2009.08.17	现行有效
308	福建省经济贸易委员会、福建省财政厅关于下达2009年第一批省属单位循环经济项目资金的通知	2009.08.17	2009.08.17	现行有效
309	福建省经济贸易委员会、福建省财政厅关于下达2009年第一批循环经济项目资金的通知	2009.08.11	2009.08.11	现行有效
310	广元市人民政府关于印发《广元市循环经济产业园区发展规划》（2009—2015）的通知	2009.07.27	2009.07.27	现行有效

续表

序号	文件名称	发布日期	实施日期	现行有效
311	上海市发展改革委关于组织申报2009年循环经济发展和资源综合利用财政补贴项目的通知	2009.07.06	2009.07.06	现行有效
312	上海市发展改革委关于请抓紧报送本市循环经济试点单位试点实施方案函	2009.06.26	2009.06.26	现行有效
313	上海市发展改革委、上海市财政局关于印发《上海市循环经济发展和资源综合利用专项扶持暂行办法》的通知［失效］	2009.06.24	2009.06.24	现已失效
314	贵州省发展和改革委员会关于《贵州省黔西南布依族苗族自治州兴义市纳灰河流域循环经济农业生态保护及综合整治专项规划》的批复	2009.06.11	2009.06.11	现行有效
315	鹤壁市人民政府办公室关于转发鹤壁市学习《循环经济促进法》和《节约能源法》电视大赛实施方案的通知	2009.06.04	2009.06.04	现行有效
316	海西州人民政府办公室关于印发2009中国青海柴达木循环经济试验区项目推介会暨盐湖城旅游文化艺术节布展方案的通知	2009.06.01	2009.06.01	现行有效
317	海西州人民政府关于印发2009中国青海柴达木循环经济试验区项目推介会暨盐湖城旅游文化艺术节工作方案的通知	2009.05.25	2009.05.25	现行有效
318	浙江省人民政府办公厅关于进一步推进工业循环经济发展的意见	2009.05.13	2009.05.13	现行有效

续表

序号	文件名称	发布日期	实施日期	现行有效
319	淄博市人民政府办公厅关于做好贯彻实施《中华人民共和国循环经济促进法》有关工作的通知	2009. 05. 06	2009. 05. 06	现行有效
320	北京市海淀区人民政府关于印发本区循环经济发展专项资金管理办法的通知	2009. 05. 06	2009. 05. 06	现行有效
321	鹤壁市人民政府办公室关于印发 2009 年鹤壁市循环经济工作要点的通知	2009. 05. 05	2009. 05. 05	现行有效
322	上海市青浦区人民政府办公室转发区发展改革委、经委、农委等七部门关于青浦区循环经济专项资金使用和管理暂行办法的通知	2009. 05. 04	2009. 05. 04	现已修订
323	天津市发展和改革委员会关于公布天津市第二批循环经济示范试点单位的通知	2009. 04. 29	2009. 04. 29	现行有效
324	海西州人民政府办公室关于印发支持柴达木循环经济试验区发展工业用地地价政策实施意见的通知	2009. 04. 23	2009. 04. 23	现行有效
325	遂宁市人民政府办公室关于印发《遂宁市“十一五”循环经济发展规划》的通知	2009. 04. 09	2009. 04. 09	现行有效
326	北京市人民政府办公厅关于转发市发展改革委加快发展循环经济建设资源节约型环境友好型城市 2009 年行动计划的通知	2009. 04. 01	2009. 04. 01	现行有效
327	广州市经济贸易委员会印发 2009 年广州市节能与循环经济工作意见的通知	2009. 04. 01	2009. 04. 01	现行有效

续表

序号	文件名称	发布日期	实施日期	现行有效
328	长沙市人民政府办公厅关于成立和调整长沙市发展循环经济领导小组等机构的通知	2009. 03. 13	2009. 03. 13	现行有效
329	荆门市人民政府办公室关于印发 2009 年全市循环经济工作要点的通知	2009. 02. 26	2009. 02. 26	现行有效
330	庆阳市人民政府关于印发《加快发展循环经济的实施意见》的通知	2009. 02. 26	2009. 02. 26	现行有效
331	上海市青浦区人民政府办公室转发区发改委关于青浦区循环经济试点工作实施方案和青浦区循环经济试点工作主要目标任务分解表的通知	2009. 02. 20	2009. 02. 20	现行有效
332	青岛市发展和改革委员会、青岛市环境保护局关于批准实施循环经济试点工作实施方案的通知	2009. 02. 06	2009. 02. 06	现行有效
333	七台河市人民政府办公室关于印发《七台河市循环经济发展专项资金管理暂行办法》的通知	2009. 02. 03	2009. 02. 03	现行有效
334	北京市发展和改革委员会关于印发北京市循环经济试点工作实施意见的通知	2009. 01. 17	2009. 01. 17	现行有效
335	阜阳市人民政府关于大力发展农业循环经济的意见	2009. 01. 14	2009. 01. 14	现行有效
336	宁波市经委关于同意宁波市循环经济促进会成立登记的批复	2009. 01. 13	2009. 01. 13	现行有效

续表

序号	文件名称	发布日期	实施日期	现行有效
337	青岛市人民政府关于贯彻实施《中华人民共和国循环经济促进法》的意见	2009. 01. 09	2009. 01. 09	现行有效
338	鹰潭市人民政府办公室关于印发《鹰潭（贵溪）产业循环经济基地管理委员会主要职责内设机构和人员编制规定》的通知	2009. 01. 06	2009. 01. 06	现行有效
339	天津市人民政府批转市发展改革委关于加快天津子牙循环经济产业区发展若干意见的通知	2008. 12. 26	2008. 12. 26	现行有效
340	广州市建设节约型社会发展循环经济领导小组办公室关于建立广州市清洁生产项目库的通知	2008. 12. 26	2008. 12. 26	现行有效
341	广州市建设节约型社会发展循环经济领导小组印发广州市循环经济实施方案的通知	2008. 12. 24	2008. 12. 24	现行有效
342	中卫市人民政府关于印发中卫市循环经济示范区产业发展规划的通知	2008. 12. 19	2008. 12. 19	现行有效
343	北京市通州区人民政府关于落实北京市加快发展循环经济建设资源节约型环境友好型城市 2008 年行动计划的意见	2008. 12. 11	2008. 12. 11	现行有效
344	昌江黎族自治县人民政府办公室关于印发昌江黎族自治县循环经济工业区财政发展资金优惠使用管理办法（暂行）的通知	2008. 11. 25	2008. 07. 01	现行有效
345	鹤壁市人民政府关于实施循环经济标准化工作的意见	2008. 11. 19	2008. 11. 19	现行有效

续表

序号	文件名称	发布日期	实施日期	现行有效
346	甘肃省人民政府关于加快发展循环经济的实施意见	2008. 11. 14	2008. 11. 14	现行有效
347	商洛市人民政府办公室关于商洛市商丹循环工业经济集中区沙河子工业园建设项目征地拆迁环境保障的通告	2008. 11. 05	2008. 11. 05	现行有效
348	贵州省人民政府办公厅关于成立贵州盘县煤钢电一体化循环经济工业基地项目建设协调领导小组的通知	2008. 11. 03	2008. 11. 03	现行有效
349	江苏省财政厅、江苏省经济贸易委员会关于印发《江苏省省级节能减排（节能与循环经济）专项引导资金管理暂行办法》的通知［失效］	2008. 10. 27	2008. 10. 27	现已失效
350	海西州人民政府办公室关于印发海西州循环经济发展专项资金管理暂行办法的通知	2008. 10. 21	2008. 10. 21	现行有效
351	杭州市人民政府办公厅转发市财政局、市发改委、市经委关于杭州市发展循环经济专项资金管理暂行办法的通知	2008. 10. 16	2008. 10. 16	现行有效
352	鸡西市人民政府鸡西矿业集团关于开展区（县）矿（厂）合作共建加快发展循环经济的实施意见	2008. 10. 09	2008. 10. 09	现行有效
353	甘肃省人大常委会办公厅、甘肃省人民政府办公厅、中共甘肃省委宣传部关于贯彻实施《中华人民共和国循环经济促进法》的通知	2008. 10. 08	2008. 10. 08	现行有效
354	陕西省发展和改革委员会关于陕西龙门钢铁（集团）有限公司等四户企业循环经济实施方案的批复	2008. 09. 04	2008. 09. 04	现行有效

续表

序号	文件名称	发布日期	实施日期	现行有效
355	四川省人民政府办公厅关于印发四川省"十一五"循环经济发展规划的通知	2008.08.26	2008.08.26	现行有效
356	无锡市人民政府办公室关于转发市经贸委2008中国（无锡）节能与循环经济博览会实施方案的通知	2008.08.12	2008.08.12	现行有效
357	七台河市人民政府办公室关于印发七台河市宝泰隆煤化工产业基地循环经济示范点推进工作实施方案等两个方案的通知	2008.08.05	2008.08.05	现行有效
358	南京市人民政府办公厅关于转发市经委、市财政局《南京市节能和发展循环经济专项资金管理办法》的通知	2008.07.15	2008.07.15	已被修订
359	三门峡市人民政府关于成立三门峡市循环经济试点工作领导小组的通知	2008.07.09	2008.07.09	现行有效
360	忻州市人民政府关于成立忻州市发展循环经济建设资源节约型社会工作领导组的通知	2008.06.24	2008.06.24	现行有效
361	遂宁市人民政府关于以循环经济和绿色经济理念指导灾后重建工作的意见	2008.06.20	2008.06.20	现行有效
362	广东省经济贸易委员会关于组织核查和推荐省循环经济试点单位的通知	2008.06.11	2008.06.11	现行有效
363	郴州市人民政府办公室关于进一步加强循环经济试点工作的通知	2008.06.05	2008.06.05	现行有效
364	无锡市经济贸易委员会关于做好2008年江苏省节能和发展循环经济专项资金项目申报工作的通知	2008.06.05	2008.06.05	现行有效

续表

序号	文件名称	发布日期	实施日期	现行有效
365	淮北市人民政府办公室关于印发淮北市循环经济示范企业示范项目认定管理办法的通知	2008. 05. 29	2008. 05. 29	现行有效
366	淮北市人民政府办公室关于印发淮北市鼓励发展循环经济若干规定的通知	2008. 05. 29	2008. 05. 29	现行有效
367	淮北市人民政府关于加快发展循环经济的若干意见	2008. 05. 29	2008. 05. 29	现行有效
368	淮北市人民政府办公室关于印发淮北市循环经济引导资金管理暂行办法的通知	2008. 05. 29	2008. 05. 29	现行有效
369	贵州省发展和改革委员会关于同意开展六枝循环经济型煤焦化项目（2×90 万吨焦炭/年）前期工作的批复	2008. 05. 19	2008. 05. 19	现行有效
370	淄博市人民政府关于表彰全市发展循环经济先进单位和先进个人的通报	2008. 05. 19	2008. 05. 19	现行有效
371	淄博市人民政府关于印发淄博市循环经济实施方案的通知	2008. 05. 19	2008. 05. 19	现行有效
372	鹤壁市人民政府办公室关于印发 2008 年鹤壁市循环经济工作要点的通知	2008. 05. 15	2008. 05. 15	现行有效
373	荆门市人民政府办公室关于印发荆门市银行业支持循环经济发展的意见的通知	2008. 05. 08	2008. 05. 08	现行有效
374	北京市发展和改革委员会关于印发加快发展循环经济建设资源节约型和环境友好型城市 2008 年行动计划任务分解的通知	2008. 04. 24	2008. 04. 24	现行有效

续表

序号	文件名称	发布日期	实施日期	现行有效
375	上海市浦东新区人民政府关于印发《2008 年浦东新区推进节能减排发展循环经济工作计划》的通知	2008. 04. 17	2008. 04. 17	现行有效
376	四川省环境保护局办公室关于征集企业“循环经济促发展、污染减排惠民众”主题环保图片展板的通知	2008. 04. 16	2008. 04. 16	现行有效
377	龙岩市人民政府关于开展“循环经济年”活动的实施意见［失效］	2008. 04. 16	2008. 04. 16	现已失效
378	北京市人民政府办公厅关于转发市发展改革委加快发展循环经济建设资源节约型环境友好型城市 2008 年行动计划的通知	2008. 04. 11	2008. 04. 11	现行有效
379	济南市人民政府关于印发济南市循环经济试点工作实施方案的通知	2008. 04. 02	2008. 04. 02	现行有效
380	徐州市经济贸易委员会关于循环经济试点有关工作的通知	2008. 03. 26	2008. 03. 26	现行有效
381	荆门市人民政府办公室关于印发《2008 年全市循环经济工作要点》的通知	2008. 03. 15	2008. 03. 15	现行有效
382	广东省经济贸易委员会印发 2008 年我省发展循环经济工作意见的通知	2008. 03. 14	2008. 03. 14	现行有效
383	黔东南州人民政府办公室转发《州招商引资局、黔东循环经济工业区管委会、凯里经济开发区管委会关于招商引资政策的若干规定（试行)》的通知	2008. 03. 14	2008. 03. 14	现行有效

续表

序号	文件名称	发布日期	实施日期	现行有效
384	浙江省发展和改革委员会关于组织申报2008年循环经济项目等有关事项的通知	2008.03.13	2008.03.13	现行有效
385	西安市发展和改革委员会关于组织推荐第二批省级循环经济试点单位的通知	2008.03.03	2008.03.03	现行有效
386	厦门市人民政府关于2007年度循环经济先进单位节能先进单位的通报	2008.02.27	2008.02.27	现行有效
387	天津市发展和改革委员会关于印发《天津市循环经济试点城市建设实施方案》编制工作方案的通知	2008.02.22	2008.02.22	现行有效
388	日照市人民政府关于印发日照市循环经济实施方案的通知	2008.02.04	2008.02.04	现行有效
389	广东省经济贸易委员会关于组织开展国家循环经济示范试点（第二批）工作的通知	2008.01.30	2008.01.30	现行有效
390	陕西省发展和改革委员会关于推荐第二批省级循环经济试点单位的通知	2008.01.18	2008.01.18	现行有效
391	内蒙古自治区人民政府办公厅关于公布自治区第二批工业循环经济试点示范企业和园区的通知	2008.01.03	2008.01.03	现行有效
392	大同市人民政府办公厅关于成立大同市循环经济工作领导小组的通知	2008.01.02	2008.01.02	现行有效
393	湖南省人民政府办公厅关于印发湖南省“十一五”循环经济发展规划的通知	2007.12.19	2007.12.19	现行有效

续表

序号	文件名称	发布日期	实施日期	现行有效
394	重庆市人民政府办公厅关于组织开展循环经济试点工作的通知	2007.11.30	2007.11.30	现行有效
395	黄山市人民政府关于加快发展循环经济的实施意见	2007.11.14	2007.11.14	现行有效
396	深圳市人民政府办公厅关于印发深圳市循环经济示范项目推广月活动方案的通知	2007.10.24	2007.10.24	现行有效
397	四川省发展改革委关于组织实施循环经济高技术产业重大专项的通知	2007.10.10	2007.10.10	现行有效
398	新疆维吾尔自治区人民政府办公厅关于调整自治区循环经济领导小组成员的通知	2007.10.08	2007.10.08	现行有效
399	甘肃省发展和改革委员会关于组织申报循环经济高技术产业重大专项的通知	2007.09.26	2007.09.26	现行有效
400	福建省经济贸易委员会、福建省财政厅关于做好节约能源和循环经济专项资金申报和管理工作的通知	2007.09.19	2007.09.19	现行有效
401	广东省经贸委、省发展改革委、省环保局、省统计局转发国家发展改革委等部门关于印发循环经济评价指标体系的通知	2007.09.07	2007.09.07	现行有效
402	吕梁市人民政府办公厅关于成立吕梁市循环经济发展规划编制协调领导小组的通知	2007.08.27	2007.08.27	现行有效
403	苏州市人民政府关于加快发展循环经济的指导意见	2007.08.08	2007.08.08	现行有效

续表

序号	文件名称	发布日期	实施日期	现行有效
404	广东省经济贸易委员会关于报送2006年省发展循环经济工作经费项目实施情况的通知	2007.08.02	2007.08.02	现行有效
405	惠州市人民政府办公室关于印发2007年惠州市建设节约型社会发展循环经济工作要点的通知	2007.07.30	2007.07.30	现行有效
406	贵州省人民政府关于促进循环经济发展的若干意见	2007.07.16	2007.07.16	现行有效
407	上海市金山区人民政府办公室转发区发展改革委制订的《2007年金山区发展循环经济重点工作安排》的通知	2007.07.10	2007.07.10	现行有效
408	云南省人民政府办公厅关于印发云南省发展工业循环经济省级专项资金管理暂行办法的通知	2007.07.04	2007.07.04	现行有效
409	广州市建设节约型社会发展循环经济领导小组办公室转发省经贸委关于在全省党政机关开展节能检查的通知	2007.07.03	2007.07.03	现行有效
410	河南省中小企业服务局关于加快中小企业民营企业发展循环经济的意见	2007.06.25	2007.06.25	现行有效
411	广东省建设节约型社会发展循环经济领导小组办公室关于在全省党政机关开展节能检查的通知	2007.06.22	2007.06.22	现行有效
412	泰安市人民政府批转人行泰安市中心支行关于进一步加大金融支持力度促进循环经济发展的指导意见的通知	2007.06.14	2007.06.14	现行有效
413	浙江省人民政府关于印发浙江省"十一五"发展循环经济建设节约型社会总体规划的通知	2007.06.13	2007.06.13	现行有效

续表

序号	文件名称	发布日期	实施日期	现行有效
414	克拉玛依市人民政府关于建设节约型社会发展循环经济的意见	2007. 06. 07	2007. 06. 07	现行有效
415	南宁市人民政府关于加快发展循环经济的实施意见	2007. 05. 31	2007. 05. 31	现行有效
416	海西州人民政府办公室关于印发 2007 中国柴达木循环经济试验区项目推介会暨盐湖城旅游文化艺术节总体工作方案的通知	2007. 05. 31	2007. 05. 31	现行有效
417	深圳市人民政府关于印发深圳市循环经济统计与核算管理办法的通知［失效］	2007. 05. 25	2007. 05. 25	现已失效
418	广东省人民政府办公厅印发 2007 年广东省建设节约型社会发展循环经济工作要点的通知	2007. 05. 11	2007. 05. 11	现行有效
419	上海市浦东新区人民政府关于批转发展改革委等三部门制订的《2007 年浦东新区发展循环经济推进节能降耗工作计划》的通知	2007. 05. 10	2007. 05. 10	现行有效
420	江苏省政府关于批转省经贸委江苏省循环经济试点实施方案的通知	2007. 05. 10	2007. 05. 10	现行有效
421	北京市发展和改革委员会关于印发加快发展循环经济建设资源节约型环境友好型城市 2007 年行动计划任务分解的通知	2007. 04. 29	2007. 04. 29	现行有效
422	北京市人民政府办公厅关于转发市发展改革委加快发展循环经济建设资源节约型环境友好型城市 2007 年行动计划的通知	2007. 04. 27	2007. 04. 27	现行有效
423	新乡市人民政府关于成立赵固煤田循环经济产业区建设协调指挥部的通知	2007. 04. 25	2007. 04. 25	现行有效

续表

序号	文件名称	发布日期	实施日期	现行有效
424	广东省经济贸易委员会关于申报2007年省发展循环经济工作经费项目的通知	2007.04.06	2007.04.06	现行有效
425	江苏省节能及发展循环经济专项资金管理暂行办法［失效］	2007.03.30	2007.03.30	现已失效
426	宁夏回族自治区人民政府关于印发《宁夏回族自治区循环经济发展“十一五”规划》的通知	2007.03.27	2007.03.27	现行有效
427	太原市环境保护局关于开展创建循环经济项目和工业废水零排放企业工作的通知	2007.03.26	2007.03.26	现行有效
428	云南省人民政府办公厅关于印发云南省发展循环经济建设节约型社会近期重点工作任务分解的通知	2007.03.24	2007.03.24	现行有效
429	上海市浦东新区人民政府关于印发浦东新区循环经济“十一五”专项规划的通知	2007.03.23	2007.03.23	现行有效
430	南阳市人民政府关于加快发展循环经济的实施意见	2007.03.22	2007.03.22	现行有效
431	惠州市人民政府关于建设资源节约型社会发展循环经济的意见	2007.03.21	2007.03.21	现行有效
432	邢台市人民政府关于加快发展循环经济的实施意见	2007.03.15	2007.03.15	现行有效
433	杭州市经委关于下达杭州市2007年工业循环经济建设试点单位计划的通知	2007.03.05	2007.03.05	现行有效
434	天津市人民政府办公厅转发市发展改革委拟定的天津市发展循环经济工作部门分工意见的通知［失效］	2007.02.25	2007.02.25	现已失效

续表

序号	文件名称	发布日期	实施日期	现行有效
435	天津市人民政府办公厅转发市发展改革委拟定的天津市试点园区企业循环经济发展指导意见的通知	2007.02.17	2007.02.17	现行有效
436	天津市人民政府办公厅转发市发展改革委拟定的天津市试点园区企业循环经济发展指导意见的通知	2007.02.17	2007.02.17	现行有效
437	天津市人民政府办公厅转发市发展改革委拟定的天津市试点小城镇循环经济发展指导意见的通知	2007.02.16	2007.02.16	现行有效
438	贵阳市人民政府关于表彰贵阳市2005—2006年度循环经济优秀试点项目及先进单位的决定	2007.02.12	2007.02.12	现行有效
439	嘉兴市人民政府关于印发嘉兴市“十一五”发展循环经济建设节约型社会规划的通知	2007.02.06	2007.02.06	现行有效
440	日照市石材业循环经济促进办法	2007.02.01	2007.02.01	现行有效
441	日照市循环经济促进办法	2007.02.01	2007.02.01	现行有效
442	日照市石材业循环经济促进办法	2007.02.01	2007.02.01	现行有效
443	日照市循环经济促进办法	2007.02.01	2007.02.01	现行有效
444	湖南省卫生厅关于审核同意株洲冶炼集团有限责任公司循环经济建设工程常压富氧直接浸出搭配锌浸出渣炼锌技改项目职业病危害预评价报告的批复	2007.02.01	2007.02.01	现行有效
445	山东省人民政府关于印发山东省循环经济试点工作实施方案的通知	2007.01.23	2007.01.23	现行有效
446	郑州市人民政府关于加快发展循环经济工作的实施意见	2007.01.08	2007.01.08	现行有效

续表

序号	文件名称	发布日期	实施日期	现行有效
447	郑州市人民政府关于加快发展循环经济工作的实施意见	2007.01.08	2007.01.08	现行有效
448	深圳市人民政府关于印发《深圳市循环经济示范项目认定办法（试行）》的通知	2006.12.30	2006.12.30	现行有效
449	南通市政府关于印发南通市循环经济发裹规划的通知	2006.12.30	2006.12.30	现行有效
450	河源市人民政府办公室印发河源市发展循环经济试点实施方案的通知	2006.12.26	2006.12.26	现行有效
451	山西省人民政府关于加快发展循环经济的实施意见	2006.12.23	2006.12.23	现行有效
452	山西省人民政府关于印发山西省循环经济发展规划的通知	2006.12.23	2006.12.23	现行有效
453	江西省发展和改革委员会关于认定南昌高新技术产业开发区等6个开发区（工业园区）为省级循环经济试点园区的决定	2006.12.11	2006.12.11	现行有效
454	上海市浦东新区人民政府批转发展改革委等三部门关于《浦东新区"十一五"期间发展循环经济推进节能降耗实施意见》的通知	2006.11.27	2006.11.27	现行有效
455	许昌市人民政府关于促进循环经济发展建设节约型社会的意见	2006.11.24	2006.11.24	现行有效
456	北京市人民政府关于印发北京市"十一五"时期循环经济发展规划的通知	2006.11.04	2006.11.04	现行有效
457	北京市人大常委会关于发展循环经济建设节约型城市的决议	2006.11.03	2006.11.03	现行有效

续表

序号	文件名称	发布日期	实施日期	现行有效
458	广东省经济贸易委员会关于印发省循环经济试点单位实施方案专家论证会工作方案的通知	2006. 10. 24	2006. 10. 24	现行有效
459	扬州市人民政府办公室关于印发《扬州市循环经济建设规划》的通知	2006. 10. 23	2006. 10. 23	现行有效
460	扬州市人民政府关于加强节能工作和发展循环经济的意见	2006. 10. 11	2006. 10. 11	现行有效
461	浙江财政厅、浙江省发展和改革委员会关于印发《浙江省循环经济发展专项资金管理暂行办法》的通知［失效］	2006. 10. 09	2006. 10. 09	现已失效
462	韶关市人民政府关于建设节约型社会发展循环经济的意见	2006. 10. 05	2006. 10. 05	现行有效
463	汕尾市人民政府关于建设节约型社会发展循环经济的实施意见	2006. 09. 21	2006. 09. 21	现行有效
464	漯河市人民政府关于加快发展循环经济的实施意见	2006. 09. 12	2006. 09. 12	现行有效
465	上海市奉贤区人民政府办公室印发《奉贤区发展循环经济建设节约型社会的实施意见》的通知	2006. 09. 06	2006. 09. 06	现行有效
466	嘉兴市人民政府关于印发嘉兴市发展循环经济建设节约型社会实施意见的通知	2006. 09. 04	2006. 09. 04	现行有效
467	青岛市人民政府办公厅关于印发《青岛市发展循环经济近期重点工作责任分工》的通知	2006. 08. 30	2006. 08. 30	现行有效

续表

序号	文件名称	发布日期	实施日期	现行有效
468	深圳市旅游局关于印发《关于我市旅行社业推进循环经济发展的指导意见》的通知	2006.08.30	2006.08.30	现行有效
469	莱芜市人民政府关于发展循环经济建设资源节约型社会的意见	2006.08.29	2006.08.29	现行有效
470	广东省经贸委、省发展改革委、省环保局等关于组织开展我省循环经济试点（第一批）工作的通知	2006.08.28	2006.08.28	现行有效
471	景德镇市人民政府关于印发我市发展循环经济指导意见的通知	2006.08.23	2006.08.23	现行有效
472	江西省人民政府办公厅关于印发江西省发展循环经济和建设节约型社会工作分工方案的通知	2006.08.22	2006.08.22	现行有效
473	江西省人民政府办公厅关于印发江西省发展循环经济2006—2007年工作纲要的通知	2006.08.22	2006.08.22	现行有效
474	杭州市人民政府办公厅转发市财政局、市经委关于杭州市工业循环经济发展专项资金管理办法的通知［失效］	2006.08.14	2006.08.14	现已失效
475	衡水市人民政府关于印发《衡水市加快发展循环经济的实施意见》的通知	2006.08.11	2006.08.11	现行有效
476	深圳市人民政府办公厅关于做好第八届高交会循环经济展有关工作的通知	2006.08.10	2006.08.10	现行有效
477	阿坝州人民政府关于加快发展循环经济的实施意见	2006.08.09	2006.08.09	现行有效

续表

序号	文件名称	发布日期	实施日期	现行有效
478	金华市人民政府关于发展循环经济建设节约型社会的实施意见	2006.08.05	2006.08.05	现行有效
479	江苏省经贸委关于申报2006年省发展循环经济专项资金项目的通知	2006.08.03	2006.08.03	现行有效
480	铜陵市人民政府办公室关于印发铜陵市发展循环经济引导资金管理办法的通知	2006.07.31	2006.07.31	现行有效
481	北京市人民政府办公厅关于转发市发展改革委加快发展循环经济建设资源节约型城市2006年行动计划的通知	2006.07.27	2006.07.27	现行有效
482	中共湖南省委、湖南省人民政府关于大力发展循环经济建设资源节约型和环境友好型社会的意见	2006.07.18	2006.07.18	现行有效
483	伊犁哈萨克自治州人民政府关于建设生态工业园区发展区域循环经济的实施意见	2006.07.11	2006.07.11	现行有效
484	泉州市人民政府关于印发2006—2007年泉州市加快发展循环经济实施意见的通知	2006.07.06	2006.07.06	现行有效
485	河南省人民政府关于加快发展循环经济的实施意见[失效]	2006.07.06	2006.07.06	现已失效
486	吉林省人民政府关于全面推进循环经济加快发展的实施意见	2006.07.05	2006.07.05	现行有效
487	大连市财政局、大连市经济委员会关于印发《大连市推进工业循环经济发展专项资金管理暂行办法》的通知	2006.07.04	2006.07.04	现行有效

续表

序号	文件名称	发布日期	实施日期	现行有效
488	自贡市人民政府关于加快发展循环经济的实施意见	2006.07.03	2006.07.03	现行有效
489	海西州人民政府办公室关于成立柴达木循环经济试验区管理委员会的通知	2006.06.29	2006.06.29	现行有效
490	巢湖市人民政府关于加快发展循环经济的若干意见	2006.06.21	2006.06.21	现行有效
491	天津市人民政府批转市发展改革委、市经委、市环保局关于发展循环经济建设节约型社会近期重点工作实施意见的通知	2006.06.19	2006.06.19	现行有效
492	厦门市环境保护局、厦门市发展循环经济领导小组办公室、厦门市市政园林局等关于厦门市餐厨垃圾污染治理的通告	2006.06.16	2006.06.16	现行有效
493	广东省财政厅、省经贸委关于印发广东省发展循环经济工作经费使用管理规定的通知［失效］	2006.06.14	2006.06.14	现已失效
494	江苏省财政厅、江苏省经济贸易委员会关于印发《江苏省发展循环经济专项资金暂行管理办法》的通知［失效］	2006.06.12	2006.06.12	现已失效
495	唐山市人民政府办公厅关于印发唐山市钢铁工业发展循环经济实施意见的通知	2006.06.02	2006.06.02	现行有效
496	杭州市经济委员会关于下达杭州市2006年工业循环经济建设试点单位计划的通知	2006.06.02	2006.06.02	现行有效
497	金华市人民政府关于加快工业循环经济发展的若干意见	2006.06.01	2006.06.01	现行有效

续表

序号	文件名称	发布日期	实施日期	现行有效
498	合肥市人民政府办公厅关于加快发展循环经济的若干意见	2006.05.29	2006.05.29	现行有效
499	宁夏回族自治区人民政府办公厅关于印发《自治区循环经济试点工作方案》的通知	2006.05.29	2006.05.29	现行有效
500	东莞市人民政府办公室关于成立东莞市建设节约型社会发展循环经济领导小组的通知	2006.05.24	2006.05.24	现行有效
501	内蒙古自治区人民政府关于建设工业循环经济示范区的指导意见［失效］	2006.05.15	2006.05.15	现已失效
502	乌鲁木齐市经济委员会（招商局）关于加快发展循环经济和做好城市环境综合整治工作的通知	2006.05.08	2006.05.08	现行有效
503	青海省人民政府办公厅转发省发展改革委关于青海省发展循环经济实施意见的通知	2006.05.08	2006.05.08	现行有效
504	本溪市人民政府关于印发本溪市发展循环经济实施方案的通知	2006.04.27	2006.04.27	现行有效
505	日照市人民政府关于发展循环经济建设资源节约型社会的实施意见	2006.04.27	2006.04.27	现行有效
506	贵州省人民政府办公厅关于建立省发展循环经济工作联席会议制度的通知	2006.04.20	2006.04.20	现行有效
507	深圳市人民政府关于印发深圳市全面推进循环经济发展近期实施方案（2006—2008）的通知	2006.04.20	2006.04.20	现行有效

续表

序号	文件名称	发布日期	实施日期	现行有效
508	中共深圳市委、深圳市人民政府关于全面推进循环经济发展的决定	2006.04.20	2006.04.20	现行有效
509	湖州市人民政府关于印发湖州市循环经济发展纲要的通知	2006.04.18	2006.04.18	现行有效
510	山东省地方税务局关于发挥税收扶持作用促进循环经济发展的意见	2006.04.12	2006.04.12	现行有效
511	东莞市人民政府关于建设节约型社会发展循环经济的实施意见	2006.04.10	2006.04.10	现行有效
512	芜湖市人民政府关于加快发展循环经济的若干意见［失效］	2006.04.05	2006.04.05	现已失效
513	河池市人民政府关于印发河池市发展循环经济和资源节约利用“十一五”规划编制工作方案的通知	2006.04.04	2006.04.04	现行有效
514	广东省经济贸易委员会印发2006年我省建设节约型社会发展循环经济工作思路和工作重点的通知	2006.04.04	2006.04.04	现行有效
515	云南省人民政府关于加快发展工业循环经济的意见	2006.03.31	2006.03.31	现行有效
516	河北省人民政府关于加快发展循环经济的实施意见	2006.03.23	2006.03.23	现行有效
517	广东省经济贸易委员会关于印发《广东省开展循环经济试点实施方案》的通知	2006.03.22	2006.03.22	现行有效

续表

序号	文件名称	发布日期	实施日期	现行有效
518	湖北省人民政府关于加快循环经济发展的实施意见	2006. 03. 15	2006. 03. 15	现行有效
519	潮州市人民政府关于建设节约型社会发展循环经济工作意见	2006. 03. 02	2006. 03. 02	现行有效
520	阳江市人民政府办公室关于阳江市开展资源节约和加快循环经济发展领导小组合并更名的通知	2006. 03. 01	2006. 03. 01	现行有效
521	安徽省发展和改革委员会关于印发《安徽省循环经济试点工作方案》的通知	2006. 02. 21	2006. 02. 21	现行有效
522	武汉市人民政府办公厅关于转发武汉市 2006 年发展循环经济建设节约型城市工作要点的通知	2006. 02. 20	2006. 02. 20	现行有效
523	河池市人民政府关于成立河池市发展循环经济工作领导小组的通知	2006. 02. 12	2006. 02. 12	现行有效
524	铜陵市人民政府关于印发铜陵市发展循环经济暂行办法的通知	2006. 02. 09	2006. 03. 01	现行有效
525	肇庆市人民政府办公室关于市加快循环经济发展协调工作小组更名的通知	2006. 01. 26	2006. 01. 26	现行有效
526	青岛市人民政府关于发展循环经济的意见	2006. 01. 20	2006. 01. 20	现行有效
527	湛江市人民政府关于建设节约型社会加快发展循环经济的实施意见	2006. 01. 10	2006. 01. 10	现行有效

续表

序号	文件名称	发布日期	实施日期	现行有效
528	四川省人民政府关于加快发展循环经济的实施意见	2005.12.28	2005.12.28	现行有效
529	太原市人民政府关于发展循环经济的实施意见［失效］	2005.12.01	2005.12.01	现已失效
530	广西壮族自治区人民政府关于加快发展循环经济的意见	2005.11.28	2005.11.28	现行有效
531	新疆维吾尔自治区环境保护局关于申报自治区循环经济试点工作的通知	2005.11.24	2005.11.24	现行有效
532	陕西省人民政府转发国务院关于加快发展循环经济若干意见的通知	2005.11.24	2005.11.24	现行有效
533	杭州市人民政府关于加快我市工业循环经济发展的若干意见［失效］	2005.11.11	2005.11.11	现已失效
534	汕头市人民政府办公室印发汕头市建设节约型社会发展循环经济实施意见的通知	2005.11.10	2005.11.10	现行有效
535	温州市人民政府办公室转发关于加快工业循环经济发展实施意见的通知	2005.11.08	2005.11.08	现行有效
536	杭州市科学技术局关于依靠科技进步、加快发展杭州市循环经济的若干意见	2005.11.08	2005.11.08	现行有效
537	淮南市人民政府关于推进循环经济发展的若干意见	2005.10.29	2005.10.29	现行有效
538	阳江市人民政府关于发展循环经济建设节约型社会的实施意见	2005.10.19	2005.10.19	现行有效
539	淄博市人民政府关于大力发展循环经济建设节约型社会的意见	2005.09.30	2005.09.30	现行有效

续表

序号	文件名称	发布日期	实施日期	现行有效
540	上海市经委、市发展改革委、市环保局关于印发《上海市工业区循环经济建设指南》的通知	2005. 09. 29	2005. 09. 29	现行有效
541	淄博市人民政府办公厅关于印发淄博市发展循环经济建设节约型社会部门职责分工和近期工作重点的通知	2005. 09. 26	2005. 09. 26	现行有效
542	安徽省人民政府关于加快发展循环经济的若干意见	2005. 09. 22	2005. 09. 22	现行有效
543	鹤壁市人民政府关于印发鹤壁市鼓励发展循环经济若干规定的通知	2005. 09. 19	2005. 10. 01	现行有效
544	杭州市经济委员会关于印发杭州市工业循环经济建设试点工作实施意见（试行）的通知	2005. 09. 16	2005. 09. 16	现行有效
545	福建省人民政府办公厅关于印发2005—2006年全省加快发展循环经济工作方案的通知	2005. 09. 16	2005. 09. 16	现行有效
546	兰州市人民政府关于印发《兰州高新技术产业开发区空港循环经济产业园招商引资优惠政策（试行)》的通知	2005. 09. 15	2005. 09. 15	现行有效
547	广东省人民政府关于建设节约型社会发展循环经济的若干意见	2005. 09. 12	2005. 09. 12	现行有效
548	上海市浦东新区人民政府批转发展计划局、环保市容局关于《发展循环经济建设节约型社会——浦东新区2005年循环经济工作意见》的通知	2005. 09. 08	2005. 09. 08	现行有效
549	四川省教育厅关于认定西南科技大学“四川循环经济研究中心”为省教育厅人文社会科学重点研究基地的批复	2005. 09. 01	2005. 09. 01	现行有效

续表

序号	文件名称	发布日期	实施日期	现行有效
550	浙江省人民政府办公厅关于加快工业循环经济发展的意见	2005. 08. 24	2005. 08. 24	现行有效
551	浙江省人民政府关于印发《浙江省循环经济发展纲要》的通知	2005. 08. 19	2005. 08. 19	现行有效
552	吕梁市人民政府办公厅关于成立吕梁市循环经济及资源节约综合利用工作领导小组的通知	2005. 08. 10	2005. 08. 10	现行有效
553	鹤壁市人民政府关于印发全市循环经济近期工作实施方案的通知	2005. 07. 19	2005. 07. 19	现行有效
554	阳江市人民政府办公室关于成立阳江市加快循环经济发展领导小组的通知	2005. 06. 27	2005. 06. 27	现行有效
555	北京市人民政府办公厅关于转发市发展改革委加快发展循环经济建设节约型城市规划纲要及2005年行动计划的通知	2005. 06. 20	2005. 06. 20	现行有效
556	山东省人民政府关于发展循环经济，建设资源节约型社会的意见	2005. 06. 17	2005. 06. 17	现行有效
557	江苏省政府办公厅关于转发省经贸委、省环保厅江苏省2005年发展循环经济工作意见的通知	2005. 05. 26	2005. 05. 26	现行有效
558	江苏省政府关于印发江苏省循环经济发展规划的通知	2005. 04. 22	2005. 04. 22	现行有效
559	云南省人民政府关于大力推进我省循环经济工作的通知	2005. 04. 13	2005. 04. 13	现行有效
560	吕梁市人民政府关于印发吕梁市发展循环经济实施意见的通知	2005. 02. 25	2005. 02. 25	现行有效

续表

序号	文件名称	发布日期	实施日期	现行有效
561	新疆维吾尔自治区环境保护局关于将克拉玛依石化公司等七家单位列为自治区环保局循环经济试点单位的通知	2004. 11. 22	2004. 11. 22	现行有效
562	新疆维吾尔自治区环境保护局关于印发《自治区环境保护局推进循环经济工作指导意见》的通知	2004. 11. 22	2004. 11. 22	现行有效
563	太原市人民政府办公厅转发市环保局《太原市发展循环经济试点工作实施方案》的通知	2003. 08. 28	2003. 08. 28	现行有效
564	太原市人民政府办公厅转发市环保局关于太原市发展循环经济试点工作实施方案的通知	2003. 08. 28	2003. 08. 28	现行有效
565	北京市物价局关于承诺北京经济技术开发区天然气联合循环机组电价函	2003. 04. 09	2003. 04. 09	现行有效
566	辽宁省人民政府关于印发辽宁省发展循环经济试点方案的通知	2002. 06. 07	2002. 06. 07	现行有效
567	江西省发展改革委关于江西洪门实业集团有限公司现代生态农业循环经济项目备案的通知	—	—	现行有效
568	呼伦贝尔市人民政府办公厅关于成立呼伦贝尔市工业循环经济示范区工作领导小组的通知	—	—	现行有效

附录三　甘肃省循环经济与可持续发展法制研究中心大事记（2014年至今）

一　2014年

1. 制定中心规章

经过中心会议讨论、研究，制定出中心发展的相关规章，包括：《甘肃省循环经济与可持续发展法制研究中心管理办法》《甘肃省循环经济与可持续发展法制研究中心财务管理办法》《甘肃省循环经济与可持续发展法制研究中心成果管理办法》《甘肃省循环经济与可持续发展法制研究中心人员聘任暂行办法》《甘肃省循环经济与可持续发展法制研究中心日常管理办法》。

2. 召开甘肃省循环经济与可持续发展法制理论座谈会

2014年12月13日下午，由甘肃政法学院甘肃省循环经济与可持续发展法制研究中心主办，民商经济法学院协办的“循环经济与可持续发展法制理论”座谈会在办公楼五楼第一会议室举行。座谈会由甘肃政法学院副校长、甘肃省循环经济与可持续发展法制研究中心主任李玉基教授主持。中国社会科学院数量经济与技术经济研究所副所长齐建国研究员、兰州大学资环学院陈兴鹏教授、兰州大学法学院俞树毅教授、兰州大学经济学院副院长汪晓文教授、兰州大学管理学院赵润娣博士、甘肃正天合律师事务所史于稚律师、甘肃政法学院科研处、民商经济法学院、法学院、学术期刊部等主要负责人及中心相关教师出席了座谈会，部分研究生参加了座谈会。

座谈会的主题为甘肃省循环经济与可持续发展法制研究中心建设思

路征集、依法治国与促进循环经济发展理论问题探讨。甘肃省循环经济与可持续发展法制研究中心执行副主任俞金香副教授首先介绍了中心的基本情况及初步建设思路，希望专家学者能够建言献策。与会专家学者从理论研究中心、智库功能发挥、社会服务责任、数据库建设等多个方面对于中心下一步的工作思路提出了中肯、务实的见解和建议，并针对中国循环经济发展的现状及甘肃省建设循环经济示范省的基本背景，从经济学结合法学、理论结合实务、宏观结合微观的角度，深入探讨了依法治国促进循环经济发展的若干理论问题。

3. 聘任中心研究员

2014 年 12 月 13 日，由甘肃政法学院副校长、甘肃省循环经济与可持续发展法制研究中心主任李玉基教授代表甘肃政法学院宣布聘任中国社会科学院齐建国研究员、兰州大学陈兴鹏教授为甘肃政法学院客座教授。希望客座教授能够积极发挥引领、指导作用，为中心的建设多做贡献，也希望今后能够有更多这样高层次的座谈机会，与校内外各位专家学者更好地进行交流。

4. 举办中心首场学术讲座

2014 年 12 月 13 日上午 9 时，应甘肃省循环经济与可持续发展法制研究中心邀请，中国社会科学院数量经济与技术经济研究所副所长、中国循环经济研究中心主任齐建国研究员莅临我校作题为“中国的循环经济”的学术讲座。讲座由中心执行副主任俞金香副教授主持，兰州大学资环学院陈兴鹏教授、经济学院副院长汪晓文教授、法学院俞树毅教授、甘肃政法学院民商经济法学院院长刘晓霞教授和科研处副处长牛君副教授作点评嘉宾。中心及民商经济法学院、法学院部分教师、本科生、研究生参加了讲座。

讲座中，齐建国教授从“什么是循环经济”切入，解读了我国循环经济促进法对“循环经济”的定义。立足于中华民族伟大复兴的历史背景，分析了中国现代化发展的阶段特征：1990 年以前是资源导向阶段，1990—2000 年是环境导向的污染治理阶段，2000—2004 年污染普遍情况下中央政府意识觉醒阶段，2004 年至今为科学发展观引导下的循环经济发展全面推进新阶段。指出中国的循环经济特点如下：低成本劳动力与有价废弃物高度回收；低环境成本与二次污染并存；企业内部循环为基础。齐建国研究员进一步指出中国的循环经济发展模式演变包含如下内容：从废弃物综合利用向生产模式和产业组织结构优化转变；从粗放循环利用向高值化集约利用转变；从线性模式向网状模式转变；从增量循环向存量改造与增量循环相结合的集成化循环发展；从主要重视工业循环经济向各产业循环经济协同发展；循环经济产业组织结构：跨产业跨企业联合体等。最后对生产者责任延伸促进循环经济发展进行了深入剖析。

二　2015 年

1. 召开 2015 年循环经济法制理论与实务高端研讨会

甘肃省循环经济与可持续发展法制研究中心主办的 2015 年循环经济法制理论与实务高端研讨会隆重开幕。据悉，此次会议以“循环经济法制理论与实务研讨”为主题，围绕我国循环经济促进法修改的重要问题及循环经济领域对循环经济法制的需求等内容，进行了为期一天半的研讨。会议期间，全国人大环资委法案室主任翟勇、中国社科院数量经济研究所所长齐建国研究员、武汉大学环资法研究所所长秦天宝教授、中国政法大学金融法研究中心主任刘少军教授、重庆大学法学院副院长秦鹏教授分别做了以《生态文明建设理念及其内容解读》、《中国经济新常态深度解析与对策研究》、《比较视野下的环境法》、《第三方支付的立法问题》、《循环型社会中环境公民的义务建构》为主题的专题讲座，并就循环经济相关法律问题进行了深刻的讲解与探讨。

同时，此次会议还进行了《中国循环经济政策与法制发展报告白皮书（2014）》发布仪式。该白皮书系统详细地梳理、评介了循环经济法制的过去、现在与未来，具有较高的文献价值。本着学术交流、实务高效协同、优势合作的原则，甘肃省循环经济与可持续发展法制研究中心还与中国社会科学院数量经济研究所、中国政法大学金融法研究中心进行了合作签约仪式

2. 召开科研项目立项评审会

4 月 20 日上午，由甘肃省循环经济与可持续发展法制研究中心主办、甘肃政法学院民商经济法学院协办的“循环经济与可持续发展法

制研究中心科研项目立项评审会”在政法学院举行，会议对中心2015年科研项目进行了评审。按照评审程序，中心执行主任俞金香博士对中心科研项目的开展情况、立项标准和评审标准进行了介绍和说明，各位专家按照公开、公平、公正的原则进行了评议并给出了综合评分。最后，中心学术委员会副主任俞树毅教授宣布，通过各位专家的评议，共评选出教师组科研项目8项（其中重点项目3项、一般项目5项），学生组科研项目7项。

3. 举办绿色发展法治论坛

5月28日晚，由甘肃省循环经济与可持续发展法制研究中心主办的绿色发展法治论坛之一“循环经济与可持续发展法制研究”在甘肃政法学院行政楼八楼案件研究室举行。论坛由甘肃省循环经济与可持续发展法制研究中心执行主任俞金香主持，甘肃政法学院副校长李玉基、史玉成教授、郭武副教授、邓忠安副教授、马莉博士作为主题发言人、牛君博士作为特邀点评嘉宾，和部分研究生一起参加了本次论坛。论坛分为三个单元进行。首先，李玉基副校长从循环经济法的概念入手，以循环经济法不同于环境法的整体性、协调性、生态性等性质为基本论据论述循环经济法的独立部门法地位，进而阐述了其对循环经济法学科建设的思考；史玉成教授则从利益分析和应对环境问题的两个角度对我国环境法律体系的应然架构做出分析，并以循环经济法的价值属性、调整对象、制度内容等与环境法具有高度契合性为论据阐述了循环经济法的环境法属性；其次，郭武副教授从环境行政与环境司法联动的法理正当性、必要性及模式选择入手，就如何实现环境行政与环境司法由点式联动到递进式、整体性联动进行了精彩阐述；最后，邓忠安副教授和马莉博士分别从实务和理论的角度出发，对我国循环经济投融资的发展现状、法律意义、投融资典型渠道等问题进行了基于实际案例的生动分析。

三　2016年

1. 召开科研项目立项评审会

5月27日上午，由甘肃省循环经济与可持续发展法制研究中心主办、甘肃政法学院民商经济法学院协办的“循环经济与可持续发展法制研究中心科研项目立项评审会”在行政楼五层第一会议室举行。评审会由中心执行主任俞金香博士主持，中心研究员谢静等教师出席。会议对中心 2016 年科研立项申请项目进行了评审。评审专家组由兰州大学法学院俞树毅教授（博导）、兰州大学经济学院副院长汪晓文教授（博导）、西北民族大学经济学院祁永安教授、甘肃政法学院学术期刊部主任史玉成教授、甘肃政法学院民商经济法学院院长刘晓霞教授、副院长郭武副教授、甘肃省循环经济与可持续发展法制研究中心执行主任俞金香博士组成。按照评审程序，中心执行主任俞金香博士对中心科研项目的开展情况、立项标准和评审标准进行了介绍和说明，各位专家按照公开、公平、公正的原则进行了评议并给出了综合评分。最后，中心学术委员会副主任俞树毅教授宣布，通过各位专家的评议，共评选出教师组科研项目 4 项（其中重点项目 3 项，一般项目 1 项）、学生组科研项目 12 项。

2. 李玉基校长当选中国法学会立法学研究会副会长

11 月 19—20 日，由中国法学会立法学研究会主办、中山大学承办的中国法学会立法学研究会会员代表大会暨 2016 年学术年会在中山大学召开，校党委副书记、校长李玉基教授参加会议。

本次会议以“中国特色社会主义立法理论与实践”为主题，深入探析了“党领导立法的历史与经验”“人大主导立法的体制机制保障”“宪法实施和监督制度的完善创新”“《立法法》施行相关重大问题研究”等热点难点问题，积极阐释了新《立法法》通过后，在立法理论和实践方面，特别是在地方立法的理论和实践层面存在的重要问题，对于推进当代中国立法学研究的发展具有重要意义。本次会议也是繁荣立法学研究，促进立法学学科建设和学术交流的一次盛会。

在随后召开的中国法学会立法学研究会会员代表大会暨第二届理事会第一次会议上，李玉基校长当选为中国法学会立法学研究会副会长。

3. 甘肃省循环经济与可持续发展法制研究中心完成《甘肃省地质环境保护条例》立法后评估报告

2016 年 3 月，甘肃省循环经济与可持续发展法制研究中心俞金香副教授、马莉博士、张弘博士等组成的立法后评估课题组完成了《甘肃省地质环境保护条例》立法后评估报告并顺利通过评估验收。

2015年10月，甘肃省循环经济与可持续发展法制研究中心与甘肃省国土资源厅达成立法后评估委托课题协议，正式承担《甘肃省地质环境保护条例》立法后评估工作。在课题实施半年内，课题组科学筹划，精心组织实施，采用文献调查、实地调研、成本—效益分析等方法，对该条例从文本质量、立法实施绩效等方面进行了专业性评估，评估报告书得到委托单位的高度评价。

这是我中心承担并顺利完成的首个立法后评估课题，是中心服务社会功能的重要体现。中心致力于和法学实践部门及地方立法机构的对接，凸显中心智库功能的发挥。作为省内法学研究的重要力量，中心必将进一步在法律和政策咨询、积极参与地方立法等方面发挥作用。

4. 武汉大学法学院宁立志教授在我校做学术讲座

受甘肃省循环经济与可持续发展法制研究中心邀请，12月2日下午2:30—4:30，武汉大学经济法研究所副所长、知识产权高级研究中心副主任、知识产权研究所所长、博士生导师，武汉市民商法研究会副会长，湖北省经济法学研究会副会长，中国经济法研究会理事，中国高校知识产权研究会常务理事，中国国家知识产权战略专家库专家，中国外商投资企业协会优质品牌保护委员会中国合作专家宁立志教授在我校行政楼八楼案件研究室做了题为“循环经济、生态化与知识产权”的学术讲座。讲座由甘肃省循环经济法制研究中心执行副主任俞金香教授主持，民商经济法学院赵蓉教授、谢静老师及近100名研究生旁听了本次讲座。

5. 2016年4月21日，我中心俞金香教授受聘担任白银市人大常委会立法顾问委员会委员。

四　2017年

1. 我校俞金香教授被聘为兰州市十六届人大常委会立法咨询专家

3月15日，兰州市人大常委会召开立法联系点及立法咨询专家聘任大会，我校俞金香教授受聘担任兰州市人大常委会立法咨询专家。据悉，兰州市人大常委会聘请立法咨询专家的目的，是为了加快兰州市依法治市和民主法制建设的进程，进一步加强科学立法、民主立法、开门立法，提高地方立法质量。本次聘任的立法咨询专家分别来自法学研究、地方立法、司法实务、城市规划建设、环境保护、互联网与电子商务等方面有一定研究成果和实际丰富经验的专家学者。

2. 我校俞金香教授应邀为白银市人大常委会作学术报告

4 月 12 日上午，应白银市人大常委会邀请，我校甘肃省循环经济与可持续发展法制研究中心俞金香教授作了题为《地方立法体制与制定地方性法规基本规范》及《白银市人大常委会立法条例》的专题讲座。讲座由白银市人大常委会副主任薛香玲主持，白银市人大常委会主任宋奋吉、秘书长刘忌刚参加讲座。白银市人大法工委联系单位、市政府工作部门分管法制工作的领导、人大常委会全体人员及各专委委员、基层立法联系点负责人等 70 余人聆听了讲座。讲座中，俞金香教授对我国《立法法》修改后的立法体制新变化进行了归纳和解读；从中央与地方立法权限的配置问题、省级与设区的市之间立法权限的配置问题及地方性法规与规章立法权限的区分问题等三个方面对我国地方立法权限的配置问题作了深入翔实的分析和解读；同时，结合其本人的立法实务经验，对于制定地方性法规的基本规范进行了分门别类的细致讲授。讲座既有理论高度，又有实践深度，具有很强的针对性和指导性，得到了白银市人大常委会的高度评价，白银电视台做了专门报道。这是甘肃省循环经济与可持续发展法制研究中心学术科研服务社会功能的重要体现，也是中心发挥智库功能的重要举措。

3. 我校俞金香教授参加贵州民族大学人文科技学院生态文明法治研究院召开的“生态文明法治理论与实务”研讨会

由贵州民族大学人文科技学院生态文明法治研究院召开“生态文明法治理论与实务”研讨会于 2017 年 5 月 25 日在贵州饭店国际会议中心遵义厅隆重召开。来自立法机关、人民法院、政府法制机构、社会科学院、有关行政部门、发展研究中心、高等院校、律师事务所、环保企业等 46 家单位 80 余位专家、学者参加了此次研讨会。会议由学院副院长、学院生态文明法治研究院院长高煜明教授主持。肖远平教授致辞，对“生态文明法治理论与实务研讨会”的隆重召开表示热烈祝贺，同时介绍贵州民族大学人文科技学院的建设和发展状况，并强调生态文明建设是党的十八大提出的重要战略布局，也是我们要认真研究的重要领域，贵州民族大学人文科技学院生态文明法治研究院以此为主题举办学术研讨会具有重要的理论和现实意义。甘肃省循环经济与可持续发展法制研究中心执行主任、甘肃政法学院俞金香教授参会并发言。

4. 2017 年 7 月 4 日—6 日，2017 年“城市矿产”和循环经济创新发展政策与法制高峰论坛在兰州市组工大厦召开。本次会议由我中心执行主任俞金香教授主持。会议总结甘肃“城市矿产”国家级示范区的经验，发布《中国循环经济政策与法制发展报告 2017》。本次会议作为兰洽会的一个重要分论坛，由我中心作为主办方之一，大大扩大了中心的影响力。

5. 2017 年 11 月，中心接受贵州省环保厅委托承担《贵州省环境保护条例》（草案稿）专家意见稿起草工作。这是中心自去年承担《甘肃省地质环境保护条例》立法后评估工作以后又一次重要的地方立法工作，代表中心智库功能发挥的新进展。

甘肃省循环经济与可持续发展法制研究中心简介

甘肃省循环经济与可持续发展法制研究中心成立于2013年，是由甘肃省教育厅批准的省级人文社会科学重点研究基地，是我国国内唯一一个专门的循环经济法制研究中心，属甘肃政法学院跨学院、跨学科综合性研究机构。中心主任由甘肃政法学院校长李玉基教授担任，民商经济法学院俞金香教授任副主任负责日常工作。中心主要从法学角度从事循环经济与可持续发展领域相关问题的学术研究和政策研究。

中心研究团队由专兼职研究人员组成，现有专兼职研究人员30人，其中兼职研究人员10人，专职研究人员20人。其中，教授8人，副教授15人，讲师7人，博士学历16人，目前兼职教授与客座教授共计6人。

中心的主要研究领域包括：循环经济法制建设，环境资源法制建设，区域生态法制建设，生态金融法制建设等。其中，循环经济法制建设是近年来国内前沿的研究领域，也是中心的重点研究方向，研究实力雄厚，在国内有较高的知名度。

中心的研究工作有力地促进了学科建设与发展，具体负责甘肃政法学院重点学科“循环经济法学”的建设，取得明显成效。中心研究人员除与博士、研究生和客座访问学者一起开展科研项目之外，还承担甘肃政法学院研究生院硕士研究生的培养和教学工作。中心面向社会长期招聘客座和兼职研究人员，接受访问学者。中心部分研究成果为甘肃省及国家循环经济与可持续发展、气候变化及其应对、环境保护及自然资源利用、生态金融等相关法制和政策问题提供咨询。为服务于我国的可持续发展战略实践，中心还选取部分案例，与一些地方、非政府机构或企业合作建立了良好的关系。

中心重视通过举办研讨会、论坛等学术交流活动，开展对外学术交流与国际合作。自2013年中心成立后，积极主办和协调组织、参与各类学术活动，每年选派2—3名研究人员进修访学、出国（境）交流。每年选派5名左右的研究人员参加国内外本专业学术会议。每年组织开展至少10次学术报告、学术论坛等交流活动。通过多种途径，建立了中心与高校法学院系、研究机构、法律实务部门和社会的交流互动，使中心成为学校开展学术交流的重要窗口和平台。

中心积极承担各级人大、政府、司法部门、企事业单位的委托研究课题，吸收实际部门工作人员参加课题组开展合作研究，聘请实际部门工作人员为基地专兼职研究人员。参与地方循环经济立法，为区域可持续发展法制建设和经济社会发展提供智力支持，使研究基地成为学校服务社会的思想库和咨询服务基地。

中心通过建立研究人员聘任制度和内部分配制度的改革，形成机构开放、人员流动、内外联合、竞争创新的运行机制。以项目合同促科研产出，搭建联系相关学科的研究平台，打破院系和学科之间的封闭建设状况，与学科建设互相支撑、互相促进，在科研体制改革方面发挥了示范作用。

中心为加强研究成果的宣传和扩散，建有专门网站，及时反映中心学术活动动态，展示最新研究成果。中心不定期编印《循环经济政策与法制研究快讯》和系列研究报告和专业论文。

联系方式

权老师 E-mail：123160355@ qq. com

网址 http：//fzyj. gsli. edu. cn

通信地址：甘肃省兰州市安宁西路6号甘肃政法学院